# 编写说明

本书是21世纪中国高校法学系列教材之一，由严存生教授主编。它是“西方法律思想史”的一种简编本，主要针对法律专业的本科和大专生，以较小的篇幅系统地介绍了西方法律观念的变迁史，使学生对影响和制约西方法律制度的主要法律观念的来龙去脉有一个概要的了解，进而掌握西方法的精神。本书内容涵盖古希腊、古罗马到当代，分古代、近代和现代三个阶段来介评西方主要的法学流派，信息量大，简明扼要，吸收了该学科近些年来研究的最新成果，全面而简洁地向读者展现了西方法律思想史的概貌。本书可以作为普通高等院校法学专业的教科书，也可供其他专业选用和社会读者阅读。

本书撰稿人及分工如下：

严存生：西北政法大学教授，绪论；第四章；第五章；第九章第一～四节；第十章第一～四、六节；第十一章的第一、二节；思考题和参考书目；

温晓莉：西南民族大学教授，第一章；

孙文凯：南京师范大学教授、博士生导师，第二章；

宋海彬：西北政法大学副教授，第三章；

邓少岭：上海社会科学院法学所副研究员，第六章；

王海山：西北政法大学讲师，第七章；

李桂林：华东政法大学教授，第八章；

唐永春：黑龙江大学教授，第九章的第五节；

胡 桥：杭州工商大学副教授，第十章的第五节，第十一章的第三、四节。

21世纪中国高校法学
系列教材

# 西方法律思想简史

主 编 严存生

撰稿人(以撰写章节先后为序)

严存生 温晓莉 孙文凯 宋海彬

邓少岭 王海山 李桂林 唐永春 胡 桥

中国人民大学出版社
· 北京 ·

图书在版编目（CIP）数据

西方法律思想简史/严存生主编．—北京：中国人民大学出版社，2012.8
21世纪中国高校法学系列教材
ISBN 978-7-300-16137-2

Ⅰ.①西… Ⅱ.①严… Ⅲ.①法律-思想史-西方国家-高等学校-教材 Ⅳ.①D909.5

中国版本图书馆CIP数据核字（2012）第161142号

21世纪中国高校法学系列教材
西方法律思想简史
主 编 严存生
Xifang Falü Sixiang Jianshi

| | | | |
|---|---|---|---|
| 出版发行 | 中国人民大学出版社 | | |
| 社 址 | 北京中关村大街31号 | 邮政编码 | 100080 |
| 电 话 | 010－62511242（总编室） | | 010－62511398（质管部） |
| | 010－82501766（邮购部） | | 010－62514148（门市部） |
| | 010－62515195（发行公司） | | 010－62515275（盗版举报） |
| 网 址 | http://www.crup.com.cn | | |
| | http://www.ttrnet.com(人大教研网) | | |
| 经 销 | 新华书店 | | |
| 印 刷 | 北京密兴印刷有限公司 | | |
| 规 格 | 185mm×260mm 16开本 | 版 次 | 2012年9月第1版 |
| 印 张 | 18.75 插页1 | 印 次 | 2012年9月第1次印刷 |
| 字 数 | 450 000 | 定 价 | 35.00元 |




# 主编简介

严存生，1940年生，陕西省大荔县人，西北政法大学教授，国务院特殊政府津贴享受
四十多年来一直从事法理学、西方法律思想史的教学和研究工作，先后承担国家社会科学
重点课题和教育部、司法部、陕西省社科课题六个；发表学术论文一百三十多篇；出版专
部：《法律与自由》（1987年）、《法律的价值》（1991年）、《论法与正义》（1997年）、《法的
念探索》（2002年）、《法的价值问题研究》（2002年第一版、2011年第二版）、《法的“一
与“多元”》（2008年）、《西方法理学史》（2008年）；主编了国家普通高等院校“十五”、“
一五”规划教材《西方法律思想史》（2004年第一版、2009年第二版），还主编有多种版本的
《法理学》和《大学法律基础教程》。

# 目　　录

# 绪　论

一

人有别于动物者在于人有思想，人类社会的一切无不与人的思想有关，无不以之为指导，正因为如此，一切社会现象无不包含着人的思想或观念，一切历史都是思想史或观念史。法律也是如此，法律作为一种文化，不仅包括制度、技术等外在的方面，还包括观念、价值等内在方面，它们是互相依赖和相辅相成的，都是法律不可或缺的一个构成部分，而且，法律的观念、价值同法律的制度、技术相比，在法律文化中处于更根本和更重要的地位，因为任何社会的法律制度都是在一定的法律观念的指导下制定和实施的。也正因为如此，仅仅熟悉法律条文，了解法律程序的“法律人”（lawyer）不可能成为一流的法律工作者，不仅如此，如果他们在实践中一味地死扣法律条文，机械地适用法律规定，则会作出与法的精神完全相反的决定。也就是说，他们会走向法的反面，即以法的名义作出不法的事，成为一个如有些西方学者所说的“社会公敌”或“十足的傻瓜”①。这是因为，法律不仅仅是一种制度层面的东西，更不仅仅是形之于文字的规则的总和，法律工作也不仅仅是一套有别于其他行业的技术和方法，而是还包含着一套观念、一种有永恒价值追求的事业。正因为如此，作为法律专业的学生，我们不仅要学习各个部门法学，而且要学习法理学这一研究法的一般观念的课程。但是，通过法理学我们还不能完全和真正地掌握法的观念。故而人对某一观念的真正掌握是不能仅通过研究此观念本身就能达到的，它还有赖于对观念历史的了解。黑格尔在谈到思想观念的特性时说：“我们在现世界所具有的自觉的理性，并不是一下子得来的，也不是从现在的基础上生长起来的，而是本质上原来就具有的一种遗产，确切点说，乃是一种工作的成果——人类所有过去各时代工作的成果。”② 这就意味着，要真正地理解某种观念，不了解其过去，我们就不可能真正地懂得其现在，即不可能准确地理解其所包含的深刻意义。著名的历史学家柯林武德认为，一切历史都是现代史，即不仅是为了现代的需要而研究的，而且现今的一切观念都是由历史上的

① ［美］博登海默：《法理学》，邓正来译，491页，北京，华夏出版社，1987。

② ［德］黑格尔：《哲学史讲演录》（第一卷），贺麟等译，8页，北京，商务印书馆，1983。

某种观念演化而来的，或者说现今的思想是对过去思想的重演，不过是在另一个层次上的重演。[①] 法律作为一种社会现象，作为一种由人参与其中并实现其目的的活动，既然不仅仅是一种制度，还包含着观念，那么我们要学习法学知识，就不仅要学习介绍其具体制度及具体观念的部门法学，要学习研究其制度变迁的法律制度史，而且要学习研究其一般观念的法理学、法哲学，及研究其观念变迁的法律思想史。而“法律思想史”正是研究法律观念的产生和发展过程的一门学科，西方法律思想史则是法律思想史的一个分支学科。

西方法律思想史是以研究西方的法律观念演化历史为对象的一门学科。所谓西方，即一般所指的西欧和北美的发达的资本主义国家；所谓史，指从古希腊以来的西方约三千年的历史，包括近现代史。作为一门课程，有些学校把西方当代的法律思想作为一门课程单独开设，称之为“现代西方法理学或法哲学”。这种划分虽有一定的道理，但考虑到实际的操作比较困难，以及当前各院校大都尚未单独开设“现代西方法理学或法哲学”这门课程，的现实，所以本教材把二者合在一起。

“西方法律思想史”作为一门课程，是与当前各学校普遍开设的“中国法律思想史”相对应的。按理说与之对应的应是“外国法律思想史”，但由于国内学术界对世界其他国家和地区的法律思想史尚研究不够，加之西方法律思想是当代最强势的、影响最大的、也是发展水平最高的法律思想，当代世界大部分国家和地区的法律制度都直接或间接地在它的指导下产生，了解了它也就基本上可以理解当代各国的法律制度，所以我们暂时以“西方法律思想史”代替“外国法律思想史”。

法律思想史作为一种观念史，它所研究的法律观念不是具体的部门法观念，而是一般的法观念，即在部门法观念的基础上进一步抽象出来的法观念，它面对的是法律的全体。这一法观念一般由法理学或法哲学来研究，法律思想史与它的区别在于，法理学研究的是当代的法观念，而法律思想史研究的则是其过去，从这个意义上讲它是法理学的史。正因为如此，广义的法理学把它包括在内，西方许多以“法理学”命名的书正是以它作为一个重要的组成部分。这意味着法律思想史不同于部门法学史，即不同于宪法学史、刑法学史、民法学史、国际法学史等。

西方法律思想史与外国法制史有明显的区别。空间的差异不说自明，内容上的差异也非常明显。因为法律思想与法律制度的关系是思维与存在的关系，法律思想是人们在认识法律现象的基础上产生的，而法律制度是法律现象最主要的构成部分。另外，二者还有许多差异，因为一个国家的法律制度往往是相对统一的，但一个国家里却可能同时存在多种法律思潮或法学理论。虽然各种法律思想对法律制度的产生和发展都会有影响，但真正发生作用的却只是其中的一种。西方法律思想史与外国法制史最明显的区别是研究对象的不同，一个研究的是西方历史上的法学著作，另一个研究的是西方历史上存在过的法律制度。这是因为，法律观念作为一种精神存于人的内心，它要为人所感知并作为一种历史资料保留下来，就必须变为有声或有形的语言文字，就必须变为法学著作。因此，法律思想史研究的最主要的直接对象是法学著作，不是法律制度，虽然法律制度是在它的指导下产生的，但并不是法律观念表现的直接形式，更不要说存在的法律制度只是在一种法律观念的指导下制定的，不可能表达形形色色的法律观念。

---

① 参见［英］柯林武德：《历史的观念》，何兆武等译，19页，北京，中国社会科学出版社，1987。

对法学专业的学生来说，学习西方法律思想史的直接意义是帮助我们进一步理解法的精神，认识居于法律深层次的法律观念，只有如此，我们才有可能掌握法的灵魂，才能与时俱进，从而成为一个高素质的法律工作者。学习西方法律思想史的间接意义是提高我们的理论思维能力，开阔我们的眼界，丰富我们的历史知识。人的理论思维能力，包括观察、分析、归纳和综合问题的能力，是人创造发明的主要源泉，而这个能力并非与生俱来，它来源于后天的学习和实践。就学习而言，最有效的办法是学习思想史，如哲学史、政治学史、经济学史等，对法学的学生来说，就是学习法律思想史。法律思想史的范围很广，种类很多，就当代而言其中最有价值的就是西方法律思想史。这是因为：第一，西方法律思想史所直接研究的是西方的法学名著，这些都是高品位的学术著作，从中我们不仅可以直接面对这些法学大师，了解他们对法律这一复杂的社会现象是怎么想的，怎么说的，进而学习他们思考和解答问题的思路和方法，而且，由于他们每个人都有自己的一套概念和独特的理论体系，要理解它得经过认真思考，这就不仅锻炼和提高了我们的思维能力，而且会大大地丰富我们的词汇，提高我们的语言表达能力。第二，应该承认，世界各国的法律制度和法律观念的差别往往是很大的，这一差别表现在各个方面，从其发展的进程来看，它表现为发展上的不同步。从法律观念的情况看，世界上各地区和各国家的法律观念在发展中，有的在这一历史时期里发展较快，而在另一时期里则较慢，甚至呈现长期停滞不前的状态；有的在发展中出现中断，因而需要等一段时期之后从其他地区重新引入火种；有的在发展中情况比较正常，未遇到大的曲折，特别是近现代以来发展很快，各种法律观念很发达，居于世界的领先地位。正因为这种发展中的不同步，当代世界各国各地区的法律观念，并非都能正常地发展下来和达到现代的水平。也正因为如此，只有那些达到现代水平的地区的法律观念，才能对当代世界各国法律制度的存在和发展产生巨大的影响和促进作用，才能帮助我们正确地认识当代世界各国的法律制度，也才能对我国的法制建设有更重要的意义。应该承认，在当代世界各国和地区的法律制度和法律观念的发展中，西方的法律制度和法律观念在近现代是发展比较快的，它不仅对当代世界各国产生了巨大的影响，而且也是马克思主义法学的主要思想渊源。马克思、恩格斯和列宁，正是在批判地继承以前西方法律观念的基础上创立马克思主义法学的。所以，在研究世界各国和地区的法律观念的发展历史时，研究西方法律观念的发达史就有着特别重要的意义，而西方法律思想史正是研究西方法律观念演变过程的专门学科。

西方法律思想史这门课程是法律专业本科生所学专业课程中一门层次较高的基础理论性课程。它的开设还有着以下特殊意义：

第一，可以丰富我们的知识，特别是法学方面的历史知识，使我们知道西方各种法学的基本观点和来龙去脉，而这对于法律专业的大学生来说，是不可缺少的。

第二，可以提高我们的理论思维能力，特别是能提高我们的综合分析能力和鉴别能力。因为在学习西方法律思想史的过程中，我们会碰到形形色色的理论，需要认真地领会、分析、比较和归纳；会观察到每个思想家思考问题的不同角度和逻辑思维过程。这些必然能锻炼我们的思维能力，拓宽我们的思路，丰富我们的概念，一句话，提高我们的智力，而这对于法律工作者来说都是非常重要的。

第三，能加深我们对已学法律知识特别是理论法学知识的理解。因为对法学中基本概念和理论的理解，并不是一下子就能完成的，它需要丰富的社会经历和历史知识。

第四，可以帮助我们了解西方现代法制的精神。现代法制是以现代西方的法律观念为指导建立起来的，只有懂得了现代西方法律观念的来龙去脉，才有可能了解现代法制的精神，而要真正懂得西方的法律观念，学习西方法律思想史是必不可少的途径之一。

第五，可以提高我们对各种法律文化的鉴赏能力和分辨能力，因为我们在学习和研究中会碰到各种各样的法律观念，在理解和对比这些法律观念的过程中，其利弊、优劣和相互关系就会逐渐看清楚，今后如果我们再遇到类似的观念自然就能很快识别。

总之，西方法律思想史是打开西方法律文化宝库的一把钥匙，是法学专业建筑根基中的一个重要部分，这正是近几年来我国高等院校为法律专业的学生开设这门课的原因之一。

## 二

西方的法律思想像整个西方文化一样，也渊源于古希腊罗马，它是在古希腊罗马比较发达的商品经济、民主政治和法律制度的基础上产生的，并随着西方社会的发展而发展。从纵向说其发展大体可分为以下四个阶段：

（一）古希腊罗马阶段

这是西方法律思想的萌芽和产生时期，在这一时期的初期，法律思想尚孕育在哲学之中，后期才产生了职业法学家阶层。这一时期的法律思想经历了从“百家争鸣”到逐渐统一、从创立理论到实际应用的过程。在这一时期，许多思想家特别是著名的哲学家，如柏拉图和亚里士多德等，都对法律问题发表了自己的看法。这些不同的看法是后来的各种理论的胚胎，从而奠定了西方法律思想的基础。这一时期占主导地位的法律思想是自然法观念，它产生很早，在前苏格拉底时期已有萌芽，后来逐渐发展和丰富，到了希腊化时期经斯多葛派哲学系统化之后传到罗马，又经过西塞罗通俗化后广为传播，不但对当时的罗马法律制度产生了重大影响，而且成为后来整个西方法律思想的主流。

（二）中世纪阶段

欧洲的中世纪即欧洲的封建社会时期。这一时期占统治地位的意识形态即基督教神学，它接受了古希腊罗马的自然法观念，对之进行神学的改造，因而形成了基督教神学的自然法学。它使刚刚从哲学中脱离出来的法学再次丧失了独立性，成为神学的婢女，这造成了法律思想发展中的长期停滞状态。不过，古希腊罗马的自然法观念，却也通过基督教神学这一中介保留下来，流传到现代。

（三）自由资本主义阶段

在中世纪末，随着资本主义经济因素的产生和迅速发展，资产阶级作为一支政治力量逐渐登上政治舞台，并提出了自己的政治要求，为了实现这一政治要求，资产阶级的思想家们批判了中世纪基督教神学的自然法学，创立了古典自然法学，作为其进行政治斗争的理论武器。在这一时期，法学重新获得独立，并开始步入科学的大门，法学家们以人的眼光来认识法律现象，这使自然法学进入到一个新的发展阶段，并达到鼎盛状态。其间产生了一批著名的法学家和法学名著，使西方的法律观念上升到一个新的水平，即法治观念的水平，但是在总的方面还比较统一，学派的对立也还不明显。

（四）帝国主义阶段

如果说在此之前西方的法律观念还比较单一和有明显的理性主义倾向的话，那么在此之后则出现了相反的情况。这一时期出现了许多与长期占主导地位的自然法学相对立的实证主义法学流派，开始有历史法学和分析法学，后来又有社会法学等。它们的产生和发展，曾使自然法观念一度衰落。它们提出了一套与自然法学完全不同的法律观念，这使人们对法律的认识更加丰富和更加实在了。当代西方法学在发展中出现了两种表面上矛盾的现象，即一方面不断产生新的流派，在各派中也不断地分化出许多支派，形成了派别林立的局面；另一方面，各学派在研究方法和观点上又互相吸收、借鉴和接近，出现了统一的趋势。

## 三

世界各地的文化是有差异的，这也表现在法律观念上，西方的法律思想的历史发展，与世界其他地区特别是与我国相比，有以下几个特点，在学习和研究中值得注意：

首先，西方历史上的法律观念并不完全同于我们现在对法律的一般理解，它包含着一些特殊的含义。其中出现最早并保持不变的一个特殊含义是正义（justice），这充分体现在西方古代和现代各种文字中“法律”一词的词义上。如古希腊早期的“法律”一词为Themis和Dike，它们是希腊的正义女神“特密斯”与其女儿“达克”的名字。这意味着在古希腊人看来，法律与正义是一个事物的两个方面，正义是通过法律来实现的，因为正义女神及其女儿正是通过主持天上和人间的法律事务来实现正义的。古罗马时期，法律一词的拉丁文为Jus，其基本含义也是正义，这说明古罗马人也视正义与“法律”为一回事。正因为如此，古罗马法学家（乌尔比安）给法律所下的定义是，法律乃善良公正之术，进而把法学称为区分正义与不正义的学问。这一定义，直至今日仍被许多法学家所沿用，最典型的是著名的美国法学家庞德，他也说法律的终极目的是实现正义，因而法学是关于正义的科学。也正因为如此，在今日西方各国的文字里，法律一词与正义一词混用的还很多，最为明显的是德文的Recht一词，既指正义，也指法律。

西方“法律”一词的第二个特殊含义是事物的“规律”或“法则”。古希腊早期的自然哲学家赫拉克里特和后来的斯多葛派哲学家已隐约地指出了这一点，他们认为宇宙间事物的运动都要服从统一的“逻各斯”（λὸγοζ）或“规律”，而法律就是人的“逻各斯”或“规律”。到了近代，许多法学家把法律与规律两个概念视为同一个事物，或者认为法律就是人的规律。最典型的是孟德斯鸠和黑格尔。把法律与规律视为一回事在语词上也有反映，英语的law一词就是一例。其在话语中的确切含义，视语境而定，对自然事物而言，多指“规律”，对社会事物而言则多指“法律”。

西方思想家赋予“法律”一词的另一个特殊含义是“权利”或“自由”。不过这是近现代才凸显出来的，它与近现代西方在价值取向上强调个人的自由和权利不无关系。因为自启蒙运动以来，西方人的一个基本观念是国家和法律是基于个人权利和服务于个人权利的，其目的在于更好地保护和实现个人权利。“法律”一词的“权利”含义，在西方各国的语言文字里也有反映，德语尤为明显。康德的《法的形而上学原理》一书在翻译上的困难充分地说明了这一点。

其次，西方人的法律观具有二元性，即西方人所理解的法律并不是一种事物，而是两种不同的或并列的事物。它们之间虽然有某种内在的关系，但往往自成系统和独立存在。这突出表现在他们对客观法与主观法、自然法与制定法、应然法与实然（在）法、国家法与民间法、公法与私法等方面的论述上。如在对“法律是什么”的看法上，西方人从古到今一直存在着两种表面对立的观点：一种观点认为法就是客观事物的本性、规律，它是一种不以个别人的主观意志为转移的客观存在；另一种观点则认为法只是人的发明创造物，甚至认为法律只是个别人的主观意志的一种表观。前者即是客观法，后者则是主观法或意志法。自然法学家所说的“自然法”，社会法学家所说的“活的法”和哈耶克所说的“法律”，都是前一种意义上的法律；而自然法学派所说的“制定法”，分析法学家所说的“实在法”，社会法学家所说的“纸上的法”，哈耶克所说的“立法”正是后一种意义上的法律。西方人法律观的这种二元性也表现在他们使用了两个不同的词分别表达这两种不同的法律。如古希腊语的 nomos 和 thesis；古罗马的拉丁文的 Jus 和 lex；英语的 law 和 legal；意大利语的 Diritto 和 legge；德语的 Recht 和 Gesetz；法语的 Droit 和 Loi；西班牙语的 derecho 和 ley；俄语的 Право 和 Закои 等。我们知道，词是表意的，因而一般来说不同的词代表不同的事物和表达不同的意义。西方各国的语言里，直到现在用于表达“法”这个事物的仍然有两个词，这明显地说明在他们的心目中，有两种“法”，而它们之间在本质和范围上是不同的。

再次，宗教神学的色彩比较浓厚。西欧是基督教占统治地位长达一千多年的地区，这就使西方的法律思想必然受到基督教神学的巨大影响，这正如我国古代的法律思想受到儒家学说的巨大影响一样。这一影响不仅仅表现在基督教神学的法律思想曾长期居于统治地位，也不仅表现为神学的法学流派至今仍是西方最大的法学派别之一，而且表现在西方近现代的宪法、刑法和民法等主要法律制度中，仍保留有许多基督教教义的痕迹。如诉讼法的“自由心证”原则就是由基督教法的“良心”原则发展而来的；刑法中的犯罪构成理论中所强调的主观方面，也可以从基督教教义中找到根据。

最后，学派对立明显，阶段界限分明。中国古代的法律思想，特别是自汉代“罢黜百家，独尊儒术”之后，一直呈现着大一统的局面，基本上没有产生其他对立的学派。在其发展中一直维持着封建社会的局面，也没有表现出明显的阶段性来。西方则不同，古希腊罗马时期，就有不同的学派存在，如古罗马的普拉库拉派和萨宾派，中世纪有注释学派。进入近现代之后，派别的对立更趋明显，大的有理性主义与非理性主义（实证主义）之分，小的每一大派中又有许多支派，如实证主义中有历史法学派、分析法学派、社会法学派，而每一派中又有许多小的支派，这就使西方法学形成了多元化的格局。这些不同的派别不断地互相争论、磋商、吸收，促进了法学的繁荣，也开拓了人们的视野，丰富了人们的法律观念。另外，西方的法律思想在发展中经历了奴隶社会、封建社会、资本主义社会，因而明显地分为三个阶段，这与中国法律思想在发展中长期于封建社会中徘徊是明显不同的。

## 四

西方人对法的理解种类很多，归纳起来有三种法律观念，即自然法观念、规则法观念和活的法观念。

### （一）自然法观念

“自然法”（英语为 natural law 或 law of nature，拉丁语为 Jus naturale）是西方自然法学派所使用的一个概念。这个概念从字面上看似乎指的是一种法，这种法不同于国家制定法，它是自然产生和客观存在的，而且初期的自然法学家也是这样认为的。但从实际上看它所指的并不是一种法，而是对法的一种基本看法或一种法律观。这种法律观在西方已经存在了几千年，中间发生了许多变化，但有些共同的特征或基本的观点，具体来说，这种法律观包括以下几个方面的基本内容或观点：

（1）法从本质上说就是人的规律，因此，立法者所制定的法律必须以客观规律为基础，其对人们行为的规定不能有悖于客观规律。

（2）法根源于人的永恒不变的本性：社会性和理性（自觉性）。真正的法律或自然法应与之相符合，特别是与理性相符合或以理性为基础，或者说就是由人的理性所发现的人的规律或行为准则，因此，它是“理性之光”，能照亮人的前进道路。正因为如此，国家制定法应建立在理性意志的基础上，而不应是个人任性意志即私欲和成见的表现。

（3）法的功能和目的就在于实现正义。所谓正义就是基于公共幸福的合理安排，就是人人在社会中“得其所哉”，即享受到他应该享受的权利和平等地承担义务。

（4）法律作为一种行为准则能使人们辨是非、知善恶。正因为如此，它应与人们的价值观念，特别是其中的道德观念相一致，也就是说不能有悖于道义，或者用富勒的话来说，它应具有道德性。这种道德性不仅体现于实体价值目标方面，而且体现于其形式和程序方面。因此，不符合道德的法律就不是良法，不具有正义性。这样一来，道义就成为衡量实在法良恶的标准。不过自然法学家们并不一定认为符合所在社会的道德就具有这一性质，也就是说，自然法不等于所在社会的道德，而是适用于所有社会的道德，或者说实际上是人们所不断追求的终极性的价值目标。登特列夫在谈到这一点时说，自然法理论“就是一项主张，主张可以拿一个终极的尺度，一套理想的法律，来检验一切法律之效力，这个终极的尺度，这套理想的法律，可以比一切现有的法律更确切地被认知和评价。自然法是人类寻求‘正义之绝对标准’的结果”①。综上可见，自然法学家特别重视和强调法律存在的客观性和同一性，认为不同国家和时代的不同法律，都有着共同的客观基础或根源和共同的价值目标。这就是人的本性和规律，就是理性，就是由正义所综合的一系列价值目标，如自由、平等、秩序等。正因为如此，自然法学家特别重视法律的终极价值目标和客观基础的探索，并以此为标准来评价实在法。

**（二）规则法观念**

“规则法”观念指的是那种认为法是一种纯粹的规则或规范体系的法律观。这种法律观是由分析法学在批判和否定自然法学的基础上提出来的。分析法学反自然法学之道而行之，把注意力从法的外围转向了法律自身，而且把研究的焦点集中于国家法的形式结构。正因为如此，他们提出了一种与自然法学的法律观完全不同的法律观，即规则法律观。其主要内容包括以下几个方面：

（1）真正的法或“严格意义的法”、“适当意义的法”不是什么自然法，而是国家制定的法律，即“国家法”。由于这种法律真实存在着，能为经验所感知，所以又叫“实在法”或“实证法”（positive law）。至于其他所谓的“法”，如自然规律、自然法、荣誉法则等，只是有比喻意义，有些则为“实在道德”。

（2）实在法或国家法是由法律规则（rule of law）构成的，是一个法律规则或法律规

① ［意］登特列夫：《自然法——法哲学导论》，李日章译，96页，台北，联经出版公司，1984。

范的体系。所谓法律规则是指以规范性法律文件形式对人的行为模式所作的带有普遍意义的明确规定。它有固定的逻辑结构，能昭示人们于某一条件下应该做什么和不应该做什么，以及由此产生的法律后果。分析法学家们还详细论述了法律规则和法律规范的种类和结构，包括微观结构和宏观结构，即每一规范的逻辑结构和每一个国家的法律规则体系的结构。

（3）法律规则或法律规范是中性的，与价值无涉，是一种纯技术性和工具性的东西，或者说与政治道德等价值观念无必然的和内在的联系，因此，不能从政治上和道德上进行评价，即不存在什么道义与不道义、良与恶的问题。他们说，人们不能因某一法律与道德相悖就否认它不是法律，由此分析法学者提出"恶法亦法"的命题。就是说，法律不从属于政治或道德，它有自己的独立性，它应超脱于政治斗争，不应受社会舆论的影响。

（4）一个由立法机关制定的好的法律规则体系，即形式上具有合理性的法律规则体系足以解决各种社会问题，执法者或法官只要遵循推理规则就可以很好地审理各种案件，也就是说执法者只是法律推理的机器，不应享有任何的执法自由裁量权。韦伯对此作了形象的概括，他说："现代的法官是自动售货机，投进去的是诉状和诉讼费，吐出来的是判决和从法典上抄下来的理由。"

（三）活的法观念

"活的法"（英文为 living law，德文为 lebendes recht）又叫"行为中的法"（law in action）或"事实上的法"（law as fact）。与之相对应的是"纸上的法"（law in paper）、"本本上的法"（law in book）或"国家法"。这个概念最初是由埃利希提出来的，后来由庞德、弗兰克等人作了进一步阐述，作为一种新的法律观，主要包括以下几个方面：

（1）法扎根于社会之中，本质上是一种社会秩序。如埃利希说："无论是现在或者是在其他任何时候，法律发展的重心不在立法，不在法学，也不在司法判决，而在社会本身。"

（2）真正的和主要的法律不是国家立法机关制定的法律规则，而是社会的秩序或人类联合的内在秩序。这种法律叫"活的法"。所谓"活的法"指"支配生活本身的法律，尽管这种法律并不曾被制定为法律条文"①。这就是说，活的法律是社会生活中真正起作用的，能建立秩序的法律。国家立法机关制定的成文法规在未对人的行为发生效力和未对社会秩序的形成发生作用前，只是一种纸上的东西，一种本本上的东西。相反，非立法机关制定的，如法院审判案件中所形成的法律，即判例法，社会的风俗习惯，甚至社会团体的规章制度，只要它们对社会秩序的形成起作用，就都是这种法律。因此，国家立法机关所制定的成文法并不是法律的主体和根本。

（3）法律与国家之间并没有不可分割的联系，它并非一定由国家机关特别是立法机关所制定和实施。在没有国家的时候和地方，也存在着法律，这个思想后来特别为社会法学中的法人类学家所发挥，他们提出了原始法、非国家法、世界法的概念。

（4）法律绝非仅仅是规则的体系，法律是很复杂的，由多种要素构成，除了规则之外，还有原则、政策等。

（5）法律不仅是作为一个规则体，而且是作为一个过程和一种事业。在这种过程和事

① 沈宗灵：《现代西方法理学》，273页，北京，北京大学出版社，1992。

业中，规则只有在制度、程序、价值和思想方式的具体关系中才具有意义。[①] 正因为如此，社会法学派普遍重视法律的实现过程及其结果的研究，有个别学者甚至认为法律的实现过程，特别是法官的行为才是法律自身。他们也不拒绝对法律的价值问题的研究，不否认法对实现正义的作用，虽然他们对正义等作了实证主义的解释。

应该指出的是，自然法、规则法和活的法三种法观念是在西方历史上的不同时期产生的，它们之间存在着一个对一个的批判与否定关系，这使我们清楚地认识到，法本身以及人们对法的认识，都是发展变化的，这种发展变化还遵循着辩证法的否定之否定规律，即在三个环节中，自然法观念处于肯定阶段，规则法观念处于否定阶段，活的法观念处于否定之否定阶段。西方的法观念正是通过这一肯定、否定、否定之否定的过程，发展到一个新的水平，它克服了人们以往对法的认识上的片面性和表面性，使之更加接近真理。这突出地表现在两个方面：其一，坚持这三个法律观的新自然法学、现代分析法学和社会法学，在观点和研究方法上的互相靠拢和吸收，使它们之间的分歧不再那么鲜明；其二，从各派中新产生出一些综合性的分支学派，如社会法学派中分化出的综合法学，分析法学中新出现的制度法学，他们企图综合三个学派的优点而创立一种兼顾三者的新学派和新法律观，尽管他们实际上是站在某一学派的立场上进行这一工作的。

值得注意的是，这三种法律观不仅存在于西方不同的历史发展阶段，而且共同存在于当今世界，成为当今西方三足鼎立的法律观。这一现象说明，三种法律观并不完全是西方法律观发展的三个历史阶段，后产生的法律观并没有完全取代先前的法律观，因而其批判和否定只是相对的和暂时的，这更加说明三种法律观各有其合理性和局限性。

## 五

本教材主要是为大学法律专业的本科生编写的，编写中从体系的拟定，到人物、材料的选排，主要是基于以下考虑：

第一，以马克思列宁主义为指导的原则，坚持“古为今用，洋为中用”的方针，重新认识和评价西方的各种法律思想，作出实事求是的科学的分析和中肯的批判，努力揭示西方法律思想发展的规律。对西方法律思想中一些重大的理论和观点，要进行系统的、科学的分析和批判，帮助青年学生树立马克思主义的法律观。

第二，清除“左”的思想的影响，把西方的法律思想作为人类一笔宝贵的法律文化遗产来对待。因此，不能用否定一切的形而上学观点和历史虚无主义的态度去对待西方的法律思想。在分析每一种理论，评价每一个思想家和法学流派时，都要用历史的观点、实事求是的态度和辩证的方法进行科学的研究，不能用现代人的观点和水平去强求前人，更不能用贴标签、戴帽子和断章取义的办法去处理各种材料，即使是明显错误的观点和理论，也不能用简单否定的办法去对待，而应弄清它提出的历史背景，尽力挖掘其中合理的东西，要把它作为人类认识的一个环节来把握。恩格斯说：“今天被认为是合乎真理的认识都有它隐蔽着的、以后会显露出来的错误的方面，同样，今天已经被认为是错误的认识也有它合乎真理的方面，因而它从前才能被认为是合乎真理的……”[②] 我们应以此为指导来

---

① 参见［美］伯尔曼：《法律与革命》，贺卫方等译，13页，北京，中国大百科全书出版社，1993。

② 《马克思恩格斯选集》，2版，第4卷，244页，北京，人民出版社，1995。

认识和评价历史上的任何一种理论和观点。

第三，把西方法律思想史作为法律观念的发达史来对待，而不是作为人物史或著作史对待，更不能搞成点将谱。我们清楚地认识到，历史上的法律观念是通过各个时期的法学家的著作中提出来的各种理论和观点表现出来的，因此，要研究西方历史上的法律观念，不能不研究这些法学家和法学流派产生的历史背景、生平和著作。但是我们认识到，研究这些并不是目的，而只是寻找法律观念的手段。所以，我们的注意力是放在法律观念及其演变上，而把这些法学家、法学流派及其著作作为法律观念的体现者和载体，把政治历史环境视为其产生的土壤来进行研究。

第四，侧重于介绍而不是评论。在编写任何一部法律思想史教材的过程中，人们都必然会碰到一个矛盾，即如何处理评论和介绍的关系，是只评论不介绍呢，还是只介绍不评论呢，还是又评论又介绍？而在后者中又会碰到以哪一点为主的问题。我们认为，在编写法律思想史教材的过程中，只评论不介绍或只介绍不评论都是不可能的。因为纯粹的评论等于打靶不树靶子，纯粹的介绍等于再现古人的思想，毫不夹杂自己的观点，这样剩下来的只有以评论为主或以介绍为主的问题。前者实际上是我们在第二点中所否定的那种着眼于批的办法，实践证明它是不可取的。因为它不但把自己的观点强加于古人，而且使读者无法看清古人思想的真面目。因此，我们赞同以介绍为主的办法，即在介绍中适当评点，目的是使读者更清楚地了解古人思想的原意，特别是其思路、观点，看他们怎样提出和回答问题，其理论的出发点和归宿点是什么，又顺着怎样的逻辑进行思考。只有这样，才能使读者准确地理解某一法律观念的真正含义，也能给读者留下思考的余地。

第五，坚持法律思想史的特色，不把法律思想史搞成政治思想史、伦理思想史、哲学史。在本教材的编写中，凡与法律思想无直接关系的政治思想家、哲学家不再选入；在介绍法律思想家的理论时，原则上也只涉及法律思想，不再单独介绍其哲学思想或政治思想。而且，为了使条理更清楚，在介绍法律思想时，我们也只限于法理学范围，其他部门法学思想，如宪法思想、刑法思想、国际法思想等，原则上不再单独列出。

第六，尽量吸收近几年新的研究成果。近几年，在西方法律思想史方面不少学者提出了许多新的很有价值的观点，有不少有质量的论著和文章发表，这些都对我们编写本教材有很大的帮助。因此，在编写中我们都尽量利用吸收这些新成果，使本书富有时代的气息。

第七，力求简洁。针对当前我国各高校把这门课作为选修课、安排课时少的实际情况，我们在本教材的编写上，对人物和学派的选择贯彻了去繁就简的原则，所选入的只是西方历史上最重要的法学家和法学流派，在介绍每一学派和法学家的有关理论时，也只是抓住最主要的方面。

## 复习思考题

1. 试述“西方法律思想史”在法学中的地位。
2. “西方法律思想史”的研究对象是什么？它与法理学、法制史学之间有什么区别？
3. 法律专业的学生学习“西方法律思想史”有什么意义？
4. 西方法学的主要流派及其法观念总的特点是什么？

上编

# 古代

# 第一章 古希腊的法律思想



## 第一节 古希腊法律思想概述

### 一、古希腊法律思想产生的背景

古希腊有三千年左右的历史，它有文字记载的历史大体分三个阶段：(1) 公元前12～公元前8世纪初，古希腊原始社会氏族制度解体，开始向奴隶制社会过渡时期，史称“英雄时代”或“荷马时代”；(2) 公元前8～公元前4世纪，是古希腊城邦国家产生、发展和衰落时期，也是古希腊社会发展的鼎盛时期；(3) 公元前4～公元前2世纪，是古希腊文明衰微并向罗马文明过渡时期，史称“希腊化”时代，即希腊文明经马其顿和罗马势力在世界的扩张与征服，向四周广泛传播和交流的时代。

古希腊是欧洲文明的“精神家园”，其法律思想产生在一个十分特殊的背景下：地理环境、城邦制度和三次战争与四次改革的历史进程。第一个背景因素是希腊的地理环境，一是驳杂多样，山岭与平原交错，岛屿与城邦共生，像一把明珠撒在地中海里，形成了希腊民族多中心、善变动的生活。而这种“多元主义”正是希腊独立、自由精神的基础。二是以海洋为伴，希腊半岛海岸线极长，古希腊人在几百年间大规模脱离本土母邦跨海迁移中建立的几百个独立城邦，其显著特点就是原始社会血缘关系被抛弃，代之以人与人之间的契约关系；本土氏族社会“王权”的自然萎缩，代之以元老会、议事会或公民大会制度。三是希腊地处欧、亚、非三大洲的交汇之处，远古时代的克里特岛就是小亚细亚两河文明与希伯来文明传入本土希腊的一个跳板，这使得希腊文明充分吸纳了西亚和北非早已深度发展的文明成果，从而创造出一种成为现代文明源头的多元混合的海上文明形态，使之具备内陆文明难以达致的政治宽容性与外部世界的广泛联系性。

古希腊法律思想产生的第二个背景因素是城邦制度。城邦，是以一个城市为中心的独立主权国家，与世界同时代的疆域辽阔的领土国家不同：首先，后者在或诸侯林立、或郡县纷设的广袤领土上，有一个凌驾其上的最高政治权威——神授王权，而古希腊数百个城邦却是各自独立、自治、互不从属的主权国家。其次，古希腊这些蕞尔小邦国务简单，易于表决，故国家管理权直接属于公民，无论寡头、贵族或平民政体，均以公民大会的多数表决为最后裁断和最高权威。[①]

古希腊法律思想的第三个背景因素是它经历的三次著名战争和四次政治改革。三次战争为：（1）公元前490～公元前449年的希波战争，以波斯侵略者的彻底失败告终。（2）公元前431～公元前404年的伯罗奔尼撒战争，是希腊世界两大集团，即雅典海上同盟和伯罗奔尼撒同盟之间的残酷战争，以雅典的被迫投降结束。这是希腊全盛时期走向衰微的转折点。（3）公元前356～公元前338年，马其顿国王对希腊的武力征服，迫使雅典媾和，控制了希腊。

四次改革分别是：公元前621年的德拉古立法；公元前594年的梭伦立法；公元前509年开始的克利斯提尼改革；公元前445～公元前429年伯里克利时代对雅典宪政的若干改革。

## 二、古希腊法律思想发展的历程

### （一）第一阶段（公元前8世纪至公元前5世纪）

前苏格拉底时期的法律思想产生在古希腊氏族制度瓦解，政治上由贵族政体、僭主政体向民主政体过渡，并经德拉古、梭伦和克里斯提尼三次重大改革和伯里克利的民主执政，最终确立起城邦民主政治的阶段。

1. 神话、文学作品、格言和经验世界中的法律思想

古希腊法律思想最早萌芽和肇始于长期流传的神话、文学作品、格言和经验世界的社会生活中。在荷马史诗之后，公元前8世纪末的诗人赫西俄德所写的《神谱》中，根据希腊流传久远的神话，描述了奥林匹斯诸神“秩序世界”的建立。古希腊表现法律习俗和伦理的文学作品也蕴涵了深刻的法律思想。生活在伯里克利时代的著名悲剧作家索福克勒斯

① 参见［古希腊］亚里士多德：《政治学》，吴寿彭译，199页，北京，商务印书馆，1983。

在《俄狄甫斯王》中借预言者口说："你是国王，可是我们双方在发言权上应当平等。"在《安提戈涅》中，通过正直而温柔勇敢的安提戈涅之死，以"两难困境"方式提出了"神性"、正义的传统的不成文法同世俗国家法律冲突时，应作何选择的尖锐问题。公元前6世纪末有"白羽天鹅"之称的诗人品达在《奥林匹斯颂》中热情讴歌了法治精神。

早期的希腊法律思想还体现在民间的法律格言中。公元前7世纪被文字简单记下的民间传承的法律"大格言"，反映了人民的"说话权利"和"决定权利"；任公职者实行"限任"、越权无效等限制权力的思想。经验世界中的法律思想还体现在政治改革家们的实践中，其在公元前594年梭伦在颁布解负令、禁止买卖奴隶时就显露出来，公元前431年，政治家伯里克利在一次著名演说中再三强调法律的神圣性和严格守法精神。

2. 自然哲学家的法律思想

公元前6世纪至公元前4世纪的自然哲学家们从对自然的探讨中提出了法律与正义问题。阿那克西曼德（Anaximander，约公元前611—公元前546）曾提出"宇宙正义"的观念，使"正义"、"惩罚"成为日常生活的经验性问题。

从公元前6世纪末产生，一直延续到希腊化时代近三百年历史的毕达哥拉斯（Pythagoras）学派，发现"数"是变动事物背后的"确定性"符号，使法律具有精确性、谦抑性、抽象性、和谐比例性、符号性等形式化特征。

这一时期还有一位对法律思想作出重要贡献的哲学家，即伊奥尼亚爱菲斯的赫拉克利特（Herakleites，约公元前540—公元前480）。他的辩证法思想"万物皆流"和"逻各斯"学说，前者启发了法律的认识论，后者则是论证法律公共理性的重要方法。这引发了后来斯多葛学派大大发展了的更为深刻的自然法思想萌芽。

3. 智者的法律思想

智者（公元前5—公元前4世纪），希腊文为Σό（Sophistes），中译为"有智慧的人"（又译为"诡辩学派"），指当时自称为"人民的教师"，以收费授徒方式传授辩论、演说、诉讼、修辞和治理城邦知识的一批知识分子。他们见解各异，思想活跃，社会联系广泛，知识涉猎生活领域的各方面，提出了许多新观点和新问题，这种新思潮有两个特点：一是将早期希腊人对自然和神的关注，转向了现实的人和社会；二是将希腊思想的思辨性与实用技能结合起来，从重在解释世界"是什么"，发展为教人"怎么做"①。这使"智者"成为古希腊法律思想系统化的重要环节和历史起点：第一，智者普罗泰戈拉（Protagoras，约公元前481—公元前411）关于"人是万物尺度"的人本主义命题，在法律本体论和认识论上具有里程碑意义。第二，当时大多数智者参与的关于"自然"与"人为"的思想论争，对法律影响甚为深远。第三，智者注重社会活动主体的实际技艺和能力训练，适应城邦经济政治实务需要，教人如何论辩、诉讼、演说、修辞、外交谈判等，提高了希腊人的思维能力、表达能力和交往能力，这使辩证法在充分论辩的过程中发展起来，而这对法律尤为重要。

（二）第二阶段（公元前5世纪至公元前4世纪）

这虽是希腊城邦民主制鼎盛时期，但在伯里克利执政后期，雅典民主制的缺陷已暴露出来，城邦内外各种矛盾纷争日趋剧烈，伯罗奔尼撒战争爆发。

---

① 汪子嵩等：《希腊哲学史》，96页，北京，人民出版社，1997。

就是在这样一个表面升平盛世、暗中却蛰伏很深危机的历史时期，出现了对危机的深刻体察，从而自觉担当起从“本质”上“拯救”社会的三位古希腊伟大思想家、哲学家——苏格拉底、柏拉图和亚里士多德，他们为希腊法律思想实现质的飞跃和完成体系化建构作出了重大贡献。

苏格拉底（约公元前469—公元前399年）对希腊法律思想具有轴心意义。他把神庙箴言“认识你自己”作为研究主题，把希腊人对自然和诸神的关注彻底转向了现实的国家和社会，以及社会中的个人。他继而提出“善是目的”的命题，引导人们在法律实践理性中去思寻立法、司法作为“真善美统一”的伦理意义和终极价值，并产生了进一步的命题：“美德即知识。”由此引发古希腊长达数百年直至希腊化时期的激烈研讨，强有力地推动了法律思想的发展。苏格拉底在法律上的又一贡献，是他的论证方法。亚里士多德认为“归纳论证”和“普遍定义”这两种认识方法和逻辑方法是科学的起点，而这完全归功于苏格拉底。[1] 柏拉图和亚里士多德在法治的终极价值、法与理性、法治与民主、自由、法律秩序的建构原则、法律的论证方法、法律与国家、社会等各个方面都继承和发展了苏格拉底的成果，形成系统而影响深远的法律理论，造就了古典希腊法律学说的辉煌。

（三）第三阶段（公元前4世纪末至公元前1世纪）

公元前323年，亚历山大大帝在巴比伦城病逝，希腊在反抗马其顿入侵的战争中失败。翌年，亚里士多德病逝于优卑亚岛。这一系列事件标志着一个新的历史时期——晚期希腊或希腊化时期开始了。政治上取代希腊城邦共同体的是一个个松散的政治联合体——帝国；古典希腊令人赞叹的城邦民主及其自由已不复存在，希腊人从现实到精神的家园坍塌了，希腊世界被分解成原子式的个人。由各民族混合组成的希腊化帝国，则将希腊世界带进了与多种文化交流、冲突和融合的世界性进程，使“希腊化”成为一只文化的而不是种族的概念，它包括了一切接受希腊文化的帝国各城市的人们。于是，寻找人安身立命的“家园”，解决种种迫切的人生问题，成为希腊化时期的最大关注点。

这一时期，希腊人创立了斯多葛学派成熟的自然法思想，及伊壁鸠鲁的社会契约学说，这二者都成为西方法律学说的基础，在历史上产生了深远影响。

1. 斯多葛派的自然法思想

早期斯多葛学派（公元前308～公元前2世纪末）代表人物芝诺、克里西普和克里安雪斯奠定了自然法的基本理论体系；其中期（公元前2世纪末～公元前1世纪末）的代表人物巴内修斯及其学生波塞冬纽斯，则将自然法系统化了；晚期（罗马帝国的头两个世纪）的爱比克泰德、塞涅卡和奥勒留，尤其是爱比克泰德这位经历了奴隶苦难的思想家，对自然法的理论和实践进行了深入钻研和融会贯通，使其达致成熟和完善。

斯多葛学派的自然法思想紧紧围绕人与自然的关系、人在自然整体与社会共同体中的自然本性、人的自然权利、人如何在实践中实现自然正义这几个问题，将自然、人和理性三位一体作为枢纽，以自然学为核心和基础，实践中求善和正义的伦理学为目的，逻辑学（主要是辩证法）为其体系正确性的保证和骨筋，系统而细致地展开了其“与自然一致地生活”的全新论证，构成了有完整逻辑形态和强大生命力的法律学说。

第一，斯多葛学派“按照自然生活”的命题有其丰富的价值内涵与严谨的辩论逻辑推

---

① 参见［古希腊］亚里士多德：《形而上学》，吴寿彭译，266～267页，北京，商务印书馆，1996。

理。这一“自然法”观念与早期智者们说的“永恒自然”（Physis）完全不同，智者说的是皆如所见的表象化的自然物理世界及人的自然本能；斯多葛学派则发现了一个同人的理性紧密相连的既属形上又属形下世界的神性自然法。

第二，斯多葛自然法思想是整体自然观和个体独立性两极的统一。人是大自然有理性的成员；人的生存不仅依附自然，而且对自然负有神圣责任。在整体自然的横向结构中，人又必须与他人结成社会共同体，互相尊重和服务，这由人的另一自然本性——群居性所决定；再则，人人皆神的儿女，因此不分民族、地域，不论等差亲疏及有无人伦关系，根据神对“世界城邦”的治理法则，人人皆兄弟，人类一家，人人平等，人人皆是“世界公民”。

第三，斯多葛自然法思想回应和发展了苏格拉底“美德即知识”、“善是目的”的著名命题，把求真与求善结合起来，使自然法成为有丰富辩证法思想的实践理性学说。

斯多葛自然法观深厚的原创性和实践精神深深启迪了历史。它从公元前3世纪一直延续了五百多年，直至欧洲中世纪希腊思想归于沉寂，自然法仍在教会神学的夹缝中生存下来，并在后来的人类历史上多次复兴，成为一只永远关照和昭示着人类正义的“不死鸟”。

2. 伊壁鸠鲁的社会契约论

伊壁鸠鲁（公元前341—公元前270）是雅典公民，公元前306年在雅典创立了自己的花园学校和学派。他的学说曾传播到希腊的各地域，并产生长期持续的影响。伊壁鸠鲁是社会契约论的奠基人，他的社会契约论由三个基本观点做基础：

一是用原子偏斜运动解释社会现象，肯定人的自由独立性。他认为德谟克利特把原子释为直线运动，造成了必然性决定论的宿命论，完全否定了偶然性和自由；而社会个体作为一粒原子，虽受重力作用要作必然的垂直运动，但总有一点偏斜和自由，是有自己意志的自由生命。没有勇敢的自由精神，人就无法创造世界，也无法创造出以契约为基础的新型人与人关系，以代替传统等级身份关系。

二是伊壁鸠鲁关于人有出于“安全”目的不受非法侵害的自然权利观。他说：“自然的公正，乃是引导人民避免彼此伤害和受害的约定。”① 这些观点正是后来反复出现在格劳秀斯、霍布斯、斯宾诺莎等近代西方法学家自然法理论中的先声。

三是“相对正义”观。早、中期希腊思想家的“正义”观，大都是寻求“至善”的绝对正义理念。伊壁鸠鲁认为这种纯粹思辨的正义理念难以解决现实中人与人的冲突。“正义不是一种独立存在的东西，而是在互相交往中，在任何地方为了不伤害和不受害而所立的契约。”这说明，“正义”存在于相互交往的具体实践中，它因时因地因人而言；且须对双方都是“有益”的。“法的正义”不是抽象空洞的理念，它直接体现在现实法律当中。这些观点表明：法和法律正义性来自具体交往中的社会契约，参与订立契约的主体是有独立自主权利的个人，他们为其财产和安全的现实利益，相约互不侵犯，因此社会契约是一个自然的历史发展过程。

## 三、古希腊法律思想的特点和地位

古希腊法律思想是人类法律史上的瑰宝，也是人类法治文明的源头。我们可以从它所

① 北京大学哲学系外国哲学史教研室：《古希腊罗马哲学》，347页，北京，商务印书馆，1982。

具有的以下特征来认识它的价值和地位。

（一）原创性智慧

一部古希腊法律思想史，就是希腊思想英雄们原创性智慧的伟大记录。韦尔斯感叹："希腊人思想的创造力达到令人惊讶的程度。23个世纪以来，在聪明人的心目中，希腊人的思想一直都是指引和鼓舞他们的指路灯。"从古希腊神话、文学作品、格言里反映的希腊人对人类秩序建构尖锐冲突的苦苦思索，从毕达哥拉斯的"数"表达的法律公正的价值与形式，到赫拉克利特论证的逻各斯与法律之关系；从智者们关于"人是万物尺度"及法律与自然关系的争论，到苏格拉底的几个著名命题及在生死大限时对法律的严肃思考；从柏拉图和亚里士多德关于政体与法治、民主与法治、法治含义的反复论证，到法治论的形成；从斯多葛学派自然法思想到伊壁鸠鲁的社会契约论，这些对人类法律有重大启迪的思想，无不是古希腊惊人的原创性智慧的结晶。

（二）理性——神性精神

古希腊人的原创力是强烈的理性精神与丰沛的感性生活的融合，即尼采在《悲剧的诞生》中说的"日神"与"酒神"精神结合的产物。法律思想也不例外。但令人惊讶的是，古希腊人的法律理性思想蕴涵着深刻的现代性命题。其第一个特征是古希腊人强调法律理性的公共性和普遍性。自然法理性不仅存在于人类的社会共同体，而且存在于人与自然的宇宙共同体，它是自然万物共同达成的更为神圣的公共理性。这就超越了一般所说法律"公共性"是"社会性"的界定，从而凸显了重要的现代意义。

古希腊法律理性的第二个特征是理性的神性原则。古希腊法律理性有多个方面和层次：它包括智者强调的，也为苏格拉底所肯定和改造的实用理性——法律的技能、技艺，柏拉图喜爱的思辨理性、理论理性，后由亚里士多德具体化了的知识理性、科学理性、实证性的经验理性和实践理性。斯多葛学派则推崇辩证法的逻辑理性和伦理化的实践理性、并认为理性应渗透到人的意欲、表象、情感等各种非理性当中，成为人行为和心理的支配性力量。但这些思想家的共同点是无不强调理性的最高层次为"神性"，尤其法律理性是一种"神圣理性"，斯多葛学派直接把自然法解释为"神治理世界"的规则；人的第一要务就是通过学习和模仿"神"，而获得神一样的理性。①

梅因提醒人们注意希腊形而上学的"神人"、"神质"、"神性"和"神意"的气氛是如何移转到罗马法的，法律学与神学究竟是何关系，是一个应当"加以研究的大问题"，但它"过去从来没有被满意地阐述过"②。要透彻地阐释这一问题，应当是当代法哲学、法理学的重要任务。

（三）自然法思想

自然法思想是古希腊原创性法律遗产中的珍品，是希腊人长期社会历史实践的产物。早期希腊思想和习俗中就已孕育了自然理性、自然正义，自由、独立、平等的自然权利等观念。从赫拉克利特到毕达哥拉斯，以及后来的智者们，都强调法律"植根于自然"。

自然法思想的成熟和完善是在斯多葛派手中。以超验的自然正义理念批判现实的非正义、自然法正义理念与国家实在法的二元发展及逻辑思辨与道德实践统一等，是自然法思

① 参见杨适：《古希腊哲学探本》，668、679页，北京，商务印书馆，2003。

② ［英］梅因：《古代法》，沈景一译，200～201页，北京，商务印书馆，1996。

想的特点。梅因说："自然法理论对现代社会的影响"深且远，"时代越黑暗，则诉诸'自然法律和状态'便越加频繁"。自然法对现实的积极批判，不仅来自思辨理念，更来自现实生活。即它通过立法司法的具体法律实践，救济权利，补救实在法的罅漏，为法律制定、衡平和拟制提供价值指导。同时，自然法对实在法的指导也非纯道德的，古希腊自然法成为一种现实性批判力量，还在于它贯穿了辩证法的逻辑性。斯多葛学派把辩证逻辑比喻为自然法的蛋壳、骨头和筋腱以及围墙，这使自然法的道德价值内蕴于恰当而坚实的表现形式之中，使正义得以以看得见的说理方式显现出来。

（四）自由与民主法治精神

自由的基本含义，是指人不受外在的奴役、非法强制和束缚，由人内在地自我决定自己的思想行为和命运。当世界上大多数地区和国家都处在专制暴君统治下时，古希腊人已走上了独立自治而自由的道路。古希腊的自由精神与它的多元化、各城邦的独立性、商品经济的发达密切相关。古希腊的多元性不仅仅是地理禀赋，也是其政治历史发展的特点。它的历史进程从未形成大一统的中央集权，各城邦发展出雅典式、斯巴达式、科林斯式等各不相同、各自对外独立交往的非东方专制性质的政体；且由于大规模跨海殖民和商业贸易的发达，人与人之间不是熟人社会的亲缘宗法关系，而是独立自主的个体之间平等的契约关系；城邦的独立自由和公民个人的独立自由是希腊"自由"精神的基础。同时，它与古希腊的民主、法治也联系在一起。各城邦相互之间虽是独立的，但城邦内部则是"民主集体主义"的，各城邦内部实行公民"轮番为治"的直接民主、主权公民、自治自给，是一个团结统一的"宪政"共同体；公民大会、议事机构和陪审法庭等，是公民通过法律途径解决社会矛盾冲突的制度化平台和通道，故公民的权利与自由不仅是民主化的，也是法治化的。

古希腊法律思想不仅是法律上的一种"传统"，更是有着普适和永恒价值的人类文明瑰宝。它的原创性智慧、理性——神性精神、自然法思想、自由和民主法治精神，都对现代社会的法治与政治文明建设富有启迪意义；当世界上一些文明走向暗淡甚至衰落之时，它却在近现代仍闪耀着光芒。

## 第二节　柏拉图的法律思想

### 一、柏拉图的生平和著作

柏拉图（Plato，公元前427—公元前347）是古希腊著名的哲学家、政治家和法律思想家。他的母亲是梭伦后裔，可上溯到公元前644年的雅典执政官德洛庇达一世和公元前593年的执政官、梭伦兄弟德洛庇达二世，柏拉图属梭伦第六代后裔。他母亲的亲兄弟卡尔米德和堂兄弟克里底亚都是"三十僭主"集团成员。他有两个哥哥阿得曼图和格劳孔，是追随苏格拉底的青年，在其"对话录"中常出现；他的继父皮里兰佩与伯里克利关系密切，曾被柏拉图在对话中以赞扬的口吻提到。①

柏拉图出生时伯罗奔尼撒战争已进行到第四个年头，伯里克利已去世。他20岁时成

① 参见［古希腊］柏拉图：《柏拉图全集·卡尔米德篇》第1卷，王晓朝译，140页，北京，人民出版社，2002。

为苏格拉底的学生，跟随学习达八年。这期间伯罗奔尼撒战争以雅典失败告终；“三十僭主”推翻了民主政制，但因实行暴政，仅八个月又被民众推翻；后民主派当了政，但又在极端的民主中处死了苏格拉底。柏拉图深深体会到现实政治的“善”和“正义”十分不易；而政治的败坏是世上最大的“恶”。于是，他期望哲学王执政，“否则人类就不会有好日子过”①。

由此，柏拉图开始了影响其终身的长达十二年的游历，以及三次西西里之行。公元前399年之后，他到欧几里得的故乡麦加拉、小亚细亚沿岸、埃及、北非的居勒尼、毕达哥拉斯派活动的中心南意大利及西西里等地游历，考察了各地的政治、法律、宗教等制度，研究了各派学说，在广博知识基础上形成了自己的学说体系。尤其从公元前387年到公元前360年长达27年间，柏拉图曾冒着极大风险，怀着满腔政治热情和勇气，三次去西西里岛，以实际参与政治改革的行动，实现他改良人类社会、以“哲学王治国”的政治理想。但三次西西里之行的失败，使他的思想发生了根本转变，即从《理想国》的“哲学王治国”转到《法律篇》的“法治”。其间，他曾于公元前387年回雅典创办了一所传授知识、进行学术研究、培养人才的学校“阿卡德米”学园（Academy），它存在了九百年之久，后来西方各国的学术研究机构的称呼也多以之冠名。柏拉图后半生的四十年主要在这里从事著述和教育。公元前347年他八十高龄时，在一次婚宴上无疾而终。

柏拉图是西方法律思想史上第一个建立了体系化的政治法律思想，并有大量著作流传下来的思想家。他的著作有二十三篇对话和三件书札。② 其中，专门论述政治法律思想有三篇：《理想国》（又译为《国家篇》或《共和国》），《政治家篇》和《法律篇》。《理想国》是他整个思想体系的核心著作，《政治家篇》是三篇中最短的，却被公认是柏拉图最难读懂的著作之一，它用了大量篇幅来论及政治技艺和政体与法治的关系。《法律篇》则是柏拉图七十五岁高龄时的一部未完成著作，它展开了《政治家篇》提出的政府应当“依法而治”理念，是其思想由“人治”向“法治”转变的代表作。

柏拉图的论著大多以对话体形式出现，语言生动优美，人物鲜活，想象丰富，表达明快顺畅，透出古希腊思想者文雅而高尚的风度，充溢着十分吸引人、感染人的人文气息，让读者享受到一个逾千年不衰的美与善的精神世界。

## 二、柏拉图的早期法律思想

### （一）“善的相”与国家学说

柏拉图早期法律思想与他哲学的核心概念——“相论”有极大关系。所谓“相”或“理念”，是通过人的抽象思维所把握的事物的共相，即从感性、个别、特殊事物和变动的现象界中求出的普遍性、共性。柏拉图认为，通过辩证法的假设论证方法，逐级归纳—演绎，进行严格的逻辑推理，依阶梯由低到高上升到不同层次的“相”，使人的认识逐步把握现象的终极本原。而“相”中最高的是“善”。“善是目的”，本是苏格拉底的核心命题，“善”原意指一个事物好的状态，它在苏格拉底那里既包含是非善恶的伦理价值，有益与否的利益权衡，还包含“美德即知识”的认识论问题。柏拉图，认为“善”高于正义等范

① ［古希腊］柏拉图《柏拉图全集·第七封信》第4卷，王晓朝译，80页，北京，人民出版社，2003。

② 参见［德］文德尔班：《哲学史教程》（上卷），罗达仁译，142～143页，北京，商务印书馆，1997。

畴，它不仅是伦理范畴，更是本体论和认识论的最高范畴，以此作为他国家学说的理论基础。

从这个最高的含义十分丰富的“善”出发，柏拉图紧紧围绕“什么是国家制度的至善”、什么东西会“败坏”国家之善，在人类思想史上第一个详细论证了“国家”问题；而他在《理想国》中形成的以“善”为最高“相”的国家观，也一以贯之地体现在《政治家篇》和《法律篇》中，使其国家与法律的学说构成了一个高远而开放的体系，成为后来的国家与法律理论的原创基础。

柏拉图的《理想国》其副标题为“论正义”，共十卷，由三部分组成：一至五卷，论国家的结构、具体组织、正义、教育、公民道德、辩证法等；六至七卷，论治国者的人品、学识和能力；八至十卷，论几种政体的区别和优劣。

从最高的“善”出发，柏拉图提出“国家制度的至善”，第一是国家结构的合理，国家内部的统一、团结、和谐。他认为一个国家人口不可太多，领土不可太大。而管理得最好的国家，则是国家的组成部分与整体关系处理得最协调的国家。

从“最高的善”出发，柏拉图论证了国家的目标是实现“国家正义”。正义，本是古希腊法理念的核心词。柏拉图首次把它从个人正义层面提升为国家正义。国家正义首要的是“铸造一个整体的幸福国家”，而不是“为了少数人幸福的国家”，凡一国内贫富悬殊，或一部分人享有某些特权，一部分处于弱势，都是国家之“害”；这深刻地启迪了后来的法学家和思想家。如狄骥的公法理论在论证“国家赔偿”及其责任时，曾认为“国家正义”是法律诸正义中最重要的；罗尔斯“正义论”亦论述公共权力如何才能达致公正、正义，避免因各种刺眼的不公导致社会冲突。柏拉图虽有时代和阶级的局限性，但公元前4世纪，奴隶制在世界范围都是不可动摇的时代，他提出要平等地对待被视为“不平等的人”的奴隶；在歧视妇女被视为天经地义时，他却认为两性“唯一的区别不过是生理上的”，妇女同样可以胜任国家“护卫者”、治理者的高级职务。由此，西方有学者评论“柏拉图超出了他的时代数千年”，在各个方面，他“都不乏所需的勇气和想象力”①。

实现“国家正义”，除了要明确国家的目标是为“整体幸福”，防止两极分化导致国家分裂，不伤害弱者之外，他还认为：执政者不腐败，也是国家最大的正义，是国家有良好秩序和幸福的保证。② 他说：他们已经从公民那里得到了服务报酬——工资，就不应该再拥有私产；更要防止他们把“能从公家弄到手的东西拖到自己家里去”③。这不禁令人想到西方近现代公务员财产申报及限制政府权力的思想和制度；柏拉图在中后期明确提出了用良法制约政治权力的思想。

### （二）哲学王与治国模式

依靠“哲学王治国”，是柏拉图早期政治法律思想的一个重要内容，但这与中国孔子的“人存政举，人亡政息”有很大区别，其中有很多合理因素为后世所吸收。第一，这一思想仍是他对苏格拉底的发挥，如果说“善的相”发展了苏格拉底“善是目的”的命题，

---

① ［英］泰勒主编：《劳特利奇哲学史（第一卷）：从开端到柏拉图》，韩东晖等译，冯俊审校，469、471页，北京，中国人民大学出版社，2003。

② 参见［古希腊］柏拉图：《理想国》，郭斌和、张竹明译，133～134页，北京，商务印书馆，2002。

③ 同上书，200～201页。

"哲学王治国"则发展了"美德即知识"、"认识自己"及"自知无知"这三个命题。"认识自己"是指认识自己的灵魂，且不是认识个人，而是认识人的"类"本质；"自知无知"是关于缺乏知识的"知"，这都需要人有哲学的慧眼——即知识的知识。这与儒家"有德者居高位"不同，前者需分辨真善和伪善，这就不能不研究人的认识能力、理性能力，以及如何依靠理性获得知识。①

第二，柏拉图主张"哲学王治国"，并不等于学了哲学，懂得一些哲学就能治国。再者，"爱智"本身并非"有智"，关键在"爱"，在追求，它包含"与智慧同行"的实践德性，因而政治实践者只要具有这种追求智慧的精神，同样能治国这说明"哲学王治国"绝不是指那些把政治学说当"空中楼阁"、"海客谈瀛"般的空头哲学家，而含有很强的实践意义。

第三，与"哲学王治国"相关的，是柏拉图把人分为金质、银质和铜铁三个档次，从而主张"精英治国"的理论。他认为：治国之技艺是所有技艺中最难的，能掌握这种技艺的人必须受过良好教育、有教养和各种美德，有献身社会、无私服务公众的精神，这种人"最可宝贵"，为一国之"黄金"。而"铜铁当道，国破家亡"。他的分层与古埃及种姓等级和中国传统世袭等级特权"龙生龙，凤生凤"的血统论并不相同。"金质"的高贵者并不是"种姓"血统的"世世永继"；人的贵贱分层与后天教育和自我奋斗有极大关系。这一思想对西方近现代"精英治国"的政治和教育制度影响极大。

## 三、柏拉图的晚期法律思想

柏拉图高度的理性自觉使他意识到不要让理论成空言，就必须抓住现实机会付诸实践。这促成他三次到西西里冒险，欲把前后两个国王教育成"哲学王"，以改革政治。第一次他差点儿被暴君卖成奴隶，第二次他则遭到软禁，最后一次他已 67 岁高龄，仍以失败告终。残酷的现实教育了他，他不仅在哲学上反思"相论"，修正前期相论只讲"普遍性"，抛弃特殊性的缺陷；在政治上，他认识到"哲学王"和"精英"治国是不可信的，他们不是神，他们的腐败与专制比粗俗和未受教育者更可耻可怕。由此，他晚年的法律思想提出了一系列立法和司法的重要原则，涉及刑法、民法、程序法等各个方面，内容十分丰富，为亚里士多德"法治"思想的先声。

### （一）法治与政体

古希腊"法治"理论当肇始于柏拉图，亚里士多德则是在他老师基础上的发展。其原因是，"法治"即"良法之治"与柏拉图"善"为最高"相"的哲学推理有关，也与柏拉图比亚里士多德更复杂丰富的政治阅历有关。柏拉图《政治家篇》就提出了"良法"约束政体的问题。他把一人之治、少数人之治、多数人之治这三种政体，进而依照是否"依法而治"的标准划分为六种：（1）一人之治（君主政体）的"圣君统治"（有良法约束的）和"僭主专制"（靠权术而不是法治执政的）两种。"当它被良性规则或良法约束时，就是六种政体中最好的，当它不受法律约束时，就是最冷酷无情和最令人难以接受的。"（2）少数人之治的贵族政体以及寡头政体。其划分"以遵照法律统治或者无视法律统治作

① 参见杨适：《古希腊哲学探本》，334～335 页，北京，商务印书馆，2003。

为划分的标准”。它们的优劣好坏“正好居于君主制和民主制的中间”。(3) 多数人统治也分为“最糟”的民主制和“最好”君主立宪制两种。前一种政体“在每一方面都是软弱无力的”，“因为在民主制中所有的职权都被分割得太细，以至于有太多的人分掌了权力”。因此，它“在所有依法统治的政体中，民主制是最糟的，而在所有不依法统治的政体中又是最好的。如果所有的政体都不受法律的限制，那么民主制就是最佳的选择；但如果所有的政体都（尊重法律）秩序井然，那么君主制中的圣君制无疑就是最佳的选择”①。君主立宪制是民主制与君主制的结合，是君主依照人民制定的法律来实行统治。它是柏拉图所理想的第二等最佳的政体。它是一种“法治型”政府，虽然比起“哲学王”之治来只是次等选择，但“当你无法建立第一种”政体时，“作为第二种最佳的选择就是完全正确和健全的政体了”②。这样一来，柏拉图的理想在晚年实现了由的“人政”向“法治”的转变。

在《法律篇》中，柏拉图更进一步阐述：统治者只能是“法律的仆人”，他说：“如果法律是政府的主人并且政府是它的奴仆，那么形势就充满了希望”；国家的“最高职位必须授予最善于服从已制定的法律并在城邦中取得了此种成就的人”③。“作为公仆”，他们只能依法选举产生，实行限任，并在依法行使职能中接受公众严格检查监督，依法述职任职等。④ 在法治政体的制度建设中，“必须永远把公正当做他的目标”，用照顾弱者的实质“公正”作为平均分配的矫正。这正是后来亚里士多德分配正义与矫正正义，罗尔斯第一、第二正义原则的源头。⑤

柏拉图还由政体的“中道标准”推论出权力制衡，他说立法者和政治家的技艺首先是达到“中道标准”，不能“过分和不足”，于是，他提出了政治权力的分权与制衡思想。他说：“第一流的立法者……必须要有比例意识”，权力过分集中，这些思想无疑是后世分权与制衡思想的先声。

（二）法律与人性

柏拉图上述影响人类数千年的伟大思想，来源于他在理论和实践两方面对真理的不懈追求。当他说：“法律是政府的仆人”，政府只是它的“公仆”时，我们会自然悟到柯克“法律是真正的国王”，马克思“政府是人民的公仆”这些思想的来由。他的生活阅历使他痛定思痛，看到人性的各种丑恶，也使他关于“神圣法律”的思想更为深刻地辐射和穿透了千年历史。在《理想国》中，他认为一个国家的正义品质，就来自于公民的这四种美德（正义、智慧、自制、勇敢）。在《法律篇》中，他把这四种美德都与法律相联系，论证法律在人性和社会进化中的价值，推导出法律是把人拉往正义和真理的金质之力，是治疗人性恣意的良药。

柏拉图还比喻，法律是穿过了人性“邪恶和美德的交会线”，这是一根“金的、柔韧的”、“神圣的，诱导着‘计算’的力”的极大绳索，我们只要紧紧抓住它，就能顶住人性中邪恶绳索的拉力，从而“战胜自我”，找到“真理”。优秀的立法者就要善于通过法律刚健有力的经、纬线，把各种美德“整合和编织在一起”，把人灵魂中“近似神圣的不朽因

① ［古希腊］柏拉图：《政治家》，原江译，104～106页，昆明，云南人民出版社，2004。

② 同上书，102～105页。

③ ［古希腊］柏拉图：《法律篇》，张智仁、何勤华译，122～123页，上海，上海人民出版社，2001。

④ 参见上书，123、164、174～176页。

⑤ 参见上书，168～169页。

素紧密结合起来，然后再以人的力量把他们的兽性因素约束起来”。他说这是来自“神”“最大赐予”的“联结技艺”[1]，要掌握这门技艺，关键是不可忘记“整体的善”。他举例说：如抢劫犯被处死，这是“正义”的，并具有“善”的性质，但在“死刑”适用上，“正义”和“善”是有冲突的。[2] 即“死刑”本身并不是“善”。这些思想，与现代法治所关注的法是“理与力的结合”，“死刑的存废与刑罚目的”等重大理论与实践问题，都有密切联系。也使我们不禁惊叹柏拉图这位“人类导师”思想的恒久超越性。

## 第三节　亚里士多德的法律思想

### 一、亚里士多德的生平和著作

亚里士多德（Aristotle，公元前384—公元前322）比柏拉图年轻46岁，生于苏格拉底死后第16年，享年63岁。亚里士多德一生波澜不惊，平淡无奇。海德格尔在讲述他生平时只用了一句话：“他活过，思想过，然后死了。”但他的著作和思想却在漫长历史中奇峰迭起。[3]

### 二、关于人、国家的论述

亚里士多德的法律思想从论述国家的起源、国家与人的关系开始。他的《政治学》在希腊文原词义是指城邦公民的生活、权利、治理等，其范围远比“政治学”或治国之术宽泛，是一门关于人的社会即城邦共同体的学问。

他首先论述了国家形成的自然次序：先组成家庭，家庭繁殖衍生聚落成“村坊”；再由村坊组合而为城邦国家。由此他推出国家“自然演化”的一个著名结论：“人类自然是趋向于城邦生活的动物（人类在本性上，也正是一个政治动物）。”[4] 这句名言概括了他关于“人与国家”关系的论述。

由“人是城邦的动物”他论述了国家的目的及与法律的关系：国家“必须以促进善德为目的”，“凡所有良法而有志于实行善政的城邦就得操心全邦人民生活中的一切善德和恶行”。法律不是“临时的合同”，它的实际意义“应该是促成全邦人民都能进于正义和善德的［永久］制度”[5]。

城邦国家的含义还与“公民”有关：要阐明国家是什么，“还得先研究‘公民’的本质，因为城邦正是若干（许多）公民的组合”[6]。于是亚里士多德研究了公民的权利、公民参政的形式与途径、中等公民（中产阶级）与政体、公民的德性和幸福追求等，从人性的

---

① ［古希腊］柏拉图：《政治家》，原江译，120～122页，昆明，云南人民出版社，2004。

② 参见［古希腊］柏拉图：《法律篇》，张智仁、何勤华译，288～289页，上海，上海人民出版社，2001。

③ 参见韩东晖主编：《智慧的探险·西方哲学史话》（第一部分），聂敏里撰写，56页，北京，中国人民大学出版社，2003。

④ ［古希腊］亚里士多德：《政治学》，吴寿彭译，6～7页，北京，商务印书馆，1983。

⑤ 同上书，138、140页。

⑥ 同上书，109页。

实际出发，批评了柏拉图把国家设想为共产共妻共子的整齐划一制度的理念。他还认为“公产”和“私有”的财产权必须划分清楚；财产权不清楚的人们间纠纷实际上比各自拥有私产的人们间还多；财产归公与提高公民福利是两回事；“财产如果归公，多少原有的利益必将从此被剥夺”。“在那样的社会中，生活几乎是不可能的”。于是他认为一个国家比较妥善的财产制度是“私财公用”①。亚里士多德是人类思想史上第一个对粗鄙平均共产主义进行中肯批判的学者。

## 三、正义的理论

正义是国家的伦理基础。亚里士多德继承了柏拉图的这一思想，把它发展为立法正义与司法正义，分配正义与矫正正义两类。因此，分配正义是对社会的财富、荣誉、地位等资源进行平均与否的分配。这就需要立法者按合理方式比例分配利益，分摊义务负担。相同的情况予以相同对待，不同情况予以不同对待；按照“比例关系”对公共资源进行分配。这就需要找到不均等事物的恰当“中点”，以确定比例均等。② 它与“立法正义”相近。

第二类正义是矫正正义，与“司法正义”相近。它是对非正义、不公平、不公正行为的纠正。而矫正正义又分为“自愿”和“非自愿”两类，前一类属法律上违约责任的承担，后一类则是对侵权和犯罪行为的法律制裁。矫正正义还包括司法对立法所忽略和失误之处进行的纠正，亚里士多德对正义的实证分析中透出思辨，具有很强的说服力和启迪性。

## 四、法的本质及其分类

古希腊自赫拉克利特把法律视为“公共理性”之后，柏拉图又明确指出法律是一个国家“公共决策”的“表述”。而亚里士多德将法的本质的这一特征，作了更具体阐释。他在将法治与人治相比较时说：“法治应当优于一人之治。”因为法律就是建立多数人“轮番而治”的制度，法律的第一个本质特征——社会“公共性”本质，它“恰恰正是免除一切情欲影响的神祇和理智的体现”③。法律的第二个本质特征，是法律与国家、与城邦共同体的生活实践紧密相连，它的性质由后者所决定。没有国家治理的政治实践经验，很难产生好的法律，也很难理解法律。法律的第三个本质特征，是它的普遍适用性和中立性。要做到公正，就须在是非判断中有一个“中立而无所偏私”的准则；“法律恰恰正是这样一个中道的权衡”④。因而法律“普遍是针对全体和任何一个人”，法律对所有的人都一视同仁地适用，不受个人爱憎情绪和偏私左右。法律的第四个本质特征是它的强制性和权威性。这本是柏拉图在《法律篇》中已论及法律具有惩罚的强制性，指出这种强制力量来自两个方面：一是神似的理性，一是“国家”之力，亚里士多德则明确说：“法律，作为一个出于思考和理智的原理，具有强制性的力量”。“各个城邦中法规和习俗都具有权威性”。法

① ［古希腊］亚里士多德：《政治学》，吴寿彭译，44、45、48、54～56页，北京，商务印书馆，1983。

② 参见［古希腊］亚里士多德：《尼各马科伦理学》，苗力田译，97～99页，北京，中国人民大学出版社，2003。

③ ［古希腊］亚里士多德：《政治学》，吴寿彭译，167、169页，北京，商务印书馆，1983。

④ 同上书，169页。

律第五个本质特征：即法律是对自由的拯救，对权利的保障，而不是对自由的奴役。他说：法律对人民的自由权利的保障，重要的是体现在对权力的监督上。

在论述法的本质与特征时，亚里士多德对法律进行了分类。他将法分为自然法和人定法（实在法）、成文法和不成文法、基本法（宪法）和非基本法（刑法、民法、婚姻法、诉讼法等）。

他还把实在法分为良法与恶法，提出了划分良、恶的一系列标准；在基本法与非基本法之间，基本法是治国安邦、使国家长治久安的法律，因而高于非基本法。

## 五、法治思想

亚里士多德的法治思想是古希腊法律学说中表述最完整的，他的“法治论”也成为后世“依法治国”的重要依据。“法治论”本是柏拉图晚年明确提出的，“亚里士多德一开始接受的就是《法律篇》的观点”①，但他在法治定义、法治价值和法治途径这三个方面都比柏拉图的论述深入全面。

首先是法治定义。“法治”概念出自柏拉图，他称其为“依法治国”；亚里士多德则把它称为“法律宰治”（或法律主治），据此，他第一个为法治下定义：“法治应包含两重意义：已成立的法律获得普遍的服从，而大家所服从的法律又应该本身是制订得良好的法律。”② 法治是“良法之治”，良法有三个标准：其一，法律是为了整个社会的利益，非为某一部分人或个人、党派的特殊利益；其二，法律能促成合于善德和正义的宪政政体建立，谋求国家长治久安和整体和谐，防止内斗和党祸；其三，法律不是“霸道的”，而是与自由一致的，剥夺与限制自由的法律不是良法。“普遍守法”包括统治者、公民和一国所有的人都必须服从法律，尤其是执政者应受制于法律。

其次是法治价值。他的论证从人治与法治孰优孰劣的设疑开始：“由最好的一人或由最好的法律统治哪一方面较为有利?”推理为：第一，法律是理性的，没有情绪影响的，而“让一个个人来统治，这就在政治中混入了兽性的因素”。第二，法治是众人之治，“优于一人之治”，“多数群众也比少数人为不易腐败”。第三，贤能之人“智虑虽然可能比成文法为周详，却未必比所有不成文法还更广博”。结论：“法律是最优良的统治者。”③

最后是法治途径。他从立法、执法和守法三个环节论证了良法必须得到执行和遵守，才能实现法治。

## 六、政体思想

亚里士多德的政体思想也是在柏拉图基础上更为细致的分析。第一，他对政体“是什么”作了一个规定：政体就是一国之政治制度，它“是全城邦居民由此分配政治权利的体系”④。而一国之成文法最重要的是根据政体制定宪法，研究建立政体的正当方法。第二，他提出“一切政体都要有三个要素，作为构成的基础”，这就是：议事机能、行政机能和

---

① ［美］萨拜因：《政治学说史》（上册），盛葵阳等译，124～125页，北京，商务印书馆，1993。

② ［古希腊］亚里士多德：《政治学》，吴寿彭译，199页，北京，商务印书馆，1983。

③ 同上书，162～164、169～171页。

④ 同上书，109、129、178页。

审判机能。[①] 尽管这三个要素与近代的立法、行政、司法三权的职能不完全相同，但以分权作为政体构成要素观念却对后世有很大影响。第三，通过对政体的分类比较，深入剖析每一类政体的优劣及各类政体的演变过程，为后世认识政体的复杂性和演变规律，提供了丰富的经验和思想。他把所有的政体首先分为两大类：好政府和坏政府。好政府的目的在于为整个社会谋求利益、正义和善德；若政府只为自身特殊利益，就是坏的。他又思辨地把前一种称为“正宗”政体，后一种称为“变态和乖戾的政体”，并认为，每一类好政体都有可能发生质变，成为“变态”的非正义政体。[②] 他认为有三种政体是好的：君主政体、贵族政体和共和政体。它们的特点是：遵循法治，内部稳定，保持平衡，增进全社会的幸福、正义和善德，实现国家长治久安。他尤基赞扬贫富兼顾、多元混合的共和政体，它可以保持中产阶级的强大，免除党争，秉持中道，政治安定。

坏政府的特点是完全没有法度，或是恶法、霸道的法制，好走极端，内斗频繁，政治不稳定。最恶劣的是僭主专制政体，它是最走极端的，他以近似后世马基雅维利（又译马基雅维里）的口吻，揭露了僭主如何在革命中剪除勇健，愚弄人民，不择手段地图谋权力；而执掌政权后如何摧毁人的自由意志和尊严，用尽权术保持权力等。罗素说：这是《政治学》全书中唯一“对于今天最适用的一段话，思想起来不禁令人黯然”[③]。亚里士多德把变化多端的政治现象归结为纯粹而简明的规定，揭示了唯有建立在宪政与法治基础上的共和政体才是人类的福祉。

## 复习思考题

1. 试述古希腊法律思想的特点及其历史地位。
2. 试述古希腊的正义观念及其变迁。
3. 如何认识柏拉图早期的“人治”观念和晚期向“法治”观念的转变？
4. 亚里士多德是如何论述人及其与法的关系的？
5. 亚里士多德是怎样论述“法”和“法治”的？
6. 试述古希腊后期的斯多葛学派和伊壁鸠鲁学派政治法律思想比较。

---

① 参见［古希腊］亚里士多德：《政治学》，吴寿彭译，214～215页，北京，商务印书馆，1983。

② 参见上书，148页。

③ ［英］罗素：《西方哲学史》（上），何兆武、李约瑟译，248页，北京，商务印书馆，1982。

# 第二章

# 古罗马的法律思想

**第一节　古罗马法律思想概述**

一、古罗马法律思想产生的背景

二、古罗马法律思想的历史发展

三、古罗马法律思想的特点和地位

**第二节　西塞罗的法律思想**

一、西塞罗的生平和著作

二、国家和实在法的一般理论

三、自然法思想

**第三节　罗马法学家的法律思想**

一、罗马法学家简介

二、罗马法学家的法律思想

## 第一节　古罗马法律思想概述

### 一、古罗马法律思想产生的背景

古罗马在人类社会发展过程中的重要地位，不仅仅因为古罗马皇帝的文治武功；不仅仅因为古罗马思想家的真知灼见；也不仅仅因为古罗马建筑物的宏伟瑰丽……或许更重要的原因是罗马帝国给后人留下了一套几乎影响了整个人类法律文明的罗马法！对大陆法系的形成产生了重要影响的罗马法律制度与法律思想的发展和完善，经历了一个漫长的过程，也有其独特的政治、经济和文化背景。

（一）古罗马国家发展的历程：古罗马法律思想产生的宏观政治背景

罗马法律制度和法律思想的发展与罗马国家的成长过程息息相关。产生于亚平宁半岛的古罗马国家，从一个以罗马城为中心的城邦国家发展为地跨亚、非、欧三洲的大帝国，其发展大致经历了以下三个时期：

1. 王政时期（约公元前 8 世纪～公元前 509 年）。此间为罗马氏族制度解体、国家逐步形成的时期。此间，由于罗马氏族内部的分化，外来人口与罗马贵族之间的矛盾也随之加深。公元前578年，图利乌斯改革，使平民获得了参加公民大会的机会。这次改革推动了古罗马从氏族制度向阶级社会的过渡，加速了古罗马王政时代的结束和奴隶制国家的形成。

2. 共和时期（约公元前509年～公元前27年）。元老院在此时期掌握着国家的政治权力。公元前494年，平民集体撤离罗马，迫使罗马贵族不得不同意设立护民官制度，以保护平民的利益。公元前449年又制定和颁布了《十二铜表法》，进一步肯定了平民的政治地位，扩大了平民的政治权利。随着政治、经济的强大，罗马走上了扩张主义的道路，建立了地跨亚非欧三洲的大帝国。

3. 帝政时期（公元前27年～公元476年）。此间比较重大的事件包括，古罗马皇帝君士坦丁在位时（306～337年），为了加强中央的集权统治，于330年把都城从罗马迁到了拜占庭，将此地改名为君士坦丁堡；公元395年，狄奥多西皇帝死后，罗马帝国又分裂为东西两个部分。公元476年，西罗马帝国皇帝罗慕路斯·奥古斯都被日耳曼军事首领奥多亚克废黜，西罗马帝国灭亡；公元1453年，奥斯曼帝国消灭了东罗马帝国。至此，罗马帝国土崩瓦解。

（二）罗马法的形成和发展历程：古罗马法律思想产生发展的实证基础

1. 从习惯法到成文法时期（约公元前6世纪～公元前3世纪）。公元前452至450年，古罗马国家公布的《十二铜表法》打破了奴隶主、贵族集团对法律的垄断，成为罗马法形成和发展的一个转折点。这部罗马法发展历史上的第一部成文法典，标志着罗马国家已经从习惯法过渡到成文法时期。

2. 从市民法到万民法时期（公元前3世纪～公元前27年）。这一时期的罗马同时存在着万民法与市民法。在市民法占统治地位之时出现的万民法，标志着一个新的起点。在法律效力上，罗马法最初采用属人主义而非属地主义的原则。据此原则，外来居民不受罗马法律的保护，从而引起外来居民的反抗和斗争，这是万民法兴起的重要原因。

3. 罗马法学家活动时期（公元前27年～公元3世纪）。罗马帝国为了适应新的阶级关系以及缓和被征服地区居民与罗马统治者之间的矛盾，被迫陆续授予各行省臣民公民权，开始是意大利，后来逐渐扩展到其他地区。公元212年，罗马皇帝卡拉卡拉颁布敕令，授予除奴隶以外的所有自由民以公民权。此举消除了罗马公民和臣民之间政治地位的不平等。改革之后的罗马立法开始逐步发展起来，法学家们找到了发挥其才能的舞台。他们广泛地参与到立法、法律解释和诉讼活动之中。法学家阶层逐步形成。

4. 法典编纂时期（公元3世纪～公元6世纪）。这是罗马法发展过程中最重要的法典编纂时期。东罗马帝国皇帝查士丁尼从公元529年到公元534年先后编纂了几部重要法典，《查士丁尼国法大全》即为法典编纂的汇总。作为罗马私法典，《查士丁尼国法大全》由《法学阶梯》、《学说汇编》、《法典》、《新律》组成。其中《法学阶梯》以盖尤斯的同名著作为蓝本，依照新律精神，参照其他法学家的著作改编而成，于公元533年问世。全书共分为四卷98篇，第一卷是关于人的规定；第二卷和第三卷是关于物的规定；第四卷是关于契约和诉讼程序的规定。它是钦定的罗马私法教科书，具有法律效力。《学说汇编》成书于公元533年，由东罗马皇帝查士丁尼命大法官特里波尼亚领导16名法学家组成编委会，搜集历代著名法学家的书籍，撷取其中精华，经过三年多的努力整编而成，全书共50卷。《法典》是由东罗马皇帝查士丁尼命大法官特里波尼亚组成十人委员会于公元528

年开始编写的罗马皇帝敕令的总集，全书共12卷，次年公布，此后公元533年又公布了《修正法典》。《新律》的主要内容是查士丁尼在公元535年到565年间发布的180条敕令，构成《法典》的补编，在查士丁尼死后由法学家汇编而成。《查士丁尼国法大全》是对罗马法历史发展的系统总结，对后世民法的发展产生了深远的影响。

5. 罗马法体系形成时期。《查士丁尼国法大全》编纂工作的完成，标志着罗马法的发展进入了巅峰时期。此后，人们开始对罗马私法进行更深入的理性思考。继罗马五大法学家之一的乌尔比安率先提出公法和私法的划分之后，后世法学家对此种法律的分类进行了更多的阐释，因此庞大的罗马法体系被划分为公法和私法两大部分。此外，将罗马法分为自然法、市民法和万民法的法律分类方法，对后世人类法律文明的发展也产生了不小的冲击。总之，罗马法构建的体系和格局，为后来民法法系的形成发挥了开创性的作用。

## 二、古罗马法律思想的历史发展

1. 古罗马法律思想发展的初期是从古希腊引进先进的法律思想并使之罗马化的阶段。在这一持续到共和末期的阶段，斯多葛派的自然法理论和波里比阿的混合政体理论被引入罗马。前者是通过斯多葛派哲学传入罗马并经过罗马化的改造，而西塞罗则把斯多葛学派的自然法理论进行了改造。混合政体理论是由古希腊被征服时作为人质的波利比阿带到罗马的。波利比阿（Polybius，公元前204—公元前122年）在客居罗马期间，广交朝野名流，游历罗马各地、收集资料，最终写成了长达40卷的《罗马史》。经过此番学术探险后的波利比阿认识到了罗马制度的优越性。

《罗马史》第六卷集中概括了波利比阿的法律思想。他认为，在国王荒淫无度时，君主政体就会蜕变为暴君政体，谋杀专制者的事件就会接踵而至，煽动者也不是公民中的渣滓，而是富贵且伟大的人物。波利比阿在研究了罗马政体和罗马法的实施之后，提出了三个著名的政治法律主张：政体循环论、政体混合论和制衡原理。

波利比阿认为，在人类历史发展的历史长河中，政体的发展与衰亡存在着自身的规律：一切非混合的政体形式，在其发展过程中，都会退化与衰败。例如，希腊的君主政体蜕变为暴君政体；贵族政体蜕变为寡头政体；民主政体蜕变为暴民政体。此为波利比阿的政体循环论。

波利比阿通过对以往思想家的政体理论进行研究后认为，后者经常把政体区分为君主、贵族和民主政体三种类型，并认为这三种政体都属于优良政体之列。波利比阿反对这种观点，认为最优良的政体必须把上述三种政体要素结合起来。按照波利比阿的解释，斯巴达政体就是混合政体的典型。如在斯巴达政体中，每一种个别权力都受到另一种个别权力的制约，而不会受到另一种个别权力的侵犯。公民参政可防止君主专制，君主可以牵制元老院，元老院又为贵族所把持，富有保守色彩，可以预防平民大会的激进，由这三种机关相互牵制，使斯巴达政体达到完美的境界。

波利比阿进一步指出，最能体现制衡原理的是罗马政体。罗马政体有三个要素：执政官具有君主政体的性质；元老院具有贵族政体的性质；而平民大会则具有民主政体的性质。另外，罗马的政体形式也体现了混合政体论的原则：罗马人花了半个世纪的时间，征服了若干国家并成为地跨亚、非、欧三洲的大帝国，其中原因就在于罗马人不自觉地采用了混合政体的国家制度。执政官、元老院和平民大会分别代表了君主、贵族和民主政体的因素，且这三种势力之间实现了较好的协调和均衡。这三种势力之间的协调、均衡和牵制，防止了罗马国家蜕变和衰败的趋势。

从波利比阿的政体理论中，我们不难发现他关于政体的分类受到了柏拉图在《政治家》和亚里士多德在《政治学》中的政体分类方法的影响。所不同的是，波利比阿增加了一个政体的历史循环论。

2. 罗马法律思想发展的中期是自然法理论被应用于实践的时期，主要表现为罗马法学家的产生及其所进行的活动。

3. 罗马法律思想发展的后期是基督教神学传入罗马并影响其政治法律思想，从而使之基督教神学化。这主要是由基督教的教父们进行的，其主要代表就是公元 4 世纪的奥古斯丁。

## 三、古罗马法律思想的特点和地位

罗马思想文化的重要特点之一，就是它深受古希腊思想文化的影响。虽说罗马在公元前 146 年征服了希腊，但征服者在武力征服的同时也成了希腊思想文化的被征服者。在政治法律思想方面，罗马的法律思想延续了柏拉图、亚里士多德、斯多葛学派等古希腊的观点学说。思想家们一般认为，古希腊的哲学理论和古罗马的法制理论是他们各自为西方文化作出的贡献。应该说，古罗马的法制理论是在古希腊的哲学思想基础之上产生和发展的。英国哲学家罗素曾对古罗马如何学习古希腊的文化作出过比较细致的描述。① 诚然，罗马人向希腊人的学习经历了一个漫长的时期，这种学习的结果是：希腊人抽象的哲学思辨经过罗马人的精心改造，变成了实证的法律制度。或许，没有古罗马人对古希腊思想这种实证的改造，现在的人们就很难发现古希腊为人类创造了如此灿烂的文化瑰宝。因此，希腊文化在为罗马法的构建提供了智力支持的同时，又使自己的生命力在罗马法中得到了体现，并成为西方文明发展的摇篮。古罗马法律思想在人类法律思想发展的历史长河中独树一帜，有着自身鲜明的特点。

1. 罗马人发展了一套被应用于实践的自然法理论

古罗马文化是在继承和发展古希腊文化的基础上产生的，其伟大之处更在于把古希腊人所提出的理论应用于实践，使之成为可操作的能发挥实效的制度和技术。表现在法律方面就是把古希腊的自然法理论应用于其法制建设的实际，创造了古代社会最精细的一套法律制度，以及与之相适应的法律概念体系。正因为如此，罗马人与希腊人相比，他们对法的理解不是抽象的正义本身，而是实现正义的一套技术。罗马的法律思想家大多是政治家、立法家和官吏，而不是哲学家。从某种意义上讲，罗马法律制度是古罗马人实践希腊自然法律思想的结果。

2. 罗马人在法律运用方面有了较大的创新

罗马法高度的应用性推动者罗马法学家提出了一系列崭新的理论。例如，在微观方面，他们提出了法律划分的不同标准，以及依据这些标准对法律进行的新的分类。如万民法与市民法，公法与私法，人法、物法等。更重要的是，罗马人创造了一套至今仍成为民法体系基础的法律概念与分类。

---

① 参见［英］罗素：《西方哲学史》（上），何兆武、李约瑟译，350～351 页，北京，商务印书馆，1982。

3. 罗马法显示出了较强的专制主义倾向

罗马法中体现出强烈的专制主义倾向的原因，要到罗马帝国的扩张中去寻找。作为一个地跨三大洲的大帝国，罗马国家需要一个强有力的中央机构。特别是在共和制后期，随着中央政府控制能力的减弱，内战频仍，思想家乃至普通人都渴望出现一位强有力的统治者。在恺撒被刺杀后，屋大维完成了恺撒未竟的事业，于公元前 27 年成为古罗马帝政时期第一位皇帝。因之，罗马的法律制度也必须适应古罗马当时的这种政治需求。

4. 罗马法具有较强的宗教神学色彩

基督教兴起于公元 1 世纪中期，并在公元 4 世纪被罗马帝国定为国教。从此，基督教成为罗马帝国维护统治的一种手段，也成为影响罗马法律制度发展的一种重大因素。罗马后期的法律思想正是古希腊自然法思想与基督教神学的结合，也就是说是神学化了的自然法思想。这也就为欧洲中世纪法律思想的发展奠定了基础。

总之，古罗马法律思想的产生、发展在人类法律思想发展的坐标体系中，有着自己独特的位置。罗马法尤其是罗马私法，值得世人给予高度的关注！

## 第二节　西塞罗的法律思想

### 一、西塞罗的生平和著作

马尔库斯·图利乌斯·西塞罗（Marcus Tullius Cicero），公元前 106 年 1 月 3 日出生在罗马东南大约一百公里外的沃尔斯克地区的一个古老的山区小镇阿尔比尼姆。西塞罗的名字与古罗马紧密地联系在一起——这位古罗马时期的政务活动家、演说家和思想家在青年时期接受了良好的教育，并对哲学、文法学、文学、诗歌、法学等学科产生了浓厚的兴趣。同时，西塞罗极富辩才，早在青年时期他就作为律师参加了很多案件的审理活动，并从中赢得了巨大的声誉。作为一名政务活动家，西塞罗的经历也是非常复杂的。公元前 76 年，西塞罗当选财政官并赴西西里岛就职；财政官卸任后，西塞罗返回罗马进入元老院，同时重操律师旧业。公元前 70 年，西塞罗作为西西里总督威勒斯的控诉人，对其掠夺当地人民财富、中饱私囊等腐败行为进行了无情的揭露，此举使西塞罗名震罗马政坛。公元前 69 年，西塞罗任市政官，公元前 66 年，西塞罗出任罗马裁判官，并于公元前 63 年 1 月 1 日出任执政官，公元前 51 年任行省执政官兼总督。以贵族利益保护者面目活跃在罗马政坛上的西塞罗为了实现自己的目的，与公元前 60 年组成的前三头同盟（庞培、恺撒和克拉苏）保持着一种复杂的关系。尽管如此，卸任执政官的西塞罗还是在公元前 58 年到公元前 57 年遭到了放逐。虽说西塞罗遭到放逐的时间并不长，但重返罗马的西塞罗的命运并没有发生很大的改观。在恺撒被刺杀之后发生的罗马内战中，西塞罗以《反腓力辩》为题发表了若干攻击安东尼的演说以表明其支持屋大维的立场。但由屋大维、安东尼、雷必达组成的后三头同盟，完全使西塞罗沦为一个政治斗争牺牲品的角色——这三人开列了一份宣布不受法律保护者的名单，虽说屋大维打算赦免西塞罗，但在安东尼的一再坚持下，西塞罗名列其中。公元前 43 年 12 月 17 日，西塞罗在流亡途中由于叛徒告密被安东尼杀害。

思想家西塞罗在哲学、政治学、诗歌等方面都有很多著作，其中比较著名的著作有《论共和国》、《论法律》、《论演说家》、《论友谊》、《论老年》、《论责任》、《论善与恶的界限》、《图斯库鲁姆》、《神性论》等。其中，与政治法律思想相关的主要著作是《论共和国》、《论法律》。《论共和国》主要是一部政治理论著作，全书由六卷构成，主要论述了国家的定义和特点，分析了各种政体的优劣，提出了重构罗马政治体制的观点，其著名论断是“国家乃人民之事业”。《论法律》是西塞罗的一本法律理论著作，全书由三卷组成，主要论述了法律的定义、起源、自然法、宗教法、制定法、法律原则、法律与官员等问题。其中西塞罗提出了“官员是会说话的法律，法律是不会说话的官员”的著名观点。

西塞罗在古罗马乃至整个人类思想发展的历史上都占据着很重要的地位。“西塞罗以他的思想创造了一个令罗马以至整个人类社会焕然一新的精神世界……这位来自阿尔比尼姆的演说家是对建构西方思想大厦作出重大贡献者之一”①。

## 二、国家和实在法的一般理论

### （一）西塞罗的国家理论

《论共和国》（De re Publica）是西塞罗被迫退出罗马政坛后花费 4 年时间写就的一部政治法律著作。在该书中，西塞罗对国家的定义、起源、性质与目的等问题作了比较详细的阐述。他指出：“国家乃人民之事业，但人民不是人们某种随意的集合体，而是许多人基于法的一致和利益的共同而结合起来的集合体。这种联合的首要原因不在于人的软弱性，而在于人的某种天生的聚合性。”②

国家是人民的事业，是人民基于共同利益组成的共同体；国家是一种法律共同体。国家起源于两个方面的原因：其一，是出于人的天性，即人具有天生的聚合性；其二，出于共同的利益，人们组成国家。可以说，在西塞罗看来国家是一种道德上的结合，它是为了正义而结合起来的，为了实现“善”，是人们合意的产物。从中我们可以看出西塞罗关于国家的定义综合了柏拉图、亚里士多德以及其他思想家的思想。

从西塞罗关于国家起源的原因中，我们不难发现他关于国家目的的观点。国家既然起源于人的天性和利益的需求，那么国家的目的也在于维护人们的精神和物质需求两个方面。由于人具有天生的聚合性，讨厌过一种离群索居的孤独生活，因此人们就有必要也必然会组成国家。因此国家的精神目的在于维护正义，如果国家失去了伦理道德方面的目的，它就不成其为国家，而与任何强盗集团没有什么区别了。另外，国家是人们共同的利益所在，相互的需要和利益的考虑促使人们相互结合、组成国家，此点决定了国家的物质目的在于维护公民的私有财产权。因之，在西塞罗看来，国家就是为了维护社会正义和保护人民财产，通过协议和人的天性而建立起来的政治组织。

### （二）西塞罗的政体理论

#### 1. 西塞罗政体理论概述

西塞罗关于政体的分类因袭了柏拉图、亚里士多德和波利比阿的观点，他也认为政体可以分为君主制、贵族制和民主制。其划分的标准是，如果政府处于一个人的支配之下就

① ［法］皮埃尔·格里马尔：《西塞罗》，董茂永译，143、145 页，北京，商务印书馆，1998。

② ［古罗马］西塞罗：《论共和国 论法律》，王焕生译，39 页，北京，中国政法大学出版社，1997。

是君主制；如果政府处于少数几个经过挑选的人的支配之下就是贵族制；如果政府受人民的直接参与和支配则为民主制。西塞罗认为这三种政体形式都是单一的政体，都不是良好的政体。因为在君主政体下，公民被排除在立法之外，无法享有真正的政治权利；在贵族政体下，人民缺乏真正的自由，特别是无权自由地选择地方行政官员，没有人能够保护这种政体免遭贵族的滥用；而在民主政体下，公平本身也是不公平的，因为在那里不存在任何地位等级，人们在荣誉和地位上的差别得不到反应。在民主政体下，"一切事情都由人民讨论和决定，但由于他们没有一定的地位和等级，因此他们的城邦没有能保住自己的荣耀。"①

鉴于各种政体形式的缺陷，西塞罗受柏拉图晚年的思想和波利比阿思想的影响，也提出了政体循环的理论：认为从君主政体到暴君政体，接着是贵族政体蜕化为寡头政体，再接着是平民政体，最终又衰变为民主政体，即放纵无度的群氓政府，这种群氓政体又试图实现君主制。各种政体之间的交替变更是一个规律，而且这种周而复始的政体循环，使国家经常处于不稳定的状态，从而也就难以实现共同体的目的。

在指出了上述三种单一政体的缺陷之后，像波利比阿一样西塞罗提出了混合政体的理论，他认为混合政体是最理想的政体形式。西塞罗所说的混合政体应该包括卓越的王政因素，同时也要靠贵族的权威来处理一些事情，把另外一些事情留给民众协商、决定。从西塞罗的相关论述中，我们可以看出他所说的混合政体应该包括君主、元老院、平民大会和保民官等机构，各机构都分别掌管一定的事务，并使它们之间保持一定的均衡，从而保持国家的公平性和稳定性。西塞罗认为混合政体中各机构之间的均衡使其内部不存在任何引起变更的因素，毕竟每种力量都处于自己的位置，这样它就不会像单一政体那样发生经常性的变更和毁灭，因为混合政体具有保存自己的固有能力。

2. 理想政体的机构设置

西塞罗理想的政体形式是民主共和制。在对罗马共和国时期的政治事件进行理论上的总结之后，西塞罗认为理想的共和国应该包括如下机构：

（1）元老院。元老院是国家的最高权力机关，元老院由任期届满的执政官组成，掌握国家的立法权，并为平民大会准备决议案，元老院的决议具有法律效力。由平民大会选举出来的保民官主持元老院会议，在权力属于人民的原则下，元老院享有最高的权威。

（2）执政官。执政官的权力由法律加以限制，这是维护共和国的关键所在。执政官实行轮流制而非终身制，执政官任期一年，不得连任，至少不能在十年内连任同一个职务。至于军事执政官更有严格的限制，在指挥战争的紧急情况下，他可以独自掌握兵权，但任期只有六个月，逾期必须交出兵权。最后，法律还应该规定，执政官不论在候选期、任期、还是卸任之后，均不得赠送或接受任何人的礼品。执政官届满卸任时，向监察官汇报任期内的公务行为。

（3）保民官。平民保民官由十人组成。他们制衡最高执政官和元老院的权力，保护平民。他们制定的法案对平民有效。执政官拥有法律赋予的权力，所有其他官员都服从他，但平民保民官则不受执政官的管辖，保民官神圣不可侵犯。

（4）监察官。其职责是清除元老院中的犯罪分子，根据国家法律监督执政官的工作，对执政官的公务行为作出公断，接受执政官就其公务行为方面的询问。

① ［古罗马］西塞罗：《论共和国　论法律》，王焕生译，42页，北京，中国政法大学出版社，1997。

(5) 审判官。对有关法律争讼问题进行公断，对私人讼案设庭审理或命令设庭审理者为裁判官。裁判官应该是市民法的监护人，应有元老院规定的或人民要求的一定数目的等权同僚。

### (三) 西塞罗的实在法理论

1. 实在法的定义和作用。西塞罗认为，“法律是根据古老的、一切事物的始源自然表述的对正义和非正义区分，人类法律受自然法的指导，保障和维护高尚者”①。概言之，实在法就是国家根据自然法的要求制定的法律。他的作用在于厘清正义和非正义之间的界限，惩罚邪恶、维护良善。其目的是维护国家的统一和人民的安全与幸福。

2. 立法。在立法方面，西塞罗主张公民的权利平等。公民法律权利的平等源自于人的理性的平等。西塞罗指出：“作为一个国家的公民起码应该在权利方面是相互平等的。”②从中我们可以看出，西塞罗充分强调平等、自由的重要性。正是为了能够有效地保障公民的平等和自由，西塞罗才强调要在执政官、贵族和人民之间进行合理的权力分配，使任何一个阶级都不能逾越自己的权力界限而具有超越于法律之上的压制其他阶级的力量，使人民丧失平等与自由。

3. 执法。在执法方面，西塞罗主张法律至上的原则。西塞罗充分认识到，在他主张的采用混合政体的民主共和国没有官员是不可能的，因为整个国家的管理都要靠官员之间权力的分配来维持。执法者必须严格依法办事，即“官员是会说话的法律，法律是不会说话的官员”。没有权力便不可能存在家庭、市民社会、国家、种族乃至整个人类，但权力必须有合法的根据。

4. 司法。在司法方面，西塞罗主张审判公开的原则。西塞罗认为，审判活动由司法执政官主持，但要受元老院和平民大会监督，普通民事案件可由司法官员受理，重大案件如处死罗马公民或剥夺公民权等案件要由平民大会处理。审判公开可以“不允许有权势的人们过分地随心所欲，也不给人民提供伪饰的可能”③。

5. 守法。西塞罗强调守法的重要性。他说，法律不仅应该对官员的权力作出限制，而且应该对公民的服从程度作出规定。“公民要服从、听命于官员，而且要尊重、热爱他们。”④ 对于不服从的公民，官员有权处以相应的惩罚。

## 三、自然法思想

### (一) 自然法概说

1. 自然法的定义

西塞罗认为，自然法是最高的理性，它根植于自然，是正义的体现，是神的意志，它是为了实现理性、正义和神意而支配和禁止一定的事物、一定行为的规则，它鼓励人们履行自己的义务，约束人们不去为非作歹，这种规则依靠自然的强制力或约束力来实现。

西塞罗关于自然法的论述还糅进了若干实证的因素：自然法要求人们尊重长者、尊重

---

① [古罗马] 西塞罗：《论共和国 论法律》，王焕生译，220页，北京，中国政法大学出版社，1997。

② 同上书，46页。

③ 同上书，273页。

④ 同上书，256页。

神祇、尽忠报国、尊敬父母，即“忠诚”。这种自然法观念已经比纯粹理性的东西具体化很多了。

2. 自然法与平等。

西塞罗把自然法与理性联系起来。他认为人具有理性，人是由神明创造的，神明赋予人理性。所谓理性，就是进行推测、论证、批驳、阐述、综合和作出结论的智慧。一切人，虽然他们可能在受教育程度上存在差别，但学习能力是一样的；人们感觉接受外物并令心灵产生印象的东西同样作用于所有人；解释和表达思想的词句可能不同，但意思却是相同的。西塞罗从理性的角度认为，所有的人都是平等的。人与人之间在种类上没有差别，如果有差别的话，那么一个人的定义就不可能适用于一切人了，理性是人类所共有的。

3. 法与自然的关系。

“法源于自然”是西塞罗关于法与自然之间关系的基本命题。法与自然之间存在着紧密的联系。第一，我们似乎是由神的礼物装备和美化起来的；第二，人们中间存在着一种共同的生活法则；第三，人们彼此之间由某种天生的仁慈和善意以及法的共同性相联系。因此法不可能与自然割裂开来。自然创造了人类，是为了让人类相互共同分配和享受法。

4. 自然法的特性。

在西塞罗看来，自然法有以下几个特点：第一，自然法是普遍适用的，自然法为人神共有，人类既然是自然创造的，人类被赋予了正确的理性，也就被赋予了正当的法律。[①]这种正确的法律适用于整个人类。西塞罗的这种思想为罗马帝国的扩张提供了理论依据。第二，自然法具有永恒性，是永远有效的。“一切正确的、合理的都是永恒的，并且不随成文的法规一起产生或消灭。”[②] 自然法产生于成文法之前，且是与神法同时产生的，因此自然法是永远不能撤销、不能被废除的。第三，自然法与神法一样都是最高的。自然法具有最高性，它统率全人类，也高于一切制定法。第四，自然法与神法是相同的，自然法是神意的体现。自然是神创造的，神创造了自然也创造了人。自然和人都被神赋予了理性。

（二）自然法与人定法的关系

在西塞罗看来，人定法根源于自然法，其目的在于保护人民的利益，推进人民的福祉。所以，对于公民来讲，法律包含公正、正确选择的意思，他们按照法律的规定正确地选择自己的行为。他不可能被宣布无效，也不可能被废除，它具有永恒的效力。

人定法是自然法的具体体现，人定法的根源是自然法。所谓根源包含两方面的意思：从内容上讲，法律作为区分“正义与非正义”的标准，只不过是自然法以人的语言的表述；从效力上来说，法律的效力来源于其道德性，即它应该符合自然法的要求。

法不是以人们的意见和意志为基础，而是以自然为基础的。虽然立法机构的立法行为需要有一定的法律规则，需要有立法资格，但并非立法机关制定的一切法令都是法律，立法机关按照自己的意志作出的违背人民利益和国家利益的立法，不具有法律的效力。因此，法律之所以能够成为法律，具有法律效力，在于它具有道德性，在于它与自然法相符合。在论述自然法和人定法的关系时，西塞罗主张“恶法非法”这种在近代自然法理论中

① 参见［古罗马］西塞罗：《论共和国 论法律》，王焕生译，196页，北京，中国政法大学出版社，1997。

② 同上书，218页。

才明确表达出来的观念。他认为，凡是不符合自然法，立法者在立法时违背对人民的承诺，不是出于国家和人民的利益考虑而制定的法令，都不能称为法律或不具有法律效力。

违反自然法、违背人民利益的法规，不能算是法律，不具有法律的效力。如果一个国家的立法者制定的法律有害，就等于说这个国家没有法律，国家就没有现实的意义。法律的制定是为了保障公民的福祉、国家的繁荣昌盛和人们的安宁而幸福的生活。那些首先通过这类法律的人曾经向人民宣布，他们将提议和制定这样的法律，只要被人民所接受，人民便可生活在幸福和安宁之中。

正是由于真正可以被称为法律的东西，是符合自然法的东西，所以西塞罗认为，应该把法律归入最好的东西之列。一方面，立法者应该以自然法为指导，出于保障公民的福祉、促进国家的繁荣的目的而制定法律；另一方面，凡是真正的法律，都应该得到人民的尊重与服从。西塞罗认为，罗马法律集中了"祖先的智慧"，"完全同作为法律范本的自然相符合"①，是世界上最完善的法律，是其他国家的法律所不能比拟的，理应得到人民的服从。

（三）宗教法（祭司法）

西塞罗生活的时期恰恰处于基督教产生的前夜，因此西塞罗的法律观必然打上深深的宗教烙印。他一再号召，"让公民们一开始便树立这样的信念，即一切事务均由神明们统治和管理，一切均按神明们的决定和意志而变化……"② 西塞罗还提出了一系列类似宗教法规范，例如，愿人们圣洁地敬奉神明，保持虔诚，鄙弃奢华等。另外，还有一些关于祭奠、誓言、节日及坟墓等的行为规范。这些规定都表明了祭司有很大的权利，可以对司法进行直接干预，也表明了罗马的宗教法向世俗法转变的过程。

综上所述，我们可以大致掌握西塞罗关于国家问题和自然法、人定法的基本理论。实际上，西塞罗作为罗马时期最伟大的思想家，其著作中所包含的思想还值得后人进一步的挖掘。他的著作不仅是我们了解罗马共和国当时政治、经济和思想状况的一个窗口，也是法律思想乃至人类思想发展历史上炫目的瑰宝。

## 第三节　罗马法学家的法律思想

### 一、罗马法学家简介

公元前 3 世纪到公元 1 世纪，罗马奴隶制经济获得了巨大的发展。由于对外进行频繁的掠夺性战争，罗马的领土逐步扩大，成为一个地跨亚、非、欧三洲的大帝国。随着罗马版图的扩张，外来人口的增多，罗马社会各阶层之间的矛盾也越来越突出。值得关注的是，由于当时的罗马立法与罗马社会客观的经济政治发展需要之间出现了不平衡，因此罗马法学家的活动就变得越来越重要。早在公元前 4 世纪到公元前 3 世纪中叶，罗马法学家就已经出现了。从公元前 27 年奥古斯都建立元首制到公元 284 年戴克里先被拥立为皇帝，

① ［古罗马］西塞罗：《论共和国 论法律》，王焕生译，250 页，北京，中国政法大学出版社，1997。

② 同上书，221～222 页。

这段时间被称为罗马法学的“古典时期”。罗马法学家集团恰恰是在这一时期诞生的。罗马帝国初期，罗马法学家主要分为两大派别：一为萨宾派，创始人是卡必多，持保守的政治倾向，拥护帝制；另一派是普罗库尔派，创始人是拉别奥，倾向革新，主张共和。在若干罗马法学家中，盖尤斯（Gaius，117—180，主要著作有《法学阶梯》）、保罗（Paulus，121—180年）、乌尔比安（Ulpian，约170—228年）、帕比尼安（Papinionus，约150—212年前后）和莫德斯蒂努斯（Modestinus，250年前后去世）最为著名。公元426年，东罗马皇帝迪奥多西二世在《学说引证法》中任命上述五人为罗马法系五大法学家，并规定五大法学家的著作具有法律权威性。

罗马法学家在立法、执法、司法等各个方面都显示出了自己特殊的作用。最初，法学家只是对法律作些解释，进行咨询、编撰合法证书、解答疑难问题、指导起诉，以弥补法律的不足。后来，法学家有了“公开解释法律”的特权，而且这种解释具有法律效力，法院在裁决案件时必须遵循。《学说引证法》公布之后，罗马法学家的著作成为《查士丁尼国法大全》的组成部分，从此他们的作用更为突出，作用也更为巨大。该法明确规定，在成文法没有明确规定的情况下，罗马五大法学家的著作可以成为审理案件的依据。在各法学家的观点不一致时，以多数人的意见为准；在不同观点大致平衡时，则以帕比尼安的学说为准。此间，罗马法学家的地位和作用更为突出，他们出任行政官职、编制现行立法，指导司法。

## 二、罗马法学家的法律思想

### （一）法的概念

从罗马法学家关于实在法的描述中，我们不难发现他们受到了古希腊斯多葛学派的影响。他们没有对自然法和实在法进行明确的区分，因此也几乎把法律和道德混为一谈。他们大多认为法是正义、公平、公道的体现。如盖尤斯认为，正义和法律有着密切的联系，“正义是给予每个人他应得的部分的这种坚定而恒久的愿望”①。乌尔比安也指出，法是“给每个人以稳定和永恒权利的意志”，“法的准则是，诚实生活，不犯他人，各得其所”②。但也有罗马法学家认为法不只是正义、公平，还应该包括善。如身为五大法学家之列的保罗认为，“法律所许可的未必合乎道德”。塞尔苏斯更是认为，“法乃公正善良之术”。尽管罗马法学家对关于什么是法的问题没能形成一个很统一的观点，但他们给法的定义基本上都没有脱离希腊人倡导的公平、正义观。

### （二）自然法、市民法和万民法

这是罗马法学家对法进行的基本分类。

（1）自然法。在罗马法学家眼中，“自然”、“自然的”、“自然地”是指在世界存在或发生的，无须主动为之的一种情形。自然法是指“不是为体现立法者意志而产生的法”。乌尔比安说过，“自然法是大自然教给一切动物的法”。不可否认，这种关于自然法的定义太过宽泛，它只适用于某些伦理性的制度，而且人和动物不可能有共有的法律规范，只能讲有共同的需要。相较而言，《法学总论》对自然法的定义更为全面、系统：自然法是

① 转引自［古罗马］查士丁尼：《法学总论》，张企泰译，5页，北京，商务印书馆，1996。

② 转引自［意］彼德罗·彭梵得：《罗马法教科书》，黄风译，5页，北京，中国政法大学出版社，1992。

"自然界教给一切动物的法律。由自然法产生了男与女的结合，我们把它叫做婚姻；从而有子女的繁殖及其教养"①。

（2）市民法。市民法是指为罗马人所特有的法律制度的总和，是调整罗马公民个人关系的法。盖尤斯在《法学阶梯》中明确指出："每个共同体为自己制定的法是他们自己的法，并且称为市民法，是市民自己的法。"②《法学总论》同样指出："每一民族专为自身治理制定的法律，是这个国家所特有的，叫做市民法，即该国本身特有的法。"③ 市民法是由罗马人民制定和批准的，它仅适用于罗马公民。它多是由平民大会和元老院的决议和习惯规范构成。当时罗马的市民法主要包括：《交里亚和森迪亚法》、《尤尼亚法》、《富菲亚和卡尼尼亚法》、《米尼奇法》、《十二铜表法》、《克尔内利法》等。

（3）万民法。万民法是指罗马人与其他所有民族共有的法。按照罗马法学家的定义，万民法是"罗马人与古代文明民族共有的或在同他们的关系中逐渐创立的规范总和"。《法学总论》中写道："出于自然理性而为全人类制定的法，则受到所有民族的同样尊重，叫做万民法，因为一切民族都适用它。"④ 虽然从名义上看，万民法是一切民族使用的法，实际上罗马人一方面使用他们自己的市民法，另一方面也适用为所有人共有的万民法。

将罗马法分为自然法、市民法和万民法三个部分，主要是乌尔比安的观点。而盖尤斯则与乌尔比安持不同的观点，他将自然法与万民法看成是同一体，认为万民法就是"自然理由在所有人当中制定的法"，认为买卖、租赁、合伙、借贷等皆起源于万民法。

（三）公法和私法

公法和私法是罗马法学家对法所进行的另外一种分类，这种分类首先是由乌尔比安提出来的。在《学说汇编》中论及法的分类时，乌尔比安指出："它们有的造福于公共利益，有的则造福于私人。公法见之于宗教事务、宗教机构和国家管理机构之中。"⑤《法学总论》中同样说道："公法涉及罗马帝国的政体，私法则涉及个人利益。"⑥ 从中我们不难看出，公法以保护公共利益为目的，它以调整国家内部的各种政治关系、国家应当以及怎样实现自己的目的为主要内容，是有关罗马国家稳定的法律；私法以保护私人利益为目的，调整公民个人之间的关系，为个人利益确定条件和限度，涉及个人的福利。从宽泛意义上来说，罗马国家的自然法、市民法和万民法都属于私法之列，《查士丁尼国法大全》更是典型的私法总汇。乌尔比安将法律分为公法、私法的观点，对民法法系以及后来的法学理论产生了很大的影响，而且这种观点直到现在仍然存在着相应的理论和现实意义。

（四）法的渊源

由于罗马法学家重视对成文法进行实证的分析，因此他们对法的渊源问题极为重视。盖尤斯在《法学阶梯》中系统地论述了罗马法的渊源。在他看来，罗马法的渊源主要有：法律、平民大会决议、元老院决议、君主谕令、有权发布告示者发布的告示，以及法学家的解答。

---

① ［古罗马］查士丁尼：《法学总论》，张企泰译，6页，北京，商务印书馆，1996。

② ［古罗马］盖尤斯：《法学阶梯》，黄风译，2页，北京，中国政法大学出版社，1996。

③ ［古罗马］查士丁尼：《法学总论》，张企泰译，6～7页，北京，商务印书馆，1996。

④ 同上书，7页。

⑤ 转引自［意］彼德罗·彭梵得：《罗马法教科书》，黄风译，9页，北京，中国政法大学出版社，1992。

⑥ ［古罗马］查士丁尼：《法学总论》，张企泰译，5～6页，北京，商务印书馆，1996。

（1）法律是由人民批准和规定的。平民大会决议是由平民批准和制定的。

（2）元老院决议是由元老院批准和制定的，它具有法律的效力。

（3）君主谕令是由皇帝通过裁决、告示或者诏书制定的。毫无疑问，它具有法律的效力，因为皇帝本人获得治权的根据就是法律。

（4）告示是那些拥有裁决权的人制定的规范。罗马共和国的执政官拥有这种权力。

（5）法学家的解答是那些被允许对法加以整理的人的意见和见解。如果所有法学家的意见一致，他们的意见就具有法律效力。如果相互之间存在分歧，则以多数人的意见为准；如果各种不同的意见大致平衡，就以帕比尼安的意见为准。

除盖尤斯在《法学阶梯》中详细探讨了罗马法的渊源之外，《法学总论》对此问题也有所论及："成文法包括法律、平民决议、元老院决议、皇帝的法令、长官的告示和法学家的解答。"① 总之，罗马法学家从古罗马帝国当时政治和法律实践的角度，关注并考察了罗马国家当时法的渊源，从上述关于法的渊源的论述中我们不难看出罗马法学家对法律实践性的关注。

罗马法学家在罗马法发展的过程中具有独特的地位，回首人类社会法律思想发展的历史，我们不难发现：法学家的学说具有法律效力、可以成为法的渊源的情形，可谓凤毛麟角，但罗马的法学家们做到了。罗马法学家对罗马法的阐释不仅在立法和司法实践上对罗马法的创制和实施作出了贡献，而且还开创了对实在法进行实证的条文分析之先河，为罗马法在中世纪后期的复兴发挥了相应的推动作用。

## 复习思考题

1. 试述古罗马法律思想的特点和地位。
2. 西塞罗的自然法思想的要点是什么？
3. 西塞罗是如何论述国家和法的关系的？
4. 罗马法学家法律思想的特点及其对古罗马法发展的贡献是什么？

① [古罗马] 查士丁尼：《法学总论》，张企泰译，7页，北京，商务印书馆，1996。

# 第三章 欧洲中世纪的法律思想

**第一节 欧洲中世纪的法律思想概述**

一、欧洲中世纪的法律思想的历史背景

二、欧洲中世纪的法律思想的历程

三、欧洲中世纪法律思想的特点和地位

**第二节 奥古斯丁的法律思想**

一、奥古斯丁的生平和著作

二、两国论

三、神学自然法

**第三节 托马斯·阿奎那的法律思想**

一、托马斯·阿奎那的生平和著作

二、基督教神学化了的亚里士多德政治学

三、法的本质与分类

**第四节 中世纪晚期的政治法律思想**

一、马西利乌斯的政治法律思想

二、马基雅维利的政治法律思想

三、让·布丹的政治法律思想

## 第一节 欧洲中世纪的法律思想概述

### 一、欧洲中世纪的法律思想的历史背景

长期以来，人们习惯于用“中世纪”这个名词指从西罗马帝国灭亡至资产阶级革命止的一千多年的西欧封建时代。欧洲中世纪大体经历了三个大的时期：5世纪～9世纪为封建制度产生和确立时期；10世纪～14世纪为封建制度繁荣与危机时期；15世纪～17世纪为封建制度衰亡与解体时期。

（一）西欧封建社会及其政治形态

罗马由衰而亡，前后二百余年。西欧的封建制度，是由日耳曼人在罗马帝国的废墟上建立起来的。封建大土地所有制和封建臣属关系作为封建制度建立的两大支柱，历经了一个漫长的进程，最终在12世纪得以在欧洲确立，既标志着西欧封建社会的成熟，也决定了西欧封建社会区别于东方封建社会的特殊样态。

在西欧封建社会的前后一千二百余年间，国家政权组织形态经历了一个由分散向集中的缓慢演变过程，大致说来为三个阶段：11世纪以前，属于封建割据君主制；12世纪以后属于等级代议君主制；15世纪以后，才有了中央集权的专制君主制。此外，12世纪以后城市自治运动蓬勃兴起，出现了一批实行封建共和制的城市国家。因此，自中世纪开端以来，古典的世界性帝国在环地中海文明区域不复存在了，除基督教在驾驭着复杂的政教关系的基础上维系着一种宗教帝国的统一之外，很长时期以来，取古代国家而代之的是极端破碎、复杂的封建割据状态；伴随着经济的复苏、中央政权的增长，一种新兴的区别于古代帝国世界的民族国家的世界格局才缓慢地从这种状态中表露出来；另一方面，在整个中世纪内部，由于封建地产制度和神权教阶制度的普遍确立，希腊罗马的奴隶制民主政治和平等的市民法权全都失去了存在的土壤；伴随着庄园、采邑、家族领地、教区对整个社会阡陌纵横的交织切割状态，身份等级性的地方权力关系构成人们生活世界的基本结构。因此，严格地说，在西欧各国语言中，国家（Stato，Staat，State，Lotat等）概念是在15世纪以后伴随着民族国家的形成才正式出现的，而对近代民族国家在理论上的说明则要到了马基雅维利、布丹才开始形成。

（二）基督宗教世界（Christianitas）及政教二元关系

基督教源于犹太教，公元1世纪发源于西亚巴勒斯坦，2世纪传入罗马。公元392年，基督教成为罗马帝国的国教。罗马灭亡之后，基督教会处于整个封建社会万流归宗的地位，日耳曼王国先后归依，教会势力空前发展，西欧中世纪长期处于教会与国家、教权与王权的二元统治之下，造成中古西欧政教关系的错综复杂。基督教文化和政教关系构成中世纪政治法律思想史研究的一条极其重要的线索，并对后世整个西方政治法律实践与观念产生了深远的影响。

一千二百年间，基督教教会势力的发展大致分为三个时期：第一，6世纪到9世纪为基督教神权统治的确立时期。中世纪早期，世俗国家实力远大于基督教会，但是却在文化一道统方面对它存在绝对倚赖，王权与教权之间逐渐形成一种复杂的依存关系。"双剑论"正是反映了这个时期的特点。第二，11世纪到13世纪为基督教神权统治的全盛时期。这一时期，罗马教会已成为神权统治的国际中心，它把整个西欧联合成一个庞大的政治体系，同希腊正教徒和伊斯兰教的国家相对抗。13世纪教皇英诺森三世（1198年至1216年在位）宣讲"日月论"，教廷权力发展到鼎盛。这之间发生了一系列教皇与皇帝、神权与教权激烈冲突的历史事件。由于世俗统治者本身都信奉天主教的教义，没有自己的政治哲学，也无足够的力量对教会进行成功的反抗，往往处于被动、失败地位，但是，这些冲突和斗争打破了几个世纪以来在教会控制下思想领域沉寂的局面，活跃了中世纪人们的思想空气。第三，从14世纪起基督教神权统治进入衰落时期。1294年至1303年间发生的教皇卜尼法斯八世（1294年至1303年在位）在与法王菲利普四世（1285年至1314年在位）的激烈斗争中告败，成为教会走向衰落的一个转折。在宗教内部，主张教会会议高于教皇的改革派也在西欧普遍兴起。到15世纪，捷克首先产生了西方第一个不受罗马控制的捷克民族教会。16世纪终于爆发了宗教改革运动。

（三）早期资本主义因素

15世纪到16世纪，西欧经济状况发生了巨大变化。随着社会生产力的发展，近代资本主义在封建社会的母体内成长起来。在纺织、采矿、冶金、造船等重要工业部门，生产技术不断革新，商品生产不断增长，社会劳动分工不断扩大，手工业与农业进一步分离，国内外市场已近形成，加速了封建生产方式的衰落与解体，为资本主义生产方式的发展创造了条件。新航路的开辟和新大陆的发现，世界市场的扩大，给欧洲资本主义的发展带来了新的刺激。为了满足新的世界市场的需要，获得更大的利润，新型资产阶级迫切需要进一步扩大资本主义生产。新兴的资产阶级必然在各个领域向阻碍资产阶级生产发展的封建制度、封建教会和封建贵族发起猛烈的冲击，表现在思想领域，形成了波澜壮阔的文艺复兴运动和宗教改革运动。

## 二、欧洲中世纪的法律思想的历程

（一）神学法律思想的发展

1.《圣经》。《圣经》正典的确立无疑是基督教发展史上意义最为重大的里程碑，基督教神学法律思想首先通过《圣经》得到了明确的表达。总体上看，《圣经》中的法律思想集中表现在以下几个方面：第一，通过对一种灵论得救的超越主义价值观和来世信仰的确立，《圣经》传递着一种对待世俗国家和政治统治的冷漠、疏远与超越的态度。基督徒把这个世俗世界视为他们精神朝圣旅途中的一个短暂的寓所或客栈，自己只是这个世界的匆匆过客，灵魂得救才是他们真正的追求，世俗国家与政治秩序并不具备任何神圣永恒价值。① 第二，通过“双重忠诚”教义的宣讲，《圣经》在确立神权统治至上的同时，主张服从世俗统治的义务，把权力、法律的真正源泉归诸上帝的同时，渗透着法律神圣、法律至上的观念，强化了人们的法律信仰。② 第三，通过“上帝选民”观念的确立，《圣经》在人的内在世界和人格上植入了坚定的平等、独立和尊严的信念。基督徒最终面对的是上帝，任何尘世的权势与财富都无法构成对一个真正基督徒在人格和精神上的否弃与贬损，在与上帝的联系中产生的生命支点和人生意义减弱了基督徒对世俗权力的依赖与崇信，提供了基督徒抗拒暴力统治的支柱与底线。

2.教父哲学。在捍卫、研究《圣经》正典过程中产生的教父哲学是基督教宗教教义最早的神学理论体系。对基督教作出重大贡献的早期教父有三位：圣・安布洛斯、圣・杰罗姆和圣・奥古斯丁。安布洛斯使基督教会与世俗政权脱离而独立；杰罗姆把《圣经》由希伯来文翻译为拉丁文；奥古斯丁提出了系统的基督教教父哲学。以奥古斯丁为代表的早期拉丁教父通过“创世说”、“原罪说”、“末日审判说”、“三位一体说”的阐发，将《圣经》教义系统化。奥古斯丁的“两国论”和“神学自然法”对中世纪政治法律思想产生了深远的影响。

3.经院神学。中世纪中期，伴随着教会势力发展之巅峰时代的到来，其原有的教父

① 耶稣说：“我的国不属于这世界。”（《新约・约翰福音》第18章）

② 耶稣说：“恺撒的归恺撒，上帝的归上帝。”（《圣经・马太福音》第21章）；保罗说：“在上有权柄的人，人人当服从他；因为没有权柄不是出自神的；凡掌权的都是神所命的，所以，抗拒掌权的就是抗拒神的命，抗拒的必自取刑罚。”（《新约・罗马书》第13章）

哲学理论已不再适应新的形势。伴随着政教权力争夺、科学文化发展以及亚里士多德《政治学》在基督教世界的传布，各种理论与实践的矛盾激化开来，基督教神学从教父哲学阶段发展为经院神学阶段。托马斯·阿奎纳是经院神学的巨子，他把亚里士多德经验主义哲学、政治学融入基督教神学体系，调和理性与信仰，建立起一个和谐庄严的神学教法体系，被罗马教皇认定为基督教神学的最高权威，其影响一直波及当代。

（二）世俗法律思想的发展

1. 注释法学派。11 世纪以后，随着城市的兴起和商品交换的发展，原有的以调整自给自足的自然经济为特点的日耳曼习惯法，已经不能满足社会发展的需要，教会法离商品经济的要求也有较大距离。曾经作为简单商品经济社会最发达的法律——随着 11 世纪末考古的重新发现（1135 年在意大利北部的马尔非发现了《学说汇纂》手抄本），随着学者们对原典的研究，罗马法开始在欧洲广为传播。当时罗马法的研究和适用不仅有利于以王权为代表的中央集权制的建立和加强，而且也为商品交换产生的各种法律关系提供了详尽的规定，同时对罗马法的广泛研究，使法学独立于神学，形成了世俗法学家阶层。

2. 评论法学派。13 世纪到 16 世纪，注释法学派已经不仅研究罗马法原典的结构和原意，而且试图使罗马法与宗教法、城市法和习惯法的规范相协调，法学家在对罗马法注释的基础上，结合实际采用评论、评议的方法，使之适合时代的需要。由于评论法学派注意从法律中抽象出法律的一般原则，使罗马法得以适用于当时封建社会的条件，对欧洲大陆各国立法、司法实践产生了很大的影响，为大陆法系的形成起到了巨大的推动作用。

3. 人文主义法学派。15 世纪至 17 世纪，近代欧洲统一民族国家的形成，促使法律逐渐分散并开始与民族的分立相吻合。受人文主义思潮的影响，法律思想领域出现反封建思潮，在法国形成了人文主义法学派。他们致力于恢复罗马法本来的面目，并应用于现实生活，关心世俗法律的进步。在这一点上他们不同于注释法学派。注释法学派当时并没有完全脱离神学，有的法学家本身就是神学家、僧侣。与评论法学派的实用主义倾向不同，人文主义法学派主张以纯历史、纯科学的态度来研究罗马法，因而又称复古派。以后，罗马法的研究中心移至荷兰，又从荷兰移至德国。在德国演变为潘德克顿学派，对《德国民法典》的制定起了决定性指导作用。

（三）早期资产阶级政治法律思想

从 15 世纪下半叶开始，西欧进入了一个新时代。随着商品经济的发展，城市中形成的新兴市民阶级，即资产阶级，一跃而成为政治和经济上的重要角色，他们要求建立统一民族国家，开拓国内市场和发展对外贸易。当时，国王的政权依靠市民削弱了封建贵族的权力和教会的绝对权威，于 15 世纪末，相继建立了统一的民族国家。“在这种普遍的混乱状态中，王权是进步的因素，这一点是十分清楚的。王权在混乱中代表着秩序，代表着正在形成的民族（Nation）而与分裂成叛乱的各附庸国的状态对抗。在封建主义表层下形成着的一切革命因素都倾向王权，正像王权倾向于他们一样。”[①] 思想意识领域内，神学世界观、封建主义的等级思想和教权也展开了激烈的斗争，出现了一批著名的人文主义思想家，提供了捍卫王权的强大理论武器，发展了近代表达资产阶级利益和愿望的政治法律思想。这一时期主要的代表性思想家有马基雅维利和布丹。马基雅维利的君权思想、布丹的国家学说

① 《马克思恩格斯全集》，第 21 卷，453 页，北京，人民出版社，1971。

和主权理论等都以世俗的眼光看待法律问题，反映西方政治法律思想的重大转折。

## 三、欧洲中世纪法律思想的特点和地位

### （一）欧洲中世纪法律思想的特点

欧洲中世纪占据统治地位的是教、俗封建主阶级的神权法律思想，基督教神学化是中世纪法律思想的总体特征。正如恩格斯指出的，“中世纪只知道一种意识形态，即宗教和神学”，“中世纪把意识形态的其他一切形式——哲学、政治、法学，都合并到神学中，使它们成为神学中的科目”①。

首先，中世纪的法律思想寓于宗教神学体系之中，各派思想之间的斗争都围绕着宗教神学的理论与内容，并以宗教神学的形式来进行。在各种社会矛盾的推动下，伴随着基督教神学理论体系自身的发展，相继产生了两个长期占据中世纪法哲学正统地位的奥古斯丁教父哲学的法律理论和托马斯·阿奎那经院哲学的法律思想体系。各种教派、“异端”的法律思想虽然存在着与正统之间的多种分歧，但根本上未能突破封建神学思想的基本框架。即便是在中世纪晚期产生的表达资产阶级政治法律主张的思想家，其思想同样烙有宗教神学的印记，这就是他们反教会但不反宗教、反教皇但不反上帝，实际上是反封建割据但不反封建皇帝的政治主张的表现。当然，他们极大地宣扬理性、贬抑信仰，具有摆脱神学的束缚、抛弃君权神授的思想，对近代资产阶级政治法律理论产生了重要的影响。

其次，在西方法律思想的发展史上，自古希腊、罗马以来的法律观念在中世纪发生了从世俗主义、理性主义向信仰主义的一系列严重转型：在观察社会政治法律问题的出发点上，用上帝代替人类，用信仰统辖理性；在对政治法律伦理基础的思考上，用对于上帝的“爱”，代替古典社会的“正义”；在讨论的中心问题上，用教会与国家、教权与王权的关系，代替了古典社会个人与国家的关系。神学与神权强化的同时，世俗政治的地位、价值严重弱化了，虽然其合法性始终得到了神学不同角度的说明与论证，但其实质乃是基于社会形势的发展持续不断地强化着世俗政治对神学道统的倚赖。这甚至导致在鼓吹王权的近代世俗法律思想里面，仍然把上帝作为约束君主暴政的最终力量。

### （二）欧洲中世纪法律思想的地位

从整体上讲，西方法律文化与法治传统的形成，离开中世纪一千二百余年法律思想的发展是根本不可想象的。作为西方法律思想发展史上的一个极为重要的环节，中世纪的法律思想不仅有其来自当时社会发展现实的历史合理性，而且保留、接续了自古希腊以来西方法律思想中的优秀成分，产生了自己独特的法律思想体系，丰富了人类法律文化，为西方近代法律理论的形成提供了相当丰厚的思想理论资源与制度实践成果，不仅构成了整个西方法律传统的重要渊源，而且对后世宪政法治的理论与实践产生了持久的深远影响。如果再从历史—文化比较的角度，对西方中世纪的基督教法律文明与东方封建社会的伦理法律文明，以及伊斯兰教、佛教法律文明之间的差别及其各自在后世的演化详加梳理的话，西方中世纪法律思想在人类法治文明发展史上独有的地位与意义则更加鲜明了。

概括来说，考虑西方中世纪法律思想的地位问题，应当注意以下几个方面：第一，中

① 《马克思恩格斯选集》第4卷，231、251页，北京，人民出版社，1972。

世纪基督教以宗教神学的形式保留并发展了发源于古希腊罗马的自然法思想。就自然法思想作为西方法律思想的底色地位和后世一切西方法律思想母体的地位而论，中世纪基督教对自然法理论的保留与发展，其意义是极其重大的。自然法思想的基本内核在于一种“实在法”与“应然法”两分的二元法律观念，以及在此思维框架下，对法律的批判主义立场。这样一种观念被基督教所吸取、改造融合进自己的神学理论体系之中，从而产生中世纪神学自然法思想，以一种上帝的观念保有了自然法原有的“法律二元论”和批判主义立场。随着神权统治的垮台，自然法作为宗教神学的遗产得以世俗化，其固有的理论旨趣在近代以来的法律理论发展中发挥了重大的作用。第二，中世纪法律思想极大地强化了西方人的守法与法律信仰意识。一方面，政治弱化的同时，法律却得到极大的强化，这是中世纪历史极其耐人寻味的一个方面。这在很大程度上根源于法律为教俗两界维系社会统治与整合所共需的现实局面。另一方面，基督徒决然否弃对世俗利益与权势的崇信与倚赖，却绝不拒绝在法律之下保持内心的独立与平静。除非面对暴君对上帝信仰的干预，否则基督徒可以在对政治报以极端的冷漠与疏离的态度下严格地遵守世俗法律。出世的超验价值与人间的德性生活的结合，是历代基督教教理的精义所在。第三，法律观念与法律思维上的理性主义倾向在中世纪并未消亡，相反，在神学所能包容的最大范围内，理性主义的法律意识与思维能力得到了极大的培养和训练。基督教是一个以信仰统摄理性，而以理性支撑信仰的宗教，在确保上帝权威与荣光的前提下，理性与上帝恩典并无决然对立。因而，在基督教教法体系的建构中，发扬了运用理性思维能力，产生了科学地分析法律现象与法律问题的思想成果，导致对实在法的重视与研究，这在托马斯·阿奎那的法律分类体系之中得到了充分的体现。

对于中世纪晚期，包括马西利乌斯在内的鼓吹世俗政治秩序的法律思想代表人物，他们在西方法律思想史上的地位是有别于正统神学法律思想家的。如前所述，作为中世纪的人物，他们不可避免地带有这个时代的思维印记。他们的伟大之处在于，只有这批人，是身处中世纪之中而竭力超越这个时代的。作为神权时代反神权的斗士，他们是人类的英雄人物；作为尚在襁褓之中的市民阶级的代表，他们是新时代到来的“吉兆”，尽管他们个人的命运并不吉祥。他们对君主专制的鼓吹，既表现了鲜明的反神权的一面，同时也暴露了他们作为过渡人物的定位，显然，“彼岸世界的真理消逝以后，历史的任务就是确立此岸世界的真理”①。

## 第二节　奥古斯丁的法律思想

### 一、奥古斯丁的生平和著作

奥古斯丁（Aurelius Augustine，354—430），欧洲中世纪著名神学家、罗马基督教拉丁教父的主要代表、基督教教父哲学体系（Philosophia Patristica）的完成者、基督教神学政治法律思想体系的开创者。

奥古斯丁出生于罗马帝国境内离突尼斯不远的北非高地平原上的小城塔加斯特（Ta-

① 《马克思恩格斯选集》第1卷，2页，北京，人民出版社，1972。

gaste，今阿尔及利亚的苏克阿赫腊斯)。母亲莫尼卡是虔诚的基督徒，父亲帕特里西斯是异教徒，直到临终才受洗；年轻的奥古斯丁有两种性情：一方面是旺盛的生命本能欲望，陷在肉体的情欲之中，放浪形骸；另一方面是强烈的思维冲动和极高的天赋，在思想上不断地寻求。因此，心灵深处时时成为善恶剧烈斗争的战场。经过多年放荡的情欲生活和曲折的思想蜕变，最终在年届中年之际，奥古斯丁终结了自己的热望与痛苦，完成了道德境界的升华和基督信仰的皈依，为狂躁的灵魂觅得一个安憩的场所。391 年，奥氏被推选为努米底亚省希波城（Hippo，今阿尔及利亚的安纳巴）教区神甫。四年之后，继任主教，在任 35 年之久。在希波，奥氏为非洲那一带地方创建了第一所修道院，用以训练教会领袖人才，同时，毕其余生，致力于基督教教会事业和教义研究，最终完成了第一个经典的基督教神学体系的创建。晚年，奥氏目睹汪达尔人的入侵。430 年 8 月 28 日，汪达尔人破城之际，他因热病逝世于希波，终年 76 岁。

奥氏生平著述极丰，超逾百本及五百多篇讲稿，包括神学、释经、伦理证道、哲学和自传。奥氏通过将柏拉图的知识体系基督教化而解决了对信仰的怀疑问题，一方面维护《圣经》正典的确立，同时对于信仰或教义的演绎及阐明作出极深的创见，以此确立基督教哲学。主张神为精神实体，是无限而永恒的超越存在，人类无法表述而只能通过内心思辨予以直观和体悟；断言信仰使人看见真理，而理智使人多了解真理，但信仰至上，对于那些终极实体虽然不能为人的治理所发现，但应基于信仰而接受。理性必须和启示相联系，从而能够在和信仰交流的基础上建构知识体系。其代表作为《忏悔录》及《上帝之城》。前者乃奥氏自传，公认为既是宗教经验的著述经典，又是人文名著，它以“一个人的生平故事代表了所有人类丧失方向感的故事”，与法国卢梭、俄国托尔斯泰的同名著作并称世界三大思想自传。《上帝之城》全书分两大部分，二十二卷，历时十四年（412 年～426 年）完成。首十卷为基督教作有力的辩护，反驳异教主义及不符合基督教思想的其他理论与观点；后十二卷论“地上之城”及“天上之城”的源起、发展及指归，可以说是第一部基督教神学历史哲学和政治法律巨著。

作为基督教早期教父哲学完成者，奥古斯丁被罗马教廷封为“圣者”，其学说在身后八百年内被尊奉为教义正统，对 16 世纪以后的新教乃至当代西方社会政治法律思想的发展产生着重大影响。考虑到基督教在整个西方文明构成中的地位，奥古斯丁在西方法律思想史中的地位无疑是极其独特而不容忽视的。当代美国政治哲学大师列奥·施特劳斯主编的《政治哲学史》中说道：“天启宗教的诞生及其在希腊罗马世界中与哲学的遭遇使形势发生了变化，圣·奥古斯丁是根据新形势阐述公民社会问题的第一位著作家。作为一个罗马人，他继承并为自己的时代介绍了由柏拉图所创立、被西塞罗引进拉丁世界的政治哲学，作为一个基督徒，他修正了这一哲学以使其适合信仰的需要。他即使不说是政治思想的一个新传统的创始者，也是其最重要的阐释者，这一新的政治思想传统的特点就在于它试图融合或调和出自彼此独立且一直互不相干的两个源泉的要素：基督教《圣经》和古典哲学。”① 中世纪开端于罗马帝国的覆灭，但其精神却长久地先行孕育于古罗马时代，最终在奥古斯丁手上得到了首次完整的表达。欧洲民族大迁徙、老大帝国风雨飘摇；希腊城邦

① ［美］列奥·施特劳斯、约瑟夫·克罗波西主编：《政治哲学史》，李天然等译，189 页，石家庄，河北人民出版社，1993。

正义与罗马帝国精神已然明日黄花，面对一个没有意义却充满敌意的世界，理性的人类日益茫然不知何处寄托信念；身处千年未遇之离乱世事，时逢人类精神新说旧义涤荡交锋，奥古斯丁成为了在旧时代为新社会提供精神家园和筹划理想蓝图的人物，实现了西方政治法律思想自古希腊以来积极乐观的入世主义向天启批判的宗教立场的巨大转型，构成西方近代以来自由主义、保守主义乃至一般社会批判理论的一种独特而持久的理论渊源。

## 二、两国论

从逻辑上讲，对人及其生活意义与命运归宿的判断与把握，构成包括宗教教义在内的一切社会理论的起点与归宿。区别于希腊—罗马古典哲学，奥古斯丁对人的思考已不再从人与城邦的关系中来把握，而是从对人与上帝的叙事中来进行。这直接根源于在奥古斯丁那里的“信仰之于理性至上地位”的根本认定。在奥古斯丁看来，古典哲学所提供的对社会正义与人类关怀的理论存在根本的缺陷。将人的命运与社会正义局限于具体城邦等现世生活之中，一来无法摆脱狭隘、多元的矛盾冲突，失却了对超越一切世俗场景之外的真正人类正义与归宿的体认；二来由于无视人类的原罪弱点与悲剧本性，而必然归于无效与虚幻。以有关人的原罪与救赎的论断为基础，奥古斯丁直面人类现世统治与终极归宿，提出“天国”、“地国”之分，详尽论述了国家与教会各自的本性及其相互的关系，扩展出一整套基督教的历史哲学与人类理想。

1. 原罪与救赎

从其基督教信仰的立场出发，奥古斯丁竭力运用思辨理性完成一种源于自然秩序的人类行为准则的演绎与建构。他认为，最高意义的正义根据理性规定所有事物的正当秩序。这一秩序的保证在于灵魂统治肉体，理性统治欲望，而上帝统治理性；善良的臣民服从于智慧的统治者，后者的精神反过来服从神律。正义主要不是人与人之间的关系，而是人与神之间的关系；现实社会可能存在有关正义的许多观念，但是只存在一个超越于这些观念之上的真实的正义，即借由人性与上帝相联系的那部分结构中所发现的上帝的意志。如果这种正义的状态能够为人类所保有，那么人人服从神意、彼此相安而普世和谐。然而，这样的状态根本不属于人的历史。自有人类起，这样的自然和谐就被罪恶所败坏。所谓人类及其社会，最终只是上帝放逐的产物。作为人类堕落的纪念物，强制与压迫永远存在于公民社会的一切制度之中。所有人类制度无一源于上帝创世的构造，而只是本乎人的堕落本性。人类之恶原本就是上帝实施与创世计划的一部分，上帝允许恶以其自身的方式促进人类精神的提高。整个公民社会的本性和目的因而成为一种惩罚和补救，只是作为抑制和惩治人类罪恶的消极手段。一切人类建制，包括国家，都只是为人类的存续提供秩序基础，并不触碰人在此一秩序之中应当追求什么目的的问题；国家与“太初”无关，也与人类的命运归宿无关。

人类原罪的补救无法从人及人类社会中得出。人生来都是有罪的，人不可能不犯罪，想恢复本性而行善，只能依赖至善的神。因此，人的得救，不是来自理性与哲学，而只能是来自上帝，受上帝的恩典，成为上帝的选民。所谓上帝的恩典，即是上帝之子耶稣牺牲自己而替人类赎罪。因此，自基督教以后，人类就有恢复善恶识别与权责的能力与途径：成为基督徒，信仰上帝，接受神的教导，经过末日审判，而升入上帝的前年王国。追求至善的神，乃是人的本性的需要，是人生最大幸福和最终目的。上帝的慈悲而非人类的正义，才是社会的纽带和人类幸福之源。基由上帝的信仰，理性才能指引人类达致天国救赎的永生。

2. 地国与天国

在奥古斯丁看来，一切人类同时面对两种生活秩序：上帝之城与世俗之城；厘清此“双城之分”，乃是探讨一切人类生活与命运的关键所在。奥古斯丁认为，人由两部分组成，存在两种志趣和能力，具备两种爱，分居于两个城池之中。一者体现了上帝的理性，一者则是人间的政治秩序，是上帝由于人的堕落而对人实施惩罚的一种方式。“上帝之城”与“世俗之城”在现实中相互交织，直到末日审判才最终分开。一部分人进入天国，与上帝同在，另一部分人则与魔鬼一起永遭磨难，这并不是指他们在社会生活中的实际处境，而只是他们的结局。“两座城是被两种爱创造的：一种是属地之爱，从自爱一直延伸到轻视上帝；一种是属天之爱，从爱上帝一直延伸到轻视自我。因此，一座城在它自身中得荣耀，另一座城在主里面得荣耀”①。对于人类来说，只有作为上帝之城的成员并凭借一种超越政治秩序的关系，人才有可能获得哪怕是最邪恶的人都渴望的和平与幸福。世俗之城只是人类之短暂寓所，人类最重要的问题是将要同何者共度永生。上帝之城并非是对世俗之城的取消，而是要补充它，为它提供手段，以使它完成一个超越所有世俗利益、比它自身所能达到的任何目的都更为崇高的目的。

天国、地国之分直接给人类带来了公民身份的分裂，人既在公民社会的框架之内过世俗生活，同时又作为上帝的选民，有一种独立于世俗政治秩序的超越存在。这一主张实质上取消了世俗政治统治对于人的价值、意义等终极归宿的管理权，而将它交给了更高的权威——上帝。

3. 国家与教会

对于国家，奥古斯丁首先否定了西塞罗的国家定义。他认为，从来没有像西塞罗所说的作为“人民事业”的共和国。国家无非是人的创造物，谈论国家的完善，本身是一件自相矛盾、无意义的事情。虽然奥古斯丁并不把国家等同于“地国”，从而构成与“天国”的直接对立，但他对国家的看法仍然是非常消极、甚至是厌恶的。所谓国家，在奥古斯丁看来，只是“一个由某种一致拥有的爱的对象而联系在一起的理性动物的集合体”②。因此，国家本身是没有什么伦理含量的，其价值只在所谓的“地上和平”，为社会秩序提供基础，而并不触及人在此一秩序中的追求与归宿问题。国家与人的内在生命拉不上关系，控制行为而漠视内心。国家体现的是人对人的统治，是野心和贪欲的结果。即使和平与繁荣可能成为国家对人类的贡献，但这种贡献一来只能满足人的世俗欲望，并不能带来人类的得救；二来国家所由以产生和平与繁荣的手段与方式——统治与压迫，足以抵消它们对人类的价值。国家所谓正义，不过盗亦有道。作为人统治人的社会形式的国家，根本上看，是对上帝意志的背离。

剥除了国家的伦理价值，奥古斯丁只给予国家以最低限度的承认：国家虽不是什么“公民的美德学校”，但却也不直接就是鬼域魔城。国家的起因与我们需要国家的原因相同，国家所提供的“地上和平”虽然短暂且不足，但平静与秩序毕竟好于冲突与暴乱，即

① ［古罗马］奥古斯丁：《上帝之城》（第14卷章28），王晓朝译，631页，北京，人民出版社，2006。

② 同上书（第19卷章14），945页。

便一种不平等、不正义但稳定的环境也要好于完全的无序状态；国家来来去去，上帝时时会让一个国家存在，聊胜于无，只是不要以为国家的短暂兴衰与什么人生要紧大事拉得上任何关系；相比于上帝对天国的统治，国家最好的统治者与最坏的统治者简直没有差别；最坏的统治者治下的最糟的国家相较于魔鬼治下的地域，也是微不足道的；好帝王的刽子手与坏帝王的刽子手同样是刽子手，坏帝王的刽子手对无辜的人与有罪的人一样下手，但问题是，人本来就是有罪的；好过的时候，国家是生带原罪的社会维持不乱的手段；不好过的时候，国家如圣经所说，是上帝给你的惩罚；最起码的社会安定是我们对这个尘世国家所能有的最大期望，灵魂走过这个世界，走向上帝，社会如有最起码的安定，则走来方便，但绝非根本要件。总之，国家统治无论好坏，均有神意存焉：上帝建立国家，为了使本来罪孽深重的人生尚可忍受。国家愈是个低劣的建制，我们愈需要它。世俗国家是上帝实现人类救赎计划的工具，上帝之城需要利用尘世的国家所带来的和平，直到这一尘世的国家消亡为止。因此，服从国家，顺从，几乎毫不抗议，直到国家要求你做直接违反上帝法则之事，只有这时才可以拒绝服从，但仍有义务秉持谦卑的精神屈从审判与惩罚——这便是一个真正的基督徒对待国家的冷漠与超越。

如同国家并非只就是“地国”一样，教会也并非就是“天国”。一来，有“有形教会”与“无形教会”之别，人间的教会组织只是所谓“有形教会”，其间大可以鱼龙混杂，善恶正邪共在，未必均为上帝之选。而那些真正信仰基督、致力灵魂得救之人，虽身处“有形教会”之外，实乃“无形教会”的成员；二来，任何人间建制均不能决定人生的目的何在，国家不能，教会一样不能。教会能做的，是以权威的立场，就人类得救的途径发言。依基督之意，它的教会不过是躲避风雨之地而已。入教不能保证得救，但教外绝无得救可言。尘世国家，无论其统治多么有德，终究不脱为上帝之城的俗劣变造；无论何其努力，都带着肉欲的污染。尘世国家再好，好不到抹去这污渍；教会再坏，坏不了永生的应许。

## 三、神学自然法

奥古斯丁的法律思想极大地吸收了罗马西塞罗所阐发的希腊自然法思想并加以神学化改造，使它们融入自己的基督教神学思想体系之中。作为基督教神学理论和“两国论”政治—历史哲学的延续，奥古斯丁提出了“永恒法”和“世俗法”两分的神学自然法的法律观。

所谓“永恒法”，被界定为“一切事物借以处于完美秩序的法”，这样的法等同于上帝的意志，正是上帝的意志引导一切事物达到它们各自的目的。永恒法构成了正义和公道的普遍而神圣的源泉，正义和善从中流溢出来而进入世俗社会的人定法。永恒法是永恒不变的、普遍同一的，因而，世间万物在任何时空范围内都不可能脱离永恒法的统治范围。上帝也已将永恒法印入人类的精神中，只要致力于精神世界的上帝信仰，任何人都能发现它、遵守它。

所谓“世俗法”，是“永恒法”的派生物，根源于人的原罪本性，是对人类堕落本性的束缚与惩罚。“世俗法”也必须是正义的，因为不正义就不是法。但世俗法的正义只是一种因人类社会内部不同情况而产生局部的、可变的正义，并非根本的正义，而且，这种人类社会内部暂时的正义最终根源于永恒法的永恒正义。

即便世俗法能够体现人类社会内部的正义，它在很多方面也只能是一种不完善的法。

首先，与永恒法相比较，世俗法只具有有限的价值。世俗法的存在不是为了善者，而是为了不善者。对于善者而言，他们追求的是人类永恒的利益，因而服从的是永恒法。不善者贪图的是暂时的利益，只有在世俗法的强制之下，才能对其堕落本性进行约束。从必须考虑不善者的权利和要求的角度看，世俗法只是在尽力做到允许小的邪恶以防止更大的、更肆无忌惮的罪恶，它的功效直接来自于人对世俗财物的热恋，它之所以能够控制人，只是因为人是物的奴隶。世俗法最大的优点就在于它巧妙地利用了人的邪恶以实现和维持人类社会有限程度的正义。虽然因此世俗法是不可缺少的，但它只是永恒法的影子。其次，即便在世俗法领域内，世俗法仍然是有局限的。世俗法的实现依赖于事实，而在人类社会内部，很多事实无从发现，最终导致世俗法的无效；更关键的是，世俗法仅仅规定人的外在行为，很少关心人的内心，更解决不了人的灵魂问题。世俗法的施行，只是强化了人运用理性谋取世俗利益的能力，因而无助于保证人在道德和精神上的升华。因此，对于人类社会而言，法律绝非仅指世俗法，世俗法必须要得到永恒法的指导和补充。

## 第三节　托马斯·阿奎那的法律思想

### 一、托马斯·阿奎那的生平和著作

托马斯·阿奎那（Thomas Aquinas，约 1225—1274），中世纪基督教经院哲学的哲学家、神学家，身后被罗马基督教会尊为“圣者”[①]。其学说对以奥古斯丁为代表的基督教早期教父哲学作出重大修正，将亚里士多德的理论适用于福音教义，并将二者综合为一个庄严的思想体系，被认为是对罗马天主教神学、哲学、伦理信念最有权威的解释。

托马斯·阿奎那出生于意大利南部那不勒斯附近洛卡塞卡堡（Castle of Roccasecca，阿奎那伯爵祖传城堡）的贵族之家，5 岁入修道院接受神学初等教育，14 岁入由多米尼克修会（Dominican）管理的那不勒斯大学读书 6 年。20 岁时，不顾家人强烈反对，出家成为多米尼克修会的修道士。1244 年，修会决定派他去巴黎深造，在赴巴黎途中，他被家人抓回，家禁 1 年不能改其志，经多米尼克修会向罗马教皇和皇帝上诉，才得以从家中被释，于 1245 年来到巴黎，受教于正在巴黎大学讲学的著名神学家、德国多米尼克修会缔造者之一的大阿尔伯特（Albert the Great，1206—1280）。1248 年前往德国科隆，继续随大阿尔伯特 4 年，潜心研究亚里士多德著作。1256 年取得大学教师资格，在巴黎大学任教 3 年。1259 年重返意大利，近十年间出任罗马教皇随从人员，致力于神学的研究与著述，研究和翻译了亚里士多德的《物理学》、《形而上学》、《伦理学》和《政治学》等著作，成为罗马教会中研究亚里士多德理论的权威。1269 年又前往巴黎大学担任神学教授，时值奥古斯丁主义和亚里士多德主义之间大规模论战的最后关头，他大力投入论战之中，度过了其一生生活和活动的极盛时期。两年后，受命返回意大利，主持一所那不勒斯多米尼克修会的神学院。1274 年 3 月，教皇格里高利十世在里昂召集宗教大会，阿奎那应召出席，

① 1323 年教皇约翰二十二世宣布托马斯·阿奎那为圣徒；1879 年教皇利奥十三世发布通谕《永恒之父》，将阿奎那的学说作为天主教会的官方哲学。

途中染病，是月7日死于福萨诺瓦修道院。

其生当中世纪繁荣之时，自帝王贵胄之家出而入教；毕其一生，“生活即工作、工作即生活”；敏于拉丁神学之危机而眼界尽扩整个基督教世界与整个哲学，折中百家，调和神人，英年早逝而成事宏大，此皆阿奎那寂寂一生而令世所叹止者。著作浩繁，逾百部一千五百万言。要者：《反异教徒大全》、《论君主政治》、《神学大全》以及亚里士多德作品诠释等。著作内容覆盖神学、哲学、政治、经济、法律、道德，以至中世纪所谓“自然科学”，从自然到社会、从神到人、从国家到教会都给出了明确的论断并以经院哲学特有的方式不厌其烦地进行解释、论证，在笃定基督教信仰的前提下，表现了中世纪神学体系下理性主义和现实主义所可能达到的最高峰。

《神学大全》(Summa Theaologiae) 是阿奎那1267年着手写作，至死未能完成，是集中表达其基督教经院哲学思想体系的著作。全书分三个部分，计二百万言，实为中世纪一部百科全书。其中，《神法大全・论法》在整部书中具有相对的独立性，是中世纪神学主义法哲学的经典作品。《牛津法律大辞典》称：“他的著作确实可以被称作法理学史上系统完整的法哲学，包含了柏拉图、亚里士多德和斯多葛学派的哲学传统，《圣经》律法，罗马法原则，格拉提安的《教令集》(Decretum)，以及其他成分。而且，他将其哲学与其道德理论联系起来，并进而与其关于人类本性和宇宙的观点联系起来。具有重要意义的是，强调法律不仅仅是一系列专断的规则，而最终取决于理性和正义。”①

## 二、基督教神学化了的亚里士多德政治学

托马斯・阿奎那所面对的世界远非《上帝之城》所界定的那样清晰、确定。二百年来，“国家”日益以一种自足的身份同基督教世界相脱离，现在，以“基督代表”自居的教会所面对的“地国”，非但不再是一个应“原罪”而起的“必要的恶”、一个带罪俗人顺从苦难的寄居之所，相反，有关政治生活和王权统治正当性的呼声不断高涨，而一再出现的君主武力废黜教皇的事件则最终以这样极为刺激的方式昭示了教权体系及其伦理基础的岌岌可危；罗马帝国崩溃之际的离乱与茫然早已淡出世人的记忆，生产复苏、海商兴盛、城市兴起——俗人，但非“罪人”，其世俗利益的追求、世俗价值的确信正伴随着世俗世界的繁荣得到公开的表现；作为十字军圣战的世俗结果，东方文化涌入基督教世界，经由异教徒注疏的基督纪元之前的希腊哲学在西方淹没数百年之后再一次强有力地彰显了人类理性对基督神恩的挑战与力量；最后，伴随着一切的还有各地蜂起的“异端”。这一切让久居正统的拉丁教父除了固守傲慢与残酷之外，剩下的只是颤栗与茫然。因而，准确地说，“托马斯・阿奎那的难题，是如何调和亚里士多德的城邦与奥古斯丁的罪人之城。”②在开明主教大阿尔伯特的引导下，托马斯・阿奎那所致力的体系乃是基督教圣经教义和亚里士多德哲学的一种巧妙结合。而此一努力，最终使通行基督世界八百年的圣奥古斯丁主义到圣托马斯・阿奎那时代出现了巨大的修正，基督教借此摆脱危机并走向新的发展阶段。

---

① ［英］戴维・M・沃克：《牛津法律大辞典》，北京社会与科技发展研究所组织翻译，53页，北京，光明日报出版社，1988。

② ［英］约翰・麦克里兰：《西方政治思想史》，彭淮栋译，136页，海口，海南出版社，2003。

首先，阿奎那赞同亚里士多德有关人的理性和社会性的论述，认为国家是由于人的理性需要而产生的，产生于“同伴生活的自然需要”；国家的目的在于实现“公共幸福”，即过一种有德性的生活。从而扭转了奥古斯丁对国家在价值上恶的判断，强调国家的目的是伦理性的，是为了谋求人的“公共幸福”，即让人过一种有德性的生活。国家首先需要维持各构成部分之间的秩序与和平，但国家的最终目的是实现人的有德性的生活，以达到享受上帝的快乐的目的。

其次，为了实现自身的伦理目的，国家必须具备一定的职能，即必须在法治的基础上建立一个正义的政治秩序，从而由此展开了阿奎那的“等级秩序观念”、“君主政体理论”以及“实在法思想”。

阿奎那认为，社会，根据上帝的安排，是不平等的社会。在上帝建立的自然秩序中，不平等是普遍现象。在人类社会中，人们天然就是不平等的。国家的产生即是一种秩序的形成，有了整体与部分、权威与服从、奴役与自由的关系。国家存在的理由，在于它适应这种秩序、为这种秩序服务。在人类秩序中存在着三种服从：一是“无罪状态下的服从”，如臣民服从君主、妇女服从男子；二是“为赎罪而服从”，这种服从是奴隶式的，是对罪的惩罚；三是“宗教服从”，这是最高或最终的服从，政治义务最终以宗教义务为依归。也正因为此，如果权威不是来自上帝，人们对于君主的任何暴行都有不服从的义务。

为了捍卫这种神权等级体系，在具体的国家治理形式上，阿奎那主张君主政体是最优的。追随亚里士多德的政体分类理论，阿奎那指出：正义的政治统治即是社会处在为公众谋幸福的统治者的治理之下，平民政治、贵族政治和君主政治即三种正义的政治形式；相反，社会的一切设施服从于统治者的私利而非公共幸福的政治是不正义的政治，暴民政治、暴君政治和寡头政治即是三种不正义的政治形式。君主政治之所以在正义政治形式中又是最优的，阿奎那归结为三个原因：第一，便于集中统一，能够最有效地实现社会的目的；第二，符合自然，“在自然界，支配权总是操纵在单一的个体手中”①。第三，为人类经验所证明，那些并非由一人统治的城市，常常相互倾轧、陷于分裂而纷争不断，反之，由一个国王统治之处则是一派升平。另外，阿奎那还认为，君主制实际上是防止暴君出现的有效制度安排，相较于君主制，一切多人执政的政体更容易走向腐败而层出不穷地产生暴政。②

作为君主政体理论的必然延伸，阿奎那论述了人民对暴君的抵抗权问题。同认定君主政体为正义政体中最优者一样，阿奎那直指暴君政体为不义政体中的最坏者。但是，在如何对待暴君的问题上，阿奎那与奥古斯丁一样，也要求人们对国家采取尊重态度，甚至对于暴君也要尽可能地加以忍受。所不同者，奥古斯丁视忍受政治中的不义是作为身带原罪的世人为自己赎罪的一种方式，从而根本上取消了对暴政的一切抵抗；阿奎那则更多地从实用主义角度出发，在抵抗暴君或革命的问题上保持一种保守态度。反抗一旦落空，必然促使暴君更加凶残；即或反抗成功，也会造成人民不睦与社会动荡。因此总的说来，如果个人能够随自己所愿而杀死统治者，则不论对于社会还是对于政治秩序而言都是一件十分危险的事情。除了最终放下一切抱怨、祈祷上帝的力量之外，对于暴君恶性的矫正应该交

① 《阿奎那政治著作选》，马清槐译，49页，北京，商务印书馆，1963。
② 参见上书，55～57页。

由公共机构来进行，而决不应该诉诸个人的私下判断。

显然，阿奎那把国家作为上帝设计的一部分而公开予以正当化了，较之奥古斯丁，国家从此具有了更多的合法性：国家不再是人类堕落的结果，相反，即使人类不曾犯有原罪，国家同样是一种必然的存在；国家也不再仅仅是为了防止人的罪恶而产生的一种纯粹的镇压机构，而是一种能够在社会中促进人与人之间合作的机构。正所谓："圣·托马斯吸收了亚里士多德的思想，并在公共领域没有对这个主题作大的变动就唤醒了自古典时代已沉睡良久的公民。"① 有了这样一个方向性的转变，世俗社会及其政治法律问题得以成为神恩关照之下而应以理性对待的领域。

## 三、法的本质与分类

托马斯·阿奎那的法律思想集中表现于《神法大全·论法》之中。接续其强烈理性倾向和世俗关怀的神学政治思想，阿奎那高度重视法律对于社会生活的重大意义。在西方法学史上，阿奎那第一次将法哲学理论明确划分为总论与分论，总论部分探讨了法的本质、种类和效果，分论进一步具体分析了永恒法、自然法、人法和神法，发展出一套庄严、博大的神学教法思想体系。

### （一）法的性质

阿奎那认为，首先，法在本质上是"理性的命令"。从法的最直接的表象看，法是一种行为规范，体现人的意志，对人的行为产生拘束力量；作为一种行为规范的法，最终来自于理性；包括君主在内，任何人的意志要想具备法的效力，首先必须符合理性，符合理性的才是法，否则只能是祸害。其次，就目的而言，法是"对公共幸福的安排"。阿奎那接受亚里士多德有关"人天然就是城邦动物"的论断，强调个人相对于社会而言，是一种不完善的存在，因此，法必须关注社会整体，而不是个人，法必须以整个社会的福利为其真正的目标。据此，阿奎那把法律的定义总结为：法律"是对于种种有关公共幸福的事项的合理的安排，由任何负有管理社会之责的人予以公布"②。

### （二）法的分类

阿奎那把法律划分为四种类型：永恒法、自然法、人法、神法。

1. 永恒法（Lex aeterna，The Eternal Law）。所谓永恒法，即上帝理性，是上帝统治整个宇宙的法律。阿奎那指出：法律不外乎是由那统治一个完整社会的君王所体现的实践理性的某项命令。由于整个宇宙就是由神的理性支配的，来自上帝理性的永恒法就是最高的法，是所有其他法的源泉，只有上帝才知道它的全部内容。虽然人类无力知道永恒法的整体，但却可以凭靠上帝赋予的理性能力了解其中的部分内容。作为理性动物对永恒法的参与的结果，阿奎那把它叫做"自然法"。

2. 自然法（Lex naturalis，The Natural Law）。所谓自然法，即永恒法在人类理性上的体现，或者说人类理性所发现的永恒法。自然法适用于人类生活，没有文字条款，只能够凭借理性去体悟。自然法是上帝的理性在人类身上留下的痕迹，因而自然法是永恒法的一部分。虽然自然法是上帝理性的不完善的反映，但它至少能使人类了解永恒法的某些原

① ［爱尔兰］J. M. 凯利：《西方法律思想简史》，王笑红译，117页，北京，法律出版社，2002。

② 《阿奎那政治著作选》，马清槐译，106页，北京，商务印书馆，1963。

则。对于自然法的内容，总体上讲，阿奎那认为其与人的自然倾向相一致，大体上包含三个方面：其一，“保全人类生命”；其二，“人的自然本能”；其三，和人的理性相一致的“向善倾向”。对于自然法的属性，阿奎那详细谈论了两个方面：第一，自然法具有普遍性，但同时在具体情况下也允许例外。第二，自然法具有不变性，但并非僵化，而是在基本箴规不变的前提下必然有所“增益”。

3. 人法（Lex humana，The Human Law）。所谓人法，即世俗国家的法律，是根据人的理性按照自然法箴规对人类世俗事务的具体安排。阿奎那首先明确肯定了人法存在的必要性，认为在终极意义上，人法的存在有助于人类的完善。他说，在人的身上存在着一种倾向为善的自然习性，但人们只有实行“某种锻炼”才能使这种德性臻于完善。这种所谓的“某种锻炼”包括神的帮助、道德教化、长辈的指导，也包括法律的规范作用。对于那些必须使用强力与惩戒才能趋向善行的人来说，法律则是不可替代的。其次，阿奎那阐述了人法与自然法的关系。一方面，他认为人法必须服从于自然法；另一方面，他还进一步讨论了从自然法产生人法的两种方式，一种方式是直接从自然法的规定中推导出来的普遍性的结论，另一种方式则是根据自然法的内容结合现实情况推导出来的具体规定。

4. 神法（Lex divina，The Divine Law）。神法，即《圣经》，它不是人类理性的产物，而是来自于上帝的启示（Revelation）、记载于旧约、新约、全书之中。神法不同于永恒法，不是上帝支配整个宇宙的法，是指导人类接受上帝启示，去实现他必须实现的自然的、特别是超自然的目的的法；作为神恩的礼物和对一般原则体的自然法的补充，神法的效力高于人法。阿奎那认为神法增加理性而非减损理性，其目的在于解决人类不能体会或确定的问题，因此，虽然有了自然法、人法，但由于理智的缺陷，人类还必须要仰赖神的启示、更要信仰神的启示。对于神法的这种必要性，阿奎那谈了四个方面的原因：第一，人类追求的终极目的在于人的永恒福祉，仅靠人类理性参与永恒法得来的自然法与作为人类理性命令的人法是远远不足以实现这样一个注定超过人类天然才能的目标的；第二，人类的判断本身是不可靠的，从而会产生彼此不同甚至相抵触的法律，而神法是不可能发生错误的；第三，完善的德行要求人在外部行为和内在心理两方面均保持正直，但人类的法律只能涉及人的外部活动而不足以指挥和规定人的内心；第四，人类的法律既不可能惩罚一切恶行，又不可能禁止一切恶行。鉴于这四个方面，人类都不可避免要依赖神法。

## 第四节　中世纪晚期的政治法律思想

### 一、马西利乌斯的政治法律思想

帕多瓦的马西利乌斯（Marsilius of Padua，1275—1348），欧洲中世纪反对教权、支持王权的政治法律思想家，是使法学、政治学摆脱基督教神学束缚的一位重要先驱。

中世纪中期开始世俗统治的崛起以及激烈的教俗冲突是我们把握马西利乌斯思想形成与发展的背景。他出生于意大利北部的帕多瓦，这是一个商业发达、以市议会为最高权力机关的民主制度发达的自治城市。他早年学习医学，当过医生，还担任过帕多瓦的教长。后到巴黎，当时的巴黎卡贝王朝是法兰西历史上一个成功实行中央集权的王朝，马西利乌斯在那里取得硕士学位，任教巴黎大学，1312年担任巴黎大学校长，并与王权主义者、亚里士多德专家冉丹的约翰（John of Jandun）结识。1324年，面对极力抵制教会干预世俗政府的神圣罗马帝国皇帝路易四世同教皇约翰二十二世的冲突，马西利乌斯完成了代表作《和平的维护者》（Defensor Pacis），坚决拥护王权、反对教权。此举终于招致罗马教廷谴责，1327年马西利乌斯同约翰一道被斥为异端、开除教籍，在法国和意大利都无处容身，余生全托路易王朝庇护，1348年在巴伐利亚过世。

马西利乌斯是阿维罗依主义的坚决拥护者。阿维罗依主义者反对传统的认为只有基督教的国家才是最好的国家的理论，认为世俗权力本身就完全能够为人们保证一种道德的和幸福的生活。在《和平的维护者》一书中，马西利乌斯直指教会势力干预君主统治是引发无数政治纷争、破坏世界和平的罪魁祸首。所谓“和平的维护者”，集中表明了马西利乌斯的基本思想：反对教会干预世俗政权的企图，支持一个能够维护和平的世俗权力。

1. 国家与教会的关系

马西利乌斯思想之主题，是论证世俗权威在教外事务上优于教会权威，以阐明其反教皇而亲世俗权威的立场。如同亚里士多德，马西利乌斯将国家视为一个自然的有机体，其目的是使人能过富足的生活。国家的组成部分包括农民、工匠、商人、军人、僧侣教士，由一个统治阶级治理整体并处理纷争。各部分对整体生活有不同的贡献，国家的“庸俗部分”——农民、工匠、商人，价值不如“荣誉部分”——统治者、教士及军人。如果某些部分想做他们天然就不适合去做的事情，就会给整体造成功能失调。所谓“和平”，就是国家所有部分对整体的功能作用提出合宜的贡献。防患于未然，对国家各组成部分进行合理的安排是独属于国家统治者的事情。对统治者的这种处分国家内部组成关系的权力的任何干预都应当避免，以保证国家能够发出单一的、毫不暧昧的声音。相反，管辖权如果混淆不明，将成为国家失谐不和的祸因，这是国家最宜避免之事。

国家与教会完全是建立在两种不同基础之上的组织，它们的功能也根本不同。无论从精神上还是物质上，国家都是一种完全自足的实体，它的目的是为人们保证一种幸福而有德的生活，而对国家事务进行管理的依据则是根据理性所作出的正确判断。僧侣教士只是国家的六大构成部分之一，虽然是一个必要的、甚至是显贵的部分，但绝不是进行统治的成分。因为共和国之为共和国的目的，不在于思辨的美德，城邦与国民并不从事哲学研究。虽然国家和教会两者的最终目的都是为人们创造一种更好的生活，但它们之间的根本区别在于，教会应该关心来世的生活，以向人传达上帝的启示及拯救人们的灵魂为目的。对现世的生活的关心则属于国家的事务，教会根本无权干预。他指责教会不把精力用到拯救人的灵魂这一自身事务上，反而向国家争夺世俗的权力。他毫不客气地指出，各国之间所出现的不和与争斗，在很大程度上正是教会插手国家事务的结果。①

2. 国家权力及立法权的归属

尘世主权如果不是上帝透过教皇授予的，这主权来自何处？马西利乌斯的回答是：“来自人民。”马西利乌斯将国家权力以及立法权归属于“人民”，就本意而言，只是对于将这些权利归属于神意及其尘世代表——天主教会的一种决然反对，是其反神权政治理论

① 参见［意］帕多瓦的马西利乌斯：《和平的保卫者（小卷）》，殷冬水、曾水英、李安平译，10页，长春，吉林人民出版社，2004。

在思想上所达致的最远之点，但也只是在这里稍作停留而已。马西利乌斯所谓权力来自人民，实际是对亚里士多德“法律是节制的标志”这种近似于现代的“政府须经人民同意”的古代观点以及“人民的福祉是最高的法则”这种来自罗马法的古典箴言在中世纪全盛时期所作的极为醒目的发挥。与其说他是跨越式地预言了什么，不如说他是跨越式地保有、回归或复兴了什么。

按马西利乌斯的进一步论述，他否定神权政治之后的关注点仍旧是政体问题；对政体问题的分析，仍旧是亚里士多德的理论：如何在实际的统治方式上，防止各种形式的“人的”暴政——暴君、寡头，当然还有暴民。这个意义上的主权者究为何人？马西利乌斯的回答颇可玩味：“不太多的多数人。”或者，“不太少的少数人”。这所谓“多数”或“少数”的一群人如何把握？马西利乌斯只是说：他们是全体人民里面“较具分量的部分”（valentior parts）。这只能让人想到希腊的“贤人会”、罗马的“元老院”。当然，马西利乌斯的意思是：人民，透过最有分量的优秀人民，行使立法权，其实质，是一种等级贵族政体。马西利乌斯认为，上述“人民主权”意义上的贵族政体只有在一个完美的共和国里才能实现。对于现实，他退而求其次，主张一种“民选君主政体”来代替“世袭君主政体”。

3. 法律的概念与分类

马西利乌斯的法律思想是其反教权立场的进一步贯彻。整体上讲，法律被认为是一种根源于世俗统治的存在物。一种统治应当是正义的，就必须做到亚里士多德所说“依法而治”，而非“依力而治”。所谓法律，在抽象层面上讲，是为人类共同福祉而研究正义的“全面学问”；在具体层面上讲，法律是不服从则导致惩罚的一种指令。虽然不能否认法律与神的正义有关联，但有无这种关联已不再构成我们思考法律的基点——法律之所以成为法律，在于其令人服从的强制力量，也就是它的制定与执行，而无须考虑到底是上帝之法还是上帝在尘世的代理者的法律。相应地，统治者或立法者也就不再被视为必须有资格了解正义本质的人，而仅仅是“拥有制定法律的权威及使法律生效的权力的人”，由此独得神意之秘密无从构成教皇干预世俗国家法律之制定与执行的有效根据。

从这样的法律概念出发，马西利乌斯认为，法律只有两种：神法与人法。神法是上帝的直接命令，没有人类考虑的因素。它不仅涉及人在现实世界应该做或不应该做的行为，也涉及未来世界人要怎样做的问题；人法是国家制定的法律，是全体人民或大多数人民的命令，只调整现实世界。任何人违反人法，都要受到它的惩罚。他专意强调：教会和教士决不能凌驾于人法之上、不具有人法之外的任何特权。从神法的本性上看，作为宗教法，神法不具有惩罚性，教会和教士不能利用神法对人民或教士采取任何强制或惩罚。因为，宗教信仰应当自由而不能强制；同时，按照人法，也不存在精神的犯罪，如果有什么宗教上的罪过，也只能接受上帝的裁判，而那是人死之后的事情。而且，教会只是国家的一部分，一个国家对国民的强制权属于国家最高权力，只能由世俗政府依据人法进行。他甚至激进地主张教会和教士不享有财产权，因为财产问题本质上与宗教信仰无关，属于人法所规定的权利范围。

对于自然法，马西利乌斯基本上持否定态度。他认为，理性除人类之外不知道有任何其他的立法者，实际上所有名副其实的法律都只能是人法。理性虽有能力洞见何者高尚、何者正义、何者有利于社会，但这样的洞见本身并不就是法律。况且它并非是像自然法论者所鼓吹的，可以为任何人所理解、可以得到所有国家的承认。正因为如此，他们绝不应当被称作是"自然的"。得到世界性承认的东西并不一定会是合乎理性的，合乎理性的东西也并不一定会得到世界性的承认。[①]

只要考虑到帕多瓦的马西利乌斯这位"异端"的出生，距圣·托马斯·阿奎那 49 岁英年早逝仅仅 4 年，就无论如何不能不让人慨叹世事繁复诡谲而人类思想进程之汹涌激荡。在中古基督教发展至巅峰状态的时代，马西利乌斯所强烈感受到的却恰恰是尚在襁褓之中的市民阶层的正义和力量，为天主教会神权政治这出千年大剧的落幕拉响了凄厉的挽章，尽管离其真正的退场还有漫长的时代。作为一位教士出身的"异端"，他与奥古斯丁，甚至与托马斯·阿奎那，无疑共享着有关人及其归宿问题的大量的终极预设，然而这并不妨碍他对于社会政治法律问题根本上摆脱天主教神学理论体系所作出的大破大立的贡献。同样的，与他无畏地反对教权、鼓吹皇权以及因此而得到国王的赏识与庇护相比，他竭力推崇的世俗政治理论，尤其是在亚里士多德政治学基础上摸索性迈进的一步——民主国家的设想，在厚重的历史与冷酷的君王面前又显得何其稚嫩与空幻。从这个意义上讲，西方政治法律思想史上还必然在等待着另外一批更加世俗和强硬的思想人物，马基雅维利、布丹是他们的总代表。

## 二、马基雅维利的政治法律思想

尼科洛·马基雅维利（Niccolo Machiavelli，1469—1527），意大利佛罗伦萨市的政治家、历史学家和政治法律思想家；近代资产阶级政治法律理论的重要奠基人物；基于对一种以权力观念为中心的政治科学学说的极力鼓吹，他又被认为是将政治学中道德因素彻底清除、对政治问题进行独立的经验实证研究从而奠定了现代西方政治学起点的开创性人物。

马基雅维利出生于佛罗伦萨市一个没落贵族家庭，祖辈有着煊赫的历史，曾经出过 13 名政府首长和 53 名执政官。父亲贝尔纳多（Bernado）是法学博士、律师。1494 年统治佛罗伦萨 60 年的梅迪奇家族政权垮台，25 岁的马基雅弗利参加新成立的共和国，从此一生命运与佛罗伦萨的兴衰治乱搅和在一起。1498 年，年轻的马基雅维利就任共和国领导中心"十人委员会"秘书，受命于最高行政机关——执政团，负责外交和军事事务历 14 年之久。其间创建国民军队，收复失地，组织国防，更三十余次出访意大利各邦与法国、瑞士、德意志各国，对中世纪晚期各国社会政治现实和统治者的真实面目有了深入了解和缜密分析，痛切感受到罗马天主教会的罪恶和意大利分裂内耗的积弱落后局面，日后政治法律思想的形成受到了重大影响。1512 年利用法国、西班牙、罗马教廷组成的"神圣联盟"对佛罗伦萨的入侵，梅迪奇家族卷土重来，共和国瓦解。马基雅维利先被免职、后遭刑讯，至 1513 年 3 月出狱，白日与耕徒樵夫为伍，夜晚单独"与古人晤对"，生活拮据而著述不止。《君主论》（The prince，或译《霸术》）、《李维史论》（Discourse on Livy、Discourses on the First Decade Titus Livius，或译《论提图斯·李维〈罗马史〉的前十卷》）、《战争艺术》（Art of War）先后完成。为图再起，他将《君主论》题献给梅迪奇家族统治者，结果石沉大海。1520 年受命编撰《佛罗伦萨史》（Florentine History），5 年完成。

---

① 参见［美］列奥·施特劳斯、约瑟夫·克罗波西主编：《政治哲学史》，李天然等译，318 页，石家庄，河北人民出版社，1993。

1527 年 5 月，佛罗伦萨人民起义，梅迪奇政权再遭驱逐，共和恢复。他又希望效力共和，因其献媚于梅迪奇家族在先而再度事与愿违，仅仅月余即于 1527 年 6 月 22 日病困而亡。

总体上看，马基雅维利的政治法律思想有三个极为突出的特征：一是他的世俗性。同其他文艺复兴时代的巨人一样，他以人性论为基础，用人的眼光来观察政治社会问题，使政治思想从宗教神学中摆脱出来，形成了在他那个时代对于欧洲政治的实际状况和发展方向的最为现实和清晰的判断。二是他的非道德性。他一反古希腊苏格拉底、亚里士多德以来将正义、善德作为政治本性和目标的传统思维，认为政治就是统治策略、就是智慧与力量在统治问题上的适当运用，统治者应该真正掌握的不是什么道义原则，而是武力、金钱与欺诈的手段，形成了与西方古典德性伦理学传统决裂的实力政治学。三是他的资产阶级性。在他冰冷无情的魔鬼般的文字背后有着对于尘世社会冷静的判断与深刻的期盼。终其一生的政治实践与理论抱负无非是对于正在酝酿之中的资产阶级市民社会的一种极端的呼唤，国王、教会以及亿万百姓都只不过是这样一盘政治大局上的棋子而已，这一切是强烈的政治目的施加于严酷现实之上的必然结果。

（一）人性、权力与政治的非道德化

中世纪世俗国家的建立面对着一个亟待解决的政治统治合法性的获取问题。依凭暴力、阴谋而来的世俗政权如何完成政治合法性的成功转换？这样一个问题在既有的政治理论和实践上都是近于无解的。面对一个血缘世袭、封建契约、宗教灵光这些传统政治统治合法性来源被颠覆的时代，市民阶级借助文艺复兴在科学和艺术方面所取得的精神成就和经济力量，开始在政治领域申述自己的权力和主张。在他们“僭取”的国家转变为近代意义的法理性统治之前，他们首先必须保住并维持自己的权力，以有效的强力统治证明、并最终获取被统治者对这种不合法的权力僭取的合法性的习惯接受。马基雅维利的政治学即是为这种新型国家提出的新的政治科学，它是一种完全近代意义的政治科学，它无须哲学、伦理学或神学的前提，它的核心即是权力。马基雅维利的一切思考指向政治统治如何得以确立和巩固这样一个现实问题的解决方案，正所谓：“国家的安宁取决于政治上的决断，所以一切有关正义与非正义、人道与残酷、荣誉与羞耻的考虑都必须统统为其让道。必须放开其他一切的考虑，唯一的问题就是，怎样才能保证国家的生存与自由？”① 正是通过对这种“放开其他的一切考虑”、“让一切为政治统治让道”的主张的贯彻，围绕着政治问题尤其是对其中人的欲望、冲动以及效果的实际关注和分析，马基雅维利确立了政治学的问题领域及其区别于宗教神学、伦理道德之外的独立的标准。

与此相一致，现实的、实证的方法而非理论的、教义的方法，以及对实际的人的理解和判断、而非对应然道德的推演和宣讲，构成他政治法律思想的前提。在他看来，人类活动不过是受制于自然法则的自然活动，我们应当按照自然情况去探寻它们，而不是通过宗教神学或伦理道义的指导去假想它们。人及其国家和自然万物一样，都服从诞生、发展、变化、死亡的自然法则。但是，组织良好的团体要比组织不好的团体维持长久，政治统治因此应当尽其可能地使自己建立在有关联系、发展、变化、衰亡的知识基础之上，以使那种不稳定性和不恒久性的生命本质得到有效抑制。“命运是我们半个行动的主宰，但是他

① Machiavelli，“Discourses on the First Decade Titus Livius”，in Machia velli，*the Chief Works and Others*，translated by Allan Gilberty，Durhan North Carolina：Duke University，1965，p. 228.

留下一半或几乎一半归我们支配……当我们的力量没有做好准备抵抗命运的时候，命运就显出它的威力……命运是一个妇人。如果你要做她的主人，就必须对她施以暴力。你会看到，她更愿意服从粗野和横暴的男人，而不是较为优柔和冷静的男人。”① 人都是自私而邪恶的：“人们忘记父亲之死比忘记遗产的丧失还来得快些。”②“人总是从一个欲望走向另一个：首先寻求自我保护，然后就要去攻击别人。”“谁要是想建立一个国家并为其制定法律，就必须假定所有的人都是恶的，只要他们已有自由，就会按照其思想中恶的一面行动。”③ 如果要谈到所谓德性的话，德性（virtú）就是意味着一种区别于命运而使其屈服的人的能力，而这恰恰要求对德性与恶性进行明智的轮番使用。

（二）君权霸术与共和理想

马基雅维利对强权统治和政治诈术的毫不掩饰的宣讲与在人性理解上的悲观基调以及对人类政治生活的残酷性的深刻体认，是互为表里的。他可以算作将人性恶理论彻底地引入政治哲学领域的始作俑者。政治绝非人类社会的一种道德活动，而是因人与人之间利害关系而起的社会冲突，人们围绕权力而展开的斗争和统治者通过权力进行的统治，实质上都是人在社会中围绕利益而进行的角逐和强者对弱者的欺骗和压迫，人类的历史，就是爱的不可靠的历史。必须严格区别政治领域与其他领域，要区别政治领域中的善恶标准与其他领域中的善恶标准。对于君主而言，必须要掌握为巩固统治所必需的一切阴谋霸术，并毫无顾忌地巧妙运用。君主不宜心怀妇人之仁，行小善而致天下受害，当于残酷之恶名无所介意；基于政治上的人心险恶，君主应当“视人人为潜在刺客”，谨记“被怕远胜过只被爱”，“速杀渐赏”，还要能够做到“伪装和善”。

历来马基雅维利的研究者都注意到《君主论》与他的《李维史论》、《佛罗伦萨史》的明显差别，在《李维史论》中，他满怀激情地歌颂共和制度；在《佛罗伦萨史》中，他以其固有的坚韧与冷漠曲折地表达着对公民社会的力量与自由的确信与向往；而在《君主论》中，他却完全是君主制度的狂热鼓吹者和对各种政治权谋的不动声色的传授者。这些表面上巨大的反差并非水火不容、截然对立，只是反映出马基雅维利政治法律思想的复杂与深刻。熟知古典政治理论，深受文艺复兴时代人文精神之熏染而心仪古罗马鼎盛时期的共和制度，对人性之不可靠以及君主政体向暴君政治演化之灾难有着异乎寻常的敏锐判断，马基雅弗利“政治非道德本性”的极端判断和对君主政体的极力鼓吹——这一看似尖锐的矛盾根源于他对自己身处其中的中世纪社会现实及其实际的发展方向、尤其是意大利民族国家建立的必要性和残酷性的深刻体认。在他看来，理想共和政体的实现，必须先行具备理想的条件。罗马共和国之所以是国家统治形式的楷模，乃是由于这个国家包含着市民和统治者双方的德性。市民能够互相协调一致，统治者能够牺牲自我而为公共福利和国家去献身服务。这样的共和国在瑞士或德意志诸邦国内或许有实现的可能，但在意大利是绝无可能的。在意大利这样的国家，政治统治的问题不是一个，而是必须要加以分开的两个：即首先必须建立统治，其次才是采取什么好的统治。君主制从而成为压倒性的唯一选

① ［意］马基雅维利：《君主论》，潘汉典译，117～120页，北京，商务印书馆，1985。

② 同上书，81页。

③ ［意］马基雅维利：《李维史论》（Machiavelli，*Discourses on the First Decade Titus Livius*，p. 206），转引自唐士其：《西方政治思想史》，180页，北京，北京大学出版社，2002。

择。不仅如此，在马基雅维利思想深处，君主毕竟只是国家的一种工具，既不具有超越常人之上的什么奇才伟力，更没有什么神圣的性质。君主不但作为常人可能犯下极其愚蠢的错误，危害国家，而且君主制度极易演化为专制暴政。他清楚地看到，真正有助于社会公共利益实现的，只能是共和政体。

（三）法律与军队

在君主制下，配合君主的个人霸术，马基雅维利强调法律和军队对于捍卫国家统治的重要性。他说：一切国家，无论是新的国家、旧的国家或者混合国，其主要基础乃是良好的法律和良好的军队，因为如果没有良好的军队，那里就不可能有良好的法律；如果那里有良好的军队，那里就一定会有良好的法律。① 一个成功的国君必然要掌握两种治国的方式：一种是法律，一种是武力。前者是人类所独有的，后者为兽类所通行。然而，人类身上兽性太多，法律常常无效，必须借助武力来维持。在《君主论》题为“奉劝将意大利从蛮族手中解放出来”的最后一章，马基雅维利发出了这样的呼喊：“如果在意大利的多次革命和许多战役中，意大利的军事力量似乎总是被消灭了，这并不是什么怪事，因为它的旧制度不好，而且从来没有人懂得怎样制定新制度。因此，要使一个新近当权的人能够获得巨大的荣誉，莫过于由他创制新的法律和新的制度。”②

由于通篇畅言权谋诡计、极言“目的说明手段正当”，即有“《君主论》令基督徒震惊”之说，加之身前宦海浮沉，身后又遭极权主义思想家与统治者的阐发、推崇而形成所谓“马基雅维利主义”，马基雅维利及其《君主论》数百年来聚讼纷纭、言人人殊。实际上，只要认真考虑马基雅维利所处的时代与国家，对他的思想是不难理解的。冰冷的世界产生更为冰冷的文字。一生痛心疾首于意大利的分崩离析而于强国兴邦身体力行，他的《君主论》显然不是为了进行政治法律理论系统化的体系构造，而首先是解决时代的现实问题。他极力压制了自己有关政治理想状态的一切浪漫情绪，却同时牢牢地抓住了政治现实中最残酷也是最稳定的一面。一方面，“不承认他基本的理想主义倾向，就不能正确评价他的著作的现实主义方面”③，另一方面，我们纵然可以说“马基雅维利不具备从内部斗争和悲剧性的牺牲这一角度思考问题的能力”④，但是，人类政治已有的表现以及可能发生的进一步表现都足以证明：马基雅维利对权术与统治的邪恶的不动声色的描述，对于任何一个珍爱自由、确信道义的人来说都具有无与伦比的警示意义。

## 三、让·布丹的政治法律思想

让·布丹（Jean Bodin，又译为博丹，1530—1596），法国著名政治法律思想家，近代民族国家的拥护者、国家主权学说的奠基人，是继马基雅维利之后最重要的资产阶级早期政治法律理论家。

布丹出生于法国安吉尔省的一个富有贵族家庭。在都罗斯大学法学专业毕业后，留校

---

① 参见［意］马基雅维利：《君主论》，潘汉典译，57页，北京，商务印书馆，1985。

② 同上书，123页。

③ ［美］F. N. 麦吉尔主编：《世界哲学宝库——世界225篇哲学名著述评》，《世界哲学宝库》编委会译，404页，北京，中国广播电视出版社，1991。

④ 同上书，404页。

任教，不久后前往巴黎担任律师，1576 年被聘为亨利三世的宫廷法律顾问，后来还当选过省议会议员和全国三级会议第三等级代表。布丹是一个不懂休息和娱乐的人，一生孜孜不倦地致力于学习和研究，他知识渊博，精通天文、地理、物理和医学，掌握希伯来语、希腊语、德语、意大利语等多种语言。其代表作为《简明历史认识方法》（1566 年）和《国家六论》（Six Books on Republic，或译《共和六书》，1576 年）。

从大的阶段上看，布丹和马基雅维利共处同一历史时代，但是，由于法意两国社会构成和历史发展上的巨大差异，决定了这两位中世纪后期反映资产阶级政治主张的人物各自面对着不同的政治问题和社会现实，呈现出不同的思想面貌。布丹所面对的不是马基雅维利那种国家统一之前的状态，而是在已有的君主专制政体下，在近代民族国家建立过程中，围绕新的政治统治在道德和政治上权威的确立，法国所经历的来自宗教、封建贵族、市民阶级以及国际关系等诸多领域复杂的矛盾冲突和社会转型。因此，不同于马基雅维利那种“临渊羡鱼”式的激情呼喊，经历着民族国家在语言、宗教、经济、法律诸多方面社会整合的阵痛，布丹把马基雅维利感情化的政治理论带回到理性世界，开始从理论上全面阐述那种为时代所需的系统的国家学说。布丹的传世名著《国家六论》即产生于法国胡格诺战争期间，旨在为国家必须具有的独立的、超越于一切宗教与世俗限制的权力作出理论上的说明和论证。对此，美国政治思想史学家丹宁说道：正如我们已经看到的，马基雅维利在这个方向上走出了几步，布丹完成了这位意大利人所开创的任务。马基雅维利已经充分采用了对历史的研究和对现实的观察方法，但在对这种方法的运用上，他基本上还只是局限于经验主义的范围之内，而他所提出的也只是一些关于政府实际活动的基本原则而不是关于国家的理论。布丹则采用了一种这位佛罗伦萨人所缺少的哲学的方法，同时又没有忽略政治实践的原则，他把它们组织起来并融于一体，从而创造了一种系统的政治科学——国家学（Staatslehre）或者说政治学（politik）。[①]

### （一）国家的起源、目的

接续亚里士多德经验主义传统，布丹认为国家起源于家庭。在他看来，家庭，其构成包括父亲、母亲、子女、仆役以及共有财产，是最自然的共同体和最早的社会单位。国家是在家庭联合基础上形成的。其之所以如此，在于家庭本身具有的两个特点：第一，家庭以私有财产权为基础，没有财产权，家庭既不会产生，也无法维持。财产像家庭一样是自然的制度。第二，家庭是自然结合的，子女由父母的血缘关系决定，而不能自由选择。家庭之中，父权不可抗拒，这属于自然法原则的要求。家庭的这两个特征实际上是国家原型的表现。一方面，国家和其他社会团体的起源均与财产相联系，许多家庭为了共同防卫和相互追求利益便逐步建立了村落、组成了城市、组织了种种社团，国家就是所有这些组织的最后联合。另一方面，如同家庭所表现的一样，公民之于国家也不能自由选择，国家之中主权也不可抗拒。因此，家庭是一切国家的真正由来。相应地，行会、行政区、公共团体等人类集团也都起源于家庭。它们同国家的区别在于承担特定的部分职能，而不能拥有主权。

① See W. A. Dunning, *A History of Political Theories from Luther to Montesquieu*, New York, The Macmillan Company, 1905, pp. 120 - 121. 转引自唐士其：《西方政治思想史》，208 页，北京，北京大学出版社，2002。

在布丹看来，“国家是若干家庭以及他们的共有物在某种至高无上的主权之下的联合”①，从而他坚持认为，在一个国家内只能有一个单一的主权。除了同家庭之中的父权至上进行类比以外，他还作出逻辑上的说明：“正如上帝，这位伟大的主权者不可能再创造出另一个与他同样的上帝，因为他自身就是无限，而根据逻辑不可能存在两个无限。因此我们也可以说，被我们视为上帝在人间的象征的君主，也不可能使任何一个臣民上升到与他同等的地位而不同时损害他的权力。”② 他认为，到国家为止的各种社会组织，都是人类社会发展的自然结果，但国家的形成过程却主要是通过战争和征服完成的，力量和征服是通常的国家起源的原因。但是，由暴力征服而来的国家仍然是需要经过认证的。如果仅靠优越的力量，那形成的是强盗团体，而不是国家。事实上，任何健康的人类共同体的根本特征就是一方统治，其他人服从。因此，只有当主权得到普遍承认，一个国家才算是真正地建立起来。在这里，布丹试图化解国家起源过程问题中暴力论与契约论的紧张，为国家或主权的正当性提供支撑。

（二）主权学说

在布丹看来，“主权是共同体（commonwealth）所有的绝对且永久的权力”③，这样一个主权概念有两个关键性要素，一是它的永恒性，二是它的绝对性。布丹对此论证道：一方面，假若国家的最高权力不是永恒的，而只是在有限的时空范围内存在，那么这里就产生一个决定这种最高权力存在与否的更高的权力。从而，这样的主权和它的最高权力的属性就是矛盾的，也就不能被称为主权。因此主权必须是永恒的。另一方面，主权是由一个国家的人民或者贵族赋予他们所选中的任何人的，但是，这种权力一旦给出，便不能再有任何限制和保留，因为一种受到限制的不完全的权力当然不是绝对的权力，从而也就不是主权。因此，主权最重要的标志，在于它是一种不需要任何其他人的同意，为全体国民或者任何一个具体的人制定法律的权力。他指出：“拥有主权的君主首要的特征性权力（marque）就是为全体臣民制定普适性的法律和专门适用于个别人的特别法令。但是这还是不充分的，我们还必须加上‘制定法律不必经过其他人的同意，不论这些其他人的地位是比制定者高，与之平等还是较之卑下’。”④ 同时，即便法律与习惯有健全的理性根据，最终还是要由主权者的意志来左右。这样的一种主权，从国家内部看，一切权力都是主权的派生物，它们不能等于或超过主权；从国家间关系看，主权也是不受拘束力的权力。

虽然布丹强调主权至高无上的绝对性，可以不受任何约束地制定法律，但确切地说，这里的约束只是指的人间的约束。至于上帝的约束，以及“自然法”，布丹表示，主权者同样是不能违反的。这是因为，一方面，服从上帝和自然法的统治才是合法的统治，否则一帮强盗是不能称为国家的；另一方面，服从上帝和自然法又是主权者之所以在人间位居至尊地位的原因。

至于自然法的内容，布丹认为，包括对于个人的生命和财产的保护、维护正义、促进

① Jean Bodin，Les six Livres de la République，Librairie arthème fayard，1986，vol Ⅰ，p. 27. 转引自唐士其：《西方政治思想史》，190 页，北京，北京大学出版社，2002。

② 同上书，190 页。

③ ［法］让·博丹：《主权论》，［美］朱利安·H·富兰克林编，李卫海、钱俊文译，25 页，北京，北京大学出版社，2008。

④ 同上书，107 页。

臣民的美德等。正是从服从上帝和自然法的角度出发，布丹强调国家的目的在于实现一种有德性的公共生活。在要求君主服从上帝和自然法的同时，布丹也希望君主能够听取来自臣民的意见，认为这种意见能够通过等级会议之类的机构得以表达。在一封反驳对自己批评的书信中，布丹吐露了他有关限制王权的思想："听说有人相信我会给某人权力，甚至比使他成为一名诚实的公民还要大的权力，对此我惊讶不已。尤其是在我的《共和国论》第一书，第八章中，当然还有其他的一些章节中，是我首次在危机之秋，毫不犹豫地反对了扩张国库权力和王权的观点。而这些观点竟主张要赋予国王无限的权力，甚至可以不受神法和自然法的限制。我敢于写下，未经公民最大程度的同意国王不得征税，还有谁写的东西比我所写的更富有公益精神？我坚信君王要遵守他自己的法律，但是要更加严格地遵守神法和自然法，这种认识难道不重要吗？君王难道不应像普通公民那样严格遵守自己订立的契约吗？然而几乎所有的法学主流方家却站在了相反的立场上。"①

对于主权的具体内容，布丹将其分为八类：第一，立法权；第二，战争与媾和权；第三，官吏任命权；第四，最高裁判权；第五，赦免权；第六，对一切臣民提出有关忠节服从的权力；第七，铸币权和度量衡的确定权；第八，税收权。

主权一词——Souveraineté，并非布丹所创，但将这个词同国家之成立相关联，在国家范围内赋予其最高的、绝对的地位，这样的主权含义，自布丹始。美国布丹研究的权威学者朱利安·H·富兰克林指出："博丹的主权理论是欧洲政治思想史发展上的一件大事。他的主权理论包含了对至高无上的权威（supreme authority）的界定，对权威范围的界分和对主权功能的分析，这就有助于公法成为一门有着严格科学规范的学问。尤其通过对比较公法的深入系统研究，形成的对主权内涵的详细阐述，更是开辟了一种全新的学术写作风格，这在整个17世纪，不仅在法国和西班牙被广为采纳，在德国也有许多学者竞相效仿。"透过近代西方民族国家建构的历程，我们可以看到，通过主权概念的全新界定，布丹实现政治法律学术研究对象上的整体转变：一个在理论上可以予以明确分析说明的抽象政治实体——国家，作为政治法律思维的核心或基石性范畴而被全新地建立起来，并在一开始就同君主、教会、贵族、领主等传统政治法律关系与政治法律现象相区别。最终，伴随着前现代社会的整体隐退，国家无情地超越并取代了它们，成为现代世界图景最基本的单元。

## 复习思考题

1. 试述中世纪神学法律思想的主要特点及其发展历程。
2. 试述奥古斯丁的"两国论"的内容及对后世的影响。
3. 试述阿奎那政治法律思想的特点及其历史地位。
4. 试述阿奎那的法律分类思想及其理论贡献。
5. 试述马西利乌斯政治法律思想及其历史地位。
6. 试述马基雅维利政治法律思想的要点及其评价。
7. 布丹主权学说的主要内容是什么？

① ［法］让·博丹：《主权论》，［美］朱利安·H·富兰克林编，李卫海、钱俊文译，"导论"，23～24页，北京，北京大学出版社，2008。

中编

# 近代

# 第四章

# 古典自然法学派

## 第一节　古典自然法学派概述

一、古典自然法学派的产生和发展
二、古典自然法学的特点和基本理论
三、古典自然法学的贡献和局限

## 第二节　格劳秀斯的法律思想

一、格劳秀斯的生平与著作
二、“法”的概念
三、法本乎自然
四、人的权利及其交往的法则

## 第三节　霍布斯的法律思想

一、霍布斯的生平与著作
二、自然法思想
三、实在法思想

## 第四节　洛克的法律思想

一、洛克的生平和著作
二、“三个自然”思想
三、国家权力和实在法的产生
四、实在法的本质和种类
五、法律与自由
六、法治思想

## 第五节　孟德斯鸠的法律思想

一、孟德斯鸠的生平与著作
二、法的精神和分类
三、政体与分权制衡思想
四、法律与自由

## 第六节　卢梭的法律思想

一、卢梭的生平与著作

## 第一节 古典自然法学派概述

### 一、古典自然法学派的产生和发展

古典自然法学派这一概念实际上指的并不是一个统一的派别，而是西方自然法学发展的一个阶段，指从17世纪至19世纪初西方自由资本主义阶段所产生的一种世俗的自然法学，它是在批判中世纪神学的自然法学的基础上产生的，是资产阶级反封建斗争的产物和锐利武器。中世纪末期，随着资本主义经济的产生和发展，资产阶级作为一支政治势力出现在历史舞台上，由于其政治上的要求日益强烈，就引爆了一系列反封建斗争。如14世纪开始的文艺复兴运动，16世纪初进行的宗教改革，16世纪中叶和17世纪中叶爆发的荷兰和英国的政治革命。在这些斗争的初期，资产阶级的力量还不够强大，尚不敢直接冲击中世纪占统治地位的意识形态——基督教神学，所以还打着宗教的旗号；再加上这一时期里，资产阶级在政治上还不够独立，只能用支持君主建立民族国家的途径为资本主义发展创造条件，所以，政治、法律思想方面研究的重点，是如何加强世俗的君主权力。作为其表现的就是马基雅维利的《君主论》和让·布丹的《国家六论》。到了17世纪初，这种情况开始发生变化。资产阶级再不能容忍以中世纪的基督教神学作为自己的世界观，要求必须创立自己的理论。但是，任何一种新的理论都不是凭空产生的，它必须以已有的思想材料作为出发点，而当时在政治、法律思想方面能直接作为出发点的只有自然法学。此时中世纪的自然法学所面临的有两种前途或命运：或者同基督教神学一起被抛弃，或者对其加以改造，使之脱离基督教神学，成为资产阶级革命的武器，而自然法思想中本来是包含着这一革命因素的。资产阶级选择了第二种办法，他们用文艺复兴运动以来已经发展起来的人文主义思想嫁接自然法学，产生出一种新的自然法学，这种新的自然法学是中世纪神学的自然法学的世俗化，在其中代替教条和神权的是人权，代替教会的是国家，代替神意的是人的理性。以前，经济关系和社会关系是由教会批准的，因此曾被认为是教会和教条创造的，而现在这些关系则被认为是以权利为根据并由国家创造的，由于达到社会规模并且得到充分发展的商品交换（尤其是由于预付和信贷制度）产生了复杂的契约关系，故而要求只能由社会提供公认的规章即国家规定的法律准则，于是人们认为，这些法律准则不是从经济事实中产生的，而是由国家正式规定的。由于竞争这一自由商品生产者的基本交往形式是平等化的最大创造者，因此法律面前的平等便成了资产阶级的决战口号。这个新的上升的阶级反封建主和反当时保护他们的君主专制的斗争，像一切阶级斗争那样，应当是政治斗争，是争取占有国家的斗争，应当为了法权要求而进行，就是这一事实，促进了法学世界观的确立。①

古典自然法学派产生的标志是1625年格劳秀斯的《战争与和平法》的发表，二十六年后，霍布斯出版了《利维坦》，接着在荷兰、英国和德国产生了三个著名代表人物，即斯宾诺莎、洛克和普芬道夫，再之后，法国又出现了孟德斯鸠和卢梭，美国则有杰弗逊、潘恩和汉密尔顿等。他们使自然法思想发展为一种系统的理论并广泛传播，成为西方当时占统治地位的法学理论。

古典自然法学的发展可分为三个阶段：创立阶段、发展和传播阶段、应用阶段。

第一个阶段是从17世纪初到17世纪中叶，即从格劳秀斯的《战争与和平法》的出版到霍布斯的《利维坦》问世。在这一阶段，古典自然法学的主要基本理论虽然已经产生，但尚不完善，有些理论如人民主权理论、法律公意说等尚未产生，而且由于它刚刚从旧的机体中脱胎出来，还带有旧的痕迹，如没有完全否定神与自然法的关系，拥护封建的君主制度等。

第二个阶段是从17世纪末到18世纪中叶。这是古典自然法学的传播和发展时期，主要标志是在西欧各国都相继出现了一批著名的代表人物发表了一批不朽之作。如荷兰的斯宾诺莎1670年写了《神学政治论》；1672年德国的普芬道夫发表了《自然法与万国法》；1689年英国的洛克出版了《政府论》；18世纪法国的孟德斯鸠和卢梭又相继发表了《论法的精神》（1748年）和《社会契约论》（1762年）。这一批著作的发表不但使原有的基本理论更加丰富，而且创立和完善了许多新的理论，如天赋人权理论、分权制衡理论、社会契约论和人民主权学说等。

第三个阶段从18世纪末到19世纪初。这是古典自然法学的应用时期，在这个时期，古典自然法学的理论不但被用于美国的独立战争和法国大革命等实际斗争，而且被用于创立部门法学。

## 二、古典自然法学的特点和基本理论

古典自然法学总的特点是以人文主义或人道主义为基础，开始用“人的眼光”来观察政治法律问题，而且，这种人道主义是以个人主义为核心的，它强调个人的权利和自由，主张人人生而自由平等，享有不可剥夺的自然权利，认为国家和法律是通过社会契约而产生的。所以，这一时期的自然法学有以下四个明显的特点：第一，以人作为研究的出发点，以人的理性作为法律的基础和衡量的主要尺度；第二，强调个人的权利，提出了天赋人权理论；第三，对自然法的内容作了详细的论述；第四，把自然法思想与社会契约结合起来。古典自然法学派的基本理论有以下几个：

### （一）“三个自然”的理论

“三个自然”即自然状态、自然权利和自然法，这是古典自然法学派所提出的三个假说。其认为，要研究自然法就必须研究人的本性，而且是未污染的人性，于是假设了一个

① 《马克思恩格斯全集》第21卷附录：“法学家的社会主义”，546页，北京，人民出版社，1972。

人类未进入社会之前的状态，即自然状态（The state of nature）或本来的状态，是与社会状态相对而言的。至于自然状态的具体情况，则因各个思想家对人的本性有不同的观点而各不相同，归纳起来有两种描述：主张人性恶的思想家认为人都是利己主义者，故自然状态是一种互相残杀的战争状态，并且认为当时的人们尚无是非观念。持此观点的有霍布斯、斯宾诺莎等。主张人性善的思想家们则相反，认为当时的人际关系是友好的，人也是有是非观念的，所以自然状态不是一种战争状态，而是和平状态。洛克、卢梭等就持此观点。显然，他们所讲的自然状态实际上就是一种无法状态和不文明状态，如果把这种状态理解为人类的始初状态或原始社会，无疑有合理之处，但把它与社会状态对立起来则是错误的。

自然权利又叫天赋人权（The right of nature），是人生而具有的平等的权利，它是与社会权利或法律权利相对而言的，其内容在古典自然法学家那里主要指自由、平等、安全、财产等权利。这是他们从人道主义和个人主义立场上对人的权利的基本定义，也是对封建社会把人不当人的现象的控诉。正因为如此，这一理论具有强烈的革命性，曾成为资产阶级革命的最有力的武器，但是它不懂得人的权利的历史性和社会性，也不懂得权利是与义务相对而言的，更不懂得人们的权利根源于所在社会的经济基础。

在论述自然状态和自然权利的基础上，古典自然法学家们进一步论述了自然法的本质、特点和具体内容。与以往相比，古典自然法学派对自然法的论述有以下特点：第一，他们不再从神、上帝那里而是从人本身寻找自然法的最终根源。他们认为，人的理性是自然法的基础，自然法就是人的理性所发现的人的通则，或者就是理性本身；第二，他们详细地论述了自然法的具体内容，有的把自然法的原则归纳为四条，有的则归纳为十几条；第三，他们已开始意识到自然法并不是严格意义上的法律，而是道德律。

（二）社会契约论

这是古典自然法学家关于国家和实在法起源的理论假说。这个理论认为，社会状态与自然状态的主要区别就是国家和实在法的产生。它论述了国家和实在法产生的原因和途径。它指出人类之所以要从自然状态转为社会状态，原因主要有二：其一是自然状态不好或有缺陷，人们在这种状态下人身和生命安全没有保障；其二是人类本身有一种自我完善的能力，加上私有制的出现等，使人类的自然状态难以继续。这个理论认为，国家和实在法产生的唯一途径就是社会契约，即全体或广大社会成员感觉到自然状态不好，经过协商达成协议，自愿把自然权利交出来，建立国家和制定法律，以规定人们的行为，保护他们的正当权利，使之不互相侵犯，以维护社会的和平和秩序。社会契约的思想在西方古已有之，但只有到了古典自然法学时期才发展为一种系统的理论，显然，这是与当时资本主义商品经济的发展密切相关的。这一理论实际上是在商品观念的基础上来解释和论述国家和法律的起源问题的。从国家与法律的产生和与商品经济密切的关系来说，这一理论无疑有其合理之处，但是，它只是抓住了契约这一商品交换的法律形式，而并未揭示其真实内容，所以并未阐述清楚国家和法律产生的真实原因与规律。

（三）人民主权说

这是古典自然法学家们关于国家权力归属问题的理论，也是社会契约论的逻辑推理。这一理论产生于古典自然法学发展的中期，是随着其发展的民主倾向而产生的，主要代表人物是洛克和卢梭。这一理论是现代民治主义的雏形，它用民主的观点来回答国家权力特别是立法权的归属问题。它认为国家既然起源于社会契约，是由人们的自然权利集中而成的，那么国家权力来自人民，也理应归于人民。这意味着法律应由人民制定或认可，人民是国家的真正的主人，国家机关的工作人员只是人民的公仆，其任务就是执行法律，如不称职或滥用职权，人民就可以撤换他们。国家的当权者如果以权谋私，用手中的权力压迫和奴役人民，人民就可以推翻他们。人民主权思想在西方也是由来已久，但也只有在古典自然法学时期才深入人心并具有系统性和理论性，其为西方现代民治主义奠定了基础。

（四）分权和制衡理论

这是古典自然法学家关于如何掌握和使用国家权力的理论，也是其民主理论的一个组成部分。这个理论是在其发展中期产生的，是古代分权制衡思想的继承和发展，主要代表是洛克、孟德斯鸠和汉密尔顿。这个理论认为，国家权力由立法、行政和司法三个部分构成，这三个部分应交由三种机关分别掌握，使之形成相互对立和牵制之势，这样才能防止权力过于集中所产生的独裁和专制现象，才能收到相互补救之效。这一理论也有一个发展过程，洛克最初提出的实际上是两权分立，孟德斯鸠使其真正成为三权分立学说，而到了杰弗逊、汉密尔顿时期，则结合美国实行联邦制的社会实际，在这一学说的运用中又有了较大的发展，使之更加完备。从对国家权力的行使来说，分权制衡理论强调国家机关内部的权力平衡和制约，它对于防止专制独裁，实行依法治国，建立高度的民主和完善的法制，较之封建社会的大一统、集国家大权于一人之身、实行人治的情况，明显有合理之处，但它把这种分工说成是分家，主张各自的绝对独立和对立，显然是错误的。

（五）法律公意说

这是古典自然法学家关于实在法本质的理论。这种理论认为，国家所制定的法律应该是全体社会成员公共意志的体现。所以他们说法律是公意的宣告，法律的制定要经过全体社会成员的同意。所谓公意既不是个人意志，也不是个人意志之总和，而是个人意志中的共同部分，它以社会的共同利益为基础。这一理论虽然只是古典自然法学晚期的一种理论，但它的影响很大，法国的《人权宣言》中对法律的定义就是按照这一理论界定的。这一理论的出现很有意义，它不仅意味着古典自然法学对法律的研究兴趣已转向实在法，而且注意到实在法的非个人随意性，对后来马克思主义的法律观也有影响，马克思主义所强调的也是法律即公意，不过是统治阶级的公意。

## 三、古典自然法学的贡献和局限

1. 古典自然法学在西方大约存在了两个世纪，虽然在 19 世纪中叶之后它被其他法学流派所取代，但它在西方历史上所起的巨大作用却是不容忽视的。这一作用表现在实践和理论两个方面：

从实践上看，它主要起到两种作用：第一，它为资产阶级革命提供了锐利的思想理论武器。资产阶级革命正是在它的鼓舞和指导下掀起了一场又一场的斗争。试想，如果没有自然法思想，没有天赋人权理论，能有美国的独立战争和法国的大革命吗？第二，它为资本主义社会初期的法制建设提供了理论指导。18 世纪末和 19 世纪初的世界各资本主义国家的法律，无一不渗透着自然法精神，充满着自然法学的用语。资产阶级法制建设的一系列基本原则，如法律面前人人平等的原则、罪刑法定原则、公开审判原则等，无一不是古典自然法学的产物。

从理论上看，它主要起到三个作用：第一，它使自然法学获得了新生，发展到了一个新的阶段，达到了鼎盛时期。第二，它奠定了现代法学的基础。在此之前，真正独立意义的法学是不存在的。那时的法学不是从属于哲学就是附属于神学，只有此时法学才独立出来，并逐渐变为一个门类齐备的社会科学分支学科，而现代法学的基本格局也是由古典自然法学奠定的。第三，古典自然法学对以后的许多法学流派都产生了影响，它们都是以其为直接出发点的，现代自然法学中的世俗的自然法学更是它的继承和发展，社会法学也不同程度地受到它的影响。

2. 古典自然法学派作为一个时代的法律思想，也同其他思想一样有其局限性，这突出表现在以下几个方面：首先，它所依赖的理论基础是抽象的人性论。这种理论虽然也讲人的社会性，但他们所理解的社会性只不过是人不同于其他动物的群体性，而不是人一定要生活在特定的社会关系中并由之决定其一切的社会历史性。所以，他们不懂得不同社会不同时代的人有不同的特性，而主张人的本性是始终不变的，并从中得出永恒不变的自然法的结论，这无法解释历史上的法律制度的不断发展变化。其次，它所使用的研究方法主要是演绎推理和理论假设的方法，因此，他们的理论不是从实际中概括出来的，也经不起实践的检验。所以，当新建立的资本主义社会现实与之严重不符时，其理论本身也就被人们逐渐抛弃了。

## 第二节　格劳秀斯的法律思想

### 一、格劳秀斯的生平与著作

1625年，在荷兰一个名叫胡果·格劳秀斯的（拉丁文为Hugo Grotius、荷兰文为Hugo Groot，也译为格老秀斯、格劳修斯，1583—1645）的人，发表了一本名为《战争与和平法》（英文为The Law of War and Peace或The Rights of War and Peace）的不朽之作。这本著作同时创建了两件伟业：其一，开创了国际公法学；其二，把自然法学推入一个新的发展阶段，因此，具有划时代的意义。此书问世后受到了世界的普遍重视和热烈欢迎，在不到一个半世纪里，刊印41版，并被翻译成各种文字和作为大学里的教科书，作者个人也因此被誉为“国际法之父”和古典自然法学的创始人。

格劳秀斯是荷兰著名的人文主义者和法学家，他出生于德尔佛特城一个富裕律师和议员的家庭，少年时颖慧过人，14岁入大学，攻读数学、哲学和法学，16岁随荷兰驻法大使赴法国研读法文，归国后获奥尔良大学法学博士，17岁任律师，20岁任官修《荷兰战史》总编辑，24岁任荷兰律师公会主席，30岁任鹿特丹市“首相”。1618年荷兰发生宗教和政治内讧，他因支持的一派的失败而被捕入狱，判为终身监禁。1621年他越狱逃往法国。1622年至1624年间完成巨著《战争与和平法》。后来，他认识了瑞典国王并得到其赏识，1634年起被任命为瑞典驻法大使，历时11年。1644年他被召回瑞典，被任命为国务会议成员。他拒绝定居瑞典，次年悄然离去。在返回巴黎途中轮船遇风暴触礁，他登岸后精疲力竭而死。

格劳秀斯奠基性的著作是《捕获法》（De Jure Praedae Commentarius，1605 年脱稿，1868 年出版），对后世产生巨大影响的《论海洋自由》（Mare Libervin Sive de Iver Qvod Batavis Competit at Indicanan Commricia , Dissertatio ; Commenary on the of Prize and Booty；The Freedom the Sea，1609 年）和《战争与和平法》正是以之为基础的。《论海洋自由》是对该书第十二章的进一步阐述的结果。这部著作是站在荷兰的立场对当时与之争夺海洋霸权的西班牙、葡萄牙所从事的行为的理论反思和批判，也是对 1604 年荷兰东印度公司在马六甲海峡捕获葡萄牙船只“凯瑟琳号”正当性的一种辩护。格劳秀斯还著有《荷兰法律导论》（1619 年～1621 年）。

格劳秀斯所研究的主要是国际公法，但所使用的却是自然法理论，而且不是当时占统治地位的基督教神学的自然法学，而是经过改造的世俗化了的自然法学。在他之前，虽然有些学者对使节、战争有所论述，但国际法和国际法学基本处于空白状态。当时欧洲各国的关系极不正常，战火接连不断，常为一些小事就大动干戈，而且开战后杀人放火，无所不为，似乎根本无什么法则。他说：“我看到人们为了一些不值得一提的理由或根本没有理由就动武。他们一旦动武，不论神的法律或人的法律尊严都被抛到九霄云外，就好像一经宣战便可以疯狂地从事各种罪恶活动似的。”① 他认为这种状况是极不应该的，他要改变这种无法的状态，寻找和树立国与国之间在战争与和平时期应遵循的法律，于是写作了《战争与和平法》。

格劳秀斯对自然法学的贡献主要表现在两个方面：

第一，是他对中世纪的自然法学进行了彻底改造，使之非神学化。这又表现在两个方面：其一，他否认自然法与上帝的关系，认为自然法根源于人的本性，连上帝也无法改变。其二，他不再把自然法分为神的自然法（即永恒法）和人的自然法，而只是分为纯粹的自然法（即人类在原始状态的自然法）和有限的自然法（即人类在社会状态下的自然法）。

第二，他把近代自然科学特别是几何学的实证方法引入法学研究，常常从一些最简单的不证自明的公理出发进行推理，建立起一套有关原理的合理体系，其中包括许多原理、定律、注释和推论等。他明确指出这一方法的特殊性：“在这部论文里，我们认为用纯理论的探讨方法不如用事实说明的方法较为恰当……我首先注意的就是把那些属于自然法的事物的证明，和人们在不违反自己判断时所不能否认的一些观念相印证。因为只要我们思维正确，自然法的原则是明显而清楚的，几乎就和我们的外部感官所直接感受的东西一样。只要我们的感官情况正常，只要其他必要条件不缺，我们的感觉是不会欺骗我们的。我对于这部法规的证明，也抱着同样的态度。”②

格劳秀斯的法律思想主要分为三个方面：“法”的概念、法本乎自然、人的权利及其交往的法则。

## 二、“法”的概念

格劳秀斯在《战争与和平法》一书的论述是从“法”一词的拉丁文 ius 开始的，他认

① ［英］汉默顿编：《西方名著提要》，何宁译，109 页，北京，中国青年出版社，1957。

② 《西方法律思想史资料选编》，141～142 页，北京，北京大学出版社，1982。

为该词有以下三种用法：

1. 作为“正义”之品德的ius。他说：“正义是对自己、对他人均有用的品德，因此，正直的人绝不会伤害自己，或其任何伙伴，也不会给自己造成痛苦和忧伤。”① 而作为一种品德，正义一词的基本含义是“正当”，他说：“就本文而言，正义（right）只不过是指本身是正当的东西。或许正义在否定的意义上使用比在肯定的意义上所表达的涵义更明确。所以正义一定不是指不正当。”② 那么什么是“正当”呢？他认为，人对人而言这就是平等待人。他说：“被准确地称为‘社会善德’的那种正义……与这一社会正义有关的善被称为‘平等’；与之有关的恶被称为‘不平等’。”③ 这表现为人们之间对自然物之占有和使用上要合理（分配正义）和纠正彼此之间的侵害（纠正正义）两个方面。例如，前者指对自然界无主物的占有要遵循先占原则、劳动占有等原则，后者指对侵犯者的惩罚等。

2. 作为具有正义品德之人所享有之“权利”的ius。他说：“在此意义上，right一词是指个人所具有的一种道德品性（moral quality），由于具有这种道德品性，正好使他可以拥有某种特殊的权利，或者有权作某种特定的行为。”“这种道德品性，如果没有缺陷的话，就被称之为特权（faculty）；如果是有缺陷的话，则被称作为‘能力’（aptitude）。当我们谈到自然物时，前者正好与‘行为’相对应，后者正好与‘权力’相对应。”④

他认为，权利的种类很多，他说：“该权利包括那种对自己所拥有的权力，它被称作‘自由’；权利还包括我们对他人所拥有的权力，如父亲对孩子的权力，主人对奴隶的权力。它同样也包括财产权，它要么是充分的，要么是不充分的。后者是指使用或占有某物的权力，但不享有财产权，或是‘转让’它的权力，或是债权人在债务被偿付之前所保有的抵押权。这就是它的第三种意义，意指债权人有权要求清偿到期债务的权力。相应的，债务方就有偿还债务的义务。”⑤ 也就是说，权利从客体或对象上可分为对物权（对物的占有和使用、支配）和对人权（又分对自己行为的支配权的自由和对他人行为的支配的权力）。他进一步指出对他人的权力还可以分为一般权利（fitness）和特殊权利（faculty）。后者即管辖权或主权，它是主权者或执政者对于其领土范围内的物和臣民的监督管理的权力等。他还认为，权利从范围上可分为私权利和公权利。他说：“权利（Right）在严格意义上说来可分为两类，一类是私人的，它是为个人的利益而确立起来的；另一类是公共的，它是涉及国家基于公共利益的理由而对个人及其财产权提出的权利性主张。”⑥

3. 作为“责成”具有正义品德之人所应遵守之行为规则或规范的ius，即“法”。他说：法“从最广泛的意义上讲，它是指责成（obliging）我们作出恰当行为的道德行为规范。我们说的‘责成’我们，因为即使是最好的忠告者或者格言，如果未给我们设定遵守它们的法律义务，都是不能冠之以‘法律’或‘法’的称呼的。至于说到允许性行为，它并不为法律所规定，而法律只是对其表示默认。不过法律却同时禁止任何人妨碍其他人作出为法律所允许的行为。但是正如我们已经指出的：法律迫使我们作出恰当的行为，而不

① ［荷］格劳秀斯：《捕获法》，张乃根等译，13页，上海，上海人民出版社，2006。

② ［荷］格劳秀斯：《战争与和平法》，何勤华等译，29页，上海，上海人民出版社，2005。

③ ［荷］格劳秀斯：《捕获法》，张乃根等译，19页，上海，上海人民出版社，2006。

④ ［荷］格劳秀斯：《战争与和平法》，何勤华等译，30～31页，上海，上海人民出版社，2005。

⑤ 同上书，30～31页。

⑥ 同上书，31页。

仅仅是正义的行为，因为在此概念下，正如我们已经解释的，法律不仅构成正义，还构成其他美德的实质内容。”[①] 这意味着 ius 一词的含义之一的“法”植根于并指向正义品德，以行为规范的形式指导和约束人们的行为，使之符合正义的品德。

显然，拉丁文 ius（法）一词的三种含义或用法是互相关联的，正义是核心和目标，权利是实质内容，法是外在保障。可以看出，格劳秀斯从分析 ius 中得出的结论是，“法”兼有正义、权利、责任之义，是基于正义、为了权利而应负的责任和约束。

## 三、法本乎自然

我们知道格劳秀斯有一句名言：自然法是市民法之母，自然是市民法之祖母。他说：“因为自然法之母就是人性，社会交往的感情就产生于此，并非由于其他的缘故，遵守契约即为民法之母，而自然法又是从契约的约束力所生，因此可以说自然法是民法[②]之祖。有人性然后有自然法，有自然法然后有民法。”[③] 那么，他是怎样得出这一结论的呢？

要了解这一结论，首先得了解他关于“自然”、“自然法”和“市民法”的几个概念。

“自然”（拉丁文为 naturae，英文为 nature）一词，也可译为“本性”，因而“自然法”就是从事物的本性中产生的法则。在格劳秀斯那里“自然”最初是与“神”通用的，所指的是事物的本性。他认为任何事物都有其固有的本性，也遵循其本性而运动，因此只有依顺自然（本性）才能求得善。这是大自然的法则，即自然法（拉丁文为 ius naturae；英文为 natural law），它就是从事物的本性中产生的法则。他说：“自然法——即由神自创造万物之初，就赋予其灵魂以生生不息之法——是无论何时何地均适用之法，如同神意是永恒不变的。”[④] 这是因为，“既然神创造了天地万物并决定了其存在，其每一单独的部分就从神那里获得了某种自然属性，由此，自然之存在将得到维持，并且每一部分都将被指引向自己的善，这个善遵从着所谓固有地存在于该部分本源中的基本法律”[⑤]。

他认为自然法可分为广、狭二义。广义上的自然法或一级自然法适用于一切事物，它使一切事物按照其本性运动，连创造了它们的上帝也不能改变这一点。他说：“自然法是如此不可改变，甚至连上帝自己也不能对它加以任何改变……因为这些事物所表达的意思是如此的明确，以至于不可能有任何其他的理解，否则就会发生矛盾。因而，二加二等于四，而不可能有任何其他之可能。”[⑥] 这种意义上的自然法不仅支配着事物的运动，而且要求我们遵照其本性对待客观事物。格劳秀斯认为客观事实划分为两类，即体有形、量有限者和体无形、量无限者，后者如空气、海洋。这些东西原是无主的，都可以为人所用，但由于它们有不同的属性，因而适用不同的原则。如前者可以遵循先占、劳动等方式占为己有，以私有或公有财产的形式为人所用；而后者由于无法占有，也无须占有，因而适用自由使用原则。如海洋就是如此，海洋之水，广阔无边，其数量无限，不可度量，加上它流

---

① ［荷］格劳秀斯：《战争与和平法》，何勤华等译，31 页，上海，上海人民出版社，2005。

② 应是市民法或国内法。Civil law 一词，当时还没有现代意义上的“民法”之义，所以翻译为“民法”是不确切的，这一情况持续到 18 世纪末。

③ 《西方法律思想史资料选编》，139 页，北京，北京大学出版社，1982。

④ ［荷］格劳秀斯：《捕获法》，张乃根等译，39 页，上海，上海人民出版社，2006。

⑤ 同上书，39 页。

⑥ ［荷］格劳秀斯：《战争与和平法》，何勤华等译，33 页，上海，上海人民出版社，2005。

动不止，“既不可阻挡，又无法容纳”。所以“按照事物本身的呈现，海洋不能被强加任何隶属状态，因为本质上它应该对所有人开放”①；“因此，海洋不能完全专属于任何人，因为自然非但不允许如此，而且要求海洋必须是共有的”②。

狭义上的自然法或次级自然法是仅仅适用于理性动物——人类，并与之本性相一致的法则。它要求人们遵循正义原则安排自己的活动，彼此之间平等相处。他说：“自然法是正当理性的命令，它指示任何与合乎本性（即自然——引者注）的理性相一致的行为就是道义上公正的，反之就是道义上罪恶的。”③他说这是因为人作为一种物，虽然有与其他事物共同的属性，但也有其特有的属性，即社会性和理性。他继承了亚里士多德以来关于人的基本观点，认为人在本性上是一种自觉的和社会的动物，他们需要与别人交往，他们的理性使他们能辨别是非。他说：“人的确是一种动物，然而是一种高等动物，比其他动物彼此之间的差别有许多更大的差别；这种差别从人类的许多独特的行为的迹象显露出来。人类独特的象征之一是要求社会交往的愿望……人类要过与他们理智的特性一致的一种生活方式，他们不是稀里糊涂地度日而是安宁地度日的。”因此，人们要求过一种有秩序的生活，而人类的理性也会告诉他们怎样过这种生活，于是产生了自然法。所以，自然法渊源于人的本性。他说：“人类之所以超越一切动物，不仅在于推动社会发展，而且在于有能力判断和鉴别利害关系，计往知来。就人类本性而言，我们可以理解，在权衡利害，作出判断之后，既不为威胁和引诱引入歧途，也不为盲目和轻率的感情冲昏头脑。凡是不合于判断的，也就必然不合于自然法；换言之，也就不合于人类本性。”④ 他认为，人的社会性促使人与别人交往与合作，并由此建立各种社会组织，国家就是其一。“国家是一群自由的人为享受权利和谋求他们共同的利益而结合起来的一个完美的联合体。”⑤ 这促使遵循正义原则处理彼此之间的关系，由此产生一系列自然法则，如爱惜和保护自己的生命，为此而合理地占有和使用无主物，反抗别人的无理侵犯；也尊重别人对无主物的同样占有和使用；与别人交往中要知恩图报，要贯彻等价交换原则，“他人之物质，不得妄取；误取他人之物者，应该以原物和原物所生之收益归还物主；有约必践；有害必偿；有罪必罚”⑥等。这意味着自然法所涉及的范围已超出自然物，而及于人的意志。他说：“自然法不仅与独立于人类意志之外的那些事物有关，而且也与产生于人类意志的运用的许多事物有关，因而，现在经常被称作‘财产’的东西就是人类意志的产物。”⑦

他认为自然法基于“自然”或事物的本性，对人类来说就是人的道德性，他说：“‘本性’一词可以被看作是道德义务的原始起源。”它是任何种类的人都具有的，正如“《罗马书》第二章第十四节中所说的对所有民族都适用的，即没有法律的外邦人若顺着本性（nature）行法律上的事，则他们虽然没有法律，自己就是自己的法律”⑧。

这就是说，自然法根源于人的本性，即社会性和理性，所以社会性、理性是一切法律

---

① ［荷］格劳秀斯：《海洋自由论》，宇川译，30页，上海，上海三联书店，2005。

② 同上书，24页。

③ ［荷］格劳秀斯：《战争与和平法》，何勤华等译，32页，上海，上海人民出版社，2005。

④ 《西方法律思想史资料选编》，138页，北京，北京大学出版社，1982。

⑤ ［荷］格劳秀斯：《战争与和平法》，何勤华等译，12～13页，上海，上海人民出版社，2005。

⑥ 《西方法律思想史资料选编》，138页，北京，北京大学出版社，1982。

⑦ ［荷］格劳秀斯：《战争与和平法》，何勤华等译，33页，上海，上海人民出版社，2005。

⑧ 同上书，41页。

之母。不过，格劳秀斯在强调人的理性对法律的决定作用的同时，还指出上帝的意志和功利对法律的作用。他说："其次，上帝的自由意志也是产生自然法的渊源，由于我们人类的理性来自上帝的启示，所以不能不服从上帝的命令。所谓自然法，不论是用以维系社会或家族，抑或是用以规定职责，都应归于上帝的意志，因为生于我们内心的信念，实际也就是上帝的意志所在。"① 这就是说理性和上帝的意志是统一的。他又说："但是，自然法是依靠功利得以加强的，因为造物主的意志务使世人脆弱而多欲，非合群不足以图安乐，所以法律的制度无不是由于功利的缘故。以致缔结同盟以合群，订立契约以定分；其始都是根据功利的缘故。"② 但是，他并不同意"功利是正义和法律之母"这一说法，认为这是错误的。由此看来，格劳秀斯虽然坚持人的本性是法律的基础这一观点，但是他并未彻底抛弃中世纪自然法学的观点，而且从其承认功利是法律的基础这一点上可以看出，已不同于传统的自然法学，含有实证法学的因素。

格劳秀斯认为，人有理性，即有意志，因而产生意志法。他说："意志法。它是由意志而生的，要么是人类的意志，要么是神的意志。"他把意志法分为人意法和神意法两种，人意法进而分为基于个人意志的个人法或家庭法，以及基于共同意志或公意的国家法。国家法又进而分为市民法（ius civile，即国内法）和万民法（ius gentium，即国际法）。他说："人类法。它要么是指国内法（civil right），要么是指在适用范围上比国内法相对更广泛的法律。国内法是来自国内权力（civil power）的。国内权力就是国家的主权权力……在适用范围上相对狭窄的法律，尽管不是起源于国家权力本身，但仍受它的制约。这种法律是多种多样的，包括父母对孩子的教诲，主人对仆人的吩咐之类等。但是万国法是一种适用范围更加广泛的法律，其权威来自所有国家，或者至少是许多国家的同意。"③ 基于此认识，格劳秀斯在《捕获法》中归纳出 9 个规则和 13 条法律。显然，前者是人们用于判断某一事物是否为法以及其效力大小的准则，后者是这些法律所包含的基本内容。

由此看来，"市民法"或国内法就是意志法，它是有理性和有意志的人为自己所立的法则，这一法则如果只适用于个人或说它是个人法，那是因为它来自个人的意志；如果其适用于一个国家的所有人或在更大范围里适合于许多国家，也就是说如果它是国家法或国际法，那是因为它出自大家或许多国家的协商。显然，在格劳秀斯看来，这种法的内容不能有悖于自然法。正因为如此，他得出了自然法乃市民法之母、自然乃市民法之祖母的结论。

## 四、人的权利及其交往的法则

格劳秀斯认为，人类的特殊属性，即理性和社会性，以及由此而具有的道德性，决定了它在自然界的位置和活动的基本原则。这就使他享有合理使用世界上所有物的权利。他说："从宇宙形成以来，上帝就赐予了全体人类主宰地球上万物的权利……正如查士丁所说，所有万物构成了全人类共同的原始财产，就好像整个人类是这一无比巨大的遗产的继承人一样。于是就出现了这种情况：每个人为了自己的使用和消费的目的而依法占有了他

① 《西方法律思想史资料选编》，138 页，北京，北京大学出版社，1982。

② 同上书。139 页。

③ ［荷］格劳秀斯：《战争与和平法》，何勤华等译，37～38 页，上海，上海人民出版社，2005。

所发现的任何东西。”①不过，格劳秀斯认为由于自然物是多种多样的，各有不同的属性，因而人对它们使用的方式和享有的权利也有差别。上面我们已指出，他认为自然界的物大可分为两类：一类是体无形、量无限，如空气、海洋，它们无须占有，也无法占有，因而只能为全人类共同使用，并实行使用自由原则，如公海自由原则；第二类是有形、有限可以占有之物，如土地、动植物。它们原是无主的，个人可以合理地占有和使用，并由之产生所有权。其中又可分为动产和不动产。后者如土地；前者如矿藏、野生动植物。不动产应是公有私用，即它们在名义上属于某个集体，该集体的成员可以遵循某一原则在一段时期里使用它们，但不能把它们出售或赠给别人，就像西塞罗所说的：“剧院里的所有座位都是共有财产，但每个观众都至少可以暂时主张其所占有的那个座位是属于自己的。”② 个人可以通过劳动占有无主的动产，如野生动物可以通过狩猎而获得；其他的有主的动产不能随意占有，只能在与别人交往中通过交换、受赠和继承的方式占有，这种交往是通过签订契约形式进行的。“契约的发明是为了促进人际有益的交流，它要求一种更加紧密、亲近的联系，而不只是光靠人们的善意来履行他们的义务。”③ 由此产生一系列交往的正义原则，如不得侵害他人及其财物，必须信守承诺、应知恩图报、有害必偿、有罪必罚等。这样，占有才是合理的，才能得到他人和社会的认可，因而成为一种权利，即对物的所有权或财产权、物权。而对这种权利的确定和保护又产生了另一种特殊权利，即主权或管辖权，它是社会契约的产物。人们之所以会签订契约组成社会，一方面是因为人的社会本性，另一方面是出于自利的动机，觉得在自然状态下太孤独，难以抵抗强暴，所以在理性的昭示下，自愿订立契约，组成国家。“社会的目的就是要通过整个社团的帮助和利用联合起来的力量来保卫每一成员，使他平安地享受他自己应得的那一份。”④ 国家享有主权，“所谓主权，就是说它的行为不受另外一个权力的限制，所以它的行为不是其他任何人类意志可以任意视为无效的。”⑤ 主权包括制定和执行法律，任命公职人员，征收捐税等。市民法就是国家制定的用以管辖其臣民的法律。在主权问题上，格劳秀斯主张君主制，反对人民主权论，认为主权如交给人民就会发生滥用权力的情况，从而破坏和平与秩序，使国家无法存在。但他认为，在极端的情况下，当国王违反法律和国家利益把国家转让给他国或使之变成另一国的附庸时，人民可以反抗君主。他说，国王“如果违反了法律和国家利益，人民不但可以用武力反抗他们，而且在必要时还可以处他们以死刑”⑥。显然，格劳秀斯的思想中民主的因素还只是个萌芽。

格劳秀斯认为，交往中不遵守上述原则，就会侵犯别人的权利，由此产生矛盾和冲突，即战争，它分公战和私战。前者即国家间的战争，后者即个人之间的战争。他认为解决私人之间的矛盾和冲突，个人虽然有自卫权，但一般都诉求于公权力，因为公权力之管辖权就是为此而设的，所以这种权利只有在公权力救济不及的情况下才使用。他认为公权力纠正侵权行为的办法就是惩罚，其目的有三：其一是补偿受害者；其二是“矫治”侵犯

① ［荷］格劳秀斯：《战争与和平法》，何勤华等译，122页，上海，上海人民出版社，2005。
② 同上书，122页。
③ 同上书，200页。
④ 《西方法律思想史资料选编》，144页，北京，北京大学出版社，1982。
⑤ 同上书，145页。
⑥ 同上书，144页。

者；其三是警戒图谋不轨者。[①]

格劳秀斯认为，公战或国家之间的战争也应遵循私人交往的原则进行。其发动必须出于自卫，即为了保护本国的正当利益和惩罚侵略者。他说："战争通常是出来守土而非拓疆。任何背离此项规则的行为都被视为非法。"[②] 由于战争会给人们带来巨大的生命和财产的伤害，因而应尽量用其他办法解决国家之间的矛盾。他说："有三种方法可供独立的国家选择来解决它们之间有关权利的争端，而不用诉诸武力。第一种方法是协商……另一种方式是将争端提交中立的第三方仲裁（Compromise）……第三种不包含敌意的解决争端的方式是抽签。"[③] 他认为正义战争的发动者享有许多权利，例如消灭侵略者，占有其财产，但其行为也必须有所约束，应尽量减少损失，不伤害无辜，如一般商人、神职人员、妇女和儿童、普通的劳动者；对俘虏的敌军也应宽容和给予人道的待遇。他说："在争胜时将敌人当成令人尊敬的对手乃是勇气的特征；在征服对手时则人道地对待他们，以减轻战争造成的不幸，并且改善和平的条件和关系。"[④]

可以看出，格劳秀斯是从人的本性及人在自然界的位置来思考人的权利及其相互之间的交往规则的。他把自然法理解为由事物的本性所产生的其正常运动的法则，把人的自然法理解为生活于社会中的理性动物追求善的生活所应当遵循的准则，而把意志法或制定法理解为变为意志的自然法，它是个人意志或共同意志的产物。

虽然格劳秀斯仍然使用了中世纪基督教神学的自然法学的基本概念，并没有创造一套全新的概念来表达其思想，也没有站在民主共和的立场，仍停留于旧的君主制国家的视野之内，但可以看出，作为古典自然法学创始人的格劳秀斯的自然法观念，已不同于中世纪基督教神学的自然法观念，因为他完全站在世俗的立场，以人为主来思考法律问题，已不再把法的根源最终归于神的意志。

## 第三节　霍布斯的法律思想

### 一、霍布斯的生平与著作

17 世纪中叶，在英国资产阶级革命的初期，出现了一位令举国震惊的思想家。他既是著名的哲学家，把弗兰西斯·培根开创的近代唯物主义哲学系统化了；又是著名的政治思想家和法学家，使自格劳秀斯开始的古典自然法学趋于完善。他立足于哲学的高度并使用当时最进步的科学方法即几何学方法来论述政治法律问题，发表了一系列著作，1640 年写了《法的原理》（该书 1650 年再版时，分为《人的本性》和《论政治体》两部分发表），1642 年出版了《论公民》，1651 年又出版了《利维坦》这部不朽之作，接着在 1655 年和 1658 年又相继写出《论物体》和《论人》，从而完成了他的哲学体系。这个人就是托马斯·霍布斯（Thomas Hobbes，1588—1679）。

---

① 参见［荷］格劳秀斯：《战争与和平法》，何勤华等译，282 页，上海，上海人民出版社，2005。

② 同上书，448 页。

③ 同上书，337～338 页。

④ 同上书，435 页。

霍布斯出生于一个贫穷的牧师家庭，母亲只是一个普通的家庭妇女。早年因母亲病死，父亲犯罪离家出走，他们兄妹四人衣食无着，由其伯父抚养，后来靠社会救济得以读书。他少年时天资聪颖，14 岁已通晓希腊文和拉丁文，15 岁便进入著名的牛津大学学习古典文学，历时 4 年，1607 年毕业后留校讲授逻辑学。次年由牛津大学校长推荐入卡文迪什伯爵家中当家庭教师，并担任过大贵族吉·克拉顿爵士儿子的旅游导师，先后三次访问欧洲大陆各国，结识了伽利略、伽桑狄等许多著名的科学家和哲学家。其间他还担任过弗朗西斯·培根（1561—1626）的秘书，记录其言行，并把他的著作由拉丁文译为英文。就这样他逐渐跻身于英国上层社会，并成为当时欧洲学识最渊博的思想家之一。

1640 年英国资产阶级革命爆发，霍布斯是站在新贵族的立场来支持当时正在进行的这场革命的，总的来说其态度是赞成革命，但倾向保守，在前后期又有变化。在前期，由于他所处的地位及与贵族上层人士的亲密关系，因而对革命中的激进情绪持公开反对态度，曾发表了拥护王权的文章。革命爆发后，因害怕革命，他便和当时的保皇党人逃往法国，并担任了查理二世威尔斯的数学教师达 11 年之久。英国革命取得初步胜利，克伦威尔掌权后，他与王族的关系开始疏远。1651 年《利维坦》的出版，激怒了流亡的王党分子和法国的天主教会，他被宣布为叛徒，巴黎的警察准备逮捕他。年底他逃回英国，受到克伦威尔的欢迎，邀请他担任行政大臣，他拒绝了，继续从事著述工作。复辟期间，他又倾向保守，将《利维坦》作了修改，并写了描述英国内战史的书，书名为《狴希莫司》(Bchemoth)，借用《圣经》中一种笨拙软弱的怪兽的名字，比喻英国内战。

霍布斯的法哲学思想集中体现在《利维坦》之中，“利维坦”（Leviathan）一词也是借用《圣经》中一种铜头铁臂形如鳄鱼的怪兽的名字来比喻国家。在该书中，他像亚里士多德一样，首先从构成国家的基本材料——人开始论述，从人的本性中推出自然法，然后再论述国家和实在法产生的必然性、本质等。

霍布斯的法律思想可分为自然法和实在法两个部分，下面分别介绍。

## 二、自然法思想

霍布斯是古典自然法学家中最早对自然法思想的“三个自然”即自然状态、自然权利和自然法理论作出较为详尽论述的代表。

### （一）自然状态

从人性恶、人人都是个利己主义者的基本观点出发，霍布斯对人类的始初状态作了描述。他认为，既然人人都只顾自己，不管别人，好猜疑争斗，那么在进入社会状态之前人类社会必然处于一种战争状态。他说：“根据这一切，我们就可以显然看出：在没有一个共同权力使大家慑服的时候，人们便处在所谓的战争状态之下。这种战争是每一个人对每一个人的战争。”[①] 正因为如此，在自然状态下，人与人之间的关系是“狼与狼的关系”，即一种互相伤害、互相残杀的动物关系；也正因如此，那时人们尚没有是非和正义之类的观念。他说：“这种人人相互为战的战争状态，还会产生一种结果，那便是不可能有任何事情是不公道的。是和非以及公正与不公正的观念在这儿都不能存在。”[②] 霍布斯认为，在

① ［英］霍布斯：《利维坦》，黎思复等译，94 页，北京，商务印书馆，1985。

② 同上书，96 页。

自然状态下人类的情况是非常可怜的，这时不仅不可能有农业、航海业和商业，不可能有文学艺术等，而且“最糟糕的是人们不断处于暴力死亡的恐惧和危险中，人的生活孤独、贫困、卑污、残忍而短寿”①。

（二）自然权利

霍布斯认为，在自然状态下人们享有一种自由或权利，即用自己的智力和体力去取得和保护自己所需用的东西。他说，自然权利“就是每一个人按照自己所愿意的方式运用自己的力量保全自己的天性——也就是保全自己的生命——的自由。因此，这种自由就是用他自己的判断和理性认为最适合的手段去做任何事情的自由”②。这就是说，自然权利的主要内容是生命和安全。他还认为，这种自然权利在自然状态下是无限的，为了维护自己的生存和抵抗敌人，“每一个人对每一种事物都具有权利，甚至对彼此的身体也是这样”③。

（三）自然法

自然状态下，虽然人们享有无所不包的自然权利，但由于人人都享有它，无限制地使用它，可以相互侵害，就形成了一种战争状态，人们的生命安全毫无保障。人们都想摆脱这种痛苦的状态，自然而然地产生了过和平生活的要求。而人是有理智的，其理智也会告诉他们怎样才能过一种和平的生活。霍布斯认为自然法就是由人们的理智所告诉他们的如何获得和平的生活的通则。他说：“自然律是理性所发现的诫条或一般法则。这种诫条或一般法则禁止人们去做损毁自己的生命或剥夺自己生命的手段的事情，并禁止人们不去做自己认为最有利于生命保全的事情。”④

霍布斯指出，自然法与自然权利是既有联系又有区别的，它们是一个事物的两个方面，都是为了人们的生存。所不同的是，自然权利所强调的是人们的自由，而自然法所强调的是人们的义务和对人们行为的约束。义务和约束之所以对人们的生存有利，是因为人们的行为如果不受自然法的约束，就会毫无限制地使用自然权利，从而陷入彼此相害的战争状态，即权利毫无保障甚至完全丧失的状态。

霍布斯详细地论述了自然法的具体内容。他把自然法归纳为十七条规则，它们是：（1）求和平而守之；（2）签订契约各放弃无限之自然权利；（3）信守契约；（4）得恩知报；（5）合群；（6）宽宥别人；（7）惩罚应着眼于其改正；（8）尊重别人；（9）平等待人；（10）知足；（11）秉公处理纠纷；（12）不可分之物大家共享之；（13）不可分又不可共享之物以抽签方式轮流使用；（14）给调停者以安全；（15）不自为裁判；（16）公断人不能接受贿赂；（17）报效祖国。霍布斯自己也感到这些自然法规则太琐碎，就把它们予以简化，最后归纳为基督教的一句道德格言：“己所不欲，勿施于人。”他说：“由于人们之中大部分都忙于糊口，其余的人则因过于疏忽而无法理解以上关于自然法的微妙推演。然而为了使所有的人都无法找到借口起见，这些法则已被精简为一条简易的总则，甚至最平庸的人也能理解，这就是：己所不欲，勿施于人。这条总则说明，认识自然法时所要办到的只是以下一点：当一个人把他人的行为和自己的行为放在天平里加以权衡，发现他人

① ［英］霍布斯：《利维坦》，黎思复等译，95页，北京，商务印书馆，1985。

② 同上书，97页。

③ 同上书，98页。

④ 同上书，97页。

的行为总显得太重时，就要把他人的行为换到另一边，再把自己的行为换到他人行为的位置上去，以便使自己的激情与自重感不在里面增加重量，这时前述的自然法就没有一条在他看来不是十分合理的了。”①

霍布斯认为，自然法从严格意义上讲并不是一种法律，而只是道德律。他说：“自然法就是公道、正义、感恩以及根据它们所产生的其他道德……这一切在单纯的自然状况下都不是正式的法律，而只是使人们倾向于和平与服从的品质。”② 所以，“研究这些自然法的科学是唯一真正的道德哲学”③。这就是说，因为自然法的实际内容都是道德戒律，加上它只对人们的内心有约束力，而对外部行为却没有，所以它实际上是道德律而不是法律。霍布斯认为，只是从另外一种意义上，即从自然法是上帝宣布的意义上才是一种法律，因为上帝是万物的最高统治者。

## 三、实在法思想

霍布斯认为，人们在自然状态下时生活非常痛苦，生命安全毫无保障，虽然人们的理性使他们认识到自然法，但因为没有权威性机构强制人们遵守它，所以自然法难以发挥作用。而“没有武力，信约便只是一纸空文，完全没有力量使人们得到安全保障”④。为了摆脱自然状态，他认为，唯一的办法就是签订一个社会契约，把每个人的自然权利交出来，以“建立这样一种能抵御外来侵略和制止相互侵害的共同权力，以便保障大家能通过自己的辛劳和土地的丰产为生并生活得很满意”⑤。这样就把大家的意志集中起来变为一个统一的意志，把全社会的人组成一个集体，形成一个代表他们的人格。“这一人格是大家人人相互订立信约而形成的，其方式就好像是人人都向每一个其他的人说：我承认这个人或这个集体，并放弃我管理自己的权利，把它授与这人或这个集体，但条件是你也把自己的权利拿出来授与他，并以同样的方式承认他的一切行为。这一点办到之后，像这样统一在一个人格之中的一群人就称为国家，在拉丁文中称为城邦。这就是伟大的利维坦（Leviathan）的诞生，——用更尊敬的方式来说，这就是活的上帝的诞生。”⑥ 他给国家所下的定义是：“这就是一大群人相互订立信约、每人都对它的行为授权，以便使它能按其认为有利于大家的和平与共同防卫的方式运用全体的力量和手段的一个人格。”⑦

霍布斯认为，国家享有广泛而至上的权利，即主权，其中一项就是制定法律，即市民法或民约法。他说：“主权还包括以下的全部权力，即订立规章，使每一个都知道哪些财物是他所能享有的，哪些行为是他所能做的，其他臣民任何人不得妨害。这种规章就是人们所谓的法度。……由此看来，法度既为和平所必需，而又取决于主权，所以它便是主权为了保持公共和平应做的事情。这些有关我的、你的，（即私有财产权）以及臣民行为中

① ［英］霍布斯：《利维坦》，黎思复等译，120页，北京，商务印书馆，1985。
② 同上书，207页。
③ 同上书，121页。
④ 同上书，128页。
⑤ 同上书，131页。
⑥ 同上书，131～132页。
⑦ 同上书，132页。

的善、恶，合法与非法的规章便是市民法，也就是每一个国家各自具有的法律。”① 接着他对民约法的性质、特点、作用，以及种类和实施、与自然法的关系等作了论述。

（一）民约法或实在法的定义

霍布斯认为实在法是由社会契约而产生的，所以叫民约法。这种法律对所有的人都有约束力，是作为“一个国家的成员就要有义务服从的法律”，所以它不是建议，而是必须服从的命令。他说：“法律普遍说来都不是建议而是命令，也不是任便一个人对任便另个人的命令，而是专对原先有义务服从的人发布的那种人的命令；至于国法则只是加上了发布命令的人的名称，这就是国家法人。考虑了以上情形之后，我便对约法提出以下的定义：约法对于每一个臣民说来就是国家以语言、文字或其他充分的意志表示命令他们用来区别是非的法规；也就是用来区别哪些事情与法规相合、哪些事情与法规相违的法规。”② 这就是说，实在法是由主权者即国家发布的；其表现形式是语言、文字；它是一种必须服从、不能违背的命令，而不是建议；它是人们用以区别是非的行为准则。很明显，霍布斯这一关于实在法的定义，从某些方面揭示了实在法的性质和特点。他对法律本质的基本观点就是认为法律是主权者的命令。这一观点对后世影响很大，是功利主义法学和分析法学关于法律本质理论的基本出发点。不过霍布斯与他们不同，他认为并非一切命令都是法律，只有理性的命令，并且是国家的理性命令才是法律。他说：“法律决不能违反理性，以及法律之所以成为法律，不在于其文字也就是不在于其每一部分的结构如何，而在于其是否符合于立法者的意向……因此，构成法律的便不是法官的慎虑或低级法官的智慧，而是我们这位人造的人——国家的理性和命令。”③

（二）实在法与自然法的关系

霍布斯认为，民约法与自然法有着密切的关系，他说，“自然法与民约法是互相包容而范围相同的”，“民约法和自然法并不是不同种类的法律，而是法律的不同部分，其中以文字载明的部分称为民约法，而没有载明的部分则称为自然法”④。二者的区别在于，“自然法自宇宙洪荒以来一直是法律，不但称为自然法，而且也称为道德法规”；而民约法不是自然和永久存在的，“是根据具有主权管辖他人的人的意志制定的”⑤；自然法不以成文的形式表现，而民约法一定表现为语言、文字等成文形式；自然法对人们行为没有约束力和强制性；而民约法是主权者的命令，人们必须服从。

（三）实在法与正义

像其他古典自然法学一样，霍布斯也把法律与正义联系起来，并且说正义根源于第三条自然法则，即信守契约。但是很明显，他对此问题的具体论述与别人有两点不同：其一，他强调的不是自然法与正义的关系，而是正义与实在法的不可分；其二，他用商品观念来理解正义的含义，即把正义理解为信守契约。那么为什么霍布斯把正义与实在法紧密地联系在一起呢？这是因为，霍布斯认为，正义的真实含义是各得其所，而这只有在有了国家和法律，明确了所有权的社会里才有可能。他说：“‘正义就是将每人自己所有的东西

① ［英］霍布斯：《利维坦》，黎思复等译，137～138页，北京，商务印书馆，1985。

② 同上书，205～206页。

③ 同上书，209～210页。

④ 同上书，207～208页。

⑤ 同上书，221页。

给与自己的恒定意志'。这样说来，没有所有（即没有所有权）的地方就没有不义存在；而强制权力没有建立的地方（也就是没有国家的地方）就没有所有权存在；在那种地方所有的人对一切的东西都具有权利，因之，没有国家存在的地方就没有不义的事情存在。由此看来，正义的性质在于遵守有效的信约，而信约的有效性则要在足以强制人们守约的社会权力建立以后才会开始，所有权也是在这个时候开始。"[①] 即霍布斯认为，在自然状态下是无所谓正义不正义的，因为那时还没有你我之分，还没有所有权，所以不存在把别人东西占为己有的不正义行为问题。正义只有在社会状态下才产生，这时有了你我之分，才产生了将每人自己所有的东西给自己的正义问题。霍布斯进一步指出，正义之所以和实在法关系密切，是因为在社会状态下，规定所有权的正是实在法。实在法划定和明确各人所有权的界限，并用国家强力保护所有权，惩罚和纠正侵犯所有权的行为，所以只在有实在法的社会里才会有正义。他说："没有共同权力的地方就没有法律，而没有法律的地方就无所谓不公正。"[②] 正因为如此，他认为从一定意义上说，法律是正义的准则。他说："法律就是关于正义与不义问题的法规，被认为不义的事情没有一种不是和某些法律相冲突的。"[③] 他甚至说，实在法就是正义，没有法律是不正义的。法律只有良与不良之分，而没有公正与不公正的区别。他说："我所谓的良法不是公正的法律，因为任何法律都不可能是不公正的。"这是因为，"法律是主权当局制定的，这种权力当局所作所为的一切都得到了人民中每一个人的担保和承认。人人都愿意如此的事情就没有人能说是不公正的。国家的法律正像游戏的规则一样，参加的人全都同意的事情对他们每一个人说来都不是不公正的。良法就是为人民的利益所需而又清晰明确的法律"[④]。

（四）实在法与自由

在西方近代史上，霍布斯是最先论述法律与自由关系问题的思想家，他提出了自由是法律所允许或不干涉之事这一命题。在《利维坦》一书中，他专章论述了法律与自由的关系问题。他首先阐述了自由一词的含义，他指出："自由一词就其本义说来，指的是没有阻碍的状况。"[⑤] 因此"自由人一词根据这种公认的本义来说，指的是在其力量和智慧能办到的事物中，可以不受阻障地做他所愿意做的事情的人"[⑥]。他认为，"畏惧与自由是相容的"，因为人在恐惧之下有选择的自由；"自由与必然是相容的"，因为必然即规律，人按规律办事才有自由。接着他论述了自由与实在法的内在关系。指出真正的自由离不开法律。理由有三：

第一，在无实在法的状态下，即自然状态下，每个人享有无限的自然权利，必然互相侵害，谈不上什么自由，只有在实在法对人们的行为加以约束和限制之后，人们的安全才有保障，也才能享受法律所保护的自由。

第二，实在法对人们行为的规定和限制是相对的，因此它必然给人们留下自由活动的余地。他说："世界上没有一个国家能订出足够的法规来规定人们的一切言论和行为，这

① ［英］霍布斯：《利维坦》，黎思复等译，109页，北京，商务印书馆，1985。
② 同上书，96页。
③ 同上书，206页。
④ 同上书，270页。
⑤ 同上书，162页。
⑥ 同上书，163页。

种事情是不可能办到的；这样就必然会得出一个结论说：在法律未加规定的一切行为中，人们有自由去做自己的理性认为最有利于自己的事情。……因此，臣民的自由只有在主权者未对其行为加以规定的事物中才存在，如买卖或其他契约行为的自由，选择自己的住所、饮食、生业，以及按自己认为适宜的方式教育子女的自由等等都是。"①

第三，法律的本意和目的并不是要加害于人们，而是要保护和指导人们，使人自由地生活。他说："法律，作为得到批准的法规，其用处不在于约束人民不做任何自愿行为，而只是指导和维护他们，使之在这种行为中不要由于自己的鲁莽愿望、草率从事或行为不慎而伤害了自己。正如同栽篱笆不是为了阻挡行人，而只是为了使他们往路上走一样。"②

（五）法律的种类

霍布斯认为，法律种类的区分并不是固定不变的，往往不同时代有不同的分类，例如古罗马的查士丁尼法典就把市民法分为七类。他认为这一差别不取决于问题的本质，而取决于著述者的眼界，同时也随各人自己的方法不同而各异。因此，他也从不同的角度对法律作了分类。

首先，他按照传统方法把法律分为自然法与成文法两大类。成文法又分为人定法和神定法两种。神定法"是通过上帝授权宣布的人向某一个民族或某一些人宣布的法律"③。在人定法中还有分配法和刑律之别。"分配法是决定臣民权利的法律，向每一个人宣布他取得与保有土地或财物的财产权以及行动的权利或自由所根据的是什么，其内容是对一切臣民讲的。刑律则是宣布对违法者应施加什么惩罚的法律，内容是对被派执行的大臣与官员提出的。"④

其次，他又根据法律与国家的关系把法律分为基本法与非基本法，"基本法就是取消了以后，国家将像其屋基被毁的房屋一样，无法成立并彻底解体的法律。……非基本法则是废除之后不会使国家解体的法律。"⑤

再次，霍布斯还对法律的制定和实施等作了不少论述。例如，他认为刑罚的目的不是为了报复或发泄怒气，而是纠正犯法者或效尤者，因而刑罚要与罪行相适；再例如，他对法官应具备的品质和条件也作了很多论述，他认为一个良好的法官对"公平要有正确的理解"；"要有藐视身外赘物——利禄的精神"；"在审判中，要能超脱一切爱、恶、惧、怒、同情等感情"；"听审要有耐心，听审时要集中注意力、并且要具有记忆力记住、消化并运用自己所听到的一切"⑥。

由此可以看出，霍布斯对古典自然法学的贡献是很大的，他使格劳秀斯开创的古典自然法学更加系统化和更具有理论的色彩。这突出地表现在他第一次详细地论述了自然状态、自然权利和自然法的具体内容，并第一个明确地指出自然法的本质是道德；他用社会契约论阐述了国家和法的起源问题；他对实在法的本质、特点、作用、种类等也作了较多的论述，从而奠定了古典自然法学的基本理论框架。虽然与后来的古典自然法学家相比，

① ［英］霍布斯：《利维坦》，黎思复等译，164～165页，北京，商务印书馆，1985。
② 同上书，270～271页。
③ 同上书，222页。
④ 同上书，221页。
⑤ 同上书，224～225页。
⑥ 同上书，220页。

霍布斯的思想有更大的保守性，留有更多旧的痕迹，如仍坚决拥护君主制，仍承认神定法是法律的一种等，但在基本思想上并没有两样，而且就其理论的系统性和某些观点的深刻性来说，还超过了其他人。

## 第四节　洛克的法律思想

### 一、洛克的生平和著作

约翰·洛克（John Loke，1632—1704）是英国近代著名的哲学家，西方自由主义的奠基人和古典自然法学派的杰出代表之一。

洛克出生于一个律师家庭，父亲是一个清教徒。英国资产阶级革命爆发后，他父亲站在议会一边，并参加了克伦威尔的护国军。洛克 17 岁时在议会派控制的威斯敏斯特学校学习，20 岁时就读于牛津大学基督教会学院，而当时主持牛津大学的都是些独立派的人物。这样的家庭和就学经历使他深受资产阶级思想的影响。1660 年斯图亚特王朝复辟时，洛克担任牛津大学讲师。1666 年洛克结识了爱西莱勋爵，即后来的沙夫特斯贝莱伯爵。沙夫特斯贝莱伯爵是代表资产阶级和新贵族利益的辉格党的创始人和领袖，坚决反对封建复辟，主张公民自由、宗教宽容和君主立宪。洛克和他有着非常密切的关系，1667 年以后做他的医学顾问、家庭教师及秘书长达 15 年。1681 年，沙夫特斯贝莱伯爵因受斯图亚特王朝的迫害而逃亡荷兰。1683 年洛克因受牵连也被迫避居荷兰。1688 年“光荣革命”的第二年，他和女王玛丽二世一同回到英国。此后，他在新政府中先后担任了上诉法院院长、贸易殖民部部长等重要职务。在以后的日子里，洛克除了担任行政职务外就是著书立说，直到 1704 年去世。

洛克处于英国资产阶级革命时代，是这一时代后期的主要思想家。他的著作大多是在“光荣革命”后完成的，是对革命时期各种思想观点的清理和理论总结，从而为资产阶级创建新制度进行辩护和提供指导。其主要著作有：《论宗教宽容》（1689 年）、《人类理解论》（1690 年）、《政府论》（1690 年）、《基督教的合理性》（1695 年）等。《论宗教宽容》系统地阐述了政教分离和信仰自由的原则。《人类理解论》奠定了洛克在哲学上的地位。在此书中，他继承和发展了培根的唯物主义经验论，提出了著名的“白板说”，第一次提出并论证了理性是人自身的产物，是以经验为基础的理智的认识。在洛克的所有著作中，《政府论》的影响最为深远，也是其政治法律思想的代表作，分为上下两篇，分别在 1689 年和 1690 年出版。上篇集中批驳了保皇派菲尔麦鼓吹的“君权神授”和“王位世袭”论，下篇则论述了洛克本人的一系列政治法律观点。

### 二、“三个自然”思想

像霍布斯一样，洛克对自然状态、自然法、自然权利的论述是其法律思想的基础理论。不过，他的观点与霍布斯有明显的差别，如洛克对自然状态的描述就不是战争状态，而是一种自由、平等、和平状态。他说：“那是一种完备无缺的自由状态，他们在自然法的范围内，按照他们认为合适的办法，决定他们的行动和处理他们的财产和人身，而毋需得到任何人的许可或听命于任何人的意志。”“在这种状态中，一切权力和管辖权都是相互的，没有一个人享有多于别人的权力。极为明显，同种和同等的人们既毫无差别地生来就享有自然的一切同样的有利条件，能够运用相同的身心能力，就应该人人平等，不存在从属或受制关系。”①

洛克认为，自由不等于放任，是人的行为受理性的指导，这理性就是自然法。他说：“在这种状态中，虽然人具有处理他的人身或财产的无限自由，但是他并没有毁灭自身或他所占有的任何生物的自由。”这是因为“自然状态有一种为人人所应遵守的自然法对它起着支配作用；而理性，也就是自然法，教导着有意遵从理性的全人类：人们既然都是平等和独立的，任何人就不得侵害他人的生命、健康、自由或财产”②。

这就意味着在自然状态里人们享有一种权利，即自然权利。洛克说：“人类一出生即享有生存权利，因而可以享用肉食和饮料以及自然所供应的以维持他们的生存的其他物品。”③ 自然权利包括生存权、自由权、平等权和财产权四种。生存权是社会确认和保障人们生命延续的条件、资格和能力。自由权是指自然状态下除受自然法的约束外不受其他因素约束以及在政治社会中除受立法权的约束外不受其他约束的权利，人人得自由地处置自己的人身、财产和以自己的意志去做不损害他人的任何事情；平等权就是“每一个人对其天然的自由所享有的平等权，不受制于其他任何人的意志或权威”④。财产权是人们通过劳动而使自然中的物品归个人享有的权利。洛克认为，自然界中的一切物品最初是为人类共同享用的，但由于人们的劳动而使人类的共有物拨归个人享有，他说：“我的劳动使它们脱离原来所处的共同状态，确定了我对于它们的财产权。”就好比“虽然泉源的流水是人人有份的，但是谁能怀疑盛在水壶里的水只属于汲水人的呢”⑤？值得注意的是，洛克非常看重财产权，将其视为自然权利的核心，其他权利都是以财产权为基础，人的生存权不过是保障个人的财产不受侵犯，自由权不过是每个人任意处置自己全部财产之权，并且他还以劳动是财产权的原始取得方式，为私有财产神圣不可侵犯作辩护，反复强调“最高权力，未经本人的同意，不能取去任何人的财产的任何部分”⑥。

### 三、国家权力和实在法的产生

洛克认为，自然状态尽管很好，但也有三个缺陷：第一，缺少一种确定的、规定了的、众所周知的法律，以作为大家共同同意和承认的区分是非的标准以及裁判一切纠纷的尺度。因为虽然自然法对于理性动物来说，是明显而又可以理解的，但是有些人由于利害关系而存有偏见或由于对自然法缺乏研究而茫然无知，往往不承认自然法对他们有约束力。第二，缺少一个有权依照既定法律来裁判一切争执的公正的裁判者。因为自然状态中的每个人都是自然法的裁判者和执行者，而自私等情感很容易让人们作出不公的判决。第三，缺少权力来支持正确的判决，使其得到应有的执行。因此，在自然状态下人们的自然

---

① ［英］洛克：《政府论》（下篇），叶启芳、瞿菊农译，5页，北京，商务印书馆，1996。

② 同上书，6页。

③ 同上书，18页。

④ 同上书，34页。

⑤ 同上书，20页。

⑥ 同上书，86页。

权利的实现是有风险的。①

由此，洛克引申出了他的社会契约论。洛克认为，克服以上缺陷的办法就是人们互相协议，自愿放弃了裁判和执行自然法的权力，把它们交给社会，由社会委托给立法机关或指定的专门人员按照社会全体成员的共同意志来行使，从而进入了政治社会，成立了国家，设立了政府，产生了公共权力和法律。他说："如果在自然状态中是如前面所说的那样自由，如果他是他自身和财产的绝对主人，同最尊贵的人平等，而不受任何人的支配，为什么他愿意放弃他的自由呢？为什么他愿意丢弃这个王国，让自己受制于其他任何权力的统辖和控制呢？对于这个问题，显然可以这样回答：虽然他在自然状态中享有那种权利，但是这种享有是很不稳定的，有不断受到别人侵犯的威胁。……这就使他愿意放弃一种尽管自由却是充满着恐惧和经常危险的状况；因而他并非毫无理由地设法和甘愿同已经或有意联合起来的其他人们一起加入社会，以互相保护他们的生命、特权和地产，即我们根据一般的名称称之为财产的东西。因此，人们联合成为国家和置身于政府之下的重大的和主要的目的，是保护他们的财产。"②"这就是立法权和行政权力的原始权利和这两者之所以产生的缘由，政府和社会本身的起源也在于此。"③

## 四、实在法的本质和种类

洛克对实在法的基本观念是，它是公意的表示，它以公共利益为基础，其目的就是为保证自然权利的充分实现。他指出，立法机关就是"受社会的委任来表达公众意志的"。因此，立法机关一旦为大多数人所建立时，它就使这个意志得到表达，而且还可以说是这一意志的体现。正因为如此，他认为作为公共意志基础的公共利益是法律的基础和目的。他说："法律除了人民的福利这一最终目的之外，不应再有其他目的。""公众利益是检验全部立法的准则和尺度。"④

洛克认为法律的本性是通过设立一种赏罚来影响人的行为的一个规则。⑤ 他的法律分为三种：神法、民法、舆论法。神法就是上帝给人类确立的法律。民法是犯罪和无罪的法律，是国家制定的支配人民的法律。舆论法是指哲学的关于善行和恶行的法律。

## 五、法律与自由

马克思恩格斯指出："自由思想正是从英国输入法国的，洛克是自由思想的始祖。"⑥洛克不但提出了系统的自由学说，而且将自由与法律紧紧联系起来，阐述了法律与自由的关系，使他的法律思想具有浓厚的自由主义色彩。

洛克认为自由以理性为基础。他说，理性"正是一切自由的基础"⑦。正因如此，对个人来说，自由是随着其理性的成熟而获得的，小孩和精神不健全者就享受不到一个正常的

---

① 参见［英］洛克：《政府论》（下篇），叶启芳、瞿菊农译，77～78页，北京，商务印书馆，1996。

② 同上书，77页。

③ 同上书，78页。

④ ［英］洛克：《论宗教宽容》，吴云贵译，25页，北京，商务印书馆，1982。

⑤ 参见［英］洛克：《人类理解论》，关文运译，328页，北京，商务印书馆，1997。

⑥ 《马克思恩格斯全集》第7卷，249页，北京，人民出版社，1971。

⑦ ［英］洛克：《人类理解论》（上册），关文运译，236页，北京，商务印书馆，1983。

成年人的自由。

自由的主要内容是对财产的自由支配，是财产权。因为它是其他权利的前提和基础。因此，私有财产权神圣不可侵犯。最高统治者未经人民同意不能任意增税①；征服者也不应随意侵占被征服者的财产。②

社会状态下的自由离不开法律。他说："人的自然自由，就是不受人间任何上级权力的约束，不处在人们的意志或立法权之下，只以自然法作为他的准绳。处在社会中的人的自由，就是除经人们同意在国家内所建立的立法权以外，不受任何意志的统辖或任何法律的约束。"③ 这是因为法律体现理性，"人的自由和依据自己的意志来行动的自由，是以他具有理性为基础的，理性能教导他了解他用以支配自己行动的法律，并使他知道他对自己的自由意志听从到什么程度"④。儿童之所以需要父母管教，在于其理性尚未成熟，只有当他达至成年，理性成熟后，才能够理解法律，成为一个自由人，"从而他可以把他的行为限制在那个法律的范围之内。当他达到这一境界时，他可以被认为知道遵循法律的程度和应用自由的程度，从而取得自由"⑤。

在这些论述的基础上，洛克提出了以下著名的论断："法律按其真正的含义而言与其说是限制还不如说是指导一个自由而有智慧的人去追求他的正当利益，它并不在受这法律约束的人们的一般福利范围之外作出规定。假如没有法律他们会更快乐的话，那么法律作为一件无用之物自己就会消灭；而单单为了使我们不致堕下泥坑和悬崖而作的防范，就应称为限制，所以不管会引起人们怎样的误解，法律的目的不是废除或限制自由而是保护和扩大自由。这是因为在一切能够接受法律支配的人类的状态中，哪里没有法律，哪里就没有自由。这是因为自由意味着不受他人的束缚和强暴，而哪里没有法律，哪里就不能有这种自由。"⑥

## 六、法治思想

洛克的法治思想是其法律思想的重要组成部分，他提出的法治原则初步奠定了近代资产阶级法治理论的基础。

首先，洛克论述了法治的必然性。他指出，既然国家权力来自人民的自然权利并为了更好地保障它的实现，既然法律体现了人民的公意，那么执政者或政府就必须依法治国。他说："统治者应该以正式公布的和被接受的法律，而不是以临时命令和未定的决议来进行统治。""政府所有的一切权力，既然只是为社会谋幸福，因而不应该是专断的和凭一时高兴的，而是应该根据既定的公布的法律来行使。"⑦ 否则，"如果法律不能被执行，那就等于没有法律；而一个没有法律的政府，我以为是一种政治上的不可思议的事情，非人类

① 参见［英］洛克：《政府论》（下篇），叶启芳、瞿菊农译，121页，北京，商务印书馆，1996。
② 参见上书，111页。
③ 同上书，16页。
④ 同上书，39页。
⑤ 同上书，37页。
⑥ 同上书，35～36页。
⑦ 同上书，86页。

的能力所能想象，而且是与人类社会格格不入的”[①]。“如果掌握权威的人超越了法律所授予他的权力，利用他所能支配的强力强迫臣民接受违法行为，他就不再是一个官长；未经授权的行为可以像以强力侵犯另一个人的权利的人那样遭受反抗”[②]。因此，执政者不允许有超越法律的特权。“如果掌握权威的人超越了法律所授予他的权力，利用他所能支配的强力强迫臣民接受违法行为，他就不再是一个官长；未经授权的行为可以像以强力侵犯另一个人的权利的人那样遭受反抗。”[③]

其次，洛克认为法治的含义就是普遍守法和严格地平等执法。他说：法治就是“用明确不变的法规来公正地和同等地对待一切当事人；通过那些由社会授权来执行这些法规的人来判断该社会成员之间可能发生的关于任何权利问题的一切争执”[④]。就是“法律一经制定，任何人也不能凭他自己的权威逃避法律的制裁，也不能以地位优越为借口，放任自己或任何下属胡作非为，而要求免受法律的制裁。公民社会中的任何人都是不能免受它的法律的制裁的”[⑤]。

再次，洛克认为法治核心就是要反对个人独裁，而要如此就必须使国家的权力形成一个合理的能互相制衡的结构。他说，专断权力是“与社会和政府的目的不相符合的”，“只要有人被认为独揽一切，握有全部立法和执行的权力，那就不存在裁判者；由君主或他的命令所造成的损失或不幸，就无法向公正无私和有权裁判的人提出申诉，通过他的裁决可以期望得到救济和解决。因此，这样一个人，不论使用什么称号——沙皇、大君或叫什么都可以——与其统治下的一切人，如同和其余的人类一样，都是处在自然状态中”。“谁认为绝对权力能纯洁人们的气质和纠正人性的劣根性，只要读一下当代或其他任何时代的历史，就会相信适得其反”[⑥]。由此，洛克提出了他的分权制衡理论，开创了先河。

洛克将国家权力划分为立法权、执行权和对外权。“立法权指享有权利指导如何运用国家的力量以保障这个社会及其成员的权力，也就是制定法的权力。”[⑦] 执行权是指“负责执行被制定和继续有效的法律”，包括现代理论中所说的行政权和司法权两权。对外权是指“包括战争与和平、联合与联盟以及同国外的一切人士和社会进行一切事务的权力”[⑧]。

他认为在这三种权力中，立法权最高，“因为谁能够对另一个人订定法律就必须是在他之上。而且，立法权之所以是社会的立法权，既然是因为它有权为社会的一切部分和每个成员制定法律，制定他们的行动的准则，并在法律被违反时授权加以执行，那么立法权就必须是最高的权力，社会的任何成员或社会的任何部分所有的其他一切权力，都是从它获得和隶属于它的”[⑨]。由于立法权最高，便容易使掌握立法权的人想超越法律的限制，企图用立法权谋求私利。因而，立法权应受以下四个方面的限制：第一，立法机关不能把权力转让给其他任何人，因为这是来自于人民的委托的权力。第二，立法机关制定法律时除

① ［英］洛克：《政府论》（下篇），叶启芳、瞿菊农译，132页，北京，商务印书馆，1996。
② 同上书，123页。
③ 同上书，123页。
④ 同上书，53页。
⑤ 同上书，59页。
⑥ 同上书，55～57页。
⑦ 同上书，89页。
⑧ 同上书，90页。
⑨ 同上书，92页。

了为人民谋福利这一最终目的之外，不应再有其他目的。第三，立法机关只能以正式公布的既定的法律来进行统治。第四，未经人民自己或其代表同意，决不应该对人民财产课税和取去任何人的任何财产。[①]

洛克认为，立法、执行和对外权之间应该是相互制衡的关系。首先，执行权和对外权属于立法权，受立法权支配。其次，立法权受执行权牵制，表现在立法机关不能长设，它的召集、解散以及换届选举的时间、召集和组织由执行权决定；在立法机关没有制定法律的地方，在立法者不能预见的地方，执行权可以自由裁量，但须根据公众福利和利益要求来处理。

可以看出，洛克的主张实际上是两权分立和制衡。虽然他将对外权与行政权分开，但是他同时认为这两权是由同一机关来行使的，所以，他实际上承认执行权与对外权是很难分开的。而司法权在他那里尚未明确地提出来，尽管他曾说过，“哪里没有司法来保障人们的权利……那里就肯定不再有政府存在”[②]。

综上所述，洛克在古典自然法学家中处于特殊的地位，是古典自然法学发展中一个转折点，自此这一学说才具有现代自由主义的色彩，才开始创立了一系列新的观念，如人民主权、法律公意、天赋人权、法治和分权制衡等，而后来的美国独立战争和法国大革命正是在这些理论的指导下进行的。

## 第五节　孟德斯鸠的法律思想

### 一、孟德斯鸠的生平与著作

孟德斯鸠（Charles louis Montesquieu，1689—1755）是18世纪法国的启蒙思想家和古典自然法学派的主要代表之一。

孟德斯鸠出生于法国贵族世家色贡达家族，其家族是法国王室的远房宗亲、查理大帝的后裔。他自幼便受到良好的教育，博学多才，对史学、哲学、法学、社会学以至自然科学都有研究。19岁获法学学士学位，并从事律师职业。25岁时担任家乡波尔多郡议会议员。27岁时继承伯父波尔多议会议长职位和孟德斯鸠男爵称号。后来，由于不满法国专制制度，他卖掉了他的职位，用充足的钱财开始了学术旅游，实地考察欧洲各国的政治法律制度、风土人情和宗教信仰。1729年至1731年在英国考察，对洛克的思想进行了深入研究，并被选为英国皇家学会会员。1746年当选为德国皇家科学院院士，1755年在旅途中患病，卒于巴黎，终年66岁。

孟德斯鸠的学术研究方法近似于亚里士多德，能对法律进行实证研究和广泛地收集世界各国的法律资料，这就使他的结论建立在比较可靠的资料的基础上。他也以此引以为豪地说：“我的原则不是我的成见，而是从事物的性质推演出来的。”[③] 他一生著述颇丰，政治法律方面的代表作有《波斯人信札》（1721年）、《罗马盛衰原因论》（1734年）和《论

---

① 参见［英］洛克：《政府论》（下篇），叶启芳、瞿菊农译，88页，北京，商务印书馆，1996。

② 同上书，132页。

③ ［法］孟德斯鸠：《论法的精神》（上册），张雁深译，37页，著者原序，北京，商务印书馆，1982。

法的精神》(1748 年)。《波斯人信札》是孟德斯鸠的早期作品，也是其成名作。该书采用书信体小说的形式，借在法国经商的波斯商人之口痛斥法国的封建专制制度，基本奠定了他对政治法律的思想倾向。《罗马盛衰原因论》通过对罗马史料的研究，论证了自由平等是政治法律及社会发展的前提。孟德斯鸠将该书看做是他《论法的精神》的提前发表的绪论。《论法的精神》是孟德斯鸠政治法律理论的最高成就，是他用了二十年时间才完成的鸿篇巨作。全书约六十万字，除序言外，分为 6 卷 31 章，内容遍涉政治、经济、历史、地理、宗教等各个领域，并以独特的方式研究了法理学、宪法学、刑法学、民法学、国际法学等一系列课题，成为一部独具风格的资产阶级法学百科全书。它的出版轰动了整个欧洲，在不到两年时间里出版了 22 版，被译成多种文字。伏尔泰称之为“理性自由法典”。

## 二、法的精神和分类

### (一) 法的精神

对法的精神的探讨是孟德斯鸠全部法律思想的核心和出发点。他对法的认识，一方面继承了自然法学的传统，把法与事物的规律、世界的理性联系起来，他说：“有一个根本理性存在着，法就是这个根本理性和各种存在物之间的关系，同时也就是存在物彼此之间的关系。”他进一步说：“法是由事物的性质产生出来的必然关系。在这个意义上，一切存在物都有它们的法。上帝有他的法；物质世界有它的法；高于人类的‘智灵们’有他们的法；兽类有它们的法；人类有他们的法。”[①]另一方面，他又说：“一般地说，法律，在它支配着地球上所有人民的场合，就是人类的理性；每个国家的政治法规和民事法规应该只是把这种人类理性适用于个别的情况。”[②] 他认为每个国家有他们不同于其他国家的独特的法，而这种法是由其独特的政治体制，经济结构，居民的生活方式、风俗、习惯和宗教信仰，以及自然环境，如气候、地形地貌，还有已有的法律、立法者的目的等因素综合决定的。所以他说：“这些关系综合起来就构成所谓‘法的精神’。”[③] 显然，他前面所讲的是广义的法，后面所讲的是狭义的法，即每个国家的实在法。

孟德斯鸠特在论述人类的法律时，特别强调自然环境与实在法的关系，他说：“不同气候的不同需要产生了不同的生活方式，不同的生活方式产生了不同种类的法律。”[④] 又说：“快乐的气候产生了坦率的风俗，带来了柔和的法律。”[⑤]

孟德斯鸠特在论述人类的法律时，一方面指出它与其他事物的法的共同性，另一方面也指出其特殊性，即它对人类来说只是一种“应该”，而不是“必然”。他说这是因为人有二重性，既是“物理的存在物”，因而必须服从客观规律；又是“智能的存在物”，人有欲望、情感、意志和理性，因而他要独立行动，也会犯错误，从而会违反客观规律和国家的法律。[⑥]

---

① [法] 孟德斯鸠：《论法的精神》(上册)，张雁深译，1 页，北京，商务印书馆，1982。

② 同上书，6 页。

③ 同上书，293 页。

④ 同上书，235 页。

⑤ 同上书，241 页。

⑥ 参见上书，3 页。

（二）法的分类

孟德斯鸠把法分为三大类：自然法、人为法和神法。

1. 自然法与人的自然本性和自然状态有关，“自然法就是人在这一状态下所接受的规律”①。他认为，在自然状态下人们都感到软弱、怯懦和自卑，人们首先想到的是如何保存生命、繁衍后代，所以，自然状态中的人们相互畏惧而又相互亲近。自然法就是渊源于人的生命本质，围绕如何保存人的生命而支配人的行为的规则。自然法的原则或主要内容就是四条：和平、寻找食物、人的自然爱慕和希望过社会生活。

2. 人为法就是国家的当权者所制定的法。它用以处理社会状态下的三种关系，因而产生了三种法：国际法、政治法和民法。国际法是调整各国相互关系的法律，即调整每个社会间的战争状态，其基本原则是：和平时尽量谋求彼此福利的增进，战时在不损害自身利益范围内尽量减少破坏。政治法是调整统治者和被统治者关系的法律，包括基本法、刑法、警察法等。民法是调整公民之间关系的法律。

3. 神法就是宗教法。孟德斯鸠认为神法与人定法是不同的，人法的性质受到所发生的一切偶然事件的支配，且随着人类意志的转移而变更。宗教法的性质则永远不会改变。人法的制定的目标为“好”，宗教法为“最好”。“好”是有许多种类的；但“最好”则只有一种，所以是不能改变的。另外，宗教法的力量来自人们对它的信仰，而“人为法的力量来自民众对它的畏惧”②。

4. 孟德斯鸠认为，人为法的特点之一，是每个国家的法各有其特殊性，不能简单地搬用于其他国家。他说：“人为法的性质是受到所发生的一切偶然事件的支配的，而且是随着人类意志的转移而变更的。”③ 特点之二，是它借助于国家权力来实施；特点之三，它往往加杂有非理性的因素，因而“总是要遇到立法者的感情和成见的”④。因为“大半的立法者，均系见解狭窄的人，他们位居众人之上，他们所参考的，只是他们的成见和幻想”⑤。甚至有些制定法完全丧失了法的属性，仅仅是君主反复无常的一时的意欲而已。

孟德斯鸠认为，不同类别的法律是从不同事物的不同性质产生的，各有不同的作用范围。据此，他反对神法对人事的干涉，主张依自然法、政治法、民法规定的事物不应按神法处理；政治法与民法也各有不同的原则，不能混同，在公民自由问题上适用政治法，在财产问题上适用民法；在婚姻关系上，民法和宗教法各有不同的调整范围。

## 三、政体与分权制衡思想

（一）政体思想

孟德斯鸠继承和发展了西方的政体思想，把政体划分为共和政体、君主政体和专制政体三类。共和政体内又分为民主政体和贵族政体。他认为各种政体所遵循的原则是不同的。如民主政体的原则是品德，贵族政体的原则是节制，君主政体的原则是荣誉，专制政

① ［法］孟德斯鸠：《论法的精神》（上册），张雁深译，4 页，北京，商务印书馆，1982。
② 同上书，173 页。
③ 同上书，174 页。
④ 同上书，303 页。
⑤ ［法］孟德斯鸠：《波斯人札记》，罗大纲译，220～221 页，北京，人民文学出版社，1978。

体的原则是恐怖。

孟德斯鸠仇视和批判专制政体，认为它类似于野兽的统治，是一个无法律、无规章、由单独一个人按照其反复无常的情绪来统治。认为在这种政体里，人人是奴隶，人人不自由。他喜爱的是英国式的君主立宪政体，说“它的直接目的就是政治自由”。

孟德斯鸠认为政体与法律密切相关，有的如专制政体里法律等于零；其他的政体各有其不同的基本法。如民主政体的基本法是选举法，因为其官员由选举产生；君主政体的基本法是关于门第、身份的法律，因为这种政体的原则是荣誉。另外，不同政体的法律中的不同部分的内容繁简也各有差异。如君主政体中民法很复杂，它不仅必须规定一般的生命财产的制度，还要规定对爵位和各种荣誉的取得和继承的制度；而在专制政体里民法制度则很少。还有各种政体的法律对诉讼的程序、刑罚的轻重在规定上也有区别，如专制政体的刑罚的残酷无度等。

（二）分权制衡思想

孟德斯鸠继承和发展了洛克的分权制衡思想，第一个完整地论述了近代西方的三权分立学说，明确提出了司法权独立的问题。

孟德斯鸠把洛克提出的立法权、执行权和对外权三权划分的理论发展成为立法、行政和司法三权，详细阐述了三权的范围和归属。立法权是制定、修正或废止法律的权力，代表国家的一般意志，应由人民享有，人民则通过自己的立法机关来行使立法权；行政权是决定媾和或宣战、派遣或接受使节、维护公共安全、防御侵略的权力，它执行国家的意志，“应该掌握在国王手中，因为政府的这一部门几乎时时需要急速的行动，所以由一个人管理比由几个人管理好些”[①]；司法权是惩罚犯罪或裁决私人讼争的权利，具有独立性，应有法院和陪审官行使。

为什么要实行三权分立，孟德斯鸠作了如下解释：“一切有权力的人都容易滥用权力，这是万古不易的一条经验。有权力的人们使用权力一直到遇有界限的地方才休止……从事物的性质来说，要防止滥用权力，就必须以权力约束权力。我们可以有一种政制，不强迫任何人去做法律所不强制他做的事，也不禁止任何人去做法律所许可的事。”[②]所以，“当立法权和行政权集中在同一个人或同一个机关之手，自由便不复存在了。因为人们将要害怕这个国王或者议会制定暴虐的法律，并暴虐地执行这些法律。如果司法权不同立法权和行政权分立，自由也就不存在了。如果司法权同立法权合而为一，则将对公民的生命和自由实行专断的权利，因为法官就是立法者。如果司法权同行政权合而为一，法官便将握有压迫者的力量。如果同一个人或是由重要人物、贵族或平民组成的同一个机关行使这三种权力，即制定法律权、执行公共决议权和裁判私人犯罪或争讼权，则一切便都完了”[③]。

那么，如何实现三权分立呢？孟德斯鸠对此作了详细的论述。他设计了三权之间相互牵制、制约的机制。即立法权包括两种基本权力——创制权和反对权。创制权是制定和修改法律的权力，反对权是决定法律是否生效的权力。行使立法权的机关由人民选举的代表组成。代表按地域由居民选出。立法机关应该定期开会，除制定法律、逐年决定国家税收

① ［法］孟德斯鸠：《论法的精神》（上册），张雁深译，160页，北京，商务印书馆，1982。

② 同上书，154页。

③ 同上书，156页。

外，还有权监督和审查法律的执行情况。孟德斯鸠强调贵族在立法事务中的作用，认为人民完全不适宜于讨论事情，能力只限于选举代表。他还主张对选举权力要有所限制，社会地位卑微的人没有选举立法机关代表的投票权，认为一个国家里总有一些人以出身、财富或荣誉著称，应该使贵族的立法权力和他们在国家中享有的其他利益成正比例。所以，他主张立法机关分为贵族院和平民院，分别代表贵族和平民。平民院享有创制权，贵族院享有反对权或否决权，使平民和贵族在国家权力体系中保持地位平衡，防止一方侵犯另一方利益。贵族院由世袭产生，平民院由选举产生。掌握行政权的国王或君主必须执行国家的意志，也就是说必须执行法律，并按法律的规定行使行政权力，不能违背法律。国王和君主还有权根据需要规定立法机关会议的召集时间和期限，并有权制止立法机关的越权行为。国王和君主的行政行为，立法机关不得干涉。另外，国王和君主拥有“反对权”，行使对立法的否决权。司法权交给法院和陪审官行使，具有独立性。法院在每年一定的时间由人民选出的人员组成。法院不固定，存续期间视需要而定。法官必须按照法律规定的方式行使司法权。在例外情况下，立法机关享有司法权。比如，为了保证显贵的人不受侵害，贵族应该在贵族院受审，而不应该受普通法院的传讯。贵族院还掌握处理上诉案件的权力，以防司法权力过于严峻。为了保护平民，如果因为公务侵犯了平民的权利，由平民院向贵族院提出控告。这样一来，三种权力彼此独立且相互制约。如行政权的行使要服从法律，但国王或君主可以行使对立法的否决权；立法权不能干涉行政权，但同时可以审查、监督国王或君主对法律的执行；司法必须以立法为依据，但在一定条件下可以行使对立法的审查。值得注意的是，孟德斯鸠不但力图使三权在外部的行使上互相制约，他还注意到权力内部的相互制约，例如立法权中创制权和否决权的相互制约。

由此看来，无论从权力的划分上，还是从权力的相互制约上，孟德斯鸠的分权理论比起洛克的理论都更合理，更系统。他的分权制衡理论对西方政治法律制度产生了巨大影响。1787 年的美国宪法，亦即世界上第一部成文的宪法，就是他的分权理论实际运用的结果。

## 四、法律与自由

像洛克一样，孟德斯鸠对法律与自由的关系也有许多精彩的论述。

首先，孟德斯鸠把自由分为两种，一是哲学上的自由，二是政治上的自由。“所谓哲学上的自由，是要能够行使自己的意志，或者，至少（如果应从所有的体系来说的话）自己相信是在行使自己的意志。政治的自由是要有安全，或者至少自己相信有安全。”①

他所关注的主要是政治自由，即社会自由。而“政治自由的关键在于人们有安全，或者人们认为自己享有安全”②。他认为政治自由与法律有密切关系，他说：“在民主国家里，人民仿佛愿意做什么就做什么，这是真的；然而，政治自由并不是愿意做什么就做什么。在一个国家里，也就是说，在一个有法律的社会里，自由仅仅是：一个人能够做他应该做的事，而不被强迫去做他不应该做的事情。”这是因为，这种自由具有社会性，会互相发生冲突，因而需要法律划定其合理的界限。所以“自由是做法律所许可的一切事情的权

① ［法］孟德斯鸠：《论法的精神》（上册），张雁深译，188 页，北京，商务印书馆，1982。

② 同上书。

利；如果一个公民能够做法律所禁止的事情，他就不再有自由了，因为其他的人也同样会有这个权利”①。

他认为，政治自由与两个方面的法律有关系：

一方面是与政体相关的法律，它又分为两个方面：其一，是与政体的性质相关的法律。他认为只有在宽和的共和政体里才有政治自由。他说：“政治自由只在宽和的政府里存在，不过，它并不是经常存在于政治宽和的国家里，它只在那样的国家的权力不被滥用的时候才存在。”② 其二，是国家权力结构的法律，他认为只有实行三权分立，并由不同的机构和人掌握的国家里，才不会出现个人独裁，才会有政治自由。

另一方面是与公民个人相关的法律，主要指刑法。他认为“公民的自由主要靠良好的刑法”③。这是因为对公民自由的侵犯主要来自两个方面，一是国家机构的无理干涉，使公民受到无理的控告、逮捕，甚至被抄家问斩；二是来自他人的犯罪。所以需要这两方面的法律来规定此事，而刑法（包括刑诉法）正是这类法律。

孟德斯鸠不但从整体上探讨自由与法律的关系，他还注意到具体的自由与法律的关系。例如言论自由，他认为没有言论自由就没有其他自由，没有言论自由就会失去一切自由。所以，法律要特别注重保护言论自由。他说：“要享受自由的话，就应该使每一个人能够想说什么就说什么；要保全自由的话，也应该使每一个人能想说什么就说什么。这个国家的公民可以说或写一切法律所没有明文禁止说或禁止写的东西。”④

作为古典自然法学派中一个有特色的思想家，孟德斯鸠摈弃了古典自然法学家的形而上学倾向，使用了实证分析和历史比较的研究方法，因而取得了丰富的成果，并对后世法学形成了巨大影响，德国的历史法学派就受其影响。可以说他是历史法学派的先驱；同时，他又重视法律与社会诸因素关系的研究，因而也可以说，他是社会法学派的鼻祖。

## 第六节　卢梭的法律思想

### 一、卢梭的生平与著作

让·雅克·卢梭（Jean Jacques Rousseau，1712—1778）是古典自然法学派后期的主要代表，也是18世纪法国启蒙运动中最激进的代表和法国大革命的思想先驱。

卢梭出身寒微，生于瑞士日内瓦一个钟表匠的家庭，但其大半生是在法国度过的。卢梭出生9天就失去了母亲，10岁时父亲又因与人纠纷离家出走，致使卢梭成为孤儿。从此他便开始了寄人篱下和颠沛流离的辛酸生活。他当过学徒、仆人、伙计、家庭教师、乐谱抄写员、出纳员、秘书等。卢梭全靠刻苦自学成为一代宗师。他12岁时学习拉丁文，在华伦夫人家时得以博览群书。1740年，卢梭到里昂司法长官德·马布利家做家庭教师。1742年到巴黎，其才华得到一些贵族夫人的赏识，也逐渐结识了许多启蒙思想家，得以

① ［法］孟德斯鸠：《论法的精神》（上册），张雁深译，154页，北京，商务印书馆，1982。
② 同上书，154页。
③ 同上书，188页。
④ 同上书，322页。

进入上流社会的沙龙。

他与百科全书派的狄德罗过从甚密。1750 年在狄德罗被关巴士底狱期间，他每天步行 8 公里去看望，一天，在路上他看到一本名为《水星》的杂志上刊登的第戎科学院的征文启事，偶发感想，并与狄德罗交换意见，回到家后即写了《论科学与艺术》一文应征，并获得大奖，遂一举成名。该文立意奇特，认为科学和艺术的发展不仅不能促进道德的进步，反而导致道德的堕落。其真正的用意并不是批判科学艺术本身，而是批判科学艺术为权贵所用。这一点没有被人们所觉察，因而引发了一些启蒙学家对文章的猜疑和不满。伏尔泰在给卢梭的赠书回信中说："从没有人用过这么大的智慧企图把我们变成畜生，读了您的书，真的令人渴慕用四只脚走路了。"1754 年第戎科学院再发出征文启事，他又应征写了《论人类不平等的起源和基础》的长文，深刻而系统地探索了人类社会不平等产生的根源和历史。1756 年他开始撰写一部更宏大的系列学术著作——《政治制度论》，但只写出了一部分，后来感到它所需时间太长就放弃了，只是把其中可独立的部分抽出来命名为《社会契约论》，于 1762 年出版，其余的则付之一炬。此间，卢梭还写了一部论教育的著作——《爱弥儿》（或教育论）（1762 年）和一些戏剧。卢梭在这些著作中对封建制度的批判，以及他与一些贵族夫人的过分密切关系，招来了法国统治者的严重迫害和亲朋好友的非议，致使他难以在法国存身。《爱弥儿》一书出版后他遭到通缉，不得不逃亡瑞士，后受哲学家休谟之邀去英国。1767 年被赦免后才重新回到巴黎，但仍受到种种的社会非议，过着一种与外界隔绝的日子。为了消除人们对他的种种误解，也为了对自己的一生做一个总结，临终前他写了《忏悔录》（1765 年～1770 年），其文笔之流畅，刻画心理之细腻给读者以强烈的感受，现被作为西方文学名著流传于世。1778 年，卢梭于贫病中死于爱尔蒙维尔。

## 二、人的自由、平等思想

作为一个长期生活在受压迫的社会下层的人，向往和追求自由平等是卢梭毕生为之奋斗的目标，也是其政治法律思想的核心内容和显著特征之一。

### （一）自由

卢梭对自由有独到的见解，其基本观点是，自由是人的本性。他说："自由乃是人性的产物。"[①] 所以，放弃自由不但是一个人对自己做人资格的否定，同时也是违背人性的不道德行为，"一个人抛弃了自由，便贬低了自己的存在"[②]，"放弃自己的自由，就是放弃自己做人的资格，就是放弃人类的权利，甚至就是放弃自己的义务。对一个放弃了一切的人，是无法加以任何补偿的。这样的一种弃权是不合人性的；而且取消了自己意志的一切自由，也就是取消了自己行为的一切道德性"[③]。他进一步从人的社会性和人与人的角度来思考自由，指出自由不仅是自己不受制于别人，而且自己也不奴役别人。他的名言是："做了主人的人，就不可能自由。"[④] 他还从自由与法律的关系的角度来思考自由，认为真

① ［法］卢梭《论人类不平等的起源和基础》，李常山译，137 页，北京，商务印书馆，1982。

② 同上书，137 页。

③ 同上书，16 页。

④ 同上书，23 页。

实的自由与法律不可分，强调遵守法律即自由。他把自由分为自然状态下的自然自由和社会状态下的社会自由。认为前一种自由从表面上看，就像一个人从一个山洞里睡觉，从一棵果树上采果，在一条溪流中饮水，很是无拘无束，自由自在。但是实际上他风餐露宿，会遭遇豺狼虎豹的袭击，非常辛苦和危险，所以并不自由。他认为，只有在社会里和在法律保护下，才会有真正的自由。他说："人是自由的，尽管是屈服于法律之下。这并不指服从某个个人，因为在那种情况下我所服从的就是另一个人的意志了，而是指服从法律，因为这时候我所服从的只不过是既属于我自己所有、也属于任何别人所有的公共意志。一个主人可以允许这一个人而拒绝另一个人；反之，法律则不予以任何考虑，法律的条件对人人都是平等的。因此，就既没有主人，也没有奴隶。"①

（二）平等

卢梭认为，没有平等就无所谓自由，要实现人的社会自由，需要实现人们的社会平等。什么是平等？卢梭认为平等并不是绝对的均等，"平等这个名词不是指权力与财富的程度应当绝对相等；而是说，就权力而言，则他应该不能成为任何暴力并且只有凭职务与法律才能加以行使；就财富而言，则没有一个公民可以富得足以购买另一个人，也没有一个公民穷得不得不出卖自身"②。可见，卢梭的平等主要是指人的人格的平等。

卢梭认为，人是生而自由平等的，自然状态下的人就是如此，但现在却"无往不在枷锁之中"。人和人之间充满着不平等，除了贫富的不平等外，还有统治者与被统治者的不平等。所以他写了《论人类不平等的起源和基础》一书来探索这一问题。经过研究，卢梭认为，在自然状态下人们之间虽然存在着年龄、体力、生理上的差别，但不存在奴役与被奴役、服从与被服从等任何不平等问题。那么，人类中的不平等是怎样产生和发展的呢？他认为，其内在原因是因为人有理性，虽然那时它还处于潜伏状态，但理性使人有一种自我完善的能力，因此，随着人类能力的提高和智慧的增长，如工具和火的使用、农业和冶金业的产生等，使财产上的不平等获得了力量并成长起来。其外在原因是私有财产和私有制产生，人在自我完善中开始占有自然物，从而出现了他们之间的贫富差别。这使人们之间的不平等成为一种现实并逐步扩大和根深蒂固。这就像一头狼吃过肉之后不再想吃其他食物一样，这是不平等的第一步。在进一步的发展中，富人为了保护和扩大其财富，就欺骗穷人签订一个社会契约，建立一种政权，使自己成为统治者。这也就使人与人之间的不平等由财富的不平等外又增加了统治者与被统治者的不平等。这是不平等的第二步。此后不平等进一步发展，在统治者中又有上下级之间的差别，最后出现了一个最高权力者，即君主。这就使不平等达到极端的程度，即只有一个人是自由的，其他人都不自由，都处于被压迫、被奴役的状态。他认为当时的法国就是这一状态的例证。

那么，怎样打破这些枷锁，恢复人们的自由、和平呢？卢梭为此写了《社会契约论》作为回答。他认为办法就是重新签订一个社会契约，从真实的个人意志中抽取共同的部分成为公共意志，并把它公之于世，成为法律，以保护大家的公共利益。这样一来，大家只服从法律，不服从任何个人，从而处于一种真正的自由状态。

---

① ［法］卢梭：《社会契约论》，何兆武译，24 页注②，北京，商务印书馆，1990。

② 同上书，69～70 页。

## 三、社会契约与人民主权

### （一）社会契约

上面谈到，卢梭指出要打破这些枷锁，恢复人们自由和平，就得重新签订一个社会契约并使之成为法律，建立新的政治权力。那么，这是一种什么样的社会契约和社会权力呢？为什么有那么大的神奇力量使人重新获得自由和平等呢？

卢梭说这是“一次全体一致同意”的契约，这个契约把“每个结合者及其自身的一切权利全部转给整个的集体”①。之所以要全部转让，主要有三个原因：其一是只有全部转让，才能使每个人在新的基础上达到平等；其二是只有转让毫无保留，每个参加社会契约的人才不会再有什么要求，否则，如果有人保留权利，必然形成不平等；其三是每个人既然全部奉献出自己，也就意味着没有向任何人奉献自己，这也就达到了订立契约的目的，每个人全部交出权利，但在交出权利以后，又只不过是在服从自己本人。总之，“人类由于社会契约而丧失的，乃是他的天然的自由以及对于他所企图和所能得到的一切东西的无限的权利；而他所获得的，乃是社会的自由以及对于他所享有的一切东西的所有权”②。并且，“基本公约并没有摧毁自然的平等，反而是以道德的和法律的平等代替自然所造成的人与人之间的身体上的不平等，从而，人们尽可以在力量上和才智上不平等，但是由于约定并且根据权利，他们却是人人平等的”③。

卢梭论述说，订立社会契约的根本目的和任务，就是要“寻求一种结合的形式，使它能够以全部共同的力量来卫护和保障每个结合者的人身和财富，并且由于这一结合而使每一个和全体相联合的个人又只不过是在服从自己本人，并且仍然像以往一样的自由，这就是社会契约所要解决的根本问题”④。即订立社会契约的目的就是以更大的力量保护每个人的自由平等权利。

还有，社会契约是人们自由议协的产物，是政治共同体即国家与它的各个成员之间的约定，而不是个人与个人之间、上级与下级之间、统治者与被统治者之间的约定，即国家与个人之间的关系是契约的关系。按照以上标准，执政者若不能保障人民的自由平等，就是对社会契约的违背，人民有权取消契约，甚至可用暴力将自己的权利再夺回来。

可以看出，卢梭的社会契约论非常有特点，首先，卢梭清楚地认识到所谓自然状态只是推理的出发点而非历史的真实，而推理的基石是人性。这一点使得卢梭的社会契约论与众不同。其次，在社会契约的缔结者问题上，卢梭与格劳秀斯和霍布斯不同，这两位并未把君主看做是缔约的一方，他只是从契约中得到利益，而人民丧失权利，换来的是安全。再次，在缔结契约时的转让权利问题上，卢梭与洛克不同，卢梭认为人民将全部权利转让，而洛克认为只是转让了部分权利。这就使卢梭的社会契约论具有鲜明的民主性和激进的反专制色彩。

### （二）人民主权

卢梭说，这个社会契约签订的结果就是使分散的个人结合为一个集体，“一个道德的

---

① ［法］卢梭：《社会契约论》，何兆武译，23页，北京，商务印书馆，1990。

② 同上书，30页。

③ 同上书，34页。

④ 同上书，23页。

共同体”，“这个由全体个人的结合所形成的公共人格，以前称为城邦，现在则称为共和国或政治体；当它是被动时，它的成员则称它为国家；当它是主动时，就称它为主权者；而以之和它的同类相比较时，则称它为政权。至于结合者，他们的集体就称为人民；个别地，作为主权权威的参与者，就叫做公民，作为国家法律的服从者，就叫做臣民”①。

有了国家就产生了国家的权力问题，这种权力就“主权”。那么，什么是“主权”？它属于谁？又怎么样使用呢？

1. 什么是主权？卢梭回答道：“主权……不外是公意的运用。”② “主权的行为又是什么呢？它并不是上级和下级之间的约定，而是共同体和它的各个成员之间的约定。它是合法的约定，因为它是以社会契约为基础的；它是公平的约定，因为它对一切人都是共同的；它是有益的约定，因为它除了公共的幸福而外没有任何别的目的；它是稳固的约定，因为它有着公共的力量和最高权力作为保障。”③ 这就是说，主权就是通过签订社会契约产生公意，使之变为法律，并使之落实的权力。从卢梭的相关论述中可以看出，主权的主要内容是立法权，因为主权属于人民的主要表现为人民参与立法活动的权利。至于国家的其他权力，如掌握行政权的政府，在卢梭看来只是主权与主权者个人的公民之间的一个中介或派出机构。

卢梭认为，主权具有以下的特点：第一，至上性，也就是说是绝对的、至高无上和神圣不可侵犯的。他说：“正如自然赋予了每个人以超乎于他的各部分肢体之上的绝对权力，社会公约也就赋予了政治体以超乎其各个成员之上的绝对权力。正是这种权力，在受公意所指导时……就获得了主权这个名称。”④

第二，不可转让、不可分割性。他说：“主权既然不外是公意的运用，所以，就永远不能转让。”⑤ “由于主权是不可转让的，同样理由，主权也是不可分割的。因为意志要么是公意，要么不是；它要么是人民共同的意志，要么就只是一部分人的。”⑥

第三，不可取代性。卢梭说：“主权本质上是由公意所构成的，而意志又是绝不可以代表的：它只能是同一个意志，或者是另一个意志；绝不能有什么中间的东西。因此人民的议员并不是、也不可能是人民的代表，他们只不过是人民的办事员罢了；他们并不能作出任何肯定的决定。”⑦ 因此，他反对代议制，主张议政合一。

2. 主权属于人民。

卢梭认为，主权属于人民，这表现在以下几方面：

第一，立法权属于人民，法律必须是全体一致同意的结果，必须体现公意。

第二，立法机关、政府，只是其派出机关，其工作人员只是“人民”的公仆。他说：“政府就是臣民与主权者之间所建立的一个中间体，以便两者得以互相适合，它负责执行法律并维持社会以及政治的自由。”政府的成员是官吏或执政者，他们只是人民的雇员。

① [法] 卢梭：《社会契约论》，何兆武译，25～26页，北京，商务印书馆，1990。
② 同上书，35页。
③ 同上书，44页。
④ 同上书，52页。
⑤ 同上书，35页。
⑥ 同上书，36～37页。
⑦ 同上书，125页。

他们与人民的关系"那完全是一种委托，是一种任用；在那里，他们仅仅是主权者的官吏，是以主权者的名义在行使主权者所托付给他们的权力，而且只要主权者高兴，就可以限制、改变和收回这种权力"①。

第三，立法权属于人民全体，而不属于个人。作为"人民"一分子的个人，在参与政治活动或立法活动时是公民，他虽然享有公民权利，但不享有主权。他不能自行制定或修改法律，而必须作为臣民服从法律。作为"立法者"，个人虽然在立法过程中也发挥作用，可以提出草案，但这只是一种立法建议，并不拥有立法权。这因为"法律既然结合了意志的普遍性与对象的普遍性，所以一个人，不论他是谁，擅自发号施令就绝不能成为法律；即使是主权者对于某个个别的对象所发出的号令，也绝不能成为一条法律，而只能是一道命令；那不是主权的行为，而只能是行政的行为"②。

可以看出，卢梭的人民主权理论是很彻底的，不但主权属于人民，而且人民直接行使权力。主权只有一个，而不是分为三个部分。

## 四、法律公意说

法律公意说是卢梭的人民主权理论逻辑推理的必然结论，也是其政治法律思想中最为辉煌的部分之一，它集中表达了卢梭对法律的彻底民主观念。

卢梭对法的认识和论述，也是从在"自然法"开始的，不过他在"自然法"的认识和态度上已不如他之前的自然法学家，因为他只是把"自然法"理解为自然状态下人所遵守的自然法则，所以，这些法则不是以理性而是以感性为基础的。这使他对"自然法"抱着轻视甚至蔑视的态度，也很少使用"自然法"这一概念。③

这样一来，卢梭对法的论述便集中在实在法上。这些论述分为两个方面，一方面是对已有的和现实法国法的批判；另一方面是对他所理想的法律的论述。那么，什么是他所理想的法律呢？概括起来就是法律是公意的正式表示。他说，"公共的意志就是法律"、"法律乃是公意的行为"、"法律只不过是公意的宣告"④。他进一步说："法律是全体人民对全体人民的规定。""当全体人民对全体人民作出规定时……这时人们所规定的事情就是公共的，正如作出规定的意志是公意一样，正是这种行为，我们就称之为法律。"⑤ 他从以下几方面系统地阐述了这一观点：

（一）什么是公意？

什么是公意？这是理解卢梭的法律概念的关键。卢梭把人的意志分为个别意志、团体意志、众意和公意四种。个别意志也叫私意，是个人的意志，它总是倾向于偏私；团体意志是社会集团的意志，它是社会部分成员的公共意志；众意或总意是所有社会成员的意志，即个别意志的总和；公意是社会全体成员的共同意志，是去掉了众意中相抵触的部分所剩下的共同部分，它以共同利益为基础。它与其他意志的根本区别就是价值取向上指向

---

① ［法］卢梭：《社会契约论》，何兆武译，76、125页，北京，商务印书馆，1990。

② 同上书，50～51页。

③ 参见［法］卢梭《论人类不平等的起源和基础》，李常山译，64～68页，北京，商务印书馆，1982。

④ ［法］卢梭：《社会契约论》，何兆武译，51、118、127页，北京，商务印书馆，1990。

⑤ 同上书，50页。

公而不是私。

（二）理想的法律为什么就是公意？

公意为什么就是法律的本质？卢梭回答说：其一，这是因为它以公共利益为基础，而公共利益是维持人们之间联系的纽带，是建立社会秩序的基础。“以上所确立的原则之首先的而且最重要的结果，便是唯有公意才能够按照国家创制的目的，即公共福利，来指导国家的各种力量；因为，如果说个别利益的对立使得社会的建立成为必要，那末，就正是这种个别利益的一致才使得社会的建立成为可能。正是这些不同利益的共同点，才形成了社会的联系；如果所有这些利益彼此并不具有某些一致之点的话，那末就没有任何社会可以存在了。”[①]

其二，这是因为，从法律自身来看，公意才具有普遍性、权威性和正义性，才符合法律的属性和目的，也才能得到人们的服从。他说：“我们无须再问应该由谁来制定法律，因为法律是公意的行为；我们既无须再问法律是否会不公正，因为没有人会对自己本人不公正；更无须再问人们既是自由的而又要服从法律，因为法律只不过是我们自己意志的记录。”[②] 而且，“约定的法律把权利和义务结合在一起，并使正义能符合它的目的”[③]。也就是说，只有体现公意的法律才能做到权利和义务的平等。

（三）公意何以取得？

虽然卢梭说，法律来自“一次全体一致同意”的契约，但他也意识到这存在技术上的困难，因而他也承认立法过程中“立法者”的必要性，认为法律的制定最初少不了他们的起草法律的工作，全体一致同意只是用于法律的最后通过时。[④]

卢梭对公意获得的思路是，私、私得公。即从每个人对自己利益的关怀中发现共同的部分，就是公意。这一思路很有启发性，它给私人利益和私人意志以充分的地位，为我们探寻民意、公意指出了一条切实可行的道路。

（四）法律的特点和种类

1. 法律的特点

卢梭认为，法律的公意性就决定了它的普遍性。这种普遍性表现在两个方面，一是意志的普遍性，即法律必须是全体人民的共同意志，而不是任何个人或集团的意志。在卢梭看来，法律由人民制定，是人民公意的体现，所有人都应服从法律，服从法律即是服从自己。二是对象的普遍性，即法律只能调整全体人民的一般的、抽象的、具有普遍意义的行为，而不是对个别的、具体行为的规定。卢梭说：“我说法律的对象永远是普遍性的，我的意思是指法律只考虑臣民的共同体以及抽象的行为，而绝不考虑个别的人以及个别的行为。因此，法律很可以规定有各种特权，但是它却绝不能把特权赋予某一个人；法律可以把公民划分为若干等级，甚至于规定取得各该等级的权利的种种资格，但是，它却不能指名把某某人列入某个等级之中……总之，一切有关个别对象的职能都丝毫不属于立法权力。”[⑤]

① ［法］卢梭：《社会契约论》，何兆武译，35页，北京，商务印书馆，1990。

② 同上书，50页。

③ 同上书，36页。

④ 参见上书，第七章。

⑤ 同上书，50～51页。

2. 法律的种类

卢梭把法律划分为四种，其划分的标准是看法律规定什么关系。如规定全体对全体的是政治法或根本法，涉及的是政府的形式；规定个人与个人关系的是民法；规定个人与法律关系的是刑法。另外还有一种舆论法，它是写在人们心中的宪法，表现为风尚和习俗。[①]

卢梭的政治法律思想是对洛克一系列理论的进一步发展，使之更加系统和严谨，加上他优美的文笔，无论是对当时还是对后来都造成很大的影响，这使他成为西方近代一个不可超越的思想家，虽然对其理论的评价颇有争议，人们往往把法国大革命中的问题与他的理论联系起来，而在论述其理论时往往又与其低微的出身和怪异的性格挂钩。但是不管怎样，卢梭作为一个伟大的思想家的地位是无法否认的，他的名字也永远活在人们心中。

## 第七节 美国独立战争时期的自然法思想

任何一种理论只有在实践中才能产生和发展，也只有在实践中才能显示其力量。古典自然法学的理论在 18 世纪末、19 世纪初被广泛地应用于西方的资产阶级革命中，特别是在英、美、法等国的资产阶级革命和建国初期的法制建设中，都发挥了很大的效用。美国独立战争时期的思想家大部分是自然法学信徒，他们就是用它作为武器来反抗英国殖民者的斗争，并在斗争中发展了古典自然法学。

### 一、主要代表人物及其生平、著作

1. 托马斯·潘恩（Thomas Paine，1737—1809）是美国独立战争时期著名的政治思想家，激进的资产阶级民主主义者的代表。美国的独立战争可分为三个阶段：1774 年前为合法斗争阶段，通过请愿要求英国放松对美国的控制，但承认英在美之统治为合法；1774～1776 年间公开举行武装起义，主张建立自治政府，不过仍承认美为英版图的一部分；1776 年后要求彻底独立、建立共和国。首先完成这一思想转变并促使广大美国人民实现这一转变的就是潘恩。他于 1776 年写了一本小册子《常识》，根据历史事实和当时情况，坚决主张以革命手段宣布独立，建立美国人民自己的政府。这本小册子道出了美国人民的心声，风靡一时，传播极广，华盛顿对此书评价极高，指出此著作“实促成思想转迁最有力最有效之刊物”。另有人评论说，“一部《常识》胜过美洲十万革命军”。从此以后，美国革命方迅速发展并取得胜利。潘恩原是英国人，曾任过教师、税官等职。因代表税务人员为增薪而起草、送发请愿书被革职，经富兰克林介绍 1774 年赴美，先后任《宾夕法尼亚杂志》编辑、大陆会议外交委员会秘书、宾夕法尼亚州议会秘书等职。他积极投身于美国人民争取自由的战争。潘恩有句名言：“哪里没有自由，哪里就是我的故乡，”意味着要为世界的自由而斗争。美国独立后，1787 年他返回欧洲。在法国大革命时期，他积极参加了反封建专制的斗争，获得法国公民资格，并应邀参加了《人权宣言》的起草工作。1792 年发表了《人权论》驳斥英国政客埃德蒙·柏克对法国大革命的攻击。1793 年因反对处死路易十六被捕入狱，狱中写成《理性时代》。1802 年他回到美国，因不满联邦党人的政策而遭诽谤和攻

---

① 参见［法］卢梭：《社会契约论》，何兆武译，第十二章，北京，商务印书馆，1990。

击。1809 年，潘恩在贫困中去世。其著作译成中文的有《潘恩选集》。

2. 托马斯·杰弗逊（Thomas Jefferson，1743—1826）是美国独立战争和战后初期杰出的资产阶级政治家和启蒙思想家，美国民主传统的奠基者。他出身于弗吉尼亚州阿尔贝马郡一个种植园家庭，17 岁入威廉—玛丽学院学习，接触到欧洲的民主主义思想。毕业后又研修法律五年，取得律师资格。1769 年当选为弗吉尼亚州议员，开始其政治生涯。在英国与北美殖民地人民矛盾尖锐化后，他组织人民积极投身于抗英斗争，成为该州革命运动的组织者和领导者之一。1775 年他代表该州参加第二届大陆会议，并受托起草《独立宣言》，大陆会议后杰弗逊在弗吉尼亚州从事立法改革工作，先后提出了"废除限嗣继承法"、"废除长子继承法"和"宗教自由法案"等反封建法案。1779 年他当选为该州州长。1785～1789 年，他出任美国驻法公使，1790 年回国后任首届国务卿。从此他与以汉密尔顿为首的联邦党人的反民主思想展开了激烈的斗争，并使国会通过了保障人权的十条修正案，即《人权法案》(1791 年生效)。1791 年他和麦迪逊等人组建共和党（1794 年改称民主共和党），1796 年当选为副总统。1800～1809 年连任两届美国总统后自动引退，继续为民主政治献力，并创办弗吉尼亚大学。1826 年 7 月 4 日，在《独立宣言》五十周年纪念日溘然长逝。其著作译成中文的有《杰弗逊文选》。

3. 亚历山大·汉密尔顿（Alexander Hamilton，1757—1804）是美国建国初期著名的政治思想家，1787 年宪法的主要起草者，联邦党人（即后来的共和党）的创始人之一。1773 年他进入纽约皇家学院学习，开始受启蒙思想的影响。当北美与英国的政治矛盾尖锐时，他萌发了爱国热情，于 1774～1775 年间，连续发表三本小册子，抨击英国的殖民政策，倡导爱国主义，由此崭露头角。独立战争爆发后，他投笔从戎，升任华盛顿参谋部副官。独立战争后，他致力于美国的制宪活动和经济复兴工作，曾任首届财政部部长。为了使起草的宪法得以在十三个州通过，他和詹姆斯·麦迪逊（1751—1836，第四任美国总统）和约翰·杰伊（1745—1826，美国首届司法部部长）合作，化名"普布利乌斯"(Publius)，写了八十多篇文章在纽约报刊上发表，为起草的宪法辩护，阐述他们的理论。他们自称为联邦党人，后该系列文章汇集出版，亦署名为《联邦党人文集》。1798 年由华盛顿推荐，担任督察将军，他能维护国家利益，支持政治宿敌杰弗逊当选总统，从而有效地遏制了野心家伯尔对最高权力的觊觎，但此举也招来杀身大祸。1804 年 1 月 11 日，他死于与伯尔的决斗。

## 二、主要政治法律思想

### （一）人权思想

人权思想是美国人民反对英国殖民统治的主要思想武器。美国思想家把洛克等古典自然法学家的有关思想运用于争取独立的斗争中，并结合实际予以发展。其中突出者有潘恩和杰弗逊。他们的人权思想主要有以下几个方面：

第一，人权是天赋的，其主要内容有自由、平等和追求幸福。潘恩说："所有的人生来就是平等的，并且有平等的天赋权利。"① 杰弗逊在《独立宣言》中也写到："人人生而

① ［美］潘恩：《潘恩选集》，马清槐等译，141 页，北京，商务印书馆，1982。

平等，他们都从他们造物主那里被赋予了某些不可转让的权利，其中包括生命权、自由权和追求幸福的权利。”这里，他结合美国当时的实际，在三项人权中把财产权改为追求幸福的权利，后来他还补充了劳动成果享有权、个人才能发挥权、反抗压迫权和选择职业权等，这就为美国人民反对英国殖民的统治的斗争提供了依据。

第二，一切社会权利和权力均根源和服务于天赋人权，人们参加社会和建立政府的目的是为了更好地享受和保护人权。因为由法律确认和保护的人权更有保障，所以，应该用法律形式保障人权。如果政府不尊重甚至侵犯人民的正当权利，人民就有权推翻它并建立新的政府，这种权利叫革命权。潘恩认为，革命是铲除专制的主要的和唯一的方法。他指出，革命是经常发生的，革命意义很大，没有革命的震荡，人类社会就永远不能向前发展。他认为“现在是革命的时代”，“整个欧洲现在可以趁热打铁了”。杰弗逊也指出，社会革命犹如大自然的风暴，其作用甚大，它足以荡涤社会中的污泥浊水。他说：“自由之树必须时常用爱国者和暴君的血灌溉。这正如暴风雨是自然界所必需的一样，革命是政治世界所不可少的。”①

第三，英国殖民者在北美的统治，是违反建立政府的目的的，美国人民有权予以推翻，建立自己的政府。杰弗逊认为英国殖民者在北美的统治“就是一部怙恶不悛、倒行逆施的历史”，它毫不尊重美国人民的正当权利，滥施淫威，恶贯满盈。他罗列了其 25 条罪状以后得出结论说，人民有权利也有义务来推翻这样的政府。潘恩进一步指出，不仅英国殖民者在北美的统治违反人权和不合法，而且英王在英国的统治也是建立在征服的基础上的，是“一个法国的野杂种带了一队武装的土匪登陆，违反当地人民的意愿而自立为英格兰国王”②。既然连英王在英国的统治都不合法，那么其在美国的统治更不合法了。这样说来，北美人民起来革命更是正义的了。

（二）人民主权和依法治国

在明确了一切社会权利和权力根源于自然权利的基础上，潘恩等人探讨了国家权力的来源、归属和使用问题。潘恩认为，要保障人们的天赋权利，唯有参加社会，在最初的社会中，人们以诚相待，不需要法律和政府。但后来人们为邪恶感染，忘却了相互间的责任和友情，出现了以强凌弱和犯罪等现象。为了制止这类邪恶现象，才产生了政府和法律。因此，他认为社会和政府的本质是不同的：社会起源于人的社会性，它鼓励人们交往，能积极地增进我们的幸福；而政府产生于我们的邪恶，它制造人们之间的差别，惩罚罪恶，消极地增进幸福。正因为如此，“社会在各种情况下都是受人欢迎的。可是政府呢？即是在最好的情况下，也不过是一件免不了的祸害。在其最坏的情况下，就成了不可容忍的祸害”③。他进一步说：“这便是政府的起源和兴起；也就是说，这是由于人们德性的软弱无力而采取的治理世界的方式；由此可以看出政府的意图和目的，即自由和安全。”④ 又说：“政府不过是按社会原则办事的全国性社团”⑤，“不过是使社会各部分团结的一个中心。”⑥

① ［美］杰弗逊：《杰弗逊文选》，7～8 页，北京，商务印书馆，1963。

② ［美］潘恩：《潘恩选集》，马清槐等译，15 页，北京，商务印书馆，1982。

③ 同上书，3 页。

④ 同上书，5 页。

⑤ 同上书，233 页。

⑥ 同上书，246 页。

潘恩认为，政府的权力来自人民，也属于人民，人民根据共同的利益制定法律，政府只能依照法律管理人民。他说："主权作为一种权利只能属于国民，而不属于任何个人；一国的国民任何时候都具有不可剥夺的固有权利去废除任何一种它认为不合适的政府，并建立一个符合它的利益、意愿和幸福的政府……每个公民都是主权的一部分，因此不能屈从个人，他只能服从法律。"① 他还指出，政府和人民的关系只是一种雇佣关系，所以政府官员只是人民的佣人。接着他论述了国家权力的来源和形式问题，他把政府分为三种：第一种是根源于迷信的僧侣控制的政府，即教会政府；第二种是起源于权力的征服者的政府，如英国；第三种是以社会的共同利益和人类的共同权利为根源的理性的政府，即共和制政府。他认为只有第三种即共和制政府才是最好的政府。因为它的宗旨是"增进公众的幸福"，其权力出自人民自愿，在其中人人享有自由平等的权利；法律是国王，即居于最高地位，政府的官员不称职可以通过民主方式更换。他说共和制政府遵循"公利"、"公正"和"代议"三个原则。公利即公共利益，它是政府建立的动机和目标；"公正"即权利平等，它是一切问题的根本；"代议"即以人民选举代表的办法去协商和处理国家事务，它是政府的自然的组织形式。总之，"代议制以社会和文明作为基础，以自然、理性和经验作为指导"，"代议制集中了社会各部分和整体的利益所必需的知识，它使政治始终处于成熟的状态……它不让知识和权力脱离……免除了一切个人的偶然性"②。

（三）分权制衡

在美国建国初期，围绕着政治体制曾展开过一场讨论，在讨论中杰弗逊和汉密尔顿等人发展了洛克、孟德斯鸠以来的分权制衡思想。杰弗逊认为，任何国家权力都不能集中于一个主体，否则会权力膨胀，人民的自由和权利就会被毁灭，暴政就会出现。所以他极力主张分权，不仅中央的立法、行政和司法机关要分权，而且中央要与地方分权，实行联邦制。在论及中央三机关时他说，不能使任何一个机关的权力过大，以至于高于其他权力。议会的权力过大就会产生暴政，因为权力有自我膨胀的性质，对于暴政来说，权力由一人来行使和由 173 人（下议院人数——引者注）行使没有什么区别。行政首脑的权力过大是产生暴政的最大危险，而总统的终身制势必使其权力膨胀。所以，他坚决反对总统终身制，主张一任制，后来才同意最多两任制，并身体力行。由于华盛顿和他的带头，除第二次世界大战期间罗斯福任期四届外，其他历任总统均未超过两届。1951 年美国才以立法形式确认了这一点。他也反对法官作为一切宪法问题的最后裁判者的观点，认为这十分危险，会使法院凌驾于议会和总统之上，打破权力平衡，导致民主毁灭，政府解体。杰弗逊还主张地方与中央分权，认为中央权力集中极为有害，这不仅会增加盗窃、投机、掠夺、冗员及钻营的机会，而且高度集中会使权力膨胀，中央政府走向腐败和暴政。因此主张中央与地方分权。他主张中央只负责国防、外交和协调各州关系的任务；各州管理公民权利、法律、治安及州行政事务；郡、区管理本区的地方事务。这样便于人民监督，有利于人民关心国家事务；可以清除庞大官僚机构，防止政府腐化，减少国家开支。

汉密尔顿是站在杰弗逊的对立面来论述分权制衡问题的，在中央和地方的关系上，他反对地方分权，主张中央集权；在中央各机关的关系上，虽然也讲到分权的意义，说：

① ［美］潘恩：《潘恩选集》，马清槐等译，240～241 页，北京，商务印书馆，1982。

② 同上书，240～241 页。

“把权力均匀地分配到不同部门，采用立法上的平衡和约束；设立由法官组成的法院……凡此种种，完全是崭新的发现，或者是在现代趋向完善方面取得的主要进步。这些都是手段，而且是有力的手段，通过这些手段，共和政体的优点得以保留，缺点可以减少或避免。”① 但是从总的倾向上他是主张合，主张加强行政权力和司法权力，削弱和分散议会权力。他说：“只要各个权力部门在主要方面保持分离，就并不排除为了特定目的予以局部的混合。此种局部混合，在某些情况下，不但并非不当，而且对于各权力部门之间的相互制约甚至还是必要的。”那么怎么相互制约呢？他认为这就是使行政部门（总统）和司法部门有权否定立法部门的法案，使立法部门有权弹劾行政部门的首脑。与洛克和孟德斯鸠等不同，汉密尔顿认为侵犯个人自由和安全的主要危险来自立法机关，所以他不但不主张加强立法权，而且主张削弱立法权。办法之一是赋予行政首脑和法院以否决法案的权力；办法之二就是把立法机关划分为两院：参议院和众议院，使一个只有法律的提议权，另一个有表决权。

汉密尔顿特别强调加强行政权力。他说：“决定行政管理是否完善的首要因素就是行政部门的强而有力。”“精强之政府即完美之政府。”那么怎样才能使之强而有力呢？他说第一是统一，第二是稳定，第三是充分的法律支持，第四是足够的权力。他特别强调加强总统个人权力的必要性，说：“行政首脑最必要的条件是强而有力，而且……最宜集权于一人……集权于一人最有利于明智审慎。最足以取信于人民，最足以保障人民的权益。统一才有力量……一人行事，在决断、灵活、保密、及时等方面，无不较之多人行事优越得多。”② 他甚至主张总统的终身制。

汉密尔顿认为，在三种权力中司法权是最弱的一个，应予扩大，起码应使之保持独立，能够自保，免受其他两权的侵犯。司法独立包括法院独立和法官独立。“法院的完全独立在限权宪法中尤为重要。”因为法院对于宪法和法律有解释权。“所以对宪法以及立法机关制定的任何法律的解释权应属于法院。”③ 而要做到法院独立，则必须使法官的任职不受立法和行政的影响，能保持独立。这种独立是相当重要的，它对于“保卫宪法与人权具有同样重要的意义”，“法官的独立是保卫社会不受偶发的不良影响的重要因素”④。而要如此，就必须实行法官的终身制，使“合众国任命的一切法官只要行为正当即应继续任职”⑤。这样才能使法官无后顾之忧，独立地行使自己的职权。

美国独立战争时期的这些政治法律思想，不仅为独立战争提供了思想武器，而且为美国的政治体制奠定了理论基础，它们为我们认识美国的民主制度提供了一把“钥匙”。

## 复习思考题

1. 古典自然法学与中世纪的自然法学是什么关系？
2. 古典自然法学的主要理论有哪些？它们之间是什么关系？

---

① ［美］汉密尔顿等：《联邦党人文集》，程逢如等译，40～41页，北京，商务印书馆，1982。
② 同上书，356～375页。
③ 同上书，392～393页。
④ 同上书，393页。
⑤ 同上书，390页。

3. 格劳秀斯自然法思想的特点是什么？
4. 比较霍布斯和洛克对“三个自然”的论述。
5. 比较霍布斯、洛克、孟德斯鸠对法律与自由关系的论述。
6. 霍布斯是怎样论述法律与正义的关系的？
7. 试述洛克的人权思想及其历史地位。
8. 试述洛克的法治思想及其历史地位。
9. 比较洛克、孟德斯鸠和美国独立战争时期的思想家的分权制衡思想。
10. 孟德斯鸠所说的“法律的精神”是什么？
11. 卢梭是怎样论述人类的自由和平等的？
12. 如何评价卢梭的法律公意说？
13. 如何评价卢梭的人民主权学说？
14. 美国独立战争时期法律思想的特点是什么？

# 第五章

# 哲理法学派

**第一节　哲理法学派概述**

一、早期的哲理法学

二、晚期的哲理法学

**第二节　康德的法律思想**

一、康德的生平与著作

二、人的本性与道德律

三、法的产生、本质及其种类

四、法治状态及世界永久和平

**第三节　黑格尔的法律思想**

一、黑格尔的生平和著作

二、法的概念

三、法的分类或法的发展

四、实定法的制定和实施

**第四节　拉德布鲁赫的法律思想**

一、拉德布鲁赫的生平与著作

二、拉德布鲁赫法律思想的哲学基础：二元论和相对主义

三、法所追求的价值目标：正义、效用、秩序及其关系

四、法的概念：法与法律

五、法的人性类型——法发展的三阶段：民俗法、官吏法和社会法

## 第一节　哲理法学派概述

"哲理法学"一词有广狭二义，广义上的哲理法学与"法哲学"相同，是指一切从哲理的角度和用哲理的方法研究法律的学派，狭义的哲理法学仅指其中最具此特点的德国古典哲学家的法律思想和由之产生的新康德主义法学和新黑格尔主义法学，故哲理法学可分为早期的哲理法学和晚期的哲理法学。我们在这里采用狭义的哲理法学。

## 一、早期的哲理法学

早期的哲理法学是指德国古典哲学家的法律思想，严格地说，它不是一个法学流派。德国古典哲学指的是18世纪末至19世纪初在德国由康德所创立的一个影响很大的哲学流派。其主要代表人物有费希特（1762—1814）、谢林（1776—1854）、黑格尔和费尔巴哈（1804—1872）。这些人不仅是著名的哲学家，各自构建了自己的哲学体系，而且对政治法律问题发表了许多深刻的看法，发表了专门的法哲学著作，这一点与以前的许多自然法学家（同时也是伟大的哲学家）有相似之处。

德国古典哲学家所处的时代，正值德国资产阶级革命的前夕和法国资产阶级大革命爆发之际。他们站在德国资产阶级的立场上来感受这场大革命，对德国当时经济上落后、政治上四分五裂的局面强烈不满，并要求改变现状；他们对法国的大革命欢欣鼓舞，但由于德国资产阶级的软弱性，所以他们不敢公开地站出来用革命行动推翻德国的封建制度，只能以理论的形式委婉地表达自己的改革要求。马克思形象地把他们的理论称之为“法兰西革命的德国理论”。

德国古典哲学家的法律思想是在批判地继承古典自然法学，特别是卢梭的政治法律思想的基础上发展起来的。卢梭政治法律思想中有一个重要的命题，即“人生而自由”，他们以此为出发点来研究人类社会现象，并构思了他们整个社会的政治法律哲学体系。正因为如此，他们的政治法律思想与自然法学有许多相似之处，如研究对象仍然是“自然法”或“应然法”，研究方法仍以理性思维的方法，即从人的抽象的本性作为切入点进行假设和逻辑推理。所不同的是，由于他们的研究以人的自由作为出发点和以人的意志作为核心，因而他们对法的本质的认识得出了不同的结论，即把人人自由理解为法追求的根本目标，把意志自由说成是法产生和存在的基础。另外，他们对“自然法”概念的理解也不同于自然法学家，即不再把自然法视为一种实际上存在的法，而是视为一种应然的法、理想的法，或法的原理。他们对自然法学家的许多基本理论，如社会契约论、分权制衡理论等也都持有所保留甚至是批判的态度。

## 二、晚期的哲理法学

晚期的哲理法学指的是在19世纪末由康德和黑格尔哲学的继承者所产生的哲学思潮，如在新康德主义哲学、新黑格尔主义哲学的影响下法学中所产生的两个法学流派，即新康德主义法学和新黑格尔主义法学。

### （一）新康德主义法学

新康德主义法学（neo-Kantian school of law）的突出特点是重视对法律价值问题的研究，不过学者们把法律的“价值”主要理解为对法律的评价和法律所追求的价值目标。为此他们区分了法律的概念和法律的理念，说法律的概念就是法律的本质，法律的理念就是法律的价值。他们仍然使用了“自然法”的概念，认为它就是用于评价实在法的标准。关于法律追求的价值目标，其中有些学者认为其不是一元的，而是多元的，包括正义、社会福利和秩序等。

新康德主义法学的创始人是德国的法学家鲁道夫·施塔姆勒（Stammler Rudolph,

1856—1938)，他先后在莱比锡大学、吉森大学、哈雷大学和柏林等大学任教，著有《用唯物论史观看经济与法律》（1889 年)、《正当法学说》（1926 年)、《法学理论》、（1911 年)、《法哲学教程》（1922 年)、《论正义》（1901 年)、《法律与教会》（1919 年）等。他的法律思想被称为“法律批判论”，因为他主张用“批判”的方法对法律进行研究，要从中剔除一切内容，只留下纯粹的形式。他认为法律不表达任何必然的东西，只规定应当的东西；他区分了法的概念（本质）和理念（追求的价值)，认为法是不可抗拒的共同意志，是现实中的社会规范的总和；法的理念是正义，它是用以判断法律正当性的标准。由此他引出了“自然法”的概念，说它就是衡量法律正义与否的标准。他认为“自然法”的内容归纳起来有两个原则：其一是尊重原则，即个人意志不应该受他人武断意志之支配，对别人必须尊重其为社会一员的资格；其二是参与原则，即任何人不得被武断地摒弃于社会之外，依法剥夺其社会生活利益时，必须无害于其为社会一员之资格。他认为，“自然法”不变的只是其形式，其内容是可变的。提出了“内容可变的自然法”观念。因此，他被有些人认为是新自然法学的先驱。

新康德主义法学主要代表人物有德国的拉德布鲁赫（详见本章第四节的介绍)、E·拉斯克（Lask Emil ，1875—1915)；意大利的 G·德尔·韦基奥（Giorio Del Vecchio，1878—1970）等。

（二）新黑格尔主义法学

新黑格尔主义法学（neo-Hegelian school of law ）继承了黑格尔法是文明现象的观点，认为法律准则是随着不同时间、地点和文明条件确定的，因此应将法律史与文明史结合起来研究。20 世纪 30 年代，一些新黑格尔主义者发展了黑格尔的国家至上思想，主张国家主义和狭隘的民族主义，被法西斯主义所利用。

新黑格尔主义法学的创始人是德国的 J. 柯勒（Joself Kohler，1848—1919)，先后在符茨堡大学和柏林大学任教，主要著作有《法的起源》（1876 年)、《国家与法律生命的开端》（187 年 8)、《法律的基础》（1884 年)、《人类学法学的根本缺陷》（1894—1895 年)、《法律史》（1907 年)、《法哲学年》（1908）等。他把黑格尔学说与历史法学的观点结合起来，认为法律是民族文化现象，其任务在于维护和创造其价值。

新黑格尔主义法学主要代表人物有德国的 J. 宾德（Julius Binder，1870—1939，他起初信奉新康德主义，后改信奉新黑格尔主义，宣扬国家至上和元首至上、民族主义等主张，著有《法哲学》、《法律概念与法律理念》)、K. 拉伦茨（Karl Larenz，1903—1993，著有《法学方法论》）和意大利的 G·德尔·韦基奥（Giorgio Del Vecchio，1878—1970，前期是新黑格尔主义者)、英国的博山克（Bernard Bosanguet ，1848—1923 )、布拉德雷（Francis herbert Brandley ，1864—1924)。

## 第二节 康德的法律思想

### 一、康德的生平与著作

伊曼努尔·康德（Immanuel kant，1724—1804）是近代著名的哲学家，德国古典哲学的创始人。他出生在东普鲁士的哥尼斯堡一个祖传制革者的家庭，自小聪慧好学，成绩优良。16岁时，他在教会的资助下进入哥尼斯堡大学哲学系学习，1746年毕业，后当过9年的家庭教师，1755年他的论文《形而上学知识的原则》通过，获得私人讲师职称，之后进入哥尼斯堡王家图书馆任助理馆员达15年，1770年他进入哥尼斯堡大学任教，直至1797年辞职。

康德的一生是一个典型的学者的一生。他体弱多病，终生未娶，也很少离开居所，但他极端勤奋地工作，严格地遵守作息时间，准确到他的邻居以其散步的时间来计时的地步。他知识渊博，几乎熟悉所在时代各种科学的发展，在大学里先后讲授过数学、自然地理学、人类学、自然神学、教育学、宗教哲学、伦理学、物理学、逻辑学等，几乎涵盖当时的各门学科。其思想深邃，多有惊人之见，直至今日仍给人以启迪，但其用语艰涩，有一套自己的语词系统，别人很难理解。

康德的学术生涯可分为两个阶段：前期从1754年到1769年，主要从事自然科学方面的教学与研究，提出了许多直到现在仍有价值的理论或观点。最出名的就是他在《宇宙发展史概论》一书中关于太阳系起源的星云假设。恩格斯给予这一假设以很高的评价，认为它在当时占统治地位的形而上学思维方式上打开了第一个缺口。后期即1770年后，他在卢梭关于“人的本性是自由”的命题的影响下开始研究人类社会，并创立了一套独特的哲学理论。他自豪地说，这一理论在哲学上完成了一场“哥白尼式的革命”。这一理论他称之为“先验唯心主义”，因为他主张人的知识并不是来自对客观事物的认识，而是来源于先验的感觉和知觉，后人把他的哲学称之为“批判哲学”，因为他的哲学著作多以“批判”命名，最著名的是1781年的《纯粹理性批判》、1788年的《实践理性批判》和1790年的《批判力批判》。在哲学史上他被归属于二元论和不可知论，因为他认为有两个彼此无关的世界，即现象界和本体界，而人的认识只能达到前者，至于后者则只能由信仰来把握。他的哲学体系根据研究的对象可分为关于质料的哲学和关于思维形式的哲学，即逻辑学。前者又可以分为关于自然的哲学，即物理学（从知识的来源是经验的还是先验的，又分为自然的经验哲学和自然的形而上学）和关于社会的哲学，即伦理学（也分为来自经验的实用人类学和来自先验的道德形而上学）。

作为一个伟大的哲学家，康德在晚年研究的兴趣转向道德、政治法律和宗教等社会问题，并且提出了自己的独特见解。在这方面发表了许多著作，如1785年的《道德的形而上学基础》、1793年的《在理性范围内的宗教》、1795年的《论永久和平》、1796年的《法的形而上学原理》以及1797年出版的《道德的形而上学原理》、1798年的《实用人类学》。

虽然康德一生在书斋中度过，未参加过任何政治斗争，也多次推辞了担任普鲁士王国教育大臣的邀请，但他并不是一个不问政治的学究，相反十分关心德国的统一和人类的前途问题。他就人类的历史进行哲学的思考，以理论的形式提出了一套治理德国和拯救人类的伟大设想，是德国资产阶级民主革命的理论家之一。不足的是他不敢把理论付诸实施，而且就理论本身来说，其探讨也不彻底，这反映了德国资产阶级的软弱性和保守性。

## 二、人的本性与道德律

康德认为，人是一种二重的存在物，即人既是大自然的一部分，又是理性的存在物，因而人的行为具有合规律性和合目的性的特点。首先，他认为人类是大自然的一部分，因而像自然界的任何事物一样，其活动是有规律的，要服从大自然的普遍规律和目的。他说："无论人们根据形而上学的观点，对于意志自由可以形成怎么样的一种概念，然而它那表现，即人类的行为，却正如任何别的自然事件一样，总是为普遍的自然律所决定的。"① 接着他指出，自然界的一切都是合目的的，这一合目的性，特别通过理性的被创造物，即人类来完成。他说："一个被创造物的全部自然禀赋都注定了终究要充分地并且合乎目的地发展出来的。""这些自然禀赋的宗旨就在于使用人的理性，它们将在人——作为大地之上唯一有理性的被创造物——的身上充分地发展出来，但却只能是在全物种的身上而不是各个人的身上。"② 因此，"当每一个人都根据自己的心意并且往往是彼此互相冲突地在追求着自己的目标时，他们却不知不觉地是朝着他们自己所不认识的自然目标作为一个引导而在前进着，是为了推进它而在努力着；而且这个自然的目标即使是为他们所认识，也对他们会是无足轻重的"③。这样一来，"人类的历史大体上可以看做是大自然的一项隐蔽计划的实现"④。历史是一个合乎规律的、朝着一个目标前进的过程，而历史中的多种多样性、民族、国家、不同的政治派别等，它们之间的相互关系，包括它们之间的合作（商业）和竞争（战争）都是历史进步所采取的手段，只是相对于人类历史的最后目的才有意义。这样，人类的历史过程就是合规律性与合目的性的统一。

康德哲学的二元论特点决定了他把人也看成二重性的存在物，既是现象世界的存在物（表现为人有肉体及其由之产生的认识、经验、欲望）又是本体世界的存在物（表现为人有意志、有信仰和行为的有道德性）。因而，人既是个"自然人"，有自然界其他事物特别是生物的本能；又是"道德人"，能辨别善恶和分别是非；既能从善，也能作恶。

他认为，人的二重性表现在各个方面：就其构成和能力来说，人包括肉体和心灵两个方面。人的心灵具有三种能力：感性、知性和理性。感性以空间、时间的直观形式接受外来的刺激，提供经验的内容或感觉；知性则用量（单一性、多样性、全体性）、质（实在性、否定性、局限性）、关系（实体与偶性、原因与结果、主动与被动）和样式（可能性、存在性、必然性）等 4 组 12 个范畴把感觉联结成知觉，并把知觉联结成知识的对象和客观事件的系列。理性是心灵的第三种认识能力，也是人所具有的最高的认识能力。理性的功能是对知性所提供的经验材料进行再综合，并企图达到对事物的本质或本体的认识，但这超出了其能力，必会陷入无法解决的矛盾之中。他把这叫理性的"二律背反"，即互相对立的两个结论的并存现象。他还认为，理性有认识（思辨）的理性和行为（实践）的理性两种。实践理性就是通过非认识的或非科学的途径，即信仰的办法来把握本体世界的问题，如事物的本质和规律、上帝的存在、人的自由意志等。这样相对于两个世界，人也有两种把握世界的方式：认识和信仰。认识所面对的是现象世界，信仰所面对的是本体世界，而人把握这个世界的手段就是另一种理性，即实践理性。

人的二重性是指人既具有非社会性或个性，又具有社会性或共性。这在心理层面上的表现，就是他既渴望参与社会生活，又渴望保持自己的独立性；在处事上他既首先要考虑对自己是否有利，又不得不考虑会不会被别人所接受，既必须与别人合作，又不希望别人

① ［德］康德：《历史理性批判文集》，何兆武译，1 页，北京，商务印书馆，1996。
② 同上书，3～4 页。
③ 同上书，2 页。
④ 同上书，15 页。

干涉自己的自由。正因为如此，人性中潜藏着三种向善的原始禀赋（anlage）和三种向恶的倾向（propensio）。所谓三种向善的原始禀赋就是：（1）作为一种有生命的存在者，人具有“动物性”的自然禀赋，它可以归结为机械的、无须任何理性的自爱原则，它包括三个方面的内容：自我保存；通过性冲动和照料后代而实现类的繁衍；通过社会化的冲动而实现与别人之间的交往。（2）人作为一种有生命同时又有理性的存在者，人具有“人性”的自然禀赋，它是一般的自爱，它既是肉体上的，又是精神上的，通过与他人的比较来判断自己幸福与否。（3）作为一种有理性的并且能够承担责任的存在者，人具有人格的自然禀赋。它实际上是指人的这样一种能力，即把尊重道德法则看成是足以实现自己意志的动机，这种禀赋也就是存在于我们每个人身上的道德感。但道德感还不就是现实的道德本身，人只有当意志在现实中把道德法则作为其行为的唯一动机时，它才不只是一种禀赋，而且是“人格”本身。所谓三种向恶的倾向：一是人在接受准则时意志薄弱，即人性的脆弱；二是将道德动机与非道德动机混为一谈，即不纯粹性；三是接受恶的准则的倾向，即人性和人心的邪恶。①

人既然具有二重性，即人既是“自然人”，又是“道德人”，因而人就得服从两种规律，即自然律和道德律。他说：“这样看来，理性存在者必须把自己看做是理智，而不是从低级力量方面，把自己看做是属于感性世界。于是，理性存在者就从两个角度来观察自己和认识自己力量运用的规律，认识他的全部行为。第一，他是感性世界的成员，服从自然法则，是他律的；第二，他是理智世界的成员，只服从理性法则，而不受自然和经验的影响。”② 康德认为这两种规律对人来说在性质上是不同的，自然律对人来说是外在的，是他律；而道德律是人的实践理性给人立的法，是自律。康德在《实践理性批判》的结论部分的开头有一段广为流传的警句，表明了他对这两种规律的重视和景仰，他说：“有两样东西，我们愈经常愈持久地加以思考，它们就愈使心灵充满始终新鲜不断增长的景仰和敬畏：在我之上的星空和居我心中的道德法则。”③

康德对人类社会的理解是以“自由”概念为出发点和归宿点的，他认为人的本性是自由，人类的历史也是自由的发展史。他从理论上思考人为什么是自由的和怎么样才能获得自由，因此“自由”这个概念，正如他所指出的，是他的社会理论的“拱心石”。

他认为，人之所以是自由的，是因为人有理性或人是一种理性的存在物。而人的理性如上已指出的，可分为思辨理性和实践理性。而实践理性也就是意志。他认为意志是这样一种能力，它能够使人超出自然的规定性之上，根据自己的判断去行动。他说：“在自然界中每一种事物都是按照法则起作用，惟独理性存在者有能力按照对法则的观念，即按照原则而行动。这种能力就是意志。”④ 他进而指出，意志的本性是自由。“意志是有生命东西的一种因果性，如若这些东西是有理性的，那么，自由就是这种因果性所固有的性质，它不受外来原因的限制，而独立地起作用；正如自然必然性是一切无理性东西的因果性所固有的性质，它们的活动在外来原因的影响下被规定。”⑤

① 参见李梅：《权利与正义：康德政治哲学研究》，161～163 页，北京，社会科学文献出版社，2000。
② 同上书，157 页。
③ ［德］康德：《实践理性批判》，韩水法译，北京，商务印书馆，1999。
④ 李梅：《权利与正义：康德政治哲学研究》，131 页，北京，社会科学文献出版社，2000。
⑤ 同上书，131 页。

康德区分了两种意志，一种是与具体行为关联的个人的意志，即 Willkür；一种是实践理性本身或一般的意志，即 Wille。前者可翻译为“任性”，因为人作为感性世界的成员，其意志是受自然欲望影响的，这意味着这种意志为人所确立的行为准则（德语为 maxime，英语为 maxim，可译为“格准”，即自己内心确立的准则）只是主观的、个人的，并不一定符合道德律。康德指出：“从 Wille 中产生出法则，从 Willkür 中产生出准则。后者对人来说就构成自由意志（Willkür）；Wille 则仅仅指单纯的法则，既不能说它是自由的，也不能说它是不自由的，因为它与行为没有直接关系，而是为行为的准则提供法则，因为它就是实践理性本身。它是绝对必然的能力，自身不受任何强制。只有 Willkür 才可以被称为是自由的。”①

这就是说，由于人的二重性，理性并不能完全规定个人的意志，其意志还受到感性的影响。因此，具体的人的意志并不完全与实践理性的客观必然性（即道德法则）相符合，它接受道德法则只能是出于主观上的偶然性，作为实践理性的客观规律的道德法则对于这样的意志来说就体现为一种强制性命令，所以叫“道德命令”。道德命令要求行为的主观原则（即准则）无条件地与道德法则相符合，因而它的形式只能是“要你按照你同时认为也能称为普通法则的准则去行动”。由这一道德法则的公式，康德进一步推论出人是目的的公式和意志自律的公式：“你的行动，要把你自己人身中的人性和其他人身中的人性，在任何时候都同样看作目的，永远不能只看作手段。”“作为意志同普遍实践理性相符合的最高条件的意志的第三个实践原理，即所有理性存在者的意志作为普遍立法的意志的观念。”② 这就是说，道德律对人来说只是一种应然的东西，只是一种无形的命令，其特点是普遍性、目的性和自律性。

康德认为道德律的目的就是人人自由，他说：“自由诚然是道德法则的存在理由（ratio essendi），而道德法则却是自由的认识理由（ratio cognoscendi）。……假如没有自由，道德法则就不会在我们内心找到。”③ 因而道德律也可以说是自由律，遵守道德律的人也就是自由的人。正因为如此，道德律与人的自由是不矛盾的，或者说道德律是人的自由的根据。因为人遵守自己给自己所立的法，不存在不自由的问题，因为道德律把个人的自由与他人的自由统一起来，能使大家都自由。所以，道德律也可以说就是自由律。另外，道德律的最基本的出发点是把人人视为目的，而不是仅仅作为工具，也就是说，充分地尊重人。从这个意义上又可以说道德律是目的律。

康德在道德律的基础上提出了“目的国”的概念。所谓目的国就是由遵守道德律的人所组成的一个人群或一个系统。他说，理性存在者都“遵从这样的法则，他们中的每一个都不应当把自己和他人仅仅当做工具，而应当永远看作自身就是目的。这就产生了由共同的客观法则约束起来的体系，即一个王国。因为这些法则所确切地指向的只是这些存在者之间作为目的、而不是作为手段的关系，这个王国可以被称为一个目的国”④。他认为，在目的国中人人遵守道德律，因而人人自由、独立和平等，他把这种状态又称为伦理上的公民状态。不过康德认为这种状态并不是一种现实，而只是人类要永远追求的理想境界。

① 李梅：《权利与正义：康德政治哲学研究》，133 页，北京，社会科学文献出版社，2000。

② 同上书，129 页。

③ ［德］康德：《实践理性批判》，韩水法译，2 页，北京，商务印书馆，1999。

④ 李梅：《权利与正义：康德政治哲学研究》，135～136 页，北京，社会科学文献出版社，2000。

## 三、法的产生、本质及其种类

### （一）法的产生

康德认为，人有意志，而意志的本性是自由，但这个自由的实现有一个过程，不同阶段有不同的表现形式。他把人的自由分为三种（或把人类的自由划分为三个阶段）：野性的自由、法律下的自由（法治国）和道德的自由或真正的自由（目的国）。他指出，人类的自由的最初运用或表现是无限制的对外界财物的占有，它是一种只顾自己或无视他人存在的占有，是只要自己自由而不管别人是否自由的自由。康德称之为“野性的自由”，即被滥用的个人自由。而这样的结果是彼此自由的相互侵犯和冲突，是彼此的不自由，甚至于生命的无保障。这种状态使有理性者的人认识到，必须对个人的无限制的自由有所限制，即必须“放弃他们那野性的自由而到一部合法的宪法里面去寻求平静与安全”①。而这样就得签订一个社会契约，建立一种社会权力机构，谋求某种秩序。也就是说，摆脱了野蛮状态而进入文明状态，从无政府、无法律的状态进入有权威、有秩序的状态。而这个状态的理想境界就是以法律为最高权威的公民社会，即法治社会。他说：“唯有在社会里，并且唯有在一个具有高度的自由，因之它的成员之间也就具有彻底的对抗性，但同时这种自由的界限却又具有最精确的规定和保证，从而这一自由便可以与别人的自由共存共处的社会里——唯有在这样一个社会里，大自然的最高目标，亦即她那全部禀赋的发展，才能在人类身上得到实现。”② 这就是说，法是基于人的本性，即自由而产生的，它是为了限制人的野性自由以改变人的实际上的不自由，从而使人人在实际上获得自由的需要而产生的。

### （二）法的本质和特点

康德认为，法律本质上是道德律，是以外在强制限制个人滥用自由的一种特殊形态的道德律。他指出，从纯粹实践理性产生出来的道德法则可以分为运用于被看成是本体的人的道德法则，和内在于外在地应用于既被看成是现象又被看成是本体的人的道德法则两类。前者是伦理的法则，后者是法律的法则。为了使社会生活成为可能，单单依赖纯粹的道德法则的约束是远远不够的，我们还需要有外在的强制约束人的行为，规范人与人之间的关系，这种具有外在强制的道德律就是法律。他说：“有别于自然法则的自由法则，是道德的法则。就这些自由法则仅仅涉及外在的行为和这些行为的合法性而论，它们被称为法律的法则。可是，如果它们作为法则，还要求它们本身成为决定我们行为的原则，那么，它又称为伦理的法则。如果一种行为与法律的法则一致就是它的合法性；如果一种行为与伦理的法则一致就是它的道德性。前一种法则所说的自由，仅仅是外在实践的自由；后一种法则所说的自由，指的却是内在的自由，它和意志活动的外部运用一样，都是为理性的法则所决定的。”③

康德认为法与道德的区别表现在三个方面：第一，法的管辖范围只及人的外部行为，而道德则深入人心内部，能阻止人的恶念；第二，道德律的遵守完全依赖人的自觉，法的

---

① ［德］康德：《历史理性批判文集》，何兆武译，12页，北京，商务印书馆，1996。

② 同上书，8页。

③ 同上书，14页。

遵守则离不开权威机关的强制；第三，道德是肯定的、推动人们行动，法则是否定的、限制人们行为。

在此基础上，康德给法下了这样的一个定义："法律就是那些使任何人有意识的行为按照普遍自由原则确实能与别人有意识的行为相协调的全部条件的综合。"①

他认为法律的基本含义是权利，因为它能划定不同权利的界限和范围，所以他把法学叫做"权利科学"，即关于权利与利益平衡的科学。他认为，权利是自由的重要内涵，权利可分为先天权利或自然权利与后天权利或实在权利。前者是由人的理性所赋予人的、不证自明的，它只是一种理性的假设，后者是由法律所规定和保护的。他认为权利是与义务相对应的。义务也分为先验的义务或内在的义务和法定的义务或外在的义务。内在的义务是最高伦理原则对人的最基本要求。具体表现为三点：其一，为理性目的而生活；其二，不侵害他人；其三，确保个人财物。这显然是古罗马法学家乌尔比安的"正直生活，不害他人，各得其所"的另一种表述。

他还认为，法与正义是统一的。他认为所谓正义或公平，最基本的含义就是行为者按照普遍自由的原则，即道德律而行动，就是合理地划分各个人的权利，使大家自由，而法律正是实现这一目标的必不可少的手段。

康德还指出了法与公意的关系。他说："立法权，从它的理性原则来看，只能属于人民的联合意志。……只有全体人民联合并集中起来的意志（这就是每一个人为全体决定同一件事，以及全体为每一个人决定同一件事），应该在国家中拥有制定法律的权力。"② 这就是说，法所表达的只能是公意。

（三）法律的分类

在法学史上，康德第一次从应然的角度理解自然法，并把法律分为应然法和实然法两种。所谓应然法或自然法，它只是法律的抽象的理性本质，是法的原理；实然法即实际上存在的法律。二者的区别在于应然法的强制性可以为先验理性所承认。他说："那些法律若无外在立法而无强制性的，就叫实在法。""那些外在的法律，即使没有外在立法，其强制性也可以为先验理性所承认的话，就称为自然法。"但是他不同于自然法学家，否认自然法高于实在法，不承认自然法是实在法的基础。

康德进一步把实在法分为公法和私法两种。所谓私法是指涉及个人权利，特别是有关财产权和婚姻的法律。所谓公法是指"包括那些需要普遍公布的，为了形成一个法律状态社会的全部的法律"③。包括国家法或民族法、国际法、世界法等，它们共同构成未来人类的法律体系。康德认为，国家是由共同的规律或法则结合在一起的人的系统。他说："凡是具有共同利益的人们生活在一个法律的联合体中，这个组织就叫国家。"④ 因此，国家法就是把这些人结合起来的法则。国际法又叫万国公法，是规定国家间关系的法律。它是由相邻国家间签订的条约等组成的。世界法亦称"万民法"，是适用于全人类的普遍性法律，它是为了世界永久和平的目的由国家法和国际法发展而形成的。

---

① 《西方法律思想史资料选编》，309页，北京，北京大学出版社，1982。

② ［德］康德：《法的形而上学原理》，沈叔平译，140页，北京，商务印书馆，1991。

③ 《西方法律思想史资料选编》，417页，北京，北京大学出版社，1982。

④ 同上书，417页。

康德还对民法和刑法作了论述。他认为，关于财产权的法叫民法，这是最早产生的一种法律。根据先验原则，人的意志是自由的，而自由的第一种表现就是对他物的选择和占有，由此引出“所有权”的概念，这在古代表述为“内在的你的，我的”的观念，但还只是一种潜在的先天权利，一旦诉诸实践，就会出现“外在的你的，我的”的占有行为。而这种占有在开始时是盲目的，只考虑自己，不管别人，从而造成互相占有的混乱局面。为了改变这种状态，于是根据最高理性原则，制定了民法。规定人人都有占有财产的自由，但又受不侵犯他人法定权利的限制。有了民法后就必然产生刑法，即关于犯罪和施以刑罚的法律。康德是西方近代报复刑法论的倡导者之一，他认为，法律既然是人的行为的普遍规律，是人的自由的条件的总和，是公众的意志，那么违反它就必然侵犯别人的自由，从而违反理性和正义，因此就必然受到惩罚。刑罚是理性和正义的恢复，并不是把犯罪者当工具，也不是为了社会的功利，而是对犯罪的一种报复。因为他侵犯了别人的自由，所以他的自由就应该同等地被剥夺。杀人者被处死，不是因为他的行为对社会有害或具有危险性，而是因为他侵犯了别人的生命，所以他应受到同样的侵犯，即报复。这种报复是同等的，所以他不同意贝卡利亚等人关于废除死刑的主张。

## 四、法治状态及世界永久和平

### （一）法治状态（公民状态）与自然状态、伦理状态

基于对人类自由的分类，康德把人类社会归纳为三个阶段：自然状态、法治状态（公民状态）与伦理状态。

1. 自然状态

自然状态是个人心理上不受任何限制，实际上处处受限制；人人表面上绝对自由，实际上绝对不自由；人和人之间充满矛盾和冲突的阶段。因此康德说：“人与人生活于相互间的和平状态并不是一种自然状态（status naturalis），那倒更是一种战争状态；也就是说，纵使不永远是敌对行为的爆发，也是不断在受到它的威胁。因此和平状态就必须是被建立起来的，因为放弃敌对行为还不是和平状态的保证；并且除非它能被每一个邻人向另一个邻人所提供（然而这是只有在一种法治状态之中才可能发生的），否则一个人就可以把自己对之提出这种要求的人当作是敌人。”①

2. 法治状态

在法治状态下，人在心理上还感觉不到自由，人的行为还要受法律的限制，但在实际上是自由的，因为法律所限制的只是人的对自由的滥用，而且法律本身也是自己制定的，所表达的是公意。康德认为，相对于政治上的自然状态来说，这种法律上的公民状态也是“伦理上的自然状态”（ehisch naturzustand）。这时，人们的行为符合道德要求完全出于外在的强制，法律所强制要求的道德与人的不道德的本性还发生着剧烈的冲突。因此，正如人们应当从自然状态进入公民状态一样，他们也应当从伦理上的自然状态进入到伦理上的公民状态。

然而，这种过渡仅仅靠个人的道德努力是无法实现的。他说：“道德上的最高的善，

① ［德］康德：《历史理性批判文集》，何兆武译，104～105页，北京，商务印书馆，1996。

仅仅通过单个的个人为达到他自己的道德完善而进行的努力，是不可能实现的，而是要求把这样的人结合为朝着共同目标的一个整体，结合成由气质善良的人们组成的一个体系，只有在这样的结合中，而且只有通过这样的结合，道德上最高的善才能来临。"[①]

3. 伦理状态

伦理状态下人人把别人当目的，人人自觉地按照道德律行动，人们组成一个道德共同体——目的国，从而达到伦理上的公民状态，又称为伦理共同体（ehisch gemein Wesen），即在地上的上帝之国。

在《在理性范围内的宗教》一书中，康德明确认识到，历史的进步是在两个层次上进行的，一是个人之间关系的社会的外在进步；二是在个人内心发生的道德的进步。第一层次的进步是由政治和法律体系的发展为标志的，第二层次的进步则以伦理和内在的立法为标志。相应于这两种层次进步，就存在两种社会形态：一种是"法律的公民社会"（rechtlichbürgerlicher Zustand），在此之下组成社会；另一种是"伦理的公民社会"（ethischbürgerlicher Zustand），在这个社会中人们只在非强制性的法律之上，因为这一概念本身就包含着"免于强制的自由"。

伦理共同体与政治、法律上的共同体不同。为了建立一个法律上的主权国家，个人只需要接受一些共同法则，以限制他们的自由，保障他们自己和他人的权利，这可以通过产生一种强制的国家权力来实现。世界范围内的伦理的共同体是以个人有着共同的目标为前提的，在这个共同体中，统治人民的规则不是通过外在的强制，而是通过内在的对道德法则的尊重来实现的。

伦理的公民社会与法律的公民社会的另一个区别是，它们的法则的适用范围不同。法律的法则一般在一个主权国家内部有效；而德性的法则适用于整个人类，因而伦理共同体的概念也可以扩大到整个人类。它使人们超越了民族的狭隘界限，组成一个普遍的共同体。[②]

（二）初级的法治——法治国

康德认为人类社会的法治状态的实现有一个过程，它要经过一个国家国内的法治到全世界的法治的过程。而作为初级的或一个国家的法治有以下的特点：

1. 法律处于至上的地位

康德说，"文明社会组织是唯一的法治社会"[③]，"最好的社会组织，就是在这个社会内，不是人而是法律行使权利"[④]。

2. 法治社会中人与人关系的原则是：自由、平等、独立

康德说，公民状态纯然看作是权利状态时，乃是以下列的先天原则为基础的：

(1)"作为人的每一个社会成员的自由"，即"没有人能强制我按照他的方式（按照他设想的别人的福祉）而可以幸福，而是每一个人都可以按照自己所认为是美好的途径去追求自己的幸福，只要他不伤害别人也根据可能的普遍法则而能与每个人的自由相共处的那

① 李梅：《权利与正义：康德政治哲学研究》，312页，北京，社会科学文献出版社，2000。

② 参见上书，311页。

③《西方法律思想史资料选编》，407页，北京，北京大学出版社，1982。

④ 同上书，429页。

种追逐类似目的的自由（也就是别人的权利）”①。

（2）“作为臣民的每一个社会成员与其他成员的平等”，“也就是人们按照普遍的自由法则而互相限制的意愿在作用和反作用方面的平等（那就叫公民状态）……所以共同体的一个成员作为同胞臣民，对于另外一个就不能有生来的优先权，而且也没有人可以让自己的后代来世袭自己在共同体中所占有的地位上的优先权”②。

（3）“作为公民的每一个共同体成员的独立。”③ 所谓公民（citoyen），即在共同体的“立法中享有投票权利的人”，而这以他“享有某些财产（任何技能、手艺或美术或科学都可以计算在内）可以养活自己”为前提。④ 法治社会的法是公民立的，所表达的是公意。他说：“公共法律，乃是公意的行动。……因而任何个别的意志都不能为共同体立法。”⑤

3. 法治国家的体制必须是共和制

康德说：“唯有共和的体制才是完美地符合人类权利的唯一体制。”⑥ 康德不同意把国家政体划分为君主制、贵族制和民主制的传统观念，因为它们都可能转变为专制制度。他认为重要的在于国家的治理方法，在于国家的三种权力（即立法权、执行权和司法权）掌握在人民手中和各种权力彼此分立并形成制衡的局面。他说：“作为一个有道德的人来看待，执行权构成政府。政府向人民、官吏以及最高的国家行政部长们颁布的是命令或法令，而不是法律；因为它们是针对特定事件的决定，而且作为不可改动的决定来发表的。……立法权却不应该同时也属于执行人员或管理人员的，因为管理人员作为一个行政官员，应该处于法律的权力之下，必须受立法者最高的控制。……立法权或执行权都不应该行使司法职务，只有任命法官作为行使此职务的官员。只有人民才可以审判他们自己，人民在自由选择下选出一些公民来代表他们去做此事，甚至特别去处理每一个司法程序或案件。法院的判决是一种公共的分配正义的特殊法令，该判决由一个法官或法庭以一个宪法规定的执行法律的人员对于作为人民之一的臣民所作的判决。……正是由于三种权力的机构——立法、执法、司法——的合作，这个国家才能实现它的自主权。这个自主权体现在依照自由的法则去组织、形成和维持自己的活动。……在这个状态中，该国的宪法和权利的原则获得了最高的和谐。”⑦

（三）法治世界与永久和平

康德的法治设想非常彻底，他认为法治状态不仅在一个国家内部能够建立，而在世界范围内的产生也具有历史的必然性，因此他进一步提出了建立世界法治和实现永久和平的设想。

1. 法治世界产生的必然性。

康德认为，人类历史中在一个国家内部曾经出现过的由自然状态发展为法律状态的过程，在世界范围里也会发生。他说：“大自然通过战争、通过极度紧张而永远不松弛的备

① ［德］康德：《历史理性批判文集》，何兆武译，182 页，北京，商务印书馆，1996。
② 同上书，185 页。
③ 同上书，182 页。
④ 参见上书，187～188 页。
⑤ 同上书，187 页。
⑥ 同上书，124 页。
⑦ 《西方法律思想史资料选编》，421～422 页，北京，北京大学出版社，1982。

战活动、通过每个国家因此之故哪怕是在和平时期也终于必定会在其内部深刻感受到的那种缺匮而在进行着起初并不会是完美的种种尝试，然后在经过了许多次的破坏、倾覆甚至于是其内部彻底的精疲力竭之后，却终将达到即使是没有如此之多的惨痛经验、理性也会告诉给他们的那种东西，那就是：脱离野蛮人的没有法律的状态而走向各民族的联盟。这时候，每一个国家，纵令是最小的国家也不必靠自身的力量或自己的法令而只须靠这一伟大的各民族的联盟（foedus amphictionum），只须靠一种联合的力量以及联合意志的合法决议，就可以指望自己的安全和权利了。……达到野蛮人刚好是如此之不情愿而被迫达到的同一个结论；那就是：放弃他们那野性的自由而到一部合法的宪法里面去寻求平静与安全。因而所有战争就都是要……建立起国家与国家的新关系的反复尝试，并且是要通过摧毁或者至少是瓦解一切国家来形成新的共同体；然而这些新的共同体，或则是在其自身之内或则是在他们彼此之间，却又变得无法维持，于是就必须再度经受新的类似的革命。直到最后，部分地是由于内部有公民宪法的可能最好的安排，部分地是由于外部有共同的约定和立法，人们才会犹如一架自动机那样地建立起能够维持其自身的、就像是公民共同体的这样一种状态来。”① 即“作为一个基地而使人类物种的全部原始秉赋都将在它那里面得到发展的一种普遍的世界公民状态”②。

康德认为，战争、各国之间的经济和文化交往，以及人民在政治上的自由和世界上不同国家的公民中不断增长着的道德责任感是促进和平关系确立的重要因素。而在这些要素中，战争的作用具有关键的意义。首先，战争迫使人们分散到地球的每一个角落。其次，如果一个民族没有因为内部的不和建立起某种法律制度，战争也会从外部做到这一点。最后，也是最重要的一点，战争的代价越来越大这一事实，最终与它所寻求的政治目的背道而驰。

促进国与国之间确立和平关系的第二个要素是各国之间的交往，特别是贸易上的交往。随着商业活动的开展，在商业贸易中所形成的一些规范，如自由的、公平的竞争原则，也必然对国家的行为产生影响。而且由于每个国家的利益越来越密切地联系在一起，一个国家的动荡会影响到别国的利益，因此，“其余的这些国家尽管自己并不具有合法的权威，但却由于自己所受的危险的驱使而自愿充当仲裁者”。而战争摧毁了商业，阻碍了国际贸易的发展，因而经济上最发达的国家开始寻求旨在维护安全与稳定的国际政治，这就加入了人们对和平的期望。不仅如此，随着世界经济的发展，战争的手段也在不断升级，武器越来越先进，越来越具有破坏力，战争造成的破坏日益与它所要达到的政治目的背道而驰。终于有一天，战争不再能够作为对外政策的有用的工具。

此外，还有一个因素，这就是世界上不同国家的公民中不断增长着的道德责任感。

他指出，自然为人类规定的目的，即建立以一部完善的宪法为基础的公民社会，在此基础上建立各个国家的联盟，以实现永久和平，这一目的单单靠政治的、法律的手段还是无法实现的。它的完全实现有赖于人的道德的进步。只有在道德完善的基础上，以完善的公民社会为基础的国家联盟才可能同时也是道德的世界，也就是“自由的王

---

① ［德］康德：《历史理性批判文集》，何兆武译，11～13页，北京，商务印书馆，1996。

② 同上书，18页。

国"[①]。

2. 永久和平产生的途径和阶段。

康德认为，世界永久和平的实现有个过程，首先是在局部地区建立国家间的联盟，然后才能建立世界国家。他说，由于国际秩序应当建立在国家和公民同意的基础上，因此首先要实现的维护世界和平的机构，并不是世界国家，而是一种自由国家的和平联盟。这一联盟可以开始于几个国家，然后逐渐扩大。这一联盟并不是要获得什么国家权力，而仅仅是要维护和保障一个国家自己本身以及其他加盟国家的自由，却不因此需要它们屈服于公共的法律以及实施法律的权力之下，就像人在自然状态之中那样。

康德认为，要建立和平的联盟就要签订一系列条款。其中有先决条款（预备条款）、正式条款等。其先决条款（预备条款）是：(1)"凡缔结和平条约而其中秘密保留有导致未来战争的材料的，均不得视为真正有效"。(2)"没有一个自身独立的国家（无论大小，在这里都一样）可以由于继承、交换、购买或赠送而被另一个国家所取得"。(3)"常备军(miles perpetuus）应该逐渐地全部加以废除"。(4)"任何国债均不得着眼于国家的对外争端加以制定"。(5)"任何国家均不得以武力干涉其他国家的体制和政权"。(6)"任何国家在与其他国家作战时，均不得容许在未来和平中将使双方的互相信任成为不可能的那类敌对行动；例如，其中包括派遣暗杀者（pecussores)、放毒者（venefiei)、破坏降约以及在交战国中教唆叛国投敌（perduellio）等"[②]。

其正式条款是：(1)"每个国家的公民体制都应该是共和制"。(2)"国际权利应该以自由国家的联盟制度为基础"。(3)"世界公民权利将限于以普遍的友好为其条件"[③]。

可以看出，康德是一个伟大的理想主义者，他为人类的未来展现了一个美好的发展前景，他对这一前景的描述现在读来仍给人们以很大的鼓舞。但是从他的论述中，我们也会发现其时代的局限和一些消极的东西。例如，他把公民划分为积极的和消极的，而其划分的标准则是是否拥有独立的财产；又如在其理想的国家中，人们只有言论自由，而且这种自由的行使，还要以对当局的充分尊重为前提。

## 第三节 黑格尔的法律思想

### 一、黑格尔的生平和著作

格奥尔格·威廉·弗里德里希·黑格尔（Georg Wilhelm Friedrich Hegel，1770—1831）是德国古典哲学的主要代表人物、近代西方最有影响的哲学家之一。他是一个很有创造性的思想家，构思了一个极具特色的客观唯心主义哲学体系。在这个体系中，他杜撰了一个至高无上的精神实体——"绝对精神（理念)"，推演了它的发展过程，并把整个世界的各种事物说成其是发展过程的表现和结果。该绝对精神在发展中经历了逻辑、自然和精神三个阶段。他认为，在逻辑阶段，绝对精神处于自在自为的状态，它只是以纯粹概念

① 李梅：《权利与正义：康德政治哲学研究》，284～287页，北京，社会科学文献出版社，2000。

② ［德］康德：《历史理性批判文集》，何兆武译，98～102页，北京，商务印书馆，1996。

③ 同上书，105～115页。

的形式存在着，因而其发展表现为一系列的纯粹概念的逻辑推理，其《逻辑学》就是论述这一过程的著作；在经过了一系列的概念推理之后，绝对精神“外化”为自然界的诸种事物，因而进入自然阶段。他的《自然哲学》所论述的就是这一阶段，在这个阶段绝对精神通过物理运动、化学运动和有机运动，从低级向高级不断地发展，最后出现了生命有机体，出现了人。而人是有意识的，因此绝对精神就进入到发展的精神阶段，即由它再回到自身的过程。此阶段又分为主观精神、客观精神和绝对精神三个小阶段。在第一小阶段，绝对精神还只是表现为个人的各种意识，如灵魂、意识和心灵；在第二小阶段它表现为社会精神或客观精神，它是个人精神中普遍性的东西，个人行为中规律性的东西，因而也就是能使所有人都自由的东西。其中又分抽象法、道德和伦理三个环节。在第三小阶段，绝对精神经过艺术、宗教和哲学三种形式，最后达到它自身。黑格尔的哲学涉及广泛的领域，包含着丰富的内容，并从极高的理论层次以哲学的语言作了系统的论述。恩格斯在谈到这一点时说：“……黑格尔的体系包括了以前任何体系所不可比拟的巨大领域，而且没有妨碍它在这一领域中阐发了现在还令人惊奇的丰富思想。精神现象学（……）逻辑学、自然哲学、精神哲学，而精神哲学又分成各个历史部门来研究，如历史哲学、法哲学、宗教哲学、哲学史、美学等等，——在所有这些不同的历史领域中，黑格尔都力求找出并指出贯穿这些领域的发展线索；同时，因为他不仅是一个富于创造性的天才，而且是一个百科全书式的人物，所以他在每一个领域中都起了划时代的作用。当然，由于‘体系’的需要，他在这里常常不得不求救于强制性的结构……但是这些结构仅仅是他的建筑物的骨架和脚手架；人们只要不是无谓地停留在它们面前，而是深入到大厦里面去，那就会发现无数的珍宝，这些珍宝就是在今天也还保持充分的价值。”①

黑格尔的一生也像康德一样，是一个典型的学者的一生。他出生在德国斯图加特的一个高级官吏的家庭，自幼受到良好的教育。1793 年他于图宾根神学院毕业后在伯尔尼任私人家庭教师，1801 年起执教于耶那大学并开始发表著作，其中最有影响的是 1807 年的《精神现象学》一书。1807 年他移居纽伦堡，一度任地方报社的编辑，1808 年起任纽伦堡中学的校长。1816 年秋到海德堡大学任哲学教授，其间他的《逻辑学》（1812～1816 年）和《哲学全书》（1817 年）相继出版，使他在学术界名声大振。1818 年普鲁士政府聘请他为柏林大学的教授，成为普鲁士的“官方哲学家”，从此，他就一直在柏林大学任教，并在晚年担任过柏林大学的校长。

黑格尔在法学方面批判地继承了康德关于法的本质是自由的思想，也从人的意志本性的角度来阐述这一思想。不过他不再把法理解为道德律的一种特殊形态，而是把道德说成是法发展的一个阶段——个人内心的法。他认为更高意义上的法只有在国家这种最高的伦理组织中才表现出来，因为国家的意志是一种普遍性的意志，即公意，只有它才能把人的行为中的规律性的东西揭示出来。而法就是人的规律或社会的规律。另外，黑格尔在对自由的理解上也与康德有所不同，他不再把意志自由说成是一种先验的不证自明的东西，而是认为自由是被认识的必然，它建立在人的理性对规律的正确认识上。黑格尔的法律思想主要反映在其著作《法哲学原理》和《历史哲学》中。

① 《马克思恩格斯选集》第 4 卷，219 页，北京，人民出版社，1995。

## 二、法的概念

黑格尔对法的定义是："任何定在，只要是自由意志的定在，就叫做法。所以一般说来，法就是作为理念的自由。"① 他进而论述说："法的基地一般说来是精神的东西，它的确定的地位和出发点是意志。意志是自由的，所以自由就构成法的实体和规定性。至于法的体系是实现了的自由的王国，是从精神自身产生出来的、作为第二天性的那精神的世界。"② 要理解黑格尔的这个定义，首先必须了解他的"理念"概念和他对意志、自由的论述。

在黑格尔的哲学体系中"理念"（Idee）一词不同于柏拉图所说的事物的精神原型，也不同于我们一般所说的对事物的本质认识所获得的概念或观念。而是既包括事物的概念，又包括着事物的现实或"定在"（Dasein）。他说："定在与概念、肉体与灵魂的统一便是理念。"③ 这就是说，要研究法，就要对自由的概念和定在进行研究。他说："法的理念是自由，为了得到真正的理解，必须在法的概念及其定在中来认识法。"④ 那么什么是法的概念和定在呢？这就是法与法律，或"自然法"与"实定法"。所谓"自然法"，黑格尔解释说是"哲学意义上的法"即法的原理。⑤ 所谓"实定法"即实在法。

那么，黑格尔为什么说法的理念是自由？要回答这个问题就必须首先了解他对自由和意志的观点。

黑格尔的自由观概括起来主要是：（1）自由虽然其本意是自己决定自己，但并不是随心所欲，即任性，而是自觉地使行为符合规律，因此，自由并不是行为毫无限制，更不是行为超出规律，而只是在正确认识规律的基础上自觉地依照规律办事。他说："真正的理性的自由概念便包含着被扬弃了的必然性在自身内。"⑥ "精神在它的必然性里是自由的，也只有在必然性里才可以寻得它的自由，一如它的必然性只是建筑在它的自由上面……自由也可以是没有必然性的抽象的自由。这种假自由就是任性，因而它就是真自由的反面，是不自觉地被束缚的、主观空想的自由——仅仅是形式的自由。"⑦ （2）自由不是纯主观的，不是如斯多葛派哲学家所理解的在摆脱了一切尘世的欲望后所获得的内心的安静，恰恰相反，自由的实现离不开一定的自然环境和社会环境，离不开人的肉体和热情。他说："自由虽然是一个内在的观念，他所用的手段却是外在的和现象的。"⑧ 他指出，"自然界是人类在他的自身内能取得自由的第一个立足点"和"从而表演的场所"⑨；"肉体是自由的定在"⑩；情欲和热情是自由"所使用的工具和手段"，没有它们自由就会落空。他说："假如主角方面没有利害关系，什么事情都不能成功；假如把这种对利害关系的关心称为热

---

① ［德］黑格尔：《法哲学原理》，范扬等译，36页，北京，商务印书馆，1979。
② 同上书，10页。
③ 同上书，1页。
④ 同上书，1～2页。
⑤ 参见上书，6页。
⑥ ［德］黑格尔：《小逻辑》，贺麟译，358页，北京，商务印书馆，1980。
⑦ ［德］黑格尔：《哲学史讲演录》，第1卷，贺麟译，31页，北京，商务印书馆，1983。
⑧ ［德］黑格尔：《历史哲学》，王造时译，58页，北京，三联书店，1958。
⑨ 同上书，123～124页。
⑩ ［德］黑格尔：《法哲学原理》，范扬等译，56页，北京，商务印书馆，1979。

情……我们简直可以断然声称，假如没有热情，世界上一切伟大的事业都不会成功。”[①] 他认为，人类的历史就是自由的发达史，而历史的进步正是在历史人物的热情的推动下向前发展的。(3) 自由的基础是意志，而意志的本性是自由。他说：“自由是意志的根本规定，正如重量是物体的根本规定一样。”[②] 要进一步理解这一点，我们必须了解他对意志的论述。

黑格尔认为，意志是人所特有的一种精神现象，是思维的继续发展，是人在认识世界的基础上有所欲求，或者说是包含着目的性的思维。而人的自由就表现在这些欲求能变为现实。他认为，人只有在思维中才能获得自由，才存在着自由问题。他说：“在思维里，我是自由的，因为我不是在他物中，而纯全保持在我自身中，并且那对我是客观存在着的对象也是为我存在的，与我有不可分离的统一。”[③] “人在自己的精神中具有着自由作为至高无上的绝对的东西，自由意志是人的概念。自由恰恰就是思维本身；要是抛开思维来谈自由，就不知道自己说的是什么东西。思维的自身统一性就是自由，就是自由意志——即有所意欲的思维，也就是抛弃自己的主观性的欲望，与存在的联系，自我实现，因为我是愿意把作为存在者的我与作为思维者的我等同起来的。意志只有作为思维的意志才是自由的。”[④] 不过黑格尔指出，人的欲望有两种，一种是真正的意志或理性的意志，另一种就是“任性”，或者称为“感性意志”或“自然意志”、“外在意志”、“经验意志”。它表现为由外界事物的偶然刺激所产生的一时冲动和愿望，而不是基于熟思远虑的和发自内心的真实意图。他认为，这种意志缺乏真实性，不符合意志的概念或本质，因为真正的意志者是自己决定的意志，它是建立在对客观事物和自己需要的充分认识的基础上的。他说：“从嗜欲得来的那些规定，对意志说来乃是不自主的原则，或者说，如果意志采取那些规定作为目的的话，它就是不自主的……但当意志自己决定自己时，它便是自由的。它是自主的、它是绝对自发性、自由的原则。意志的本质是自己决定自己。它只能以它自己的自由作为它的目的。只有当实践理性自己给自己制定规律时，康德才说它是自主的。经验的意志不是自主的，它是为欲望、冲动所决定的。它属于我们的本性，不属于自由的范围。”[⑤] 由此看来，意志与理性、思维、自由有着内在的关系，只有经过理性思维和达到自由的意志才是真正的意志。黑格尔也说：“意志只有作为能思维的理智才是真实的、自由的意志。”[⑥]

在了解了黑格尔关于自由、意志及其二者关系的论述后，我们再回到他对法的定义。从上面的介绍中我们知道，黑格尔认为，自由是被认识的必然，是以意志为基础的，这意味着并非所有的意志都是法，只有认识了必然的意志才是法。那么，这种意志是一种什么意志呢？黑格尔认为，它就是公意，因为只有公意具有普遍性。他说：“公意、普遍意志即是意志的概念，法律就是基于这种普遍意志的概念而产生的特殊规定。”[⑦] 他指出，这种带有普遍性和规律性的意志只有通过立法的途径才能产生。因此他把立法权定义为：“规

---

① ［德］黑格尔：《历史哲学》，王造时译，62页，北京，三联书店，1958。
② ［德］黑格尔：《法哲学原理》，范扬等译，11页，北京，商务印书馆，1979。
③ ［德］黑格尔：《精神现象学》（上卷），贺麟等译，133页，北京，商务印书馆，1979。
④ ［德］黑格尔：《哲学史讲演录》，第4卷，贺麟译，234页，北京，商务印书馆，1983。
⑤ 同上书，289页。
⑥ ［德］黑格尔：《法哲学原理》，范扬等译，31页，北京，商务印书馆，1979。
⑦ ［德］黑格尔：《小逻辑》，贺麟译，333页，北京，商务印书馆，1980。

定和确立普遍物的权力。”① 这意味着法是与国家有某种内在的关系，也就是说只有国家产生之后才能通过立法的途径寻找到法，也只有在国家里人才有真正的自由。黑格尔指出，个人意志或个人精神是一种主观精神或特殊精神，公共意志或社会精神是一种客观精神，只有它才是法，而这种精神的出现是与国家这种最高的伦理组织联系在一起的。他说：“人类具有的一切价值——一切精神的现实性，都是由国家而有的……只有这样，它才是自觉的；只有这样，它才参加了道德——种种公正的道德的社会与政治生活。因为‘真实’的东西是普遍的和主观的‘意志’的‘统一’；而‘普遍的东西’要在‘国家’里、在它的法律里、在它的普遍的和合理的许多部署里发现……所以，在国家里面，历史的对象就比以前有了更确定的形式；并且，在国家里，‘自由’获得了客观性，而且生活在这种客观性的享受中。因为‘法律’是‘精神’的客观性，乃是精神的意志。只有服从法律，意志才有自由；因为它服从的是它自己——它是独立的，所以它是自由的。当国家或祖国形成一种共同存在的时候；当人类主观的意志服从法律的时候，——‘自由’和‘必然’间的矛盾便消失了。那种‘合理的’东西作为实体的东西，它是必然的；当我们承认它为法律，并且把它当做我们自己存在的实体来服从时，我们就是自由的。于是客观的意志与主观的意志互相调和，从而成为一个相同的纯粹的全体。”② 这就是说，法不仅是一种公意，而且也是国家意志。他明确地指出，法与国家是灵魂与肉体的关系。不仅如此，黑格尔还从世界历史的角度来理解法，因为“世界历史无非就是‘自由’意识的进展”③。

黑格尔在把法理解为公意的同时，还把法理解为人的规律，一种被人认识了的必然。他说：“规律分为两种，即自然规律和法律。”④ “法和伦理以及法和伦理的现实世界是通过思想而被领会的，它们通过思想才取得合理性的形式，即取得普遍性和规定性，这一形式就是规律。”⑤ 他解释法为什么能给人以自由时说：“太阳和行星都有它们的规律，但是它们不知道这些规律。野蛮人受冲动、风俗、感情等的支配，但是他们没有意识到这一点。由于法被制定为法律而被知道了，于是感觉和私见等一切偶然事物，以及复仇、同情、自私等形式都消失。法就这样地初次达到了它的真实规定性，并获得了它的尊严。”⑥

由此看来，黑格尔不仅把法理解为一种特殊的社会现象，而且把它与人类的本质和整个历史，乃至于与“绝对精神”联系起来思考，由于他认为人的本质是精神或意志，而意志的本性是自由，所以他把法理解为自由意志的定在，人的自由的规律；由于他认为真正的意志是带有普遍性的意志，而这种意志是国家通过立法获得的，因而他认为法是公意或国家意志。

## 三、法的分类或法的发展

从黑格尔关于法的本质的论述中我们可以看出，他对“法”的理解是与一般的理解不同的，是非常宽泛的。他在《法哲学原理》的导论中也指出了这一点。他说：“我们在本

---

① ［德］黑格尔：《法哲学原理》，范扬等译，286页，北京，商务印书馆，1979。
② ［德］黑格尔：《历史哲学》，王造时译，79页，北京，三联书店，1958。
③ 同上书，56页。
④ ［德］黑格尔：《法哲学原理》，范扬等译，序言，14页，北京，商务印书馆，1979。
⑤ 同上书，序言，第7页。
⑥ 同上书，220页。

书中谈到法的时候，不仅指人们通常对这一名词所了解的，即市民法，而且指道德、伦理和世界史而言；它们之所以同样属于法，是因为概念按照真理而把思想汇集起来的。”[①] 这意味着他对法的分类也与一般学者的观点不同。

首先，他把法分为自然法和“实定法”，并用“法”和“法律”二词以示区别。所谓“实定法”即实际上存在的法，它包括习惯法（主观地和偶然地被知道的法）、判例法（法官立的法）、引证法（法学家著作）、制定法（立法法）[②]；又根据其适用的范围分为国家法（国内法）和国际法。[③]

所谓“自然法”即应然法或法的原理，他又称之为“哲学上的法”。他说：“自然法与实定法的关系正同于《法学阶梯》跟《学说汇纂》的关系。”[④]

由于黑格尔的法律思想继承了自然法学的传统，即把研究的重点不是放在实然法上，而是放在应然法或“自然法”上，而且由于他从人的本性和人类历史的全过程来思考法的问题，所以他对法的分类实际上是从法的发展过程来思考的。因此，他对法的分类最好理解为法的不同发展阶段，而这些阶段从总体上是包容于其“绝对精神（理念）”之中。黑格尔认为“法”是绝对精神发展的第三阶段，即精神阶段的第二小阶段——客观精神或社会精神阶段。而这其中又分为抽象法、道德和伦理三个环节。这三个环节都是一种法或权利，都在不同形式上和阶段上体现自由，一个比一个更具体、更真实、更丰富。下面分别介绍。

（一）抽象法或形式法

这种法就是狭义上的法律，它直接对人的外部行为进行规定，对不符合理性的加以限制。这种法以限制的形式给人以自由，因而人的内心尚未认识到它，甚至感到法在限制自己的自由。由于在这种法中人所享受的只是形式的自由，或者说人的自由要通过对外物的占有才能实现，所以它叫形式法；又由于在这种法里人人都一般地、自在地享有权利，所以又叫抽象法。黑格尔认为，任何事物都包含概念和定在两个方面。这种法的概念就是“人”或“人格”，其基本的命令是“成为一个人，并尊重他人为人”[⑤]。而人的自由活动是离不开一定的物质基础——财产的，因而，这种法的定在或“领域”的第一个环节就是对物的占有或“所有权”。而财物不仅可以占有，而且可以转移和交换，这就进而产生了第二环节——契约。又由于在实际上存在着对所有权和契约的不尊重和侵犯，因而产生了第三个环节——不法。黑格尔还进一步把不法分为无犯意的不法、诈欺（以法的名义从事不法活动）和犯罪（公然与法对抗，即严重的违法）三种。由不法进而引出刑罚，他认为，不法是对法的否定，刑罚是对不法的否定，从而是否定的否定，即法的恢复。他认为刑罚的目的在于实现正义，或者说是“正义的实存形式”[⑥]。因为法只有通过对具体违法犯罪行为的处理才能真正显示其存在，也才能显示法的正义性。他认为刑罚的本质是报复，即犯罪者自己的行为反过来惩罚他。他说：“犯罪的扬弃是报复，因为从概念说，报复是对侵

---

① ［德］黑格尔：《法哲学原理》，范扬等译，42页，北京，商务印书馆，1979。
② 参见上书，218～220页。
③ 参见上书，351页。
④ 同上书，5页。
⑤ 同上书，46页。
⑥ 同上书，103页。

害的侵害。"[①] "报复只是指犯罪所采取的形态回头来反对它自己。"[②]因为"刑罚既被包含着犯人自己的法，所以处罚他，正是尊敬他是理性的存在"，"不仅犯罪的本性，而且犯人自己的意志都要求自己所实施的侵害应予扬弃"[③]。他认为作为报复（Vergeltung）的刑罚是与古代的复仇（Rache）有本质区别的。复仇是受害方惩罚加害方，是特殊对特殊，必陷于世世相仇的"恶无限"之中。报复是不法者自己的行为反过来惩罚他，其形式上是普遍对特殊，即代表法的司法机关对违法者施加惩罚。他还认为，刑罚的量应与其罪相适，"必须根据质和量的差别予以衡量"。刑罚的轻重应由所在的社会形势决定，社会安定时轻，社会动荡时则重。这是因为同一行为在社会安定的情况下对社会所造成的伤害小于社会动荡时期，而且社会必须通过刑罚树立榜样，而刑罚本身是反对犯罪榜样的榜样。"所以严厉的刑罚不是自在自为地不公正的，而是与时代的情况相联系的。"[④]他批判了刑罚的预防说、儆戒说、威吓说、矫正说等理论。

（二）道德或内心的法

如果说在形式法阶段，人还没有感觉到是自由的，也没有认识到法能给人以自由，也就是说还没有达到对法的意识，那么，在道德法阶段人则能够达到这一认识，但这种认识仅仅是各个人内心的认识，还留在道德领域，所以这种法叫道德法或"主观意志的法"。道德法的概念是善，定在是道德行为，其中包括故意和责任、意图和福利、良心与善三环节。对一个人的行为要进行道德评价首先要看他是否出于故意，只有出于故意者才负道德责任；而故意的进一步就是意图或动机，即目的何在。而这个目的只有不仅对自己有利，而且对所有人有利才是有道德价值的，这就是福利或效果；在第三阶段，道德不再是一种手段，自身就是目的，他所追求的不是眼前的福利，而是善。"善就是被实现了的自由，世界的绝对最终目的"[⑤]。从主观方面看，道德意志已不是表现为故意和良好动机，而是作为具有普遍性和无限性的道德的自我意识或良心。善与恶是对立统一的，恶是善的手段，正是伟大人物恶劣的情欲，即对名利、权力和女色的追求，成为历史发展的杠杆。

（三）伦理

黑格尔的哲学体系充满着三段论，总是以肯定开始，经过否定，最后以否定之否定结束。对法的发展的论述也是如此，形式法是客观法，道德法是主观法，主客观的统一则产生了一种更高级的法——伦理。"伦理是自由的理念……是成为现存世界和自我意识本性的那种自由的概念。"[⑥] "伦理是在它概念中的意志和单个人的意志即主观意志的统一。"[⑦]他认为，伦理的发展环节有家庭、市民社会和国家：（1）家庭是最初的伦理，这里伦理以自然的形式，即爱和感觉的形式存在。他认为家庭包括婚姻、家庭财产和子女教育三个环节。黑格尔对婚姻的本质提出了深刻的见解，他认为婚姻不是一般的两性间的肉体关系或

---

① ［德］黑格尔：《法哲学原理》，范扬等译，104页，北京，商务印书馆，1979。

② 同上书，106页。

③ 同上书，103～104页。

④ 同上书，229页。

⑤ 同上书，132页。

⑥ 同上书，164页。

⑦ 同上书，43页。

感情关系，也不是经济契约关系，而是以两性间以爱为内容的伦理关系。他说："婚姻是具有法的意义的伦理性的爱。"[①] 在这种关系中，两个人都舍弃自我，结合为一个统一的人格。他说："婚姻的客观出发点则是当事人双方同意组成为一个人，同意为那统一体而抛弃自己自然的和单一的人格。在这一意义上，这种统一乃是作茧自缚，其实这正是他们的解放，因为他们在其中获得了自己实体性的自我意识。"[②]（2）市民社会是伦理的现象界，是伦理的丧失。这是个个人主义的世界，在其中每个人都是以个人的面目出现，他们带着自己的目的投身于社会之中，别人对他们来说只是手段。"市民社会是中介的基地；在这一基地上，一切癖性、一切秉赋、一切有关出生和幸运的偶然性都自由地活跃着；又在这一基地上一切激情的巨浪，汹涌澎湃，它们仅仅受到向它们放射光芒的理性的节制。""这里，理念只是作为相对的整体和内在的必然性而存在于这种外界现象的背后。"[③] 市民社会的三个环节是需要的体系、司法、警察和同业公会。（3）国家是伦理发展的第三阶段，它是"个体独立性和普遍实体性在其中完成巨大统一的那种伦理和精神。因此，国家的法比其他各个阶段都高，它是在最具体的形态中的自由"[④]，是"伦理理念的现实——是作为显示出来的、自知的实体性意志的伦理精神"[⑤]。国家的权力分为立法权、行政权和王权，它们分别代表普遍、特殊和单一。黑格尔主张实行君主立宪制，给国王以巨大权力。他认为国家的统一只有通过一个人来实现。他说："国家人格只有作为一个人，作为君主才是现实的。"[⑥] 黑格尔认为，伦理的法包括三个环节：国家法、国际法和世界历史。

## 四、实定法的制定和实施

### （一）实定法的制定

黑格尔把被特定社会的人意识到并被昭示出来和发生效力的法叫法律。他说："法律是自在地是法的东西而被设定在它的客观定在中，这就是说，为了提供意识，思想就把它明确规定，并作为法的东西和有效的东西予以公布。通过这种规定，法就成为一般的实定法。"[⑦] 他指出，法律的产生和存在意义重大。他说："由于法被制定为法律而被知道了，于是感觉和私见等一切偶然物，以及复仇、同情、自私等形式都消失了。法就这样地初次达到了它的真实规定性，并获得了它的尊严……法必须通过思维而被知道，它必须自身是一个体系，也只有这样它才能在文明民族中发生效力。"[⑧] 但正因为生产实定法的工作是由有局限性的人进行的，因而它"也可能有自我意志和其他特殊性等偶然物加入在内"[⑨]；又由于"这些法律既然按当时情况都有其意义和适当性，从而只具有一般历史的价值，所以

① ［德］黑格尔：《法哲学原理》，范扬等译，177页，北京，商务印书馆，1979。
② 同上书，177页。
③ 同上书，197～198页。
④ 同上书，43页。
⑤ 同上书，253页。
⑥ 同上书，296页。
⑦ 同上书，218页。
⑧ 同上书，220页。
⑨ 同上书，221页。

它们是实定的，因此之故，它们又是暂时性的”①。这就是说，实定法的内容是历史的具体的，可能会夹杂有与法不符的偶然性因素。

正因为如此，实定法存在着“合理性”的评价问题，立法工作必须注意法律内容的普遍性和真实性。他说：“法的东西要成为法律，不仅首先必须获得它的普遍性的形式，而且必须获得它的真实的规定性。所以，想要进行立法，不宜只看到一个环节，即把某物表达为对一切人有效的行为规则，而且要看到比这更重要的、内在而本质的环节，即认识它的被规定了的普遍性中的内容。”②“因为法律要成为法律，而不成为简单的戒律……它的内容就应该是明确的。法律规定得愈明确，其条文就愈容易切实地施行。但是规定得过于详细，也会使法律带有经验的色彩，这样，法律在实际执行过程中就不免被修改，而这就会违背法律的性质。”③

黑格尔就当时德国历史法学与自然法学关于是否制定民法典的争论中，历史法学反对的理由发表看法。历史法学家反对的理由是，当时德国不具备制定系统的民法典的条件。黑格尔认为，这是他们不懂得一个普通的道理：一个国家系统法典的产生得有个过程，完备是从不完备开始的。他说：“要求一部完备的法典，即看来绝对完整而毋须作进一步规定的法典……以及借法典不可能修订得那么完整为理由，就主张不该让所谓不完整的东西产生，即不该让它达到现实，以上两种情况都是基因于对像私法那样的、有限对象的本性的一种误解，其实，所谓私法的完整性只是永久不断地对完整性的接近而已。”④ 他引用格言“好的最大的敌人是最好”和树木生长的例子来说明这一点。他说，一棵参天树是从种植一棵小树开始的，只要大树而不想栽小树，岂不愚蠢！

（二）实定法的实施

黑格尔认为，法的定在方面不仅包括法律的制定，而且包括法律的实施。他用哲学的概念来解释立法权和司法权的关系。说立法权属于国家权力的“普遍”方面，司法和行政权属于“特殊”方面。其任务在于使普遍性的法律与特殊的案件结合起来，从而使法律变为现实。其具体任务有二：其一是查清事实；其二是使事件归属于法律之下。他认为，司法活动必须有一定的程序和形式，但它不能成为制造不法的工具。程序的作用在于使当事人有机会主张他们的证明方法和法律理由，并使法官得以洞悉案情。他认为审判应该公开进行，其“根据在于，法院的目的是法，作为一种普遍性，它就应当让普遍的人闻悉其事；其次，通过审判公开，公民才能信服法院的判决确实表达了法”⑤。

从以上可以看出，作为一个伟大的哲学家，黑格尔对政治法律问题从哲学的高度发表了许多独特的见解，这些见解在理论的深刻性上大大地超越了一般法学家。但是也不能不指出，作为德国民主革命时期的思想家，黑格尔的政治法律思想具有明显的局限性和保守性。这突出地表现在他对君主立宪制的崇拜和对民族国家的敬仰上。

---

① ［德］黑格尔：《法哲学原理》，范扬等译，7页，北京，商务印书馆，1979。

② 同上书，218页。

③ 同上书，316～317页。

④ 同上书，225页。

⑤ 同上书，232页。

# 第四节 拉德布鲁赫的法律思想

## 一、拉德布鲁赫的生平与著作

古斯塔夫·拉德布鲁赫（Gustav Radbruch，1878—1949）是德国著名的法律思想家，新康德主义法学的主要代表。他出生在德国萨克森州的一个农民家庭，1898 年他在凯特琳中学以全优成绩毕业后，遵照父愿攻读他本无兴趣的法学，先后在慕尼黑大学、莱比锡大学和柏林大学学习，因遇到一位他喜欢的老师、德国著名的刑法学家弗兰克·李斯特，才最后坚定了他的学习决心，并一生献身于法学事业。1901 年他考上了李斯特的博士生，李斯特的学识和人格深深地感染了他，成为他终生追求的楷模。后来他在其《刑法学的优雅》一书中专门写了《弗兰克·李斯特——天赋与时势》一文，描绘了这一伟大的刑法学家的肖像。博士毕业后经人介绍，他到新康德主义哲学盛行的海德堡，这使他有机会结识新康德主义的许多人物，特别是法学家施达姆勒，受到其极大影响，从而奠定了他法学研究的基本方向。1903 年取得大学讲师资格之后，他以私人讲师身份在各校讲授多门法学课程，其中 1910 年出版的《法学导论》是他在这一期间最主要的研究成果，也是他在法学界一举成名之作。该书以优美的文笔勾画了各种法学和法律的来龙去脉，简要论述了法律的本质、目的、渊源等问题。它一版再版，并被译成多种文字，被后人认为是其仅次于《法哲学》的最负盛名、最有特色的一部著作。

1914～1918 年他应征入伍，参加了第一次世界大战。战后，1919 年他到基尔大学任教，主讲刑法和法哲学，并加入德国社会民主党，开始参加政治活动。1920 年基尔发生卡普暴乱，他因在其中的出色表现而名声大振，被选为该党的国会议员，这在他的一生中是一个重大的插曲，使他暂时离开讲台跻身于政界。在担任两届司法部长和参与了一些立法活动之后，1922 年他又重返课堂，先后在基尔大学和海德堡大学任教。

1933 年拉德布鲁赫因德国纳粹主义者的排斥被解除教职，长达 12 年之久。这使他有机会回到他青年时期喜欢的文化领域，对政治法律进行冷静思考，并完成了两部重要的著作，一部是关于刑法史的，起名为《刑法学的优雅》（1938 年出版）；另一部名为《人物与思考》（1945 年出版），是其对文学艺术体验所作的一个概括性总结。他后来在谈起这一遭遇时说："那些人以为这样对我是以恶相加，而上帝却使之以善相许。"

1945 年 9 月 9 日，第二次世界大战刚刚结束，他就应邀出任海德堡大学的法学院院长。他一方面为恢复和重组该法学院做了大量的工作，另一方面对德国法西斯统治时期的法学理论进行了坚决的批判，并结合法西斯主义统治时期的惨痛教训认真思考了许多法律的根本问题，修改了过去对自然法观念的轻视。1948 年 7 月，他在 70 岁时，辞去了教职，次年 11 月 23 日死于突发的心肌梗死。1950 年他的重要的法学著作《法哲学》得以出版。拉德布鲁赫生前享有许多殊荣，如担任国际刑事法学会理事、柏林科学院院士等。

## 二、拉德布鲁赫法律思想的哲学基础：二元论和相对主义

拉德布鲁赫的法律思想是以他的哲学思想为理论基础的，因此需首先简要介绍一下。

他的哲学思想概括起来就是二元论和相对主义。

1. 二元哲学和三种法学。

拉德布鲁赫哲学的二元论表现在他继承了休谟、康德以来的关于事物的实然（is）与应然（ought）、事实（fact）与价值（value）的划分，认为人关于事物事实的知识所回答的是事物“是什么（what is ）”的知识，价值的知识则回答事物“怎么样（ought to be ）”的问题，包括是好的还是坏的、是善的还是恶的、是美的还是丑的，也就是说是关于事物的评价问题。他还认为人对事实的知识与价值的知识之间没有内在关系，或者说从对事实的知识中是无法推出价值的知识的。拉德布鲁赫进一步发展了这些思想，认为人对价值的态度归纳起来有四种：（1）价值盲（value-blind）的态度，也就是不问价值的态度。他们只研究事物的事实方面，不对事物进行任何评价。持这一态度的典型是自然科学家，因为他们只研究事物的性质而不问它有什么价值。这一态度的典型用语是“这是花，这花是白的”。（2）评价（evaluating）的态度或只问价值的态度。也就是说，他们只关注和研究事物的价值方面，逻辑学、伦理学和美学是这一态度的三种表现。这一态度的典型用语是“这花是美的”；“这是个大坏蛋”；“这一文不值”。（3）与价值有关（value-relating）的态度，也就是文化科学的态度。大部分的社会科学如文学、史学、经济学等所持的就是这一态度。（4）克服价值（value-conquering）的态度，或宗教的态度。它要求人们对别人仁慈，而不问其价值和不求回报。他认为，由这四种态度产生了人认识和研究的四个领域：存在（existence）、价值（value）、意义（meaning）和实质（essence）。

他进而认为，由于法是人造物，必然包含着人的目的和追求，因此，法学对法的研究不可能采取价值盲的态度，只能采取价值哲学、文化哲学和宗教哲学三种态度，由此产生法学研究的三个领域而形成法哲学、法律科学和法律教义学。它们分别研究法的应然、实然和终极本质。

2. 相对主义。

拉德布鲁赫的哲学在方法论上的显著特点是他的相对主义。所谓相对主义主要表现在两个方面：其一是价值的多元，即认为每一种追求和每一种生活方式都有其合理的方面，因而应允许人的生活的多元化。他批评那种企图建立单一价值观念和生活方式的主张，认为这就是搞法西斯主义，是搞独裁统治。其二是对别人的宽容态度。他说：“相对主义就是普遍的宽容”，但这不等于不坚持己见和不进行斗争，恰恰相反，“相对主义既坚持己见，又讲公正对待异见”。因此，“相对主义，同时包含着唤起斗争和提醒尊重，在证实其对手所信奉的观点不可证明时就要对此进行斗争，在表明其对手所信奉的观点不可辩倒时就要对此予以尊重：一方面要做到果敢斗争，另一方面要做到判断宽容和公正——这就是相对主义的品德”①。他指出之所以如此，是因为宽容的深层是自由和法治。他说：“在相对主义、中立性和宽容思想的背后存在着的，是自由的实证价值，是法治国的自由，是作为个性生长之地的自由，是作为文化创造之基础的自由。”②

## 三、法所追求的价值目标：正义、效用、秩序及其关系

拉德布鲁赫以价值多元和相对主义为理论基础所建构的法律观的第一个特点，就是法

① ［德］拉德布鲁赫：《法律智慧警句集》，舒国滢译，21页，北京，中国法制出版社，2001。
② 同上书，22页。

律价值的相对论，即认为法律所追求的不是一种价值，而是三种价值：正义、公共利益（功利）（expediency）和秩序，与此相对应的法律具有正义（合道德）性（Grechtigkeit）、合目的性（zweckingkeit）和安定性（Rechtssicherheit；legal certainty）三种属性，认为法就是由（形式上的）正义、（原则上的）法的安定性和（理想的）合目的性的三位一体。① 他说："公共利益、正义和法的安定性共同宰制着法。"② 又说："法的安定性不是法必须实现的唯一的价值，也不是决定性的价值。除了法的安定性之外，还涉及另外两项价值：合目的性与正义。"③

他认为，正义或合道德性是法的根本属性和追求的最终价值，或者说是法的理念。他说："法的理念绝不可能区别于正义。"④ 法就是实现正义理念的努力，一种为正义服务的制度和规定，因而"只有那些旨在最低限度地为正义服务的东西才是法"⑤。又说："法只能从伦理的有效性推导出自己的有效性，法的规则之所以有效，是因为它们作为伦理规范而拥有道德之品格。"⑥ 又说："道德一方面是法的目的，也正因为如此，另一方面，它又是法的约束性效力的根据。""法的有效性是建立在道德基础上的，因为法的目的是指向道德目标的。"⑦

但是由于正义太抽象，其完全实现太困难、太遥远，因而法必须舍远求近，同时追求另一个目标，这就是为大家谋取福利，法也因而具有功利的价值目标和合目的性的属性。但法不能归结为为人民谋福利，因为法并不是为人民谋福利的唯一手段，有些法并不是为人民谋福利的。他说："绝对不是所有'对人民有利的东西'都是法，而是说凡属法的东西，凡是产生法的安定性和追求正义的东西，最终都是对人民有利的。"⑧ 而且，人们对于福利的理解各不相同，因而意见常常相左。人们的社会生活必须有一个和平安定的秩序，不可能等待争论结束后再进行制度性安排。这样，法律就有了第三个追求的目的和属性，即秩序与安定性。他说："法的安定性的要求是：在任何一个法的争论中，总要有一个最终的结论，哪怕是这一结论是不切实际的。"⑨ 又说："法的安定性要求缘于它的深层需求（如对自然法则之理念的需求）：这种需求渴望将现实既定的纷乱纳入秩序之中，渴望对纷乱有事先的防范，并使之在人的控制之内。"⑩ "如果说正义理念赋予法具有作为通过普遍规范来解决冲突的本质，那么法的安定性则为法的概念附加了更为宽泛的实证性标志。"⑪

拉德布鲁赫认为，法律的这三个价值目标和属性是互相依赖、缺一不可的，但又往往处于紧张状态。他说："公共利益、正义和法的安定性共同宰制着法——这种共同宰制不是处在紧张消除的和谐状态，恰恰相反，它们处在生动的紧张关系之中。"⑫ 他认为，在一

① 参见［德］拉德布鲁赫：《法律智慧警句集》，舒国滢译，263页，北京，中国法制出版社，2001。
② 同上书，17页。
③ 同上书，18页。
④ 同上书，15页。
⑤ 同上书，4～5页。
⑥ 同上书，10～11页。
⑦ 同上书，11页。
⑧ 同上书，18页。
⑨ 同上书，17页。
⑩ 同上书，17页。
⑪ 同上书，17页。
⑫ 同上书，17页。

般情况下，它们三个的排列顺序是秩序第一，正义次之，公共利益第三，但是在特殊情况下则要突出正义。他说："正义优先于合目的性。而法的安定性也优先于合目的性。"因此"在这价值序列中，我们把公共利益的合目的性放在最后的位置上"①。他说："实在的、通过命令和权力来保障的法也因而获得优先地位，即使其内容上是不正义的、不合目的性的；除非实在法与正义之矛盾达到如此不能容忍的程度，以至于作为'非正确法'的法律必须向正义屈服。"② 又说："在通常情况下，实在法的效力要通过法的安定性来证立；但在某些例外场合，由于存在着极端不公正的法律，也有可能由于这些法律的不公正而必须否定其效力。"③"在这里，法的内容之不正确性、其不公正性和不合目的性达到如此的程度，以至于通过实定法的效力来保证的法的安定性价值不能起决定作用。"④"一旦实在法的非正义达到这样的程度，即通过实在法保障的、而与非正义相对的法的安定性根本不再起决定作用，在这种情况下不正义的实在法就必须服从正义。"⑤

## 四、法的概念：法与法律

拉德布鲁赫法律思想二元论的另一个特点是区分了"法"与"法律"两个概念，这特别反映在他后期转向自然法观念时于1946年所撰写的《法律的不法与超法律的法》一文中。他认为，法与法律或实在法虽然都是为正义服务的一种制度和规定，但二者是有区别的：法是正义本身，而法律只是带有法的性质的纯粹的权力规范。正因为这样，实在法，即法律并不一定都符合法，其有良恶之分，需要一个评价其存在正当性的标准，而自然法就是这样的一个标准。那么，什么是自然法呢？拉德布鲁赫在前期和后期的论述上有所不同。前期他基本上持一种否定和批判态度，曾论及自然法的"不可能性"及其"谬误"，说"自然法思想曾经是一个迷思——但它是一个所能够想象到的最有益处的迷思"⑥。但在1932写的《法哲学》中已有所改变，认为"没有起码的自然法，法哲学就根本不可能：一个实证的法哲学为了其效用恰恰需要一个超实证的，即自然法的立场"。而在这篇文章里他进一步强调了自然法观念，特别是其中的人权观念对于构思和衡量实在法内容的重要性，他说："对实在法不仅根据其形式和内容而且根据其效力进行超实证的、或者说自然法的评价，这与法哲学的本质是紧密相联、不可分割的。"⑦"国家通过超实在的法，通过自然法，通过自然法的原则，而受自己的实在法的约束，在此基础上实在法本身的效力才能够得到确立。"⑧ 不过他指出："我们已从相对主义自身推导出绝对的结论，即推导出自然法之历代流传的要求。但与传统的自然法方法论原则不同，我们所能做到的，是建立自然法之客观方面的要求：人权、法治国、分权、人民主权等。自由和平等是不可摧毁的基础，我们可能会远离这样一个基地，但我们必须总是

① ［德］拉德布鲁赫：《法律智慧警句集》，舒国滢译，18页，北京，中国法制出版社，2001。
② 同上书，27页。
③ 同上书，18页。
④ 同上书，25页。
⑤ 同上书，27页。
⑥ 同上书，24页。
⑦ 同上书，24页。
⑧ 同上书，25～26页。

要走回到这个基地。”①

在此基础上他批判了传统的实证分析法学的法观念，指出它已为法西斯法的现实所否定。说：“法律实证主义，即对权力的盲目崇拜，意味着是现实政治时代、霸权国家时代在法律上的部分反映。”②“实证主义由于相信‘法律就是法律’，已使德国法律界毫无自卫能力，来抵抗专横的、犯罪内容的法律。在此方面，实证主义根本不可能依靠自己的力量来证立法律的效力了。”③

## 五、法的人性类型——法发展的三阶段：民俗法、官吏法和社会法

在拉德布鲁赫的法律思想中还值得一提的，是他关于法律与人的本性的历史阶段性的论述，这集中反映在他1927年所写的《法律上的人》一文中。在其中他提出一个深刻的见解，即法律是随着人类社会的历史类型的变化而发展的，不同类型的社会有不同类型的人性和对人性的不同观点，因而会产生不同类型的法。他认为，至今的人类历史大体可分为三个阶段，即古代或礼俗社会时代、近代或自由权利时代和现代或社会法时代，由此产生了三种类型的法，即民俗法、官吏法和社会法。下面分别加以介绍：

### （一）古代——礼俗社会（die gemeinschaft）及其民俗法（Volksrecht）

拉德布鲁赫认为，在古代社会，由于人存在于各种血缘性的社会组织之中，尚未取得身份的自由，因而没有现代人的自由意识和权利意识；加上人的智力还没有发达到能够自觉地制定法律的程度，所以那个时代尚没有制定法，法律只是隐含在风俗习惯之中。他说，如“日耳曼古代社会时期，法、习俗、伦理、宗教是融为一体的，法同时是先民的智慧，民族良知的声音，神的意志，因此它不是通过人类的立法制定的。法的养成是在各种法书（Rechtsbuecher）和智判询答（Weistuemer）中进行的”④。因此，“这样的法律时代呈现在我面前，最有特色而又司空见惯的，是那些渗透着义务、承载着义务的权利，那些满足按照义务要求履行之期待的权利。这些权利应当是安全地起作用的，因此它们以习俗、以宗教为规定的前提，而该宗教是与义务、与人之血脉相系的礼俗社会（die Gemeinschaft）密切相关的。事实上，中世纪的经济制度连同其国家制度，均建立在这些人类的观念之上”⑤。这就是说，在古代社会，还没有现代意义的立法者，因而法律并不是由特定的个人制定出来的，而是在长期的社会实践中逐渐形成的，法律所表达的是无意识的全体人民的共同意志，其表现形式是风俗习惯，它对人们权利的保护是通过对其义务的规定而实现的。这是因为，这个时代的人还没有从血缘共同体，如家庭、部族等中独立出来。他认为，反映这一时期人的本性的最典型的法律制度是中世纪的同业公会制度和采邑制度。他说：“同业公会制度意味着是对信用之垄断权的保障，即尊重同业公会将是一个充分的动力去从事一份体面的工作……采邑制度的本意是指：根据效忠领主的精神，以几乎非控制、非强制的履行条件来赠与最广泛的权利。”⑥

---

① ［德］拉德布鲁赫：《法律智慧警句集》，舒国滢译，22页，北京，中国法制出版社，2001。

② 同上书，24页。

③ 同上书，27页。

④ 同上书，152页。

⑤ 同上书，143页。

⑥ 同上书，143页。

（二）近代——自由权利时代（liberales Zeitalter）和官吏法或制定法

拉德布鲁赫认为，近代社会的法律则是依照另一种人的类型建构的。这种人就是身份上自由的人，特别是“商人”或“经济人”。他说：“文艺复兴、宗教改革、罗马法继受使单个的人脱离了礼俗社会。它们使人脱离社会，不再把义务，而是把引诱单个人的利益作为法（权利）的出发点。这样一种法律上的人的新类型是按照商人的形象来塑造的，它是一种完全的逐利的、精于算计的形象（所谓‘有交易，则没了和气’）。”[①] 又说：“这是一种不仅非常自私自利，而且在自私自利时又非常精明的人；是只不过追逐自己的正当个人利益的人；是摆脱一切社会联系而只经受法律联系的人，因为只有法律才与正当的个人利益本身息息相关……每个立法者必定是这样塑造他们的法律，把人设想为好像是自私自利的：以至于他毫无情感地追逐自己的利益；在人身上好像是不设定法律限制的，他们如此精明，以至于很快会识辨这一限制的任何漏洞。立法者的法律（……）即使对一个魔鬼的民族也必须是适宜的，只要他们还有理智。”[②]

他认为，这一时代又可以分为两个阶段：警察国家（时期）和启蒙（时期）或自然法时代。他说在前一个阶段里国家对人的理智还有点不放心，因而国家担任警察的角色，充当其臣民的“当然监护人，它将训导臣民抑制他们的意志，训导他们应当如何安排自己的家政”[③]。

他认为，由于这一时代的法律是以自由主义观念为指导的，而自由主义者认为，个人是组成国家的基本单位，每个人生而自由、平等，享有天赋之权利，国家是通过签订社会契约的方法建立的，是为了更好地保护这一权利。因此，这一时代法律的显著特点是突出个人权利，以个人的正当权利作为它的出发点和归宿点。这表现在其所包含的一系列原则，如民法上的契约自由原则、民事程序法中的当事人主义原则等。

他认为，这一时期已产生了立法者，但是由于最初的立法并不是对老百姓的，只是国王向其官吏发布的，所以叫官吏法；这种法律由于主要是由立法者制定的，所以叫制定法（Gesetzesrecht）；由于是由立法者（个人）给人格化的唯我主义者（个人）制定的，所以也叫个人法；由于其内容突出个人的权利和自由，所以这个时代叫自由权利的时代；由于这一时代的法律是以商人为原形设计的，因此，这时代最典型的法就是商法。

（三）现代——社会法时代和社会法

拉德布鲁赫认为，权利自由时代的人性观、法律观及其指导下建构的法律，是片面的和不科学的，它把复杂的社会简单化了。它使“一切可能妨碍追逐正当利益的关系，一切在法律之外形成的关系，一切社会的、经济的关系被忽视了，而法律可能性与事实可能性被等量齐观，例如把形式法上的契约自由看作事实上的契约自由。凡全部被视为自私自利之人的、老谋深算之人的、机警灵活之人的和自由思考之人的，也因而恰好被看做是互相平等的。签约者双方相互平等地在法律生活中扮演多重的角色，就像人站在自己的镜像前，他千百次地重复相同的行为，总有一个跟他一模一样的人立在对面，宛若挥之不去的

① ［德］拉德布鲁赫：《法律智慧警句集》，舒国滢译，143～144页，北京，中国法制出版社，2001。

② 同上书，145页。

③ 同上书，144页。

幽灵”[1]。又因为这种法律“只是为聪明人立的，根本没有顾及那些慵懒怠惰之人”，他们不懂得组成社会的并不都是商人，而商人也并不是事事清醒的。他说：“人绝不总是能够认识自己的利益或总是能够追求其已经认识到的利益的，人也绝不总是仅仅在根本上受其利益驱动的，——而且当人们对困境茫然无措和轻率放荡这样的情况出现时，一个仅仅为精明的、自由的、自利的人类作出安排的法，必定使人的另一半同种并生的类群陷入灭绝。”[2]

他认为，依据这种人性观和法律观所建构的法律制度，必然难以应对复杂的社会需要，因此到了19世纪末以后，法律制度出现了许多新变化，一种新的人性观和法律观也酝酿产生了。它不再把人理解为单个的人，而是理解为社会的人、组织中的人，因而人也不再是只顾自己利益的唯我主义者，而是具有责任心和荣辱感的集体人。他说：“这一新的人类形象，与自由权利时代（liberales Zeitalter）抽象的自由、自利和精明的（人）图式相比，是一种更加接近生活的类型，在此同时考量的是法律（权利）主体的智识的、经济的和社会的实力状态（Machtlage）。自此以后，法律上的人不再是鲁滨逊或亚当，不再是离群索居的孤人，而是一个社会中的人，一个集体人（der Kollektivmensech）。”[3]

他指出，这一人性观的转换突出地表现在新出现的劳动法里。他说：“所有这些都特别鲜明地在劳动法中取得了进展，在此意义上，劳动法对社会法律时代起着引领道路的作用，就像商法对自由权利时代所起的作用一样。”[4] 这是因为劳动法“与抽象的市民法不一样，其眼里不是抽象的法律之人（Personen），而是企业主、工人、职员，不只是单个的人，而且也是联合会和企业，不只是自由契约，而且也是艰苦的经济上的实力较量，它们构成了这个所谓的自由契约的背景。它把单个的人看作是联合会的一员，企业的一员，最终也是整个经济和社会的一员，带有一切自我生成的动力，这就是共同体感觉，或至少是放大了的自我主义的动力，我们把它称为有机团结（连带）”[5]。他进一步指出，这种“共同体感随着我们不断增长的热情而不断延展，严密而符合逻辑地经过社区、经过国家、经过大帝国，一直通达至我们构成其中一员的国际社会”[6]。

他进一步指出，这一转换也反映在公法领域。他说：“公法也已采取了这一新的人之（形象）观念。我们现今正在考虑改变民主的概念：建立在孤立的个人基础上的民主思想将转变为以集体人概念作为出发点的民主思想。在我们看来，民主不再是指‘凡具有人的面孔者，一律平等’，也不再是指它相似的反面，即‘挑选领导人’的最好方法。它对我们意味着——在相关联的意义上——不再是单个人的（简单）相加，而是极为繁复的社会学意义上的整体（社会组织、阶级、政党）。这不仅适用于民主的社会—政治概念，而且适用于民主的法律概念：在比例选举法中这些组织在法律上的重要性被凸现出来了。政党，不久前还隐在幕后，现在作为国家的重要机构登上了国家法和国家法学的大雅之

① ［德］拉德布鲁赫：《法律智慧警句集》，舒国滢译，146页，北京，中国法制出版社，2001。
② 同上书，148页。
③ 同上书，149页。
④ 同上书，149页。
⑤ 同上书，150页。
⑥ 同上书，54页。

堂。”[①] 这就是说，新的人性观使我们不再是从个人主义的立场理解民主，因而不再把民主只理解为从单个人的意志中寻找共同意志的过程，而是理解为将各种社会组织统合为一个共同体。而在这之中，政党起着关键的作用。因为在现代民主政治和宪政体制中，政治活动主要是通过各个政党之间的竞争进行的，“只有党派拥有物质手段和技术手段，能够推选出候选人”，然后再通过他们执掌国家权力。

他认为，这一变化也必然引发人们对权利的新理解，即不再把个人权利理解为至高无上和不可侵犯的，它已经与义务变得不可分割，已经与义务交织在一起，这使它与礼俗社会的权利很相似。他说：“将法律上的人作为集体人来考虑，不过是说，其最终也是作为人身上的一部分集体气质（kollektives Ethos）来一同考虑的。新的权利伦理化现象的出现，也是带有道德性义务内容的新权利的实现过程：有人说，‘所有权承担着义务’、‘选举权是选举义务’；耶林曾强烈地把为权利而斗争提升为道德义务。随着这种义务逐渐渗透于权利，社会法律时代又重新继受了父权（家长）法律时代的思想：在我们身上显现的每一项权利不过也是一个纯然由全体人民封与的采邑（Leben）。但这个时代区别于父权（家长）制时代，其义务渗透性同时又是一种义务制约性……立法者时刻准备着，对那些没有按照义务性要求来使用其权利的社会组织，撤销其这一被滥用的权利。于是对我们来说，所有的权利都变成了可撤销的权利。”[②]

拉德布鲁赫接着归纳了三种类型的法的变迁过程，认为它们经历了一个肯定、否定、否定之否定的过程。他说：“从极权国家到宪政国家的发展意味着在国家意志中吸收了人民的意志，意味着法重新失去了个性化，而走向趋同化。今天，立法已不再单单建立在人民代表（制度）的基础上，而是建立在全民基础之上的。专家们和利益关系人以愈来愈大的规模在进行着准备，有时是无（组织）形式的，有时甚至采取符合体制（宪法）的形式，如国家经济（专家）委员会。法律变成了一种新型的民俗法——它不再反映无组织的民族精神的本能意志，而是反映经过组织起来的民族精神的目的意志。故此，历史的进程是从无意识的共同意志，中经有意识的个人意志，再到有意识的作为立法者的共同意志；我们也就作为法律主体的人和作为法律客体的人做了仔细对应的考察。所有的法首先是主观意义和客观意义上的礼俗社会法（Gemeinschaftsrecht），即反映礼俗社会意识的、为礼俗社会之人适用的法；次则为两种意义上的个人法（Individualrecht）：即个人立法者为被认为互无关联的个人所订之法；最后又回到另一层概念的礼俗社会法，但这不是父权（家长）制社会的法，而是高度组织起来的社会的法。”[③]

最后要提的是拉德布鲁赫的《五分钟法哲学》一文，该文是1945年他重返教学岗位时为学生写的，也是对他的法哲学思想的一个简洁的介绍和总结，在其中他揭示了人们对法律认识的一个逐渐深化的过程：即人们最初接触法律时，只看到法律的强制性，因而把法与力混为一谈，误认为法就是一种强力；进而人们又看到法律的合目的性，即增强公众利益的属性，因而片面地得出结论，说所有对人民有利的都是法；随着认识的进一步深化，人们认识到法与正义的内在关系，这无疑是非常重要的，但忽视了法还有其他的属性

① ［德］拉德布鲁赫：《法律智慧警句集》，舒国滢译，50～51页，北京，中国法制出版社，2001。

② 同上书，151页。

③ 同上书，154页。

和追求的价值；于是人们又发现了法的安定性或确定性，即对和平与秩序的追求；最后，人们意识到在实在法之上还有一种超法律的法，即自然法，它作为衡量的标准，可以帮助我们区分实在法的好坏。

## 复习思考题

1. 德国哲理法学与古典自然法学的关系是什么?
2. 康德是怎么样从人性的角度论述道德和法律的本质的?
3. 康德为什么说法的本质是自由?
4. 康德关于世界永久和平的设想的价值何在?
5. 黑格尔对“法”是怎样理解和分类的?
6. 黑格尔是怎样论述法与自由的关系的?
7. 为什么说拉德布鲁赫的法律思想具有相对主义的特点?
8. 拉德布鲁赫是怎样论述法律所追求的价值目标的?
9. 拉德布鲁赫为什么要区分法与法律?
10. 拉德布鲁赫是怎样论述法与人性的关系的?
11. 晚期哲理法学的主要流派及其主要代表人物有哪些?

# 第六章

# 历史法学派



## 第一节　历史法学派概论

### 一、历史法学派的特征

如果说 17、18 世纪是自然法学派的高歌猛进的话，那么 19 世纪则是历史法学派占主导地位的时期。作为一个学派，庞德认为它的基本特征有三，第一，“它认为法律是发现的，而不是制定的；这就是说，它是一种关注现代法律中传统因素的理论……第二，历史法学派在存在的整个历史时期内，一直坚持对法律史采用某种唯心主义的解释方法”，萨维尼只是把自然法学说的哲学基础改换成了历史基础而已。“第三，历史法学派所坚持强调的乃是法律规则背后的压力”，这与自然法学派和哲理法学派强调正义不同，也与分析法学派强调政治组织社会的力量不同。①

在思想史上，历史法学派是作为古典自然法学派的对立物而出现的。二者的区别体现在自然法学诉诸理性，崇尚法典，历史法学派则求之于历史的实证探索，强调非理性的和传统的因素，比较厌恶制定法和法典。前者面向未来，基本上是作为革命的理论，后者则面向过去，是反对革命的理论。②

## 二、历史法学派的前驱

历史法学派的形成是在19世纪，但政治法律研究中的历史方法则是早已有之。在古代，亚里士多德、波利比等，都曾出色地运用过历史分析的方法。罗马五大法学家之一的盖尤斯也认为追溯起源的方法是非常必要的。中世纪末期的法国思想家布丹，也是清醒而明确地运用历史方法于政治学和法学的杰出代表，其人由此而获得比较法学、特别是历史法学之父的称号。布丹的同时代人，法国法学家和罗马法学者居雅士，也常常被认为历史法学派的奠基人。无论如何不能忽略的是，孟德斯鸠的理论对于历史法学派的形成更有着直接的影响。

## 三、历史法学派的支派、人物与著作

历史法学可以说是在18、19世纪之交首先出现在德国，创始人是胡果，其主要著作有《作为实定法哲学的自然法》、《市民法教科书》、《查士丁尼罗马法教科书》等。萨维尼是胡果的学生，也是德国历史法学派最有影响的人物，他系统地论述了德国历史法学派的基本观点。萨维尼的得意门生普赫塔对其师的事业有所继承，又有新的发展，其著作有《习惯法》等。英国的历史法学派的著名代表有梅因、波洛克（Sir Frederick Pollock，1845—1937）、梅特兰（F. William Maitland，1850—1906）等。美国历史法学的代表人物是卡特（J. C. Carter，1827—1903），此时已是历史法学派的尾声了。斯宾赛有时也被看做是历史法学派的人物。马克思、恩格斯也被西方一些学者作如是观，如博登海默和瑟亚·P·辛哈等。从法律活动和学说来看，日本的穗积陈重（1855—1926）也明显属于历史法学派。③

德国历史法学派因对到底何者体现德意志民族精神、何者是德国法的历史渊源等问题存在分歧，从而分为罗马法支派和日耳曼支派，前者重罗马法，后者重日耳曼习惯法。罗马学派又有分化，一支以温得海德（B. Windscheid，1817—1892）为代表，重视概念分析。温氏的代表作有《关于前提的罗马法理论》、《条件成就的效力》和《潘得克顿教科书》。另一支以耶林为首，注意到单纯概念分析的弊端，转而从社会目的等视角去分析法律现象。后者—日耳曼支派—的特点是注重德国本民族习惯法史料的收集、整理和研究，由艾希霍恩开创，代表人物有格林（Jacob Grimm，1785—1863）、祈克（O. F. Von

① 参见［美］庞德：《法律史解释》，邓正来译，23～26页，北京，中国法制出版社，2001。

② 参见［美］博登海默：《法理学：法哲学与法律方法》，邓正来译，90页，北京，中国政法大学出版社，1999。

③ 参见程琥：《历史法学》，第七章，北京，法律出版社，2005。

Gierke，1841—1921）等。[①] 德国历史法学派经一个世纪之久而移步换形为社会法学派和分析法学派。

## 第二节 萨维尼的法律思想

### 一、历史法学派巨擘

弗里德里希·卡尔·冯·萨维尼（Friedrich Carl von Savigny，1779—1861），是历史上最有影响的法学家之一。他于1779年2月21日出生于一个贵族家庭，不幸于1791年与1792年先后失去双亲，此后监护于韦茨拉尔帝国法院的法官赫尔·冯·诺伊拉特，得以受到早期的法律教育。1795年始，萨维尼先后就学于马堡大学、哥廷根大学。1800年，萨维尼以《论犯罪的竞合形式》一文在马堡大学获得博士学位，并于次年成为该校的刑法学编外教师，从此开始他长达42年的教学生涯。1803年，萨维尼发表《论所有权》一书，一举成名，得以跻身经典作家之列。1804年结婚。1808年5月，萨维尼被任命为兰茨胡特大学罗马法编内教授，1810年6月，萨维尼成为柏林大学筹备会的一员并任教授，直至1842年退休。

随着拿破仑的失败和爱国主义热情的高涨，德国的一些学者主张回归传统日耳曼法，其代表人物为雷布格。同时，又有不少学者为适应国家统一之需，力图建立统一的民法典，德国自然法学派人物、海德堡大学教授蒂堡（A. F. J. Thibaut，1772—1840）发表了《论德意志统一民法典的必要性》一文，主张在德国制定一部像法国民法典一样的统一民法典。同样声名显赫的法学家萨维尼起而反对，发表了《论立法及法学的当代使命》的小册子，既反对雷布格的复古和倒退倾向，也批判蒂堡的盲目和激进。萨维尼认为德国当时尚不具备制定民法典的条件。此为1814年事；次年，萨维尼与艾希霍恩一起创办了《历史法学杂志》，正式宣告了历史法学派的诞生。

### 二、法的性质、起源和发展

“在人类信史展开的最为远古的时代，可以看出，法律已然秉有自身确定的特性，其为一定民族所特有，如同其语言、行为方式和基本的社会组织体制（constitution）。不仅如此，凡此现象并非各自孤立存在，它们实际乃为一个独特的民族所特有的根本不可分割的禀赋和取向，而向我们展现出一副特立独行的景貌。将其联结一体的，乃是排除了一切偶然与任意其所由来的意图的这个民族的共同信念，对其内在必然性的共同意识。”[②]

这里并没有直接使用广为传播的“民族精神”（Volksgeist）一词，而用的是民族的共同信念和共同意识，但它们的基本含义应是一致的。民族共同信念的意义，一方面是强调它的特殊性，族与族不同，国与国有别，各有独到之处，但另一方面也不可忽视，即强调

① 参见何勤华：《历史法学派述评》，载许章润主编：《萨维尼与历史法学派》，桂林，广西师范大学出版社，2004。

② ［德］萨维尼：《论立法与法学的当代使命》，许章润译，7页，北京，中国法制出版社，2001。

它的共同性、共通性，而且是“根本不可分割的”，联结为一体的、血肉相连的。再者，在很早的一个不特定的时期，一个民族的法律的特征已被深深烙下，从此即绵绵不绝；这种民族精神是千秋万代，前后相续，不曾中断的。一则以其异，一则以其同，立脚点在于“民族”一词：就该族本身及其内部言，是同，是通；就该族与他族比较而言，是异，是别。将法律与民族精神相连，主张法律的本质在于民族精神，并非萨维尼首创，事实上，这是德国历史法学派的基本观点。这种观点和包含于此种观点中的热忱，也并非在此时突然而来，而是有其前因的，它是谢林和歌德等人早已准备在先的，但是把此点大加阐发，使这种看法变得明确而系统的，则非萨维尼莫属。

民族精神与法律并非静止不动，而是“此种法律与民族的存在和性格的有机联系，亦同样展现于时代的进步中。这里，再一次地，法律堪与语言相比。对于法律来说，一如语言，并无绝然断裂的时刻；如同民族之存在和性格中的其他一般性取向一般，法律亦同样受制于此运动和发展。此种发展，如同其最为始初的情形，循随同一内在必然规律。法律随着民族的成长而成长，随着民族的壮大而壮大，最后，随着民族对其民族性的丧失而消亡”①。

在法律的发展中，民族精神自然而然地甚至神秘地起着作用，法律在此作用下，经历了三个阶段：最初，是从习俗和人民的信念中产生的习惯法，这是第一阶段。接着，“法学家们越来越成为一个特殊的阶层；法律完善了这一阶层的语言，使其持取科学的方向，正如法律以前存在于社会意识之中，现在则被交给了法学家，法学家因而在此领域代表着社会”②。经过法学家的整理，形成了学术法，表现在法学家的意识中，这是第二个阶段。在此阶段，萨维尼提出了法的双重生命力的论断，他说：“首先，法律是社会存在整体中的一部分，并将始终为其一部分；其次，法律乃是掌握于法学家之手的独立的知识分支。所有后继的各种现象，均可由法律的这两种存在形式间的依存合作关系而获得解释……我们将法律与民族的一般存在间的这种联系称为‘政治因素’，而将法律的独特的科学性的存在称为‘技术因素’。”③ 第三个阶段是法典编纂，使习惯法和学术法统一，但萨维尼对于法典编纂多有批评。“法律首先产生于习俗和人民的信仰，其次乃假手于法学——职是之故，法律完全是由沉潜于内、默无言声而孜孜矻矻的伟力，而非制定者的专断意志所孕就的。”④

## 三、立法与法典

萨维尼认为，立法既可有有害的影响，也可产生有益的影响。“当立法者在修改现行法律时可能受国家至上论的影响……这种立场很容易成为对法律的一种有害的败坏，应当尽量少用。”在此，萨维尼对培根的类似态度心有戚戚焉，培根曾言，倘无迫切需要，则不当立法；即便立法，亦当虑及现实的法律权威……只有在文明和知识已然超越前代的时代，才可操持此业。如果以往时代的作品为当下的无知而遭毁弃，那才真正令人堪悲呢！⑤

---

① ［德］萨维尼：《论立法与法学的当代使命》，许章润译，9页，北京，中国法制出版社，2001。
② 同上书，9～10页。
③ 同上书，10页。
④ 同上书，11页。
⑤ 参见上书，17页。

另一种情形，是“一些特别法规可能是含混不清的，或者从它们的性质看，可能各不相同，或是界限不明，如所有的时效；而司法却需要有尽可能严谨的界限”①。借助这种立法就可消除这些含混不清之处和不确定性，从而发现和保持真正的法律、民族的本来意志。

萨维尼认为在其所处的时代，人们认为所谓法典就是：“德意志欲将自己所有的法律通盘查考一过，使其变成书面形式，以便编撰的法律汇编将非为其他诸种法律权威之一种，而是迄今有效施行的其他一切法律将不再被有效施行。”法典本身的要求和对于一部法典的期望，乃分属两件事。“就法律本身的状况言，人们期其最具精确性，同时，在适用中当最具统一性。”② 在内容上，最为重要而困难的部分乃是法典的全面与完美。法典追求可以适用于可能发生的每一案件的裁判，这是完全不可能的事。但也存在着一种别样的完美，这种完美或可通过几何的技术性术语而得说明。在三角中，已知其两边和夹角，则第三边即可推出。“与此类似，吾人法律之每一部分均各有其旨意所在，藉此，则其余部分亦且昭然若揭。”③ 这些可称为法的基本公理，追寻并辨析它们正是法理学的最大难题。当我们对此等完备性的科学尚未达致可以编纂法典的时刻就径行其事，则会导致如下弊端：司法表面上似由法典规定，而实际则由法典之外、充任真正的绝对权威的其他什么所调控。同时，这种贸然得之的法典，也会割断与此前的民族生活史的生动联系并割断与此前法律智慧的联系。在形式上，通常要求法律语言应特别简洁和精确。萨维尼认为德语很难将拉丁文本的术语准确翻译为德文。

萨维尼要求一部真正优秀的法典所应当具备的条件大概是太高了，所以，他几乎没有发现一个时代够格。他说：“年轻的国族对于他们的法律具有最为清晰的知会和理念，但其法典却病在缺乏语言的逻辑技巧，它们一般均无法将其最佳者表达出来，因此，在其所要调整的问题最具个性时，他们的形象却往往毫无个性……另一方面，在所有衰败的时代，几乎一切均告阙如——不仅语言，还有关于法律所要调整的事物的知识。这样，遂出现了一个中间阶段，这一阶段或可被视为文明的顶峰（虽然其他方面并非尽皆如此，但法律确曾如此）。但是，这样一个时代自身并不需要一部法典：正如我们为冬季预先储物，它只是在为更为不幸的后继时代创造一部法典。”④

萨维尼关于法典的看法在他对罗马法的分析和评价中得以进一步显现和证明。他也肯定罗马法的根本价值在于“以其特有的纯净形式，蕴涵了永恒的正义规则，因而赋予自身以自然法的秉性，而其具有的实际惩罚功能，则又使其具备实在法的功能”⑤。罗马法乃由一伟大民族积千年之功锤炼而成，一方面，“法律并无什么可得自我圆融自洽的存在，相反，其本质乃为人类生活本身”⑥；另一方面，法学家们伟伦不群，掌握了基本的原理原则。这些科学的概念和公理，并非臆想的产物，而是真实的存在。罗马法学家能够从一般到特殊，又从特殊到一般，自由游走，“他们的理论和实践乃是统一的。他们的理论是构

① 《西方法律思想史资料选编》，528页，北京，北京大学出版社，1983。

② ［德］萨维尼：《论立法与法学的当代使命》，许章润译，16页，北京，中国法制出版社，2001。

③ 同上书，18页。

④ 同上书，20页。

⑤ 同上书，22页。

⑥ 同上书，24页。

建来即刻加以适用的，而他们的实践则因为秉受科学的洗礼而全然升华”[①]。萨维尼通过考察认为：“罗马法如同习惯法，几乎全然是从自身内部，圆融自洽地发展起来的。更为详细的罗马法史表明，整体而言，只要它继续保持自己的生命状态，则立法对它的影响就微乎其微。”萨维尼又告诉我们，只要法律处于生气勃勃的状态，就无须制定法典，即便在各项情势均于其最为有利之时，亦且无此必要。他以罗马法为例说，在帕比尼安、乌尔比安和保罗三位最为卓越的法学家既有能力又有权力制定法典时，他们却没有制定法典。查士丁尼法典之制定，恰恰在于罗马和罗马法极度衰败之时。在此时节，“所有的知识和智性悉皆沉寂，往昔较好时光的流光碎影被收集起来，以满足时代的需要”[②]。

### 四、反对在当时德国制定统一民法典的其他理由

除了上述观点之外，萨维尼还提出了其他一些理由否定统一民法典在其时制定的可行性与必要性。第一，萨维尼反对“法的统一性增强了我们对于自己共同的国家的热爱，而各种特定的法律的多元性，却消弱了这一爱意”的看法，他反过来主张，“对于整体之一腔挚爱，必源于并体现于其所投身之各种具体关系之中；仅仅是他，一个悉心照料自己家庭的人，才是一名真正优秀的公民”。萨维尼说，假如每一阶级、每一城镇、每一村庄都能创生一种具体的集体精神，则公共福利不仅不会减少，反而会得以增进。[③] 所以，德国现实中的法律纷繁不一的状况，并不会导致爱国心的减弱。第二，要制定法典，需要精纯的法学和伟大的法学家。法学家必须具备两种不可或缺的素养，一为历史素养，一为系统眼光；凭前者而确凿把握每一时代与每一法律形式的特性；凭后者，可以在与事物的紧密联系与合作中，省察每一概念和规则。在一个国族范围内前瞻未来，法学家要有评估时代的能力。基于对当时法学的基本判断，萨维尼认为德国并不具备制定一部优秀法典的能力。第三，萨维尼认为还需要考虑语言，他怀疑德国当时“可否拥有一种得将一部法典编织出来的语言”。

### 五、历史的态度和方法

萨维尼反对自然法学派的空疏无根，认为历史是取得法律知识的最好途径。自然法学派宣扬并相信通过人类理性，可以制定出人类普遍适用的法典。这是一种把特有的东西当做普遍的东西的思维惯性。他们还认为法律概念和思想是理性的产物，其实这不过是表明他们对这些东西的来源一无所知。“当我们对于我们个体之于世界和历史的廓然大化之间的联系冥懵无知时，就必然会对我们思想的普适特性与原创禀赋产生虚妄的错觉”。“历史精神乃是抵御自我妄想的唯一保障”[④]。“历史，即便是一个民族的幼年，都永远是一位值得敬重的导师，而在类如我们这样的时代，她还负有另一项更为神圣的职责。只有通过历史，才能与民族的初始状态保持生动的联系，而丧失了这一联系，也就丧失了每一民族的精神生活中最为宝贵的部分”。萨维尼也与后来的梅因一样，强调追根溯源，历史方法的

---

① ［德］萨维尼：《论立法与法学的当代使命》，许章润译，24 页，北京，中国法制出版社，2001。

② 同上书，26～27 页。

③ 参见上书，32 页。

④ 同上书，85 页。

目标在于追溯每一制度的源头，从而发现根本的原理原则，藉此原则，或可剔除那些毫无生命、仅仅属于历史的部分。[①]

## 六、评论

萨维尼的“民族精神”一词，在法律思想领域里引起过后人无数的争论。无论如何，萨维尼可谓是法律思想史上的巨擘。他的献身精神、高尚道德和终身勤勉都有助于提高法学的学术品位和地位。以他为主要代表的学派成功地推迟了德国民法典的制定，为学术准备赢得了充分的时间。他对于历史的尊重，对于民族个性的阐发和褒扬，值得每一个法律人思考。对于民族个性与法律关系的强调，成为社会法学的一个思想资源。对于罗马法研究的丰富成果本身，就是对私法学的重大贡献。同时，他的精细和严谨也开启了重视概念分析的另一条学术之路。

对于萨维尼“德意志不具备立法能力”的观点，黑格尔曾经激愤地指出这是对“这一民族和它的法学界莫大的侮辱”。年轻的马克思也曾经严厉地指责过德国历史法学派，指认它是轻佻的东西和庸俗的怀疑论，是非批判的实证论，否认理性，以昨天的卑鄙行为来为今天的卑鄙行为辩护，在政治立场上代表了封建地主阶级的利益。这些论断也并不是不值得我们思考的。

# 第三节　梅因的法律思想

## 一、英国历史法学的杰出代表

梅因（Henry James Summer Maine，1822—1888），英国著名的法律史家和法律思想家，其大作《古代法》流传甚广，此书初版于1861年，约在达尔文《物种起源》之后两年，全名是《古代法，它与古代社会史的联系及其与近代思想的关系》，“这表明它不单纯是一部专门技术性的历史，而是广泛探究社会、历史、思想、文化诸多方面的一部史论，而尤其着重于古代思想与近代思想的关系”[②]。梅因自己也在该书序中说：“本书的主要目的，在扼要地说明反映于‘古代法’中人类最早的某些观念，并指出这些观念同现代思想的关系。”[③] 梅因尚有《古代法制史》、《古代法律与习惯》等数种著作行世，多为《古代法》的展开，但影响似都不及《古代法》。

## 二、历史的研究方法

梅因是有着清醒的方法论自觉的法律思想家。作为历史法学派在英国的代表，梅因对那种非历史的态度和方法是非常不以为然的。他批评英国的法学家轻视历史，认为自然法理论是粗糙的，是历史研究的劲敌。“凡是似乎可信的和内容丰富的，但却绝对未经证实

---

① 参见［德］萨维尼：《论立法与法学的当代使命》，许章润译，87页，北京，中国法制出版社，2001。

② 何兆武：《历史理性批判论集》，442页，北京，清华大学出版社，2002。

③ ［英］梅因：《古代法》，沈景一译，序，北京，商务印书馆，1984。

的各种理论，像自然法或社会契约之类，往往为一般人所爱好，很少有踏实地探究社会和法律的原始历史；这些理论不但使注意力离开了可以发现真理的唯一出处，并且当它们一度被接受和相信了以后，就有可能使法律学以后各阶段都受到其最真实和最大的影响，因而也就模糊了真理。"[①] 梅因还说："我们没有必要枉费时间，以详细分析这建筑于一个自然状态基础上的政治、艺术、教育、伦理学和社会关系的哲学。这种哲学对于每一个国家中比较不精确的思想家还具有特别的吸引力，并且无疑地是妨碍着应用（历史研究方法）的几乎一切先入之见的多少是不直接的根源……"[②]

从正面来说，"如果我们能通过任何方法，断定法律概念的早期形式，这将对我们有无限的价值。这些基本观念对于法学家，真像原始地壳对于地质学家一样的可贵。这些观念中，可能含有法律在后来可能表现其自己的一切形式"[③]。这里可以说是采用了一种发生学的方法——认为事物的胚芽状态决定了它的发展和成熟形态，成熟形态不过是胚芽形态的扩大。我们又可以注意到，梅因对于科学有着高度的尊重，他有一种想使历史学成为自然科学那样的科学的愿望，这应该是其时风尚的体现。他说："我们的法律科学所以处于这样不能令人满意的状态，主要由于对于这些观念除了最最肤浅的研究之外，采取了一概加以拒绝的草率态度或偏见。在采用观察的方法代替假设法之前，法学家进行调查研究的方法真和物理学与生物学中所用的调查研究方法十分近似。"[④] 梅因的科学是实证的，这恰恰是 19 世纪中期学术的特征。我们还要注意到，梅因的法制史研究，采用的是比较历史学的方法，这在当时是比较先进的。

## 三、法律制度的产生和发展

梅因经过对古代制度的研究，认为法律制度的产生和发展要经过由低到高的几个阶段。第一个必经的阶段是荷马诗篇中提到的地美士和地美士第。地美士（Themis）在希腊后期万神庙中是司法女神，地美士的复数形式是地美士第，意指审判的本身，是由神授予法官的。但须明白，地美士第不是法律而是判决。这种判决显然是有浓重的神灵色彩，但它并没有拘束后来案件的效力。情况类似的案件不断出现，就有可能采用彼此近似的审判。由此就有了一种习惯的胚种或者雏形。对于一个在胚胎中的习惯，荷马除了用地美士的称呼，更多的时候则用达克（Dike），其含义明显地介于一个判决和一个习惯或惯例之间。在习惯的时代，法律知识掌握于贵族手中，他们对于决定争议所依据的各项原则具有垄断权。习惯法为一个特权阶级所密藏，这是一个真正的不成文法。法律发展的第三个阶段是法典的阶段。在希腊、在意大利、在西亚的希腊化海岸上，这些法典几乎都在同一个时期出现，这种现象是每一个社会相对地进步到类似的阶段出现的。法律被铭刻在石碑上，向人民公布，以代替一个单凭有特权的寡头统治阶级的记忆的惯例。罗马法典就属于这样的法典，这类法典的价值不在于其分类比较匀称或用词比较简洁明了，而在于它们为公众所知，以及它们能使每个人知道应该做些什么和不应该做些什么的知识。在西方世界

① ［英］梅因：《古代法》，沈景一译，2 页，北京，商务印书馆，1984。
② 同上书，51 页。
③ 同上书，2 页。
④ 同上书，2 页。

中每一个国家的平民成分都成功地击溃了寡头政治的垄断，几乎普遍地在“共和政治”史的初期就获得了一个法典。但是在东方，不论由于何种原因，他们编制法典都比西方国家迟得多，并且带有很不相同的性质。十二铜表法以及类似的法典赋予社会的好处，主要是保护这些社会使它们不受有特权的寡头政治的欺诈，使国家制度不致自发地腐化和败坏。

历史对于不同国家的法律史是不公平的。梅因认为，当原始法律一经制成法典，所谓法律自发的发展便告中止。自此以后，对法律的发展产生影响的，如果确有影响的话，便都是有意的和来自外界的。有了法典就开始了一个新纪元。从此，当我们追溯一下法律变更的经过时，我们就能发现这些变更都是出于一种要求改进的、有意识的愿望，或者无论如何，是出于一种具有一定目的的有意识的愿望，这同原始时代所企求的完全不同。梅因由此提出了他那颇受重视的进步社会和静止社会的划分理论。

在法典时代开始以后，静止社会和进步社会之间的区分就已经开始暴露了，但是进步社会是极端少数的。这个进步社会在梅因的理论中其实就是西欧社会。西欧文明在整个世界史中实在是一个罕有的例外，而几乎绝大部分人类，在民事制度因被纳入某种永久纪录中而第一次使其具有外表上的完善性时，就绝少有表示要再加以改进的愿望。除了世界上极少部分外，从未发生过一个法律制度的逐渐改良。世界有物质文明，但不是文明发展法律，而是法律限制着文明。

梅因将其笔力主要放在进步社会所发生的情况。他认为在这些进步社会里，社会的需要和意见常常是或多或少走在法律的前面的。我们可能非常接近地达到它们之间缺口的结合处，但永远存在的趋向是要把这缺口重新打开来。因为法律是稳定的；而我们所谈到的社会是进步的，人民幸福的大或小，完全决定于缺口缩小的快慢程度。那么如何缩小这缺口，使法律和社会相协调呢？梅因以为，这些媒介手段有三，即“法律拟制”、“衡平”和“立法”。它们的历史顺序就如上述所排列，有时，其中两个在同时进行，也有些法律制度没有受到它们中的这一个或另一个的影响。

法律拟制这一用语，是要用以表示掩盖、或目的在掩盖一条法律规定已经发生变化的事实的任何假定，其时法律的文字并没有被改变，但其运用则已经发生了变化。英国的判例法和罗马的法律答问都是以拟制为基础的，事实上，在这两种情况下，法律都已经完全被变更了；而拟制使它仍旧和改变以前一样。各种不同形式的拟制特别适合于社会的新生时代，是因为它们能满足并不十分缺乏的改进欲望，而同时又可以不触犯始终存在的、对于变更的迷信般的嫌恶。法律适应社会需要的另一个手段是衡平，它的含义，是指同原有民法同时存在的某些规定，它们建筑在各别原则的基础上，并且由于这些原则所固有的一种无上神圣性，它们竟然可以代替民法。衡平不同于拟制，不同之点在于它能公开地、明白地干涉法律。另外，它又和立法不同，不同之点在于它的权力基础并不建筑在任何外界的人或团体的特权上面，甚至也不建筑在宣布它的官吏的特权上面，而是建筑在它原则的特殊性上面，这些原则，据说是一切法律应该加以遵循的。这种认为有一套原则比普通法律具有更高的神圣性并且可以不经过任何外界团体的同意而主张单独适用的概念，是要比法律拟制最初出现时进步得多的一个思想阶段。[1] 最后一个改进手段是立法，它和衡平也有不同，因为它的权威来自一个外界团体或人。它之所以有强制力，与其原则无关。立法

① 参见［英］梅因：《古代法》，沈景一译，17页，北京，商务印书馆，1984。

在专门术语的意义上与衡平法不同，后者标榜着一种高度的神圣性，这使它们即使没有经过君主或议会的同意，也应该为法院立即承认。

## 四、自然法评论

作为历史法学派的一员，梅因对于自然法学派是持反对态度的，有时甚至到了尖酸刻薄的地步。他认为，自然法把“过去”与“现在”混淆起来了。逻辑上，它意味着曾经一度由自然法支配的一种“自然”状态；但法学专家并不明白地或确信地说到过有这样一个状态存在，这种状态除了偶然在幻想黄金时代的诗歌中能够发现外，的确也绝少为古人们所注意到。从实际效果讲，自然法是属于现代的产物，它们是来自太古的自然统治，是不问过去、只向将来寻求完善典型的倾向，而这种倾向是由基督教带到这世界上来的……①

现代自然法理论所研究的主要问题，已不是自然规律，而是自然状态。如果自然统治在罗马人看来尚有几分真实的话，卢梭的信念则是：一个完美的社会秩序可以求之于单纯的对自然状态的考虑，这一种社会秩序完全同世界的实际情况没有关系，并且完全同世界的实际情况不同。自然法理论建立于其上的这种哲学对于每一个国家中比较不精确的思想家具有特别的吸引力，并且无疑是妨碍着应用“历史研究方法”的几乎一切先入之见的、多少是不直接的根源……②“它产生了或强烈地刺激了当时几乎普遍存在的智力上的恶习，如对现实法的蔑视，对经验的不耐烦，以及先天的优先于一切其他理性等。这种哲学紧紧地握住了那些比较思想得少、同时又不善于观察的人，它的发展趋势也就比例地成为明显的无政府状态”③。

如果说因为孟德斯鸠采用了历史研究的方法而得到了梅因的肯定的话，那么梅因对卢梭的批评可能就显得有些不够厚道也有失偏颇了。他说，卢梭是一个非常的人，他没有学识，很少美德，并且也没有十分坚强的个性，但由于一种鲜明的想象力，以及他对于人类的真诚热爱，使他成为历史上不可磨灭的人物。梅因认为，卢梭社会契约理论中的人，都一律是在一种假设的自然状态中的人，是被剥光了历史特性的人。

不过，对于自然法理论的极大的社会影响，梅因并没有充耳不闻。他说，这个理论在哲学上虽然有其缺陷，我们却不能因此而忽视其对于人类的重要性。如果自然法没有成为古代世界中一种普遍的信念，就很难说明思想的历史、因此也是人类的历史，究竟会朝哪一个方向发展了。④

自然法概念在人类的幼年之所以有其价值和作用，是因为它能使人在想象中出现一个完美法律的典型，并且能够鼓舞起一种要无限地接近它的希望，而同时，对于还没有适应这个理论的那些现存法律义务，它又从不使法律实务者或市民加以否认……它在彼时法律生活中的职能，简单讲，是补救性的，而不是革命性或无政府状态的（这一点，不幸地，恰恰就是现代对于自然法的见解常常不再和古代见解相同的地方）。⑤

---

① 参见［英］梅因：《古代法》，沈景一译，42页，北京，商务印书馆，1984。

② 同上书，51～52页。

③ 同上书，52页。

④ 参见上书，43页。

⑤ 参见上书，44页。

梅因认为，从整体来讲，罗马人在法律改进方面，当受到自然法理论的刺激时，就发生惊人迅速的进步。[①]

回过头来看自然法的现代史，我们确信他的影响是广泛、深入的，但这种影响是好是坏，就较难以肯定。[②]

有一个例子非常明显地说明了自然法理论对现代社会的影响，并且表明这些影响是如何的深远。一方面，人类根本平等的学理，毫无疑问是来自自然法的一种推定；另一方面，自然法所尽的最伟大的职能是产生了现代国际法和现代战争法……[③]

## 五、两个著名的命题

梅因有两个非常著名的命题，言简意赅，发人深省，同时也容易引起争议。

第一个命题是："所有进步社会的运动在有一点上是一致的，即在运动发展的过程中，其特点是家族依附的逐步消灭以及代之而起的个人义务的增长。'个人'不断地代替了'家族'，成为民事法律所考虑的单位……我们也不难看到：用以逐步代替源自家族各种权利义务上那种相互关系形式的，究竟是个人与个人之间的什么关系。用以代替的关系就是契约。在以前，人的一切关系都是被概括在家族关系中的，把这种社会状态作为历史上的一个起点，从这一个起点开始，我们似乎是在不断地向着一种新的社会秩序状态移动，在这种新的社会秩序中，所有这些社会关系都是因'个人'的自由合意而产生的。在西欧，向这种方向发展而获得的进步是显著的。"[④]

"身份"这个字可以有效地用来制造一个公式以表示进步的规律，不论其价值如何，这个规律是可以足够地确定的。在"人法"中所提到的一切形式的"身份"都起源于古代属于"家族"所有的权力和特权，并且，到现在某种程度上仍旧带有这种色彩。因此，如果我们依照最优秀著者的用法，把"身份"这个名词仅仅用来表示这一些人格状态，并避免把这个名词适用于作为合意的直接或间接结果的那种状态，则可以说，所有进步社会的运动，迄今为止，是一个"从身份到契约"的运动。[⑤] 这一公示从一定角度揭示了古代社会向19世纪西方社会转化的规律。

身份是依附而不独立的状态，人的权利义务决定于他的出生使他所处的社会关系网中的地位；而契约意味着个人的独立，人可以通过自己的意志，创设和变更自己的地位。

梅因的另一个影响广泛的命题是：大体而论，所有已知的古代法的搜集都有一个共同的特点使它们和成熟的法律制度区别明显。最显著的差别在于刑法和民法所占的比重。比如，在日耳曼法典中，民事部分的法律比刑事部分要有限得多。源于伟大法律天才和一个温良风俗的社会之产物的十二铜表法，它的民事法律才有些像现代的先例。其中，损害救济方式所占的地位，虽然不是异常巨大，却也是相当大的。[⑥]

---

① 参见［英］梅因：《古代法》，沈景一译，33页，北京，商务印书馆，1984。

② 参见上书，46页。

③ 参见上书，55页。

④ 同上书，96页。

⑤ 参见上书，97页。

⑥ 参见上书，207页。

## 六、对梅因法律思想的简要评论

无疑，作为历史法学派的杰出代表，梅因对于法律思想作出了不同凡响的贡献。梅因的主要工作是追溯罗马的以及日耳曼的、克尔特的、印度的和斯拉夫的法制，把比较的方法引入历史研究，从而在历史学中确立了比较历史学和历史法学派的地位。梅因的贡献首先在于方法论的启示，它不同于高歌猛进的自然法思潮，而是要从历史中求证据，要从证据中归纳出结论。它把思维观察的触角伸向在此以前不为人注意的古代法律，搜集了极有价值的资料，得出了引人深思的结论。但与此同时，梅因的思想也有不少值得指摘的地方。比如，他认为欧洲社会的文明相对于其他社会是优越的，这可能是沙文主义的，他对于法律之适合于不同民族的特性也有所忽视。① 又如，他认为远古时代法律与宗教不可分，但现代人在这个问题上的意见却是不同的。梅因将法律的进展划分为不同的前后相续的阶段，分别是各别的判决—习惯法—法典，但实际进程可能是非常复杂的，而且也未必会遵循这一顺序。梅因的分析，多取材于古代法，视野是宽广的，但他对中世纪的法律史却着墨甚少，以致人们觉得有跳跃之感，从古代一下子跳到了近代，这使得他的一些结论的力度和说服力受到了一定影响。

### 复习思考题

1. 试述历史法学派的法律观和研究方法的特点和地位。
2. 如何理解萨维尼关于法的起源和法的本质的观点？
3. 梅因是怎样论述法的历史发展的？

① 参见 Surya Prankash Sinha：*Jurisprudence*：*legal philosophy*（影印本），215 页，北京，法律出版社，2004。

# 第七章

# 功利主义法学和早期分析法学



## 第一节　功利主义法学和早期分析法学概述

### 一、功利主义法学和早期分析法学产生的历史背景

功利主义法学和早期分析法学分别是 18 世纪下半叶及 19 世纪初期在英国出现的两种法学思潮，阐述这两种法学思潮产生的历史背景须从英国的资产阶级革命说起。英国虽然

较早进行了资产阶级革命，但这一革命是不彻底的。“光荣革命”后所确立的英国政治制度保留有大量的封建主义的因素，新兴的资产阶级并没有在政治上取得绝对的统治地位，相反，君主的地位得以保留，“‘俸禄和官职’这些政治上的战利品留给了大地主家庭”，资产阶级所得到的是“金融的、工业的和商业的中间阶级的经济利益”得到充分照顾。[①]在法律领域，旧的具有封建性质的法律基本上没有受到多少触动，众多而混乱的司法审判机构和落后僵化的诉讼程序都没有得到根本的改造，普通法和衡平法依然是英国法律的主要形式。在整个18世纪，议会虽然制定了一些新的法律，但这些法律几乎全是具体的、实用性的，并没有引起法律制度的根本变化。

“光荣革命”后英国的经济也具有大量的封建因素。资本主义经济制度的真正确立是与工业革命（产业革命）联系在一起的。肇端于18世纪后半叶的英国工业革命，清除了经济制度中的封建残余，推动英国经济完成了从手工工业向现代机器大工业的转变，从农业社会向工业社会的过渡，彻底改变了英国的经济面貌。工业革命促成了英国工业资产阶级的壮大和势力的增强。而壮大了的英国工业资产阶级已经不满足于政治上无权，他们与土地贵族和金融贵族之间的矛盾日益尖锐。1689年工业资产阶级的妥协，甚至在经过一些逐步对资产阶级有利的修改后，也不再适合这个妥协的参与者的力量对比了。随着工业资产阶级实力的增强，这个过去的妥协的参与者便要求夺取政治权力了。工业革命不仅增强了工业资产阶级的实力，同时也造就了他的对立面——产业无产阶级。资本主义的发展加剧了社会的两极分化，创造了巨大社会物质财富的无产阶级越来越陷入贫困的境地。他们与资产阶级的斗争经历了一个从自发到自觉的过程，从最初的要求改善生产和生活条件的经济斗争发展为要求政治权利、要求自由民主的政治斗争。前后二十余年的宪章运动虽然没有取得成功，但是宪章运动者的政治要求迫使英国当时的政治家和思想家们思考在什么程度上、用什么方法把法国革命的“主权在民”的思想体现在英国的政治制度之中。

总之，产业革命一方面促使了英国资本主义制度的最终确立，带来了英国资本主义经济的空前繁荣；另一方面，产业革命的进行和完成也促成英国社会各种矛盾的空前激化，包括资产阶级与旧贵族的矛盾、无产阶级与资产阶级的矛盾、英国与其他资本主义国家的矛盾、宗主国与殖民地国家的矛盾，等等。新兴的工业资产阶级如何既能夺取国内的政治权力，解决各种社会问题，为资本主义的进一步发展开辟道路，又不激化各种社会矛盾，特别是资产阶级与无产阶级的矛盾，有效协调各种社会关系，是摆在资产阶级面前的一个现实课题。旧有的自然法学显然不能再作为此时英国资产阶级的理论旗帜，这是因为：第一，从内容上讲，旧有的自然法学是一种革命的理论，此时英国的资产阶级革命已经完成（尽管不彻底），资本主义制度已经确立，革命的理论非但不能解决英国资产阶级所面临的问题，反而可能成为无产阶级要求权利的理论工具。第二，从思想方法上讲，自然法理论包含自身无法克服的矛盾，它是一种形而上学思维方法的产物，它整个理论大厦的基石是假设的，在自然科学获得迅速发展的19世纪，这样的理论经不起推敲和追问。另外，这种先验的理论也不适合英国人经验主义的口味。英国的资产阶级需要新的理论，功利主义法学和早期分析法学就是在这样一种背景下产生的。

---

① 参见《马克思恩格斯选集》（第四卷），708页，北京，人民出版社，1995。

## 二、历史发展及其主要代表人物

功利主义法学和早期分析法学的主要代表人物是杰里米·边沁（Jeremy Bentham）、约翰·斯图亚特·密尔（John Stuart Mill）、约翰·奥斯丁（John Ausitin）等。可以说边沁是功利主义法学的创始人，是他第一次系统阐发了功利主义的基本原理，同时他也是分析实证主义法学之早期分析法学的先驱。密尔和奥斯丁可以说是功利主义的信徒，亦可以说是边沁的学生。奥斯丁是边沁小组的成员，青年奥斯丁曾经对边沁宣布"我是你真正的信徒"，他早期全力支持边沁的宪政激进主义，但到他准备他的讲义时，这种热情就开始减退了，并在政治思想方面越来越远离边沁，但在法学方法、法律观点方面，他对边沁的思想吸收和借鉴之处颇多，一般仍认为奥斯丁是分析实证主义法学之早期分析法学的创始人。密尔的父亲詹姆斯·密尔是边沁小组的成员，是边沁的朋友，亦是边沁理论的信奉者，其子约翰·密尔是在其父亲的影响与指导下接受边沁理论的，是奥斯丁的学生。

功利的思想源远流长，边沁的贡献在于他创立了完整的功利主义学说，并将这一学说运用于法学研究之中，形成了功利主义法学。1776年出版的边沁的成名作《政府片论》（A Fragment on Government）中就包含有初步的功利主义思想，1789年出版的《道德与立法原理导论》（An Introduction to The Principles of Morals and Legislation）对这一思想进行了系统阐述。在法律观上，边沁认为法律是达到功利目标的手段。统治者制定法律应以功利原则为依规。无论什么法律，只要能给人们带来应有的功利，就是良法，否则，就是恶法。法律实施的基础也是功利主义。法律规定的权利以及相应的奖励措施就是要引起人们的功利感，引导人们为之行善。法律规定的义务以及相应的惩罚措施就是将痛苦施加于人，迫使人们不去为恶。总的说来，边沁的功利主义法学具有这样一些特征：（1）他把法学建立在新的伦理基础之上，为个人主义找到物质的根源；（2）他把独立的个人权利与社会上最大多数人的最大幸福相联系，扩大了传统功利学说的适用范围。（3）他认为法律的目的是实现社会功利，实现社会利益的平衡，具有社会法学的倾向。（4）他首创分析实证主义的法学研究方法。（5）他强调严格的成文立法，反对传统习惯对立法的作用。[①]

密尔是功利主义法学在边沁之后最为重要的代表人物，他对边沁的功利主义思想作了较为充分的发展，并第一次提出并使用"功利主义"这一概念。密尔在他的著名论文《功利主义》（Utilitarianism）中以功利的定义为起点试图为功利原则辩护。他的功利定义与边沁是一致的："把功利主义即最大幸福原则当作道德基础的信条主张：行为的正确性与它促进幸福的程度成比例，它的错误性与它产生的幸福的负面成比例。'幸福'指的是快乐，即痛苦的缺失；'不幸福'指的是痛苦，即快乐的缺失。"[②] 但是密尔对边沁的功利主义也作了较大程度的修正，他解决了功利的质量分析及个人功利与社会功利的关系这两个为边沁所疏漏的问题，以致后人把他的功利理论称为"新功利主义"。他指出边沁的错误在于"把商业领域的事物夸大为人类事物的全部"[③]。边沁定义的快乐只有数量的不同，并

① 参见严存生主编：《新编西方法律思想史》，194页，西安，陕西人民教育出版社，1996。

② ［英］韦恩·莫里森：《法理学——从古希腊到后现代》，李桂林等译，211页，武汉，武汉大学出版社，2003。

③ John Mill, Dissertations and Discussions, Boston Spencer, 1865, p.357. 转引自严存生主编：《西方法律思想史》，247页，北京，法律出版社，2004。

没有质量的区别，他说“图钉与诗一样好”，意思是说衡量好的唯一标准是行为能够带来的幸福的数量。边沁甚至提出要制造一种道德温度计来测量幸福或不幸福的度数，亦即幸福与行为的特定种类是没有关系的。密尔则与边沁有所不同，他说：“当一个没有得到满足的人好过当一头心满意足的猪。”[①] 密尔反复说他：“宁愿做没有得到满足的苏格拉底，也不愿意做一个心满意足的傻瓜。”一切快乐都可以度量的假设是错误的：“人类具有比动物的欲望更高尚的天赋，一旦意识到这些天赋，人们就不会认为那些不能满足这些天赋的事情是幸福。”[②] 品德高尚的人应该注重对精神方面的追求，而不要陷入物质的斤斤计较之中。在个人与社会的关系方面，他强调社会组织和法律应协调个人利益与他人、社会利益的关系。社会生活对个人而言是必要的，也是自然的，人能认识到自己是社会的一分子；随着社会联系的加强，照顾到他人利益对自己更有利，从而人们把自己的利益与他人的利益结合起来考虑，形成尊重他人利益的习惯。他说：“人与人组成社会，除了主人与奴隶的关系以外，总须以一切人的利益都要照顾到为立场；根据任何其他立场，这种社会分明是不可能的，只有彼此默契，承认一切人的利益要顾到，才可以有彼此平等的人组成的社会。”[③] 个人的行为只要不涉及他人的利害，个人就有完全的行动自由，不必向社会负责；他人对于这个人的行为不得干涉，至多可以进行忠告、规劝或避而不理。只有当个人的行为危害到他人的利益时，个人才应当接受社会的或法律的惩罚。社会只有在这个时候，才有对个人的裁判权，也才能对个人施加强制力量。[④] 因为密尔对自由问题的卓越的见解，他的法律思想亦被称为“自由主义法学”。

奥斯丁亦深受边沁功利主义思想的影响，他说：功利原则“一方面应该指导我们的行为，另一方面，在一般情况下，实际上也在指导着立法者。功利原则，不论是正确理解的，还是错误理解的，一般总是立法所要考虑的内容。正是由于这一点，如果不将功利原则摆在你们的面前，我就时常无法清晰地准确地说明法律的内容以及要义”[⑤]。但由于他过分注重法律外在形式的分析研究，所以对功利思想本身没有什么实质性的发展。奥斯丁的贡献在于他以功利主义为基础，运用实证分析的方法，创立了分析法学。[⑥]奥斯丁的理论按照哈特的概括包含以下三个相互联系的部分：（1）法律命令说，即法律是主权者发布的以制裁为后盾的命令；（2）法律和道德的分离，法理学的任务是研究法律，而不管他道德上的善与恶、好与坏，这也就是后人所说的“恶法亦法”论；（3）法理学的任务之界定，区分“法律的应然”与“法律的实然”，将法理学的研究范围限定于“法律的实然”。

早期分析法学的主要特征在于：（1）分析法学使法学从传统的神学、伦理学、政治

---

① ［英］穆勒：《功用主义》，唐钺译，10页，北京，商务印书馆，1962。

② 转引自［英］韦恩·莫里森：《法理学——从古希腊到后现代》，李桂林等译，212页，武汉，武汉大学出版社，2003。

③ ［英］穆勒：《功用主义》，唐钺译，79页，北京，商务印书馆，1936。

④ 参见［英］约翰·密尔：《论自由》，程崇华译，“重印‘论自由’序言”，3页，北京，商务印书馆，1959。

⑤ ［英］奥斯丁：《法理学的范围》，刘星译，75页，北京，中国法制出版社，2002。

⑥ 尽管对于这一点在学术界还有不同的看法，很多人认为分析法学的原创意识可以在边沁的著述，尤其是1970年出版的边沁的《法律总论》中发现，甚至在霍布斯的《利维坦》中也可以找到类似的思想，但有一点是可以肯定的，正是奥斯丁的《法理学的范围》使分析法学事实上开始形成。毕竟，众多后来的崇尚分析法学的学者，首先是在《法理学的范围》这一著作中获得分析法学的基本思想的。参见［英］约翰·奥斯丁：《法理学的范围》，刘星译，译者序，1页，北京，中国法制出版社，2002。

学、哲学等其他学科中分离出来，使之成为一门独立的学科；(2) 分析法学排斥传统法学中关于自然法等抽象法律的研究，把法学的研究范围严格限定在现存实在法的范围；(3) 分析法学只注重法律形式的研究，排除对法律价值的任何思考，它主要关心四个主要领域的法律分析：第一，法律本身的概念分析；第二，基本术语的定义；第三，基本法律术语之间的相互关系，即所谓法律上的关系；第四，其他非法律的概念以及这些概念与法律概念的区别之分析。①

## 三、法律观和方法论特点

关于功利主义法学与早期分析法学的法律观问题，我们在其历史发展中已经有所涉及，而且在以下诸节中亦可能论述到。在这里我们一般地概括这两种法学思潮在法律问题上的基本的共同的观点。关于这一点，哈特有很好的总结：(1) 法律是人类的命令；(2) 法律和道德之间，即“法律实际上是什么”与“法律应当是什么”之间没有必然的联系。(3) 对法律概念的分析是值得研究的，这种研究不同于对法律的产生的原因或者起源的历史研究，不同于对法律和其他社会现象的关系的社会学研究，不同于用道德、社会目标、功能或者其他标准对法律所作的批评或者评价；(4) 法律体系是一个封闭的逻辑体系，正确的判决可以从事先确定了的规则中逻辑地推演出来，而无须求助于社会的目标、政策或道德；(5) 道德评判和事实陈述不同，它不能通过理性论辩、论证或证明来确立或辩护，而事实陈述则可以这样②；其中，可以说，第一、第二、第三点是奥斯丁明确提出的，而第四、第五点是奥斯丁理论的逻辑结果。

功利主义法学与早期分析法学在方法论方面有三个明显的特点，即经验的、实证的、分析的方法在法学领域中的应用。经验的方法来源于英国的经验主义，实证的方法来源于法国的实证主义。在哲学上，边沁、密尔和奥斯丁都可以归结为经验主义和实证主义的派别，只不过前两人经验主义的色彩更浓厚一些，而奥斯丁的实证主义色彩更多一些。

经验主义和实证主义有着共同的思想倾向：它们都强调事实和科学的价值，在原则上反对形而上学；目的都是要进行社会改革，以人类的幸福和发展为伦理理想。但是实证主义者注意专门的科学的方法和结果，致力于人类知识的分类和系统化，孔德（Auguste Comte）就说，人类智力的发展和人类社会的发展必然经过三个阶段：“一、神学阶段，又名虚构阶段；二、形而上学阶段，又名抽象阶段；三、科学阶段，又名实证阶段。”③ 实证的基本含义指实在、有用、确实无疑和严谨，指否定的反面，也就是说实证的知识不单纯是否定或批判。实证主义所关心的基本问题不是为什么，而是怎么样，这个问题在法学中就转换为不问法律为什么是这样，而问法律实际上是怎么样。这也正是奥斯丁为自己所确立的任务：阐明“有关实际存在的由人制定的法的科学”的范围。而经验主义者们则遵循其学派的传统，以实证主义所忽略的心理学和逻辑为出发点以寻求问题的解决。这也是

---

① 参见［英］韦恩·莫里森：《法理学——从古希腊到后现代》，李桂林等译，222页，武汉，武汉大学出版社，2003。

② See H. L. T. Hart, “Positivism and The Separation of Law and Morals”, *Harvard Law Review* (1957—1958), p. 601.

③ 转引自夏基松：《现代西方哲学教程》，35页，上海，上海人民出版社，1985。

边沁和密尔的出发点，功利主义法学的全部理论基础——“功利原则”就是建立在心理的分析基础之上的。“幸福”本身就是一个主观的概念，必须借助心理学的知识加以解释。

在哲学上，休谟提出了这样一个命题：应该区分事实判断和价值判断。不能因为事实如何就推定应该如何，也不能因为应当如何就推定事实如何。亦即不能因为事实判断影响价值判断，也不能因为价值判断影响事实判断。这样一个命题在法学中经由边沁、奥斯丁转换为这样一种陈述：应该区分实际存在的法和应当存在的法。应当存在的法是个价值问题，不是法理学应当讨论的问题，法理学关心的是实际存在的法。

### 四、功利主义法学和早期分析法学的发展特点和地位

在西方法律思想的历史发展过程中，以边沁、奥斯丁为代表的功利主义法学和早期分析法学具有划时代的意义。在边沁以前，法律的原则和标准以正义、自由和理性为主导，这种传统从柏拉图到黑格尔都没有什么实质性的变化，我们有时称这个传统为自然法理论。边沁将功利原则运用到法学的研究中，意味着法律的指导思想从追求价值和理想，转移到追求法律的实际效果方面，也意味着法律思想从传统的正义观走向现代的实证观。从此，以奥斯丁的分析法学为开端的法律实证主义成为近两百年来西方法理学的主流学派。以凯尔森为代表的纯粹法学、以哈特与拉兹为代表的新分析法学、以麦考密克和魏因贝格尔为代表的制度法学就是以早期分析法学为其逻辑起点的，受分析法学影响的痕迹至为明显。就是从耶林的利益法学、庞德的“最大多数人的最大利益”为原则的社会法学、注重“成本—效益”分析的经济分析法学，我们也能看出边沁的影响。另外，功利主义法学和早期分析法学的贡献在于，奥斯丁以后，法学才成为一门独立的学科，有了自己独立的研究对象，有了自己的方法，有了自己的概念体系。

## 第二节　边沁的功利主义法学

### 一、边沁的生平和著作

边沁（Jeremy Bentham，1748—1832）出生于伦敦的一个托利党人的家庭，他经历了五个兄妹的夭亡和母亲的逝世，11 岁离开伦敦。作为一个天才少年，他 12 岁进入牛津大学皇后学院，1763 年获得学士学位。他的父亲希望他成为一名律师，于是边沁进入林肯律师学院，并在高等法院法庭中做见习生。1766 年他获得硕士学位后又回到了伦敦。他试图成为一名律师，但他的个性和气质妨碍了他成为一名成功的律师，于是他对法律的运用也就渐渐地不感兴趣了，但对法律理论却是非常用功的。他对当时英国法律中的缺点印象深刻，于是他开始问自己有没有一个通用的标准来衡量每一条特定的法律的价值。读了休谟的著作后，他认为他找到了他所要求的衡量标准，那就是功利主义原理。

边沁童年多病，身材比较矮小，缺乏强壮的体魄和充沛的精力，即缺乏使一个人童年快乐的一些东西，因而性格沉静，少年老成。成年后，他体格逐级强健，也就不再怀有忧郁的心情，但他仍然非常容易激动，对躯体的痛苦非常敏感。他的生活很有节制，而且经常运动，因此就保持了自己的活力。边沁易动恻隐之心，乐于扶危济困，任何事物只要边

沁认为有利于造福人类，他就非常关注。虽然他从事的改革事业，既未给他带来金钱，亦未带来权位，反而使他屡受讥讽，甚至辱骂，但他仍然为改革事业长期辛苦劳累。边沁勤于写作，据说，在长达半个世纪中，他经常每天写作 8 至 10 小时，每天写的手稿平均有 10 至 15 对开页。但他又只是写作，不注意发表，因而留下了大量的遗稿。其著作大都是在其死后由其门徒整理出版的，生前发表的只有《政府片论》和《道德与立法原理导论》。前者出版于 1776 年，是批判著名的自然法学家布莱克斯通的，边沁在牛津大学听过他的英国法律讲座，对其所讲的自然法观念和对英国当时法律的无批判态度很不以为然，强烈不满，因此，1766 年，当布莱克斯通的《英国法释义》发表时，他立即匿名出版了《政府片论》予以批判。该书刚出版时颇受欢迎，不过当人们知道该书出自是一个年轻人之手时，便受到了冷落。后者出版于 1789 年，也就是法国大革命发生的那一年。边沁现被整理出版的著作还有《为高利贷辩护》、《议会改革的基本精神》、《监狱论》、《司法证据原理》、《宪法典》、《立法理论》等。

边沁没有结过婚。他的父亲于 1792 年去世时，给他留下了一笔可观的财富，这使他可以有充裕的时间从事他的著述和研究。边沁于 1832 年 6 月 6 日去世，即使在他临终之际，也不忘践行他的功利主义原则，据说，当时他对守候他的一位朋友说："我感到我快要死了，我们要注意是必须减少痛苦到最小的程度。不要任何仆人到房间里来，要让所有的年轻人都走开。他们看到这种情景是很难受的，他们在这里也无济于事。我当然不能单独留在这里，你得留下来看着我，而且只要你一个人看着我。这样就可以使我们的痛苦减少到最小程度。"

## 二、思想渊源——功利主义伦理学

边沁法律理论的思想渊源主要是功利主义伦理学。功利思想本身源远流长，古希腊的普罗泰戈拉、德谟克利特、伊壁鸠鲁，近代的培根、洛克、休谟、爱尔维修、贝卡利亚，还有边沁所提到的普利斯特里等似乎都可以归于这个谱系，或者说他们的思想都或多或少包含有功利的思想。不过，对边沁思想产生直接影响的似乎是休谟、贝卡利亚、普利斯特里。边沁自己就曾经说过，读了休谟的《人性论》后，"好像道德哲学的天平从自己的眼前跌落一样"，他找到了衡量法律价值的标准。对于贝卡利亚，他说："我记得非常清楚，最初我是从贝卡利亚的《论犯罪与刑罚》那篇小论文中得到这一原理（计算快乐与幸福的原理）的第一个提示的。由于这一原理，数学计算的精确性、清晰性和肯定性才第一次被引入道德领域。这些领域，就其自身性质来说，一旦弄清楚之后，它和物理学（包括它的最高级部分：数学）同样无可争辩地具有这些性质。"① 至于普利斯特里的《政府论》，边沁说："由于这个小册子和其中的这句话，我的关于公共道德的和私人道德的原理就确定了。"② 边沁把功利思想理论化，并作为其整个思想的理论基础。

在《道德与立法原理》中，边沁开门见山地指出："自然把人类置于两位主公——快乐和痛苦——的主宰之下。只有它们才指示我们应当干什么，决定我们将要干什么。"③ 这

① ［英］边沁：《政府片论》，沈叔平等译，编者导言，38 页，北京，商务印书馆，1995。

② 同上书，36 页。

③ ［英］边沁：《道德与立法原理导论》，时殷弘译，57 页，北京，商务印书馆，2000。

两个主宰是人类的本性，人类的基本规律就是“避苦求乐”，这也就是他所谓的“功利原则”。人都是受功利支配的，追求功利就是追求幸福。个人要追求自身的最大幸福；社会或政府应该追求最大多数人的最大幸福。行为的善恶与否应当以行为本身所引起的苦与乐的大小程度来衡量。从人性出发，凡是能够减轻痛苦、增加快乐的，在道德上就是善良，在政治上就是优越，在法律上就是权利。边沁认为功利原则是人类伦理方面不证自明的最高原则，每一个有理智的人都会接受这个原理。这个原则狭之作用于个人，广之作用于集团、社会、国家。除此之外，任何所谓的理性道德标准都只是虚构。为了更清楚地说明苦乐问题，边沁不厌其详地对苦乐进行分类和计算，他把苦乐分为简单的苦乐与复杂的苦乐。简单的快乐分为 14 种，简单的痛苦分为 12 种。至于如何估算快乐和痛苦的值，边沁设定了这样两个原则：对一个人自己来说，一项快乐或痛苦本身的值的大小，将依据其强度、其持续时间、其确定性或不确定性、其邻近或偏远以及其丰度和其纯度，对一群人来说，除了考虑到上述 6 个因素，还要考虑其广度，即其波及的人数。人们就是从这几个方面对苦乐进行计算、评价，一旦感到某行为给他带来的幸福总量超过了痛苦的总量，该行为就会被表示赞同。边沁认为，对于社会、国家，最应该注意的是苦乐作用的范围问题，即某一行为会影响多少人。如果一个行为能引起多数人快乐而只给少数人带来痛苦，该行为就是国家应该做的。总之，边沁的功利主义理论有两个基本原则：其一，个人按功利计算结果而行为；其二，少数人的功利要服从多数人。

## 三、法律的本质和作用

边沁关于法律的本质和作用的观点散见在他不同时期的不同著作里，有一个历史的发展过程。尽管如此，我们还是可以相对清楚地把握他关于法律本质和作用的观点，因为边沁所有理论的基础是建立在他功利主义原理之上的。

哈特把奥斯丁的理论总结为“法律命令说”、“应然法律和实然法律的区分”以及“法律和道德的区分”三条。其实，这三条在边沁的著作里都有所体现。早在《政府片论》里，边沁就涉及了“应然法律”和“实然法律”的问题。他说可以把对法律问题发表意见的人分为两类：解释者和评论者。解释者的任务是向我们说明他所认识的法律是什么；评论者的任务则是向我们评述法律应当是怎样的。因此前者的任务主要是叙述或探讨事实；而后者的任务则是探讨理由。解释者在他的范围内所涉及的思维活动只是了解、记忆和判断；而评论者则由于他所评论的事情有时牵涉到那些喜欢与不喜欢的感情问题，所以要和感情打交道。法律是什么，在不同的国家中有差别而且差别很大，然而，法律应该是什么，在所有的国家中在很大程度上却是相同的。因此，解释者永远是这个或那个特定的国家的公民；而评论者则是，或者应当是一个世界公民。一个解释者要说明的是立法者和他手下的法官已经做了什么；而评论者则建议说，立法者将来应当做些什么。总之，评论者的任务是讲授这门科学。他在一转手之间，就可以通过立法者的实践把这门科学变成一种艺术。[①] 接下来，他进一步论述解释者的作用可以分成两部分，第一部分是历史，第二部分是“单纯的论证”。历史的任务就是说明某一国家已往存在过的法律的情况。而在此所使用的“单纯的论证”一词，则是指讲述现在的法律情况。在论证方面还有分类、叙述和

① 参见［英］边沁：《政府片论》，沈叔平等译，97 页，北京，商务印书馆，1995。

推断等任务。在法律明确清晰而肯定的地方，需要的是叙述；而在含糊隐晦和不肯定的地方，需要的是推断或解释。至于分类，则是将几种实际存在的或假想存在的制度分为不同的几部分，以便作普遍的考察。此外还要确定这几部分出现的次序，并为每一部分取一个名字。论证者最艰巨而又最重要的工作就是分类。[①] 在《道德与立法原理》最后一章中，边沁提出了区分“立法学”和“法理学”，即批评性的法学和阐释性的法学；后来这一理论被视为分析法学的一个重要标志，即区分“法律应该是什么”和“法律实际上是什么”的问题。

至于“法律命令说”，边沁在《道德与立法原理》最后一章中有一些零星的表述，如“立法者意志的表达是一个命令，或禁令或一种否定”；“任何法律，当其完整时，要么具有‘强制’的性质，要么具有‘非强制’的性质。强制的法律是一个命令，一个非强制或一个没有强制的法律，是强制性法律之完全或部分的废除”；“每一个法律是一个命令或其对立物”；“命令的形式是多样的，以‘盗窃’为例，可以有这些表达形式：你不应该盗窃。为使无人盗窃，盗窃的人应该受到如此如此的惩罚。如果有人盗窃，他将受到如此如此的惩罚。如果发生盗窃，对此盗窃的惩罚是如此如此的”[②]。

边沁在《法律总论》（Of Law in General）中给法律下了一个内涵十分丰富的定义：“法律是由国家的主权者提出或采纳的意志表示总和，涉及在一定情况下，受主权者权力管辖的人或集团必须遵循的行为规范；这种意志表示旨在说明某种情况下，人的行为将产生的结果，这种期望将给那些实施某行为的人以一定刺激。”[③] 结合边沁的其他有关论述，可以从以下几个方面分析这个定义：第一，法律是主权者的意志和命令。这种意志通过主权者自己制定法律，或采纳以前主权者的法律和下属权威机关颁布的法律予以表示。主权者可以是一个人或一个大会。主权者的意志是他所在的政治社会全体成员都必须服从的。第二，法律的适用范围，从主体上讲，包括主权者和人民。主权者的权力不是无限制的，必须接受法律的约束。从客体上讲，是作用于人的行为的。法律的适用范围有空间效力范围和时间效力范围。第三，法律关系是人们之间的权利义务关系。有法的存在，才有权利义务的存在。权利有三种：政治权利、法律权利和道德权利。义务也有三种：政治义务、宗教和法律义务以及道德义务。第四，法律有命令性的、禁止性的和允许性的三种表现方式。第五，法律具有强制力，这种强制力的具体表现就是法律规定的刑罚和其他处罚，这是权利的后盾。第六，法律的表达（expression）有完整表达法和不完全表达法。前者是指法律规定十分完整，在适用法律时，如果有不清楚的地方，只作字面解释；后者即法律只作原则性规定，在具体适用时，法官可作自由解释。边沁主张法律规定要完整，反对法官的任意解释。[④]

边沁认为法律的目的是“增进公共幸福”，亦即是他所说的“增进最大多数人的最大幸福”。为达此目的，他为立法设定了四个目标，即“导养生存、达到富裕、促进平等、

---

① 参见［英］边沁：《政府片论》，沈叔平等译，114页，北京，商务印书馆，1995。

② ［英］边沁：《道德与立法原理导论》，时殷弘译，“末注”，北京，商务印书馆，2000。

③ 转引自张乃根：《西方法哲学史纲》，187页，北京，中国政法大学出版社，1997。

④ 参见张乃根：《西方法哲学史纲》，187～190页，北京，中国政法大学出版社，1997；另参见谷春德主编：《西方法律思想史》，188页，北京，中国人民大学出版社，2000。

维持安全"[①]。其中，他认为生存和富裕这两个目标，每个人自己都会自动调节，法律可以间接发挥作用。这实际上是一种经济领域自由放任的思想。安全和平等是其中最重要的，是法律要特别发挥作用的地方。"没有法律就没有安全，因而同样不会有富裕，甚至不会有一种稳定的生计。在这样一种状态下，唯一能够存在的平等乃是一种苦难的平等。"[②] 他指出，安全要求对一个人的人身、名誉、财产和地位施以保护，并且使人的预期——即法律本身所产生的预期——得到维护。平等是法律第二要考虑的目标，"只要平等不侵扰安全、不阻挠对法律本身所产生的预期的实现、不扰乱业已确立的秩序，就应当提倡平等"[③]。即法律面前人人平等，没有高低贵贱之分。应当指出的是边沁的平等不是条件的平等，而是机会的平等。安全同平等相比，安全是第一位的，平等是第二位的，在安全和平等发生冲突时，安全应优先考虑。

在法律的目标里，边沁没有提到自由。实际上，边沁把自由视为安全的一个重要组成部分，但是在有些时候，自由也必须服从对安全的一般考虑，因为，如果不牺牲自由，就无法制定法律。他说："有一种清晰的自由观念将促使我们把自由看作安全的一个分支。人身自由就是不受某种影响人身的伤害的安全。至于所谓政治自由，则是安全的另一个分支——反对政府大臣们不正义的安全。"[④]

## 四、法制改革思想

边沁被誉为"英国法律改革之父"，他"首先是一个法律改革家，其次才是一个道德理论家"[⑤]。在司法方面，边沁对于当时的司法组织和司法程序给予了尖锐的批判，称之已经"腐败透顶"，"充斥着不必要的烦琐程序，对于诉讼当事人来说，这只能导致拖延、筋疲力尽以及（也是最重要的）更大的开支"[⑥]。因此，在司法制度改革方面，边沁提出了一些重要的民主原则。他主张，在司法审理中，法官不能随意解释法律条文，律师不能担任法官，同时，法官不能包揽全部司法审理权，应允许选民推荐自己的代表参与司法。选民代表享有半司法权，他们不参与裁决，但应参加并监督司法审判的全过程，并可根据实际情况要求法院为贫民免费提供律师与辩护条件，以至要求法官复审案件。边沁还身体力行，为英国的法律改革倾注了满腔热情。他曾草拟过宪法、民法、刑法的改革要点，撰写过关于改进监狱制度的专著，并亲自设计了模范监狱的"环视房"。

在立法方面，他主张对英国的判例法进行改革。这种改革主要集中在两个方面，即改革法律的本质和改革法律的形式。他不仅从理论方面进行阐述，并身体力行之，直接投身于当时最激进的社会改良运动，曾出资帮助空想社会主义者欧文建设模范工厂。边沁还十分重视救济穷人、保护儿童、解放妇女、社会教育、卫生环境等社会福利事业。1834 年

① 在《立法理论》(The Theory of Legislation) 中，边沁将此设定为民法的目的和作用，而在《法律总论》(Of Law in General) 中，他又将此设定为整个法律的目的和作用。

② ［英］边沁：《立法理论》，李贵方等译，135 页，北京，中国人民公安大学出版社，2004。

③ 转引自［美］博登海默：《法理学法律哲学与法律方法》，邓正来译，106 页，北京，中国政法大学出版社，1999。另参见［英］边沁：《立法理论》，李贵方等译，123 页，北京，中国人民公安大学出版社，2004。

④ ［英］边沁：《立法理论》，李贵方等译，121～122 页，北京，中国人民公安大学出版社，2004。

⑤ ［英］边沁：《政府片论》，沈叔平等译，编者导言 35 页，北京，商务印书馆，1995。

⑥ 转引自程汉大主编：《英国法制史》，374～375 页，济南，齐鲁书社，2001。

英国通过世界第一个《济贫法》，1848年颁布《公共环境卫生法》，1859年制定《义务教育法》，这些新法的出现和边沁的努力是分不开的。边沁开创西方社会立法与福利国家之先河，他对西方法制的发展无疑起过巨大的推动作用。英国著名法学家梅因对边沁的历史指导作用作出深刻的总结，他说："过去三年间边沁之所以在英国发生巨大影响，其秘密在于他成功地把一个总目的向人民提出，他给我们一个明白的改良规则。"①

在法律的形式方面，他所企望的改革是坚持编制法典。他说编纂理想的法典有两个好处，根据他的意见，一种好处是对法律的研究有帮助；另一种好处是对法律的执行有帮助。关于法律的研究方面，边沁相信法律一旦制成法典之后，就可以使普通人能像律师一样理解法律。任何头脑健全的人都可以理解并记诵法律的条文。关于法律的执行方面，边沁相信法律一旦制成法典之后，就可以确定、迅速而简便地执行。因为当法律的运用变得如此简单时，法官要做的事情就很少了；同时由于每一个人都能处理自己的诉讼案件，律师的事情就会比法官更少。因此，编纂法典可以使所有的人都获得法律的知识，并且使每一个人所受的侵害都得到补救。而理想的法典要满足四个条件：第一，它必须是完整的，也就是说，它必须提出十分充分的整套法律，以致无需用注释或判例的形式加以补充。第二，在叙述其包含的法则时，必须使每一句话都达到最大可能的普遍性。换句话说，它必须可以用最少的法则说明全部的法律。第三，这些法则必须以严格的逻辑顺序叙述出来。第四，在叙述这些法则时，必须使用严格一致的术语，给这个作品中可能提到的每件事物以唯一的具有一个准确界定的名词。任何法律的表达方式，如果能满足这些要求，那便是边沁所认为的法典。如果某种法律的阐述不能满足这些要求中的一个条件或多个条件，在边沁的定义下，只是一个不完整的近似的法典而已。②

边沁关于法典编纂的理想虽然没有完全实现，事实上他理想的法典也非人类的理性所能及，但边沁的影响还是显而易见的。从19世纪30年代开始，英国议会陆续通过了一系列改革法案，其中绝大多数是由边沁的门徒按照边沁的思想原则制定的。至于印度19世纪中期开始的法典编纂运动，有很多人认为这与边沁的努力是分不开的。正如梅因指出的："自边沁时代以来，我不知道哪一项法律改革能不追溯到边沁的影响。"③

## 第三节　密尔的功利主义法学

### 一、密尔的生平和著作

约翰·斯图尔特·密尔（John Stuart Mill，旧译穆勒，1806—1873）在哲学、逻辑、经济学、政治法律思想方面，都有杰出的成就，被称为"19世纪最赋有才智和性格最宽宏的人物之一"④。他1806年（拿破仑战争年代）生于苏格兰之爱古思（Angus），其父詹

① 转引自严存生主编：《新编西方法律思想史》，204页，西安，陕西人民教育出版社，1996。

② 参见［英］边沁：《政府片论》，沈叔平等译，编者导言53～54页，北京，商务印书馆，1995。

③ 转引自程汉大主编：《英国法制史》，375页，济南，齐鲁书社，2001。

④ 英国欧内斯特·马克的评价，转引自严存生主编：《新编西方法律思想史》，214页，西安，陕西人民教育出版社，1996。

姆斯·密尔（James Mill）也是一位著名思想家，在伦理学、哲学、政治学、政治经济学等领域均有所建树，著有《政府论文集》等。老密尔对小密尔的家教严厉，亲自对他进行文化上的教育，引导小密尔研究18世纪的哲学、哈特莱的心理学和边沁的伦理学，在思想上对小密尔颇有影响。密尔自己说哈特莱的观念联想是他的心理学和同类科目的指导原则，而边沁的功利主义，把他对事物的看法统一起来，确定了他所怀抱的愿望。[①] 小密尔自三岁起就开始学习希腊文、数学、历史和拉丁文，早年入爱丁堡大学，1818年出版《印度史》。他旅行各地和研究法律几年以后，于1823年进入东印度公司工作，担任职务一直到1858年该公司被国会撤销为止。1851年与一位和他保持达20年之久友谊的有夫之妇泰洛夫人结婚。1865～1868年曾一度任下议院议员。密尔的著作主要有《论自由》（On Liberty，1859）、《代议制政府》（Considerations on Representative Government，1861）、《政治经济学原理》（Principles of Political Economy，1848）、《逻辑学体系》（A Syetem of Logic，1843）、《功利主义》（Utilitarianism，1863）等。

密尔的政治思想是以功利主义为基础的。前面已经指出，他在少年时代就接受了功利理论，视其为生活的指路明灯，他17岁时，他组织“功利学社”，以功利作为学社成员的道德原则和政治原则。他发表论文《论边沁》，赞美边沁哲学的长处，为边沁哲学的基本原理辩护。1863年，他又出版《功利主义》，全面继承和发展了边沁的功利思想，把功利主义推向一个新阶段。并将其作为自己的政治主张的理论基础。在《论自由》里，他说：“的确，在一切道德问题上，我最后总是诉诸功利的；但是这里所谓功利必须是最广义的，必须是把人当作前进的存在而以其永久利益为根据的。”[②] 因此，学习和掌握密尔的政治法律思想，必须从他的功利主义思想出发。

## 二、自由及其限制

在密尔生活的时代，即19世纪，英国的自由主义思想已经经历了两个发展阶段：政治自由阶段和经济自由阶段。17世纪是政治自由思想占支配地位的时代，当时的英国资产阶级面临的任务是反对封建的专制统治以夺取政权，争取政治自由，因此，这一时期思想家们所谈论的自由主要是政治自由，比如洛克。18世纪是英国资本主义迅速发展的时期，资产阶级所面临的主要任务是铲除封建残余在经济领域的影响，发展自由的资本主义经济，因此，这一时期思想家们所谈论的自由主要是经济自由，主张国家实行自由放任的经济政策，不干涉个人的经济活动，如亚当·斯密、大卫·李嘉图等。密尔在新的历史条件下提出社会自由问题。在《论自由》里，他开门见山地说：“这篇论文的主题不是所谓意志自由，不是这个与那被误称为哲学必然性的教义不幸相反的东西。这里所要讨论的乃是公民自由或称社会自由，也就是要探讨社会所能合法施用于个人的权力的性质和限度。”[③]

为什么要讨论社会自由问题呢？传统上社会是对抗国家权力的重要力量，但是，社会并非个人的松散联合，它一经形成也有自己的特点。因为政治自由虽然有效地遏制了统治

---

① 参见［美］梯利：《西方哲学史》，葛力译，565页，北京，商务印书馆，1995。

② ［英］约翰·密尔：《论自由》，程崇华译，11页，北京，商务印书馆，1959。

③ 同上书，1页。

者对个人利益的侵犯，但是，密尔注意到所谓“自治政府”和“人施用于自身的权利”等词句并不表述真实的情况。“运用权力的人民与权力所加的人民并不永是同一的；而所说的自治政府亦非每人管治自己的政府，而是每人都被所有其余的人管治的政府。”[①] 显然，密尔提及的是民主社会里的“多数暴虐”问题。因此，必须探讨社会所能合法施用于个人的权力的性质和限度。为了说明这个问题，密尔把人的行为分为两部分，一部分行为只涉及本人，一部分行为涉及他人。对于前一种行为，个人不必向社会负责交代，对于后一种行为，个人应当负责交代，并且还应承受社会的或是法律的惩罚。社会只有在这种情况发生时，才能对个人实施强制，或者以法律，或者以道德。在所谓“群己权界”问题上，密尔划定的原则是人类之所以有理有权可以个别地或者集体地对其中任何分子的行动自由进行干涉，唯一的目的只是自我防卫。对于文明群体中的任一成员，所以能够施用一种权力以反其意志而不失为正当，唯一的目的只是要防止对他人的危害。

密尔关于自由的概念是功利主义的，“唯一实称其名的自由，乃是按照我们自己的道路去追求我们自己的好处的自由，只要我们不试图剥夺他人的这种自由，不试图阻碍他们取得这种自由的努力”[②]。他把自由划分为三个领域：第一，意识的内向境地自由，主要涉及良心、思想、感想、意见和情操的自由；第二，趣味和志趣的自由，按照自己的性格和意愿做自己想做的事情的自由；第三，个人之间相互联合的自由，人们有自由为着任何无害于他人的目的而彼此联合，只要参加联合的人们是成年，又不是出于被迫或受骗。这三个方面的自由必不可少，任何一个社会，若是上述这些自由整个说来在那里不受尊重，那就不算自由，不论其政府形式怎样；任何一个社会，若是上述这些自由在那里的存在不是绝对的和没有规限的，那就不算完全自由。

密尔在《论自由》里重点论述的是思想自由，思想自由包括言论自由和出版自由等。他认为人们在思想方面应有绝对的自由。因为，第一，限制思想自由不仅压抑了伟大的思想家，而且使广大人民的精神发展受到限制。这是由于被压制的意见可能是正确的，即使假定被压制的意见是绝对错误的，压制本身也是一种罪恶。第二，限制思想自由不利于发展真理。这是因为，其一，如果有什么意见被迫缄默，经验所及，这个意见却可能是正确的；其二，即使被迫缄默的意见错误，但它依然可能包含部分真理，而真理也只有在意见的冲突中才有机会得到补足；其三，即使公认的意见是全部真理，压制不同意见依然会造成理性的萎缩，因此，其四，真理便成了教条。第三，限制思想自由不利于真正战胜异端邪说。只有在自由讨论中才能揭露其错误，让人们了解它的危害性，从而使其失去市场。但是自由并不是毫无限制的，他说：“一切意见是应当许其自由发表的，但条件是方式上须有节制，不要越出公平讨论的界限。”[③]

后两种自由是个性自由，“在并非主要涉及他人的事情上，个性应当维持自己的权利”。这是因为：（1）人的目的即使其各种能力得到最高度和最调和的发展而达成一个完整一贯的整体，也需要个性自由。（2）个人自主选择生活方式需要个人自由。人们在理性充分的情况下选择生活方式，有要求按自己的意见去行动的自由。也唯其如此，人的能力

① ［英］约翰·密尔：《论自由》，程崇华译，4页，北京，商务印书馆，1959。

② 同上书，13页。

③ 同上书，56页。

才能得到发展，智力和道德的能力只有经过使用才会得到发展。(3) 在人类生活中，天才是少数人，但为了他们，却必须保持他们生长的土壤，天才只有在自由的空气里才能自由地呼吸。(4) 幸福、好、快乐是一种自我评价，应允许人们按自己的意见选择生活方式的自由。(5) 人类进步的源泉是个性自由。在有个性自由的情况下，有多少个个人就有多少个独立进步的中心。一个民族一旦失去了个性，发展也就停止了。“凡在不以本人自己的性格却以他人的传统或习俗为行为准则的地方，那里就缺少着人类幸福的主要因素之一，而所缺少的这个因素也是个人进步和社会进步中颇为主要的因素。”① 只有思想的自由而没有将思想、意见付诸实践的自由还是等于没有自由。

约翰·密尔的自由理论在西方得到了广泛的赞誉，被称为“英国自由主义的最美丽的花朵”，而《论自由》则是“这朵名花中最美的东西”，是“自由主义的经典声明”②。一般认为他的社会自由理论是从传统的消极自由（be free from）向积极自由（be free to do）转变的桥梁。

## 三、代议制思想

近代西方对民主理论的证成是从两个进路展开的，其一是以权利为基础论证民主，卢梭是其主要代表；其二是以功利为基础论证民主，约翰·密尔是其代表。密尔不诉诸任何先验的、抽象的人权理论，而仅仅求诸功利，即以民主制度可能产生的有益后果来论证民主制度的优越性。从这个前提出发，他认为政府的根本目的就在于造就更好的人民，进一步讲就是促进人类的进步，而代议制政府是能促进这一目的的实现的政府。代议制政体具有其他政权组织方式所无法比拟的优点：第一，代议制政府不仅是维护秩序的政府，也是最要求进步的政府，因为进步包括秩序，而秩序不包括进步。密尔说，决定政府好坏的要素在于组成社会人们的美德和智慧。因此，能否吸收具有美德和智慧的人来进行政府管理，能否动员社会中的每一成员的智慧和美德对政府施加影响，是判断政府好坏的第一标准；据此，好的政府具有的第二个优点，也是判断政府好坏的第二标准就是它能否促进人民美德和智慧的发展。而代议制政府就是一种既能动员和吸收人民的智慧和美德来管理社会公众事务，并监督政府的工作，又能训练和促进人民的智慧和美德的发展。第二，代议制政府是最高权力属于整个社会的政府形式。英国有句谚语：“假如能保证有一个好的专制君主，君主政体就是最好的政府形式。”他说，这是一个极端有害的见解，古代的一句谚语就是最好的回答：“专制国家里最多只有一个爱国者，就是专制君主自己。”因为，一个人不能为他的国家做任何事情，他就不关心他的国家，在专制状态下，人民是没有任何发言权的。而代议制政府是“主权作为最后手段的最高支配权力属于社会整个集体的那种政府，每个公民不仅对最终的主权的行使有发言权，而且，至少是有时，被要求实际参加政府，亲自担任某种地方或一般的公共职务”③。在这样的政体下，每个公民都是国家的主权者，他必然关心国家的事务并为此贡献自己的智慧和美德。第三，代议制政府是人民既能“自保”又能“自助”的政府形式。从人性的根本特点出发：人性中有积极的一面，也有

① ［英］约翰·密尔：《论自由》，程崇华译，56页，北京，商务印书馆，1959。

② 转引自吴春华：《密尔政治思想的自由主义特征及其形成》，载《浙江学刊》，2002年第（3）。

③ ［英］约翰·密尔：《代议制政府》，汪瑄译，43页，北京，商务印书馆，1982。

消极的一面；有与邪恶斗争的一面，也有容忍邪恶的一面；有向环境屈服的一面，也有克服环境的一面。由此产生两条福利原则："第一个原则是，每个人或任何一个人的权利和利益，只有当有关的人或本人能够并习惯于捍卫它们时，才能免于被忽视。第二个原则是，从事于促进普遍繁荣的个人的能力愈大，愈是富于多样性，普遍繁荣就愈达到高度，愈是广泛普及。"把这两个原则进一步具体化，就是："人们愈具有自保的力量并进行自保，他们就愈能免遭他人的祸害；只有他们愈是自助，依靠他们自己或共同的行动而不仰赖他人，才愈能在同自然的斗争中取得高度成功。"① 因此，任何政府都不能束缚人民的双手，而代议制政府就是把自由公平地赋予全体人民，使每一个公民既能自保，又能自救。

诚如是说，但代议制是否可能？密尔分析说，一个政治机构并非能够自身起作用，它依赖于人的积极参与，而且必须与这些普通人的现有的素质和能力相适应。因此，政府形式的设计和选择依赖三个条件：第一，为之而建立政体的人民必须自愿地接受或者至少不是不情愿地以至成为不可克服的障碍并且进而反对它的建立；第二，他们必须自愿地并有能力作出维护其存在所必要的行动；第三，他们必须自愿地并有能力完成要求他们能够完成其规定目的的任务。代议制政府下的人民必须具备上述这些积极行动的条件以及自我克制的消极条件。什么地方的人民不具备这样的条件，即（1）人民不愿意接受，或者（2）他们不愿意或没有能力使代议制免于毁灭而尽必要的努力，或者（3）他们不愿意或也没有能力完成代议机关责成他们的义务，那就不能选择代议制的政府形式而必须选择其他，而密尔生活的英国具备这样的条件，因此，可以实行代议制政府。

那么，如何实行代议制政府呢？密尔分析说："代议制政体就是，全体人民或一大部分人民通过由他们定期选出的代表行使最后的控制权，这种权力在每一种政体都必定存在于某个地方。他们必须完全握有这个最后的权力。无论什么时候只要他们高兴，他们就是支配政府一切行动的主人。不需要由宪法本身给他们以这种控制权。"② 他认为，作为代议制团体的议会，其主要职能就是掌握并行使这一最后的控制权。它不宜直接管理行政事务，行政权由政府来行使，但其接受议会监督，对议会负责。因此，密尔的代议制是一种分权的代议制。

当然，代议制民主也有一些缺陷，甚至会产生一些危险，主要是：第一，随着选举权的扩大，广泛民主参与权的实现，才智低劣的人可能当选为代议机关的成员，这样会降低代议机关的工作效率和决策水平。第二，代议机构为平庸的多数人控制，从而产生阶级立法和对个性自由的压制。为此，他还提出了一些具体的建议：（1）限制普选权。任何不会读写，以及不会作普通算术运算的人不能参加选举，对通史以及本国历史和制度的初步知识作为要求一切选民的条件。另外，对选民的财产资格也要限制。鉴于当时穷人太多，密尔又提出，对于接受教会救济者，也要取消其选举资格。依靠社会其他成员维持生活，这人就放弃了在其他方面和别人具有同等权利的要求。（2）主张比例代表制。由于选举权扩大，多数统治可能影响有才能有品德的人进入议会。一选区内使参加竞选的各政党按照它们各自所获选票多寡有比例地分配当选名额，保证优秀个人或少数派代表在任何地方都不会被多数人影响；选民如不愿选举本地区候选人，可用他们的选票帮助全国其他地区候选

① ［英］约翰·密尔：《代议制政府》，汪瑄译，44页，北京，商务印书馆，1982。

② 同上书，68页。

人当选；一个人的得票达到规定限额就可当选，多余票额可划给不够的人，以防止没有名望的人只因得票多而垄断议席。(3) 倡导复票制。他主张受过高等教育者、较有智慧者应给予较多投票权。

## 第四节　奥斯丁的分析法学

### 一、奥斯丁的生平和著作

约翰·奥斯丁（John Ausitin，1790—1859）拥有“现代英国法理学之父”这一有争议的荣誉，有很多人认为他是法律实证主义的创始人，是他提出了法律命令说，主张法律与道德的分离，认为法理学是研究实在法的科学。但也有人认为这一点不确实，霍布斯就提出过法律命令说，至于法律与道德的分离，法理学与立法学的分立，边沁也阐述过，只不过是边沁的著作出版比较晚，而使奥斯丁获此殊荣。但不管怎么说，是奥斯丁第一次使很多人了解了法律实证主义，正如哈特所说：“在他死后几年内，人们开始清楚是他的著作在英国建立了法理学这门学科，而现在也很清楚，奥斯丁对该学科在英国的发展的影响比其他任何学者都大。”[①] 而且，其《法理学的范围》是“这些 19 世纪英美法理学思想的最好的、唯一的表达，此外当代法律实证主义的种种形式都可以被解释为奥斯丁传统的延续”[②]。

约翰·奥斯丁出生于一个商人家庭，1807 年至 1812 年服兵役，后研读法律，并于 1818 年开始从事律师职业。但个性使然，也由于健康的原因，1825 年他放弃律师职业。1826 年边沁创办的英国伦敦大学（London University）建立，奥斯丁即被聘为该大学的首任法理学教授。为充实学识，他赴德国研究法学和法律，并撰写课堂讲义。1828 年返回英国，开始在伦敦大学开设法理学系列讲座。或许由于他的理论过于抽象，曲高和寡，听者寥寥，故 1832 年奥斯丁停止在该大学的讲座，并于 1835 年辞去法理学教授职位。此后，他基本居住国外。其间，1833 年，他被任命为英国刑事法律委员会（The Criminal Law Commission）成员；1833 年至 1834 年，任英国皇家刑事法律及刑事诉讼法律委员会（The Royal Crimina l Law and Procedure Commission）成员；1834 年，在英国法学协会会所（The InnerTemple）开设法理学讲座。1859 年奥斯丁去世。主要著述见于系列讲座之中，有 1832 年出版的《法理学的范围》（The Province of Jurispredence Determined）和他去世后由其夫人整理出版的《法理学讲演录或实在法哲学》（Lectures on Jurispredence or The Philosophy of Positive Law）。

### 二、法的概念和分类

鉴于“法律”一词概念使用上的混乱以及以法为对象的学科与哲学、政治学、伦理学

---

① 转引自［英］韦恩·莫里森：《法理学——从古希腊到后现代》，李桂林等译，230 页，武汉，武汉大学出版社，2003。

② 同上书，233 页。

和神学等其他人文社会科学的界限不清，从法律实证主义的基本立场出发，奥斯丁在《法理学的范围》开篇就指出："准确意义的法具有命令的性质。如果没有命令的性质，无论何种类型的法，自然不是我们所说的准确意义上的法。从广义的角度来看，法包括了准确意义上的法以及并非准确意义上的法。"① 继之，他把广泛意义上的法划分为四类：

第一类是神法或上帝法（divine laws or law of God）。这种法是上帝以明示或暗示的方法传谕给人类的法律，也可以称为"自然法"，还包括宗教的法规、戒律或命令。为了避免与模糊的"自然法则（laws of Nature）"相混淆，奥斯丁使用了"神法"或"上帝法"的概念。在具体含义上，他指的是一种功利法则，即边沁所讲的"避苦求乐"法则。"上帝法"是准确意义上的法律，而且，在人类的法律体系中具有最高的法律地位，但基于其法律实证主义的基本立场，他不可能对这个问题展开论述。

第二类是实在法（positive laws）。实在法是一个主权国家制定出来的法律制度，这是一种严格意义上的法，也是奥斯丁法理学所关注的"法律"，其具体内容就是他的"法律命令说"。

第三类是实在道德（ positive morality）或称为实在道德规则（positive moral rules）。这是一种外在靠舆论影响、内在靠个人内心修养来维持其效力的法，因而也可以称为道义法。这一类法之所以称为"实在道德"，是因其"道德"而区别于实在法，因其"实在"而区别于上帝之法。严格意义上的实在道德有三种：（1）生活在自然状态下人们所设立的规则，比如生活在自然状态下的人可以发布一项命令性的法律；（2）主权设立的规则，但这里主权者不是政治上的优势者，比如一个主权对另一个主权设立的命令性法律，或者一个最高政府对另一个最高政府设立的法律；（3）私人设立的规则，但不是实施法律权利的私人设立，比如，父母对子女设定的命令性法律，主人对仆人设定的命令性法律，借出人对借入人设立的命令性法律，监护人对被监护人设定的命令性法律。非严格意义上的法律的实在道德是由"一般观念"设立或设定的法律，也就是说，由任何阶层或任何人类社会的一般观念设定的法律。例如：某个职业团体某些成员的一般观念，某省某城居住人的一般观念，一个民族或独立政治社会的一般观念，由诸多民族形成的较大社会的一般观念，称为"荣誉规则"，或"荣誉法则"。比如，存在涉及独立政治社会之间相互关系行为的法律，或者说涉及主权或最高政府之间关系行为的法律。这种由流行于民族之间的观念设立，加诸民族或主权之上的法律，通常被称为"民族法"或"国际法"。

第四类是隐喻性的法或比喻性的法（Laws Metaphorical or figurative，or merely metaphorical or figurative）。是由于人们类比式的修辞活动而与准确意义上的法发生联系的，它完全是非准确意义上的法。奥斯丁称它们是隐喻性的法律。比如说无生命体的运动的一定"法则"；再有，较低级和非理性动物的一定行为决定于一定"法则"；再如，涉及艺术的"规则"，即提供给艺术的参与者的一种指示或样式，这些指示或样式可以指导参与者的行为。奥斯丁说，从表面上看，这种隐喻之法与严格意义上的法的区分是明显的，但法学家对于两者的互用和混淆经常发生。最为突出的是乌尔比安和孟德斯鸠。奥斯丁说，虽然具有相同的名称，但截然不同的对象被混淆和混乱了。将这些比喻性的法律与命令性、严格意义上的法律混在一起，是模糊了后者的性质或本质。

① ［英］奥斯丁：《法理学的范围》，刘星译，2页，北京，中国法制出版社，2002。

其中，奥斯丁关注的是实际存在的由人制定的法，上帝法、实在道德、隐喻性的法或比喻性的法，是由于与人们较为贴切的或十分牵强的类比式修辞活动发生联系或而具有法的称谓的。

## 三、实在法的本质、结构和特点

实际存在由人制定的法，亦即实在法（Positive Laws），指的是一种规则，这种规则是政治上优势者对政治劣势者制定的规则。这里的政治上优势者实际上就是主权者，因此实在法实质上就是主权者的一种命令。而“命令”这一术语的准确含义包括：“第一，一个理性存在提出的要求或意愿，是另外一个理性存在必须付诸行动和遵守的；第二，在后者没有服从前者的要求的情况下，前者设定的不利后果，会施加于后者；第三，前者提出的要求的表述和宣布，是以文字或其他形式表现出来的。”[①] “命令”、“义务”和“制裁”，是不可分割的相互联系的术语。每个术语就像另外两个术语一样，具有同样的意思，尽管每个术语是以自己独特的叙述顺序方式来展示这些意思的。每个术语直接或间接地说明了如下含义：“一个人设想的、而且对他人表达或宣布出来的要求，在这一要求没有被服从的情形下，其后伴随了可能施加的不利后果，或者，伴随了可能发生的不利后果。”每个术语都是这一同样复杂的内涵的表述方式。当我们说一个命令，必然意味着接受命令的义务，而义务的不履行，就必然产生制裁的问题。换句话说，这三个术语的每一个都在说明同样的含义，尽管如此，其中每一个又都指向了这个含义的不同部分，而且是兼顾其余的。[②]

命令有两种：一种是用来普遍支配或禁止某些种类的行为，或者是用以约束整个社会（起码是约束该社会中某个等级的全体成员）的命令，可以称之为“法律或规则”；另一种是偶然的、特殊的，不是对某一类行为或不行为具有普遍约束力的命令，暂时称为“偶然的或特殊的命令”。不是所有的命令都能够成为法律，只有前一种命令才能够成为法律，因为它对行为或不行为具有普遍约束力；后一种命令不能成为法律，因为它对行为或不行为不具有普遍约束力。成为法律的命令没有必要由国家立法机关颁布，它可以由主权者授予有立法权的官方机构颁布。

法律是一种命令，但并非所有的命令都是法律，这是这个命题的逻辑必然，已如前述。法律是一种命令，但也有例外，即不是命令，却是法律。这种情况有：（1）立法机关对实在法的解释。从严格意义上讲，很难将立法机关对法律的解释称为法律，因为它们不改变被统治者的义务，而只是简单地宣布义务是什么，它们是立法权威的解释行为。它们之所以是法律，就在于立法解释实践上具有命令性。像司法解释一样，立法解释经常具有隐蔽性，它往往在解释旧法的名义下创立新法。（2）废除现有法律的法律和免除现有义务的法律。某些法律，其功能是免去现有法律设立的义务，不是一种命令而是对命令的废除。它们授权或允许与先前的法律相关的人，让他们做或不做先前的法律规定他们应当不做或应当做的事。鉴于这一点，它们常常被称为“许可性法律”，或者更简练地称为“许可”。从非严格或非直接意义上讲，许可性法律经常或总是命令性的，因为被免除法律义务的当事人被恢复了自由或权利，与权利相对应的义务因此而被确立或恢复。（3）不完善

① ［英］奥斯丁：《法理学的范围》，刘星译，23 页，北京，中国法制出版社，2002。

② 参见上书，24 页。

的法律和不带义务的法律。在罗马法学家看来，一项不完善的法律具有这样的性质：它要求一项制裁，但没有约束力；宣布一些行为是犯罪，但没有设立与这些不法行为相联系的制裁。制定不完善的法律的人表达了一种希望，但是他们没有强制他人服从其愿望的意图。从严格意义上看，不要求服从其愿望，希望的表达就不是命令。因此，不完善的法律不是严格意义上的法律，而是优势者对劣势者的一种忠告或劝告。

另外，还有两种表面上没有命令的法律：（1）仅仅设定权利的法律。因为每一个命令都设立义务，所以这种法律不具有命令性。但是奥斯丁说，没有仅仅设定权利的法律，每一个真正包含权利的法律都明确或暗示地对应着一个相关的义务。（2）习惯法。表面上看，习惯法不是优势者对劣势者的命令，它充其量是一种实在道德，习惯是一种实在道德，但习惯法是经政治上的优势者即主权者认可的，因此，就具有了命令的性质。

实际上，一部《法理学的范围》是阐明了"法律"尤其是"实在法"的定义和构成问题。但在这部著作的每一讲中，奥斯丁对法律定义的表达方式都各有侧重，很难说其中哪一个是最准确的法律定义。所以富勒认为，研究奥斯丁的法理学，重要的是要了解他得出法律定义的方法和过程，了解具体的定义倒是次要的。① 总结奥斯丁关于法律尤其是实在法的概念和构成：第一，"命令"是奥斯丁法律定义的核心，奥斯丁的法律学说也因此被称为"法律命令说"。第二，法律定义的基本因素包括：命令；主权，即政治优势者与劣势者的关系；由主权命令而产生的义务；对义务不服从者施加的制裁。

## 四、法理学的对象与范围

受19世纪自然科学的伟大成就的鼓舞，并接受孔德实证主义思想，奥斯丁法律实证主义的表达，充满了19世纪早期滋长起来的对知识的进步力量日益增长的信心。奥斯丁的《法理学的范围》，特别是其中的第三讲的语气，与孔德所表现的对知识发展的自信极为相似。实证主义的基本理想，在于观察、解释、分析和廓清外在的"实际存在"。在法学中，"较为自然地"观察"一个法律的存在"以及"关于法律的学科的存在"，并且，从中去建立"客观的"学术叙事，在19世纪中叶以及下半叶，逐渐成为法学实证主义的一个基本观念。在这样的历史语境中，奥斯丁为自己确立了一项任务——阐明"有关实际存在的由人制定的法的科学"的范围，而且，经过这样的努力，奥斯丁希望在法学实证主义的思潮中，开启分析法学的学术风格。②

为此，他区分了法理学和立法学。法理学是一种独立而且自足的关于实在法的理论。"法理学科学（the science of jurisprudence，或简称为法理学）所关注的乃是实在法，或严格意义上的法律，而不考虑这些法律的善或恶。"③ 法理学研究应首先对全部实在法规进行不断的分析、归纳、分类，明确各个概念的定义、界限、特征及概念间的相互关系，然后提取出一般性原则和结论，最后再反过来，运用已经得到的原则和结论对具体实在法规范进行去伪存真的再认识。

立法学（the science of legislation）则是伦理学的一个分支，其作用在于确定衡量实

① 转引自李桂林、徐爱国：《分析实证主义法学》，70页，武汉，武汉大学出版社，2000。

② 参见［英］奥斯丁：《法理学的范围》，刘星译，译者序，2页，北京，中国法制出版社，2002。

③ John Austin, *Lectures on Jurisprudence or The Philosophy of Positive Law*, John Murray, p. 172.

在法的标准以及实在法为得到认可而必须依赖的基本原则。法律与正义有关系，但法律与正义没有必然的关系。奥斯丁说："法律的存在是一回事，其优点和缺点是另一回事。法律的存在或不存在是一种探究；它符合不符合某个假定的标准则是另一种探究。"① 对奥斯丁而言，法律实质上是一种程序，实在法包含自身的标准，它只要符合主权者、命令、义务、制裁的逻辑结构，它就是法律，至于它的内容正义与否，不影响法律的效力。对它的任何藐视，在法律上绝不能认为是正当的，尽管在纯粹道德的领域，有可能是值得原谅的。

法理学的基本任务就是对从实在法制度中抽象出来的一般概念和原则予以阐释。他说："我所称之为一般法理学，是指这样一门科学，它所关注的是阐明不同法律制度所共有的一些原则、概念和特点：通过法律制度的分析，我们能够获得这样的认识，即那些较为完善和成熟的制度，由于具有完善性和成熟性，从而也就富有卓越的指导意义。"② 为此，他确定法理学的范围或内容可以包括如下六方面：第一，义务、权利、自由、伤害、惩罚、赔偿的概念以及它们的相互关系，它们与法律、主权和政治社会间的各种关系；第二，成文法和不成文法之间在司法实践中或由于理解不当而作出相反解释的情况；第三，对世权（如财产权）和对人权（如契约权）及其关系；第四，权利的特征，进入到所有权领域或主权领域分别对其他权利的限制问题；第五，责任的特征，责任由契约或损害而来，否则就是类推责任；第六，损害与不法行为的特征，即公民的损害进入到犯罪和不法行为的特征。③

## 复习思考题

1. 功利主义法学的理论基础是什么？
2. 边沁是怎样论述人的本性及其与法的关系的？
3. 如何看待密尔的自由理论？
4. 奥斯丁为什么说法的本质是命令？
5. 奥斯丁如何把法律与道德区分开来？

① See John Ausitin Lectures on Jurispredence Or The Philosophy of Positive Law, John Murray, p. 214.

② 转引自［美］博登海默：《法理学：法律哲学与法律方法》，邓正来译，113页，北京，中国政法大学出版社，1999。

③ 转引自严存生主编：《西方法律思想史》，273页，北京，法律出版社，2004。

下编

# 现代

# 第八章

# 现代分析法学

## 第一节　现代分析法学概述

一、现代分析法学产生的历史背景

二、现代分析法学法律观和方法论的总特点

## 第二节　凯尔森的纯粹法学

一、凯尔森的生平与著作

二、纯粹法学的对象、性质

三、法律是一个规范等级体系

四、法律和国家、国内法与国际法的一元论

## 第三节　哈特的现代分析法学

一、哈特的生平与著作

二、法律是一种规则的体系

三、法律与道德

四、法的空缺结构和法律解释

## 第四节　拉兹的现代分析法学

一、拉兹的生平和著作

二、法律体系理论

三、法律的作用

四、形式法治论

## 第五节　分析实证主义制度法学

一、制度法学的性质

二、法律观——作为制度事实的法律

三、分析——辩证的正义观

## 第一节　现代分析法学概述

### 一、现代分析法学产生的历史背景

现代分析法学是由包括凯尔森、哈特、拉兹和麦考密克等多位20世纪西方分析法学家所创立的理论。在这一时期，西方分析法学的发展出现了两个相对独立的进路。20世纪前半期，在普通法世界，奥斯丁的理论在各大学的法理学教育中占据了主导地位。哈特的理论是在奥斯丁分析法学的传统下发展起来的，而拉兹和麦考密克作为哈特的学生同样也是在这种学术传统下成长起来的。所以，20世纪下半期的哈特、拉兹和麦考密克等人的理论都属于由奥斯丁开创的英国分析法学传统。

除了英国分析法学之外，20世纪分析法学的发展还有另一条进路，即奥地利人汉斯·凯尔森的纯粹法学。凯尔森出生于布拉格，第一次世界大战期间担任维也纳大学教授，晚年定居美国。凯尔森纯粹法学的产生独立于英国分析法学传统，他在担任维也纳大学教授期间最早于1911年就已经形成了其纯粹法学的思想，第一次世界大战以后将这一理论推向成熟，并于1934年发表了《纯粹法学》（德文版），这是该书的第一版。他在以后的学术生涯中不断发展和完善其纯粹法学。因为纯粹法学的发展经历了很长时间，所以，我们可以根据其观点的变化把纯粹法学划分成两个不同阶段：以1934年《纯粹法学》第一版和1945年的《法与国家的一般理论》（英文版）为代表的著述属于第一个阶段，以《纯粹法学》第二版（1960年德文版，1967年英译版）为代表的著述属于第二个阶段。与第二阶段相比，第一阶段的特点之一是更强调法律的强制性，认为法律规范的唯一功能就是设定义务，在法律规范的分类上认为只存在义务性规范。第二阶段的观点则吸收了其他学者的批评意见，同时也为了更好地适应20世纪下半期法律思想的变化，作了相应改进。

英国分析法学在20世纪的发展背景主要包括以下几个方面：

第一，第二次世界大战以及战后的反思。从古希腊时期起，自然法思想在西方一直长盛不衰，之所以如此，是因为它对法律价值问题的关注以及它所具有的批判与反思精神。分析法学强调法律与道德的分离，认为法理学应该研究“实然法”，将“应然法”的研究排除在法理学之外，交给正义理论、伦理学等学科，强调“法律就是法律”、“恶法亦法”，坚持认为法律的好坏与功过的评价不属于法理学研究的范围。分析法学的这一基本立场背离了上述思想传统。在纳粹德国战败之后，西方思想界开始了对这场灾难的反思，分析法学也受到责难。法西斯的危害被认为与奥斯丁所开创的分析法学把法律看成是主权者的命令有关。第二次世界大战以后，西德最高法院在判决中指出，如果国家发布的命令是完全应受谴责的而且其不合理性已达到令人难以容忍的程度，那么抵制执行这些命令的权利在某些情形下可以转变为一种不遵守这些命令的法律义务。在此情况下，分析法学必须回应这种政治上的责难，在为法律与道德之分的基本立场进行辩护的同时，也要进行理论上的创新，研究法律与道德之间的关系。

第二，对传统分析法学的局限性的反思。边沁、奥斯丁和凯尔森把法律主要看成是权力、强制和制裁，这包含着一定的合理性：法律使某些行为成为强制性义务，限制了社会中的人们在其生活安排与计划中的行为选择的范围。刑法就是以制裁为后盾的法律的典型代表。但是，20世纪下半期政治民主与法治的实践使得奥斯丁的法律命令说显得过于简单：法律不仅设定义务，而且还授予人们以权利；它不仅规定制裁和强制，而且也为人们的生活提供便利，为他们的生活计划提供保障。分析法学需要克服法律命令说的局限性，亟须一个新的起点。

第三，西方法哲学各派别的相互影响。20世纪西方法哲学呈现出多元化格局，其中对分析法学的发展产生了最大影响的是法律社会学、现实主义法学对分析法学的批判，自然法学的复兴。由边沁和奥斯丁所开创的“法律与道德的分离”的立场受到法律社会学和现实主义法学者的赞同，例如美国的格雷（Gray）、霍姆斯（Holmes）都将它视为一个不证自明的命题。但是，他们在其他一些理论观点上对分析法学持批判态度，他们将法理学研究的重点从立法转到司法审判，强调法律的不确定性，让法学家们看到法院判决案件并不是逻辑运算活动。这一点对20世纪西方法理学的发展起到了重要作用。另一方面，第二次世界大战之后新自然法学的复兴，以及富勒、德沃金等对分析法学的批判也对哈特以及哈特之后的分析法学家产生了较大影响。正是在这种学术环境下，哈特、拉兹和麦考密克等人无论是在基本学术观点还是在方法论方面都吸收了其他学派的某些思想要素，凯尔森的后期思想也是如此。当然，各学派之间的影响是相互的，各学派之间出现了彼此靠拢的倾向。

## 二、现代分析法学法律观和方法论的总特点

（一）现代分析法学的法律观

1. 法律与道德的分离。法律与道德之间不存在必然联系，法律的存在与效力不取决于它是否符合任何特定的道德价值。

2. 法律是一个相对独立的体系。法律的存在和范围可以通过客观的检验标准加以确定。

3. 规则概念以及规则之间的联系是理解法律性质的关键，因此法律分析不同于对法律的社会学研究和历史学的研究，也不同于价值评价。

（二）现代分析法学的方法论特点

1. 坚持实证主义哲学观。分析法学的实证主义哲学主要表现为以下几个方面：（1）拒斥形而上学，只研究实证的事实和知识；（2）法理学要成为像自然科学那样的科学，就必须以可以观察的实在法作为自己的研究对象；（3）道德相对论，分析法学各派别一般都认为，道德判断是一种归于个人价值选择与判断的事情，任何道德原则都不能通过理性的论证来证明其客观性和普适性。

2. 坚持以实在法作为研究对象。所谓实在法就是实际存在的法律，它是指具备一定的形式特征、可以由某种客观而明确的标准加以确认和验证的法律。分析法学各派别有关实在法的存在与范围方面的不同观点构成了它们之间的主要差异，当然也形成了它们各自的特色。凯尔森的基本规范、哈特和拉兹的承认规则的最重要作用，就是确认法律体系的存在与范围。总体来讲，分析法学各派别都认为，法律的存在与范围的确认可以直接或间接地归结于某种权威机关的活动。

3. 坚持法律与道德的分离。这既是分析法学的法律观，也是其方法论的重要组成部分。依哈特之见，法律与道德之间具有紧密联系，但二者之间不存在必然联系。“法律反映或符合一定道德要求，尽管事实如此，然而不是一个必然的真理。”[①] 我们既不能说法律必然与道德或正义相一致，也不是说不符合某种道德或正义标准的法律不是法律。

4. 坚持分析的方法。尽管分析法学不断吸收新的方法，但是，分析方法一直是分析法学的传统方法。总的来讲，分析法学的分析方法包括三方面的内容：实证分析，逻辑分析，语义分析。实证分析即从整体中分解出部分，从表象中抽象出内在的规定性，从而认识实在法的普遍属性。逻辑分析即研究法律概念、法律命题在逻辑上的相互关系，以认识法律制度或法律体系的性质。语义分析就是通过分析语言的要素、结构、语源和语境等要素，消除语言意义的含混与混乱，使语言的意义精确化、明晰化。这三种方法往往被现代分析法学结合起来加以使用。

## 第二节　凯尔森的纯粹法学

### 一、凯尔森的生平与著作

汉斯·凯尔森（Hans Kelsen，1881—1973）是20世纪西方法学界久负盛名的法学家。他原籍奥地利，生于布拉格，1911年在维也纳大学任教，1920年参与奥地利共和国宪法的起草工作，1920年至1930年任奥地利最高宪法法院法官，1930年至1933年在科隆大学任教。1940年流亡美国，后入美国籍，先后在加州大学和哈佛大学任教。他在长达六十余年的学术生涯中始终笔耕不辍，以其博学和睿智勤奋地探索着法学、政治学、哲学等学科的前沿领域，并以其纯粹法学和国际法理论享誉于世，受到西方法学家的推崇。

凯尔森在纯粹法学方面的著作主要有：《纯粹法学》，《法与国家的一般理论》（1945年，英文版），《纯粹法学》（第二版，1960年，德文版，英译本于1967年出版），《规范的一般理论》（1979年，德文版，英译本于1991年出版）。

### 二、纯粹法学的对象、性质

纯粹法学的研究对象是实在法，即实际存在的法律。实在法是一种规范体系，纯粹法学的研究对象也是法律规范。法律与法律规范两个概念既有联系也有区别。法律是人的行为的一种秩序（order）。一种“秩序”是许多规则的一个体系（system）。法并不是像有时所说的一个规则，它是具有那种我们理解为体系的统一性的一系列规则。如果我们将注意力局限于个别的孤立的规则，那就不可能了解法的性质。[②] 这段话集中体现了纯粹法学的基本立场，它从分析的角度把握了法律与法律规范之间的关系，表达了“法律是一种规范（规则）体系”的观点。

凯尔森提出，法律是一种“人类行为的强制性规范秩序”。法律以人类行为作为调整

---

① ［英］哈特：《法律的概念》，张文显等译，160页，北京，中国大百科全书出版社，1996。

② 参见［美］凯尔森：《法与国家的一般理论》，沈宗灵译，3页，北京，中国大百科全书出版社，1996。

对象，是一种人类行为的秩序。法律通过某些强制行为对被认为有害于社会的行为作出反应，是一种强制秩序。法律所规定的强制是社会有组织的制裁，不同于道德、宗教和其他社会规范的强制，法律是一种规范秩序，它授权官员适用法律，使他们的行为具有合法依据，正是这一点使法律区别于强盗的命令。

与此相联系的是凯尔森对“法律规范”所下的定义：“法律规范是意志行为的客观意义（objective meaning）。”[①] 法律规范是意志的产物，是由某个意志行为创造出来的。意志行为针对他人的行为，产生命令或规范。同时，并不是任何意志行为所发出的命令都能成为法律规范，只有那些得到了法律的授权的意志行为，其主观意义才能转化为客观意义，即具有法律效力，成为法律规范。

凯尔森努力把纯粹法学建立为一门法律科学，建立为关于法的一般理论。作为法律科学的纯粹法学不同于自然法学，其唯一目的是认识和描述其对象，不涉及法律应当怎样的问题。“法律问题，作为一个科学问题，是社会技术问题，而不是一个道德问题。”[②] 自然法学将法律等同于道德或正义，实质上是在为一个特定社会秩序进行辩护，这不是如实地描述法律而是在进行法律评价。法律评价必定要涉及价值问题，这不属于法律科学的范围。纯粹法作为一门科学不能回答法的应然之类的问题，因为这一问题是根本不能科学地加以回答的。[③] 与此同时，凯尔森所建立的纯粹法学是规范性的法律科学，因此凯尔森也称他的纯粹法学为“规范法学”。法律社会学也自称为法律科学，它以社会调查、心理观察等方法来研究法律，研究人的行为和事实，研究是什么致使立法者发布某些规范不发布另一些规范、立法行为产生了哪些社会效果，研究经济事实或宗教观念如何影响立法者和法官的行为，研究人们服从或不服从法律秩序的动机。这样，法律社会学放弃了法律的规范性，把法律归化为一些社会的和心理的事实。纯粹法学并不反对这一研究进路，但它选择了一条与之不同的规范进路，以规范所独有的内部联系方式来描述法律规范，因而可称为规范法学。

根据以上立场，我们可以认为纯粹法学所采取的进路是自然法学与法律社会学之间的一条中间道路。纯粹法学与法律社会学一样，反对自然法学，坚持法律与道德之分；但法律社会学把法律归结于社会事实和心理方面的研究，而纯粹法学则坚持法律的规范性，坚持以法律规范作为自己的研究对象。纯粹法学与自然法学在法律与道德的关系问题上立场迥异，但二者都坚持法律的规范性。

## 三、法律是一个规范等级体系

纯粹法学的最重要观点之一，就是法律是一个规范等级体系。法律等级体系的形成取决于法律的一个重要特点，法律调整着自己的适用和创造。法律规范之所以有效力，是因为它是按照另一个法律规范决定的方式创造出来的，因此，后一个规范便成了前一个规范的效力理由。决定另一个规范的创造的那个规范是高级规范，根据这种调整而被创造出来的规范是低级规范。具有直接或间接授权关系的规范处在一条效力链上，法律体系中一切

① Kelsen, *Pure Theory of Law*, University of California Press, 1967, p. 5.

② ［美］凯尔森：《法与国家的一般理论》，沈宗灵译，6 页，北京，中国大百科全书出版社，1996。

③ 参见上书，6 页。

实在法规范的效力都可以直接或间接地上溯到法律体系的基础规范。除了基本规范之外，所有其他规范的创造都是由更高级的规范调整的；除了个别性决定和命令之外，所有其他规范都调整着更低级规范的创造。换句话说，由于每一个法律体系的全部实在法规范都是由基本规范直接或间接授权创造的，它们都处在以基本规范为端点的效力链上，所有的效力链都以基本规范为共同的顶点。所以，“法律体系不是相同层次的并列规范的体系，而是不同层次的法律规范的等级……基本规范是规范效力的最高理由，（这些规范）一个根据另一个被创造，因而形成等级结构的法律秩序”①。

在阐述了法律秩序的等级特征之后，凯尔森还对各种法律现象进行了分析，把宪法、法律和法规、司法判决、行政决定、私法行为、执行行为都包括在一个统一的体系之中。

第一，宪法。在国内法律秩序的范围内，宪法代表着实在法的最高层次。

第二，法律和法规。宪法授权立法机关创造一般规范（议会制定法），又允许行政机关颁布一般规范以便使议会制定法更完善，或者授权政府在紧急情况下代表立法机关颁布所有的或必要的一般规范。由行政机关颁布的一般规范被称为法规。

第三，司法判决。凯尔森认为，“以法律的动态学的观点来看，法院创造的个别规范代表着从宪法的制定开始，继之以立法或习惯到司法判决，并导致制裁的执行这一过程的过渡阶段”②。只有经过司法判决这个环节，法律才能从一般、抽象进而到个别、具体，形成一种个别化和具体化程度不断提高的过程。司法判决既可能是个别规范，也可能是一般规范。当司法判决具有一般规范的性质时，它就构成了判例法，法院就创造了法律。

第四，私法行为与契约。私法行为是个人由法律授权以法律调整某些关系的行为。私法行为是一种创造规范的行为，它所创造的规范具有客观效力。私法行为创造的规范不规定制裁，只规定那些其相反行为是一般法律规范确定的制裁条件的行为。这些规范不是独立的法律规范，只有在与规定制裁的一般法律规范的联系之中才有意义。法院在由私法行为导致的民事诉讼中，不仅要决定私法行为赖以进行的一般规范的效力，而且要决定私法行为的事实、违反协议的行为的事实以及造成的损失没有被赔偿的事实。在此基础上，法院才作出以下判决：如果法院确定的损失在规定的期限内没有被赔偿，那么就应当执行由法院所适用的一般规范规定的制裁。

### 四、法律和国家、国内法与国际法的一元论

凯尔森坚持法律与国家一元论的思想。他认为，传统的法律与国家二元论体现了一种政治意识形态：把国家表达成一种不同于法律的人格存在，目的在于法律论证该国家的正当性。国家创制了法律，又把自己置于法律之下，通过把法律描述成与国家相对立、与国家完全不同的东西，才能证成国家，“国家就从一个赤裸裸的权力事实转换成了一个受法律统治的共同体（法治国）”③。

要想摆脱法律与国家关系问题上的形而上学、神秘论和意识形态，只能坚持法律与国家的一元论。国家作为一种政治组织，它是一个法律秩序；但反过来讲，并非每一法律秩

① Kelsen, Pure Theory of Law, University of California Press, 1967, pp. 221－222.

② Id., p. 237.

③ Id., p. 285.

序都是一个国家。初民社会的前国家法律秩序，超国家法律秩序或国际法律秩序都不代表国家，国家是一种相对集中的法律秩序。如果国家被理解为一个社会共同体，那么，它就只能是由规范秩序构成。在传统理论看来，国家是由三个要素组成的，即人民、领土和由一个独立政府行使的国家主权。这三个要素只能被理解成一个法律秩序的效力和效力的若干维度。就人民而论，如果要问为什么在语言、种族、宗教上相区别并且由于利益的冲突而区隔开来的人们能够聚合在一起，就只能从法律角度来分析，人民就是国内法律秩序的属人效力范围；就领土而论，它是国内法律秩序的属地效力范围。与此相似，国家主权是一个有效力的国内法律秩序的效力。国家的主权由政府来行使，政府与受治者之间的关系与其他权力关系的不同源自一个事实：政府受法律规制，有资格以政府成员名义行使政府权力的人是因为受到法律秩序的授权来行使这种权力，创制和适用法律规范。

凯尔森在国际法理论上也颇有建树，其理论产生了广泛的影响。他反对把国际法视为国际道德的观念，认为国际法也是法，国际法像国内法一样也规定了对国际不法行为的制裁，其特有的制裁手段是报复和战争，国际法上的制裁在内容上与国内法的制裁没有什么不同。然而，国际法只能算是一种初级法律秩序，与初民社会无国家社会的法律极为相像，这是因为国际法并没有设立负责国际法规范的创制与适用的专门机关：国际法规范主要是由习惯和条约创立出来的，而不是由特别的立法机构创制；国际法还处于分散状态，没有一个专门机构负责国际法规范的适用，在发生国家权利受到侵犯的情况下，主要还是由本国来决定国际法不法行为的存在，作为初民社会法律特征的自助手段，在国际法中仍然是主要手段。

国际法也是一个等级体系。国际法是由习惯所形成的规范构成的，更准确地讲，国际法是由各国得到国内法律秩序授权的国家机构共同创立出来调整国家间关系的规范构成的。它们是一般国际法的规范，因为它们为所有国家创设了义务或权利。在这些规范中，有一个规范具有特别重要的地位，那就是“信约必须遵守”，它本身是由国际习惯法所创立的一条国际法规范。正是这一原则授权国家作为国际共同体的主体以条约来调整它们的相互关系。由条约创立的国际法除了一些例外情况外，并不具备一般国际法的性质而只具有特别国际法的性质，它的规范并不适用于所有国家，只对两个国家或者或大或小的国家集团有效力；这些国家所构成的只是一个部分共同体。这样，由条约所创立的特别国际法与由习惯所创立的一般国际法二者之间是一个上下级的等级关系，而由国际条约所设立的国际法院和其他国际机构所创设的规范则处于第三个层次上。按照上述思想逻辑，在国际法规范体系中必须存在一个最高的国际法“基本规范”，它把由国家间相互行为构成的习惯设定为一种国际法的创立事实，并赋予由国际习惯创立的国际习惯法（即一般国际法）以法律效力。

关于国际法与国内法的统一，凯尔森认为：“我们能够把国际法连同国内法律秩序理解为由规范构成的单一体系，正如我们习惯于认为国内法律秩序是一个整体一样。”① 如果两个体系要被认为是同时有效力的规范秩序，那么，就不可避免地要把两者理解成一个单一的体系。国际法和国内法的统一可以从两种不同的方式上得到理解：一种方式是一种法律秩序隶属于另一种法律秩序，由后者中包含的某一规范授权前者的创造。上级秩序的基

① Kelsen, *Pure Theory of Law*, University of California Press, 1967, p. 328.

本规范因而也是下级秩序的效力的理由。另一种方式是，把国际法和国内法这两种规范复合体看成是并列的秩序，也就是说它们的效力范围是彼此独立的。它们是由一个更高的第三种秩序决定的，这第三种秩序的基本规范代表了包括国际法秩序和国内法秩序的规范在内的一切规范的效力的理由。这两种理论都可以证明国际法与国内法的一元论构造。

上述两种方式中的第一种也有两种学说来解释国际法与国内法的统一，即国际法优先论和国内法优先论。根据国际法优先论，国际法是一个凌驾于所有国内法律秩序之上的法律秩序，作为下级法律秩序的所有国内法律秩序一起组成了一个普遍法律秩序。根据国内法优先论学说，国内法律秩序是凌驾于国际法律秩序之上的，国际法秩序从国内法秩序那里取得效力。因而，国际法就成了国内法的一个组成部分。这两种理论在国际法理论与实践之中都有其倡导者，但凯尔森认为它们的法学含义是不同的。国内法优先论将会使各主权国家成为法律世界的主权中心，只有国际法优先论才能使一切国家平等的观念得以保持。①

## 第三节　哈特的现代分析法学

### 一、哈特的生平与著作

哈特（Herbert Lionel Adolphus Hart，1907—1992）是英国法理学家，新分析法学创始人。哈特于1932年至1940年任英国出庭律师（barrister），第二次世界大战期间在英军情报机关服役，战后接受牛津大学的邀请任哲学研究员和导师。1952年，他升任牛津大学法理学讲座教授，直至1969年辞职，1978年退休。主要著作有《法律中的因果论》（1953年，与A. M. 奥诺雷合著）、《法律的概念》（1961年）、《法律、自由和道德》（1968年）、《惩罚与责任》（1968年）、《法理学和哲学论文集》（1983年）等。哈特在1961年发表的《法律的概念》是新分析法学形成的标志。在这本短小、简练和富于思辨的著作中，哈特提出了著名的“法律规则说”，评析了西方当代各种具有代表性的学说对法律的认识，是当代不可多得的法理学权威著作。

### 二、法律是一种规则的体系

哈特在批判奥斯丁法律命令说的基础上，提出了规则论法律观。奥斯丁把法律定义为主权者的命令，而所谓主权者则是在独立政治社会中享有大众的习惯性服从且不习惯性地服从任何其他人的个人或团体。哈特认为，这一定义法律的方式存在着严重的不足：它不能说明法律的持久性或持续性；不符合法律的连续性特征；没有包括授权性法律，因而不能反映法律的多样性；它同“主权者受到法律的限制”这一现代法治观念相悖。哈特总结说，奥斯丁的法律命令说是一个失败的记录，“失败的根本原因在于：该理论由以建构起来的那些因素，即命令、服从、习惯和威胁的概念，没有包括、也不可能由它们的结合产

① 参见［奥］凯尔森：《法与国家的一般理论》，沈宗灵译，423页，北京，中国大百科全书出版社，1996。

生出规则的观念，而缺少这一观念，我们就没有指望去阐明哪怕是最基本形式的法律"[①]。哈特由此而发现了自己理论的新起点：规则的概念是法理学的关键，"法律是第一性规则与第二性规则的结合"。

哈特提出，任何成熟的法律体系都是由两类法律规则构成的。一类规则被称为第一性规则，它们为人们设定义务，要求人们做或不做某种行为，不管他们愿意与否。另一类规则被称为第二性规则，它们规定人们可以通过做某种事情或表达某种意思，引入新的第一性规则，废除或修改旧规则。仅仅由第一性义务规则构成的社会结构存在三方面的缺陷，第一，不确定性。群体赖以生存的规则构成不了一个体系，而仅是一批单独的标准，没有共同的权威标准来精确地确定该社会有效规则的范围。第二，静态性，即在这种社会中，并不能有意识地通过清除旧规则或引进新规则而使规则适应新变化的手段，该社会中的法律是静态的。第三，用以维护这些规则的社会压力的无效性，这种社会缺少一个权威机关来最终地、权威性地决定规则是否被违反，并对违反规则的行为施以制裁。这样，在缺乏官方救济机制的情况下，人们往往会求助于自力救济，从而危及社会秩序与安全。正是由于上述三个缺陷，哈特把这样的社会称为前法律世界。

要从前法律世界走向法律世界，就要克服前法律世界中的三个缺陷，其方法就是针对每个缺陷分别增加一种补救。针对三种缺陷所增加的三种第二性规则分别是承认规则、改变规则和审判规则。引入承认规则可以克服前法律世界的第一性规则体制的不确定性，其主要功能是确认第一性规则的存在与范围。引入改变规则是为克服第一性规则体制的静态性，它们授权国家机关以立法权力，制定新法、废除旧法；它也授权私人以签订合同、订立遗嘱、转让财产，改变自己的法律地位的权利，约定彼此之间的权利和义务。法律不仅起到强制作用，它也为人们的生活计划与安排提供便利。引入审判规则旨在克服第一性规则体制下分散的社会压力的无效性，其功能是授权个人对特定情况下第一性义务规则是否已经被破坏的问题作出权威性决定。审判规则是一种授权规则，它授予权力而不设定义务。它授予被称为"法官"的人以审判的权力，其中既包括审判主体方面的规则，也包含审判程序方面的规则。审判规则的出现，界定了诸如法官、法院、审判权和审判之类的概念。

第一性义务规则与第二性的承认规则、改变规则和审判规则共同构成了法律世界的法律规则体系，其中承认规则具有重要地位。承认规则被接受并被用于确认主要的义务规则，这构成了法律体系的基础。它在哈特的"法律规则说"中的地位正如基本规范在凯尔森的纯粹法学的地位一样，构成了法律体系的基础。一般地讲，承认规则的存在及其内容可以通过法官和官员确认正待适用的法律的实践，通过法官和官员对待一些规则的态度来加以确定。例如，英国法律体系的承认规则可以概括成：制定法和普通法都是法律渊源；普通法从属于制定法。而在大陆法系国家中，由于国家的法律渊源只有制定法，因而，其承认规则就确认宪法、法律和法规等制定法作为法律渊源，其中成文宪法具有最高效力。

## 三、法律与道德

哈特指出，道德在四个方面不同于法律。第一，在重要性方面，道德比法律更重要。

① ［英］哈特：《法律的概念》，张文显等译，82页，北京，中国大百科全书出版社，1996。

第二，道德的非有意改变性。道德规则或原则通常不能像法律规则那样通过新规则的引入和旧规则的改变或废止来发生变化，它植根于人们的观念之中，试图通过法律等手段促进道德变革的努力往往会徒劳无功。第三，道德罪过的故意性。在道德领域，“我无能为力”总是一个辩解的理由，但在某些法律领域可能会强调“严格责任”。第四，道德强制的形式不同于法律强制，法律强制的典型形式是体罚或不幸后果的威胁，对道德规则之要求的强有力提示、呼唤良知、当事人的悔恨都是用以维护社会道德的典型强制形式。

法律与道德之所以有必要存在并有可能发挥其作用，是因为人类社会有一个自然目的和五个基本事实。这里所讲的自然目的是指人的生存，“总体上人们确实希望生活下去，我们把生存称为人们的目标或目的，只不过指人们确实希望生存”[①]。这是一个具有重要意义的永久事实。五个自然事实是：（1）人的脆弱性。人是脆弱的，需要人与人之间限制使用暴力杀人或施加肉体伤害。一旦人的这种脆弱性不再存在，法律和道德中最基本的规定——不能杀人——就不再必要，法律与道德也不再必要。（2）大体上的平等。法律和道德之所以必要，一个重要的事实是：任何一个人都不会比其他人强大到这样的程度，以至没有合作还能持久地统治别人或使后者服从。正是这一事实使人们明白，必须有一种相互克制的制度，它是法律和道德两种义务的基础。（3）有限的利他主义。人既不是恶魔也不是天使，这就使法律和道德这些促使人们相互克制的制度既有必要也有可能。人的利他主义的范围是有限的并且是间歇性的，而侵犯倾向却是时常存在的，如果不加限制，就足以导致社会生活的毁灭。（4）有限的资源。有限的资源使得社会需要某种最低程度的财产权制度以及体现这种制度的特种规则。（5）有限的理解力和意志力。人类社会需要某种强制的制度，这个制度的框架将会更有利于保障人与人之间的自愿合作。

哈特指出，法律和道德共享着最低限度的自然法，它们是以人类的自然目的和自然事实为基础的并获得普遍认可的行为原则。具体讲，最低限度的自然法内容包括禁止用暴力杀人或施加肉体伤害的规则，要求相互克制和妥协的规则，保护财产权利（包括占有权、转让权、交换权或处分财产的权利）的规则，镇压盗窃、诈骗的规则等。它们既是人类社会必须遵循的道德原则，也是需要由国家强力保证实施的法律原则。

最低限度自然法理论并不意味着法律与道德间存在着必然联系。主张法律与道德之间具有必然联系的人可能认为，一个良好的法律制度必须要符合某些正义和道德的要求。例如，民主、自由和平等这些价值，在今天看来是何其“自然”，但以这些标准来进行法律批评也只不过是近代以来的事情，即使违反这些价值原则的国内法律秩序也有可能长存。“法律的存在是一回事，法律的优缺点是另一回事”。凡是由第一性规则和第二性规则组成的规则体系就是法律，它既包括良善的法律，也包括邪恶的法律。有些规则违反了一个社会本身的道德或违反了我们可以坚信是开明的或真正的道德，从法律批评的角度看，它们是恶法。对于这些恶法，自然法学家会坚持主张“恶法非法”，但这不是一个可取的说法，最恰当的说法是：“这是法律；但它们是如此之邪恶以至不应遵守和服从。”[②]

① ［英］哈特：《法律的概念》，张文显等译，188页，北京，中国大百科全书出版社，1996。

② 同上书，203页。

## 四、法的空缺结构和法律解释

由于以下原因，在每一法律体系中法律规则的不确定性必然不同程度地存在。（1）立法者理性的有限性。人的理性是有限的，立法者难以摆脱一种困境：一是立法者对于事实的相对无知，二是对目的的相对模糊。“人类立法者根本不可能有关于未来可能产生的各种情况的所有结合方式的知识”①。这样，立法者就不可能在以一般语言表达的规则中对现在和未来世界上可能出现的事情都作出精确的规定。（2）用以表达规则的一般语言所具有的空缺结构（open texture）。任何选择用来传递行为标准的工具——判例或立法，无论它是怎样顺利地适用于大多数普通案件，都会在某一点发生适用上的问题，将表现出不确定性，它们具有人们称之为“空缺结构”的特征。其结果是，法律规则能够涵盖哪些案件，或者说某一案件应该适用哪一规则，就是不确定的。（3）在规则中预留一定的自由裁量空间，由精明的官员来选择解决未来出现的社会纠纷，这种立法技术也是必要的。社会是不断发展变化的，社会目的也是发展变化的，法律作为一种目的性的事业，必定会在适用之中考虑社会目标。因此，即使在立法技术上可以实现立法语言的精确性，也没有必要处处如此。例如，立法机关可能要求企业满足一定的要求：“负责公平的价格”或“提供安全的工作体系”。在这里，“公平价格”和“安全工作体系”中所存在的不确定空间并不是为企业提供的，而是留待执法机关用法规具体去规定特定企业中的“公平价格”或“安全体系”的具体标准。这种立法技术实际上就为法院或官员发展法律并视情况自由裁量预留了一定的空间。

哈特主张要正确对待规则的不确定性，既不要忽略也不要夸大。只有这样，才能在注意到法律规则的不确定性是源于人类自身预测未来能力的缺乏因而不可避免的同时，也要注意法律制度应该采取各种相应的技术，来弥补这种欠缺。在给官员预留一定的自由裁量空间的同时，也要注意到非常关键的一点：法律的生命在很大程度上存在于确定的规则对官员和私人的指导，与各种可变的标准的适用不同，这些确定的规则不要求他们一个案件、一个案件地作出全新的判断。从极端的情形来讲，当法律规则完全成为意义开放的结构时，法律规则对法官或官员的限制也就不存在了，法律就丧失了其存在的意义。

在法律规则的确定性与不确定性问题以及法律解释问题上，哈特进行着两个方面的努力。他既反对形式主义法学的概念天国的幻想，也反对现实主义法学的规则怀疑论。他在承认法律规则在其意义的边缘地带存在不确定性的同时，也坚持法律的规范性，强调法律规则的一般适用是有相当确定性的。法律的生命在于法律规则对法院或官员行为的限制和指引，如果法院的判决就是法律，那么，就可能出现这样一种极端的局面：法院视事先存在的规则如无睹，任意裁决而不受约束。一个法律制度的存在，就意味着该制度中的大多数法官遵循着法律规则所确定的标准，否则法律制度就不可能存在。法律制度或法律规则存在的关键，在于法官把它们认作并用做正确司法的标准，这些标准被法院当做他们在行使权力、作出在该制度内不可能受到质疑的决定时，不能随意摒弃的东西，法院不是把法律规则作为预测，而是作为判决中必须遵循的标准，法律规则虽有空缺结构，却是明确得足以限制（不排除）法院的自由裁量。

① ［英］哈特：《法律的概念》，张文显等译，128页，北京，中国大百科全书出版社，1996。

## 第四节　拉兹的现代分析法学

### 一、拉兹的生平和著作

约瑟夫·拉兹（Joseph Raz，1939 年至今）是英国牛津大学的教授。拉兹的法哲学理论主要体现在他的三部著作即《法律体系的概念》（The Concept of a Legal System）（1970 年）、《实践理由和规范》（Practical Reason and Norms）（1972 年）、《法律的权威，法律与道德论文集》（The Authority of Law，Essays on Law and Morality）① （1979 年）之中。拉兹是以哈特为代表的新分析法学的重要人物，在西方思想界也具有较大影响，享有较高声誉。

### 二、法律体系理论

对法律体系的分析是拉兹分析法学理论的重要部分，也是他对分析法学作出重要贡献的地方。他的法律体系分析学说主要体现在《法律体系的概念》这本书中，该书开辟了分析法学的新课题领域，使他成为继凯尔森和哈特之后对法律体系理论研究最深入的分析法学家之一。

拉兹指出，只有站在体系的高度研究法律（laws）之间的联系，才能认识法律（the law）的性质。"法律体系"是法理学的基本概念，对"法律体系"概念的认识就涉及法哲学的基本问题。对法律体系之性质的把握涉及四个问题：（1）存在问题，一种法律体系存在的标准是什么？（2）同一性问题，某一条法律属于哪一种法律制度，以及某一种法律制度由哪些法律构成？（3）结构问题，所有法律体系是否具有某种共同的结构？（4）内容问题，各种法律体系是否都具有某些共同的内容？拉兹对这四个问题的总结，实际上就是法哲学对法律（the law）的基本问题的表述，也就是法律的存在与效力问题、法律的承认问题、法律体系的结构问题和法律的内容问题，法理学理论都要对这些问题作出自己的回答。下面我们主要围绕前三个方面来介绍拉兹的法律体系理论，即他的法律分析理论。

#### （一）法律的存在问题和同一性问题

法律体系的同一性（identification）问题关注的是：某一条法律属于哪一个法律体系？某一法律体系是由哪些法律构成的？只有确定法律体系的同一性标准，我们才能确定一个法律体系的范围。

拉兹提出的法律体系同一性标准体现在两个方面。从否定的角度讲，识别一个法律体系的范围的标准不依赖于道德判断。从肯定的角度讲，法律体系的同一性标准包括两个方面：法律体系的范围，即从静态上研究法律体系在某个时候的范围；法律体系的延续，即从动态上考察，如果一个国家发生政权更迭，就要对前一法律体系的法律与后一法律体系的法律加以识别。据此，拉兹认为应从三个方面解决法律体系的同一性问题：法律的存在与功效；创制新法与适用现存法律的区分；法律与国家的关系。

---

① 以下简称《法律的权威》。

第一，法律的存在与功效。一条法律存在就意味着它具有法律效力，在社会生活中对人们的行为起到指引和评价作用，成为私人和官员作出行为决定的依据。一条有效力的法律，必须是在社会中产生功效的法律。拉兹与凯尔森不同，他把法律适用机关适用法律的行为作为法律存在和效力的条件，认为法律体系的同一性标准是与主要适法机关的活动联系在一起的。“主要适法机关是有权确定武力使用为法律所禁止或为法律所许可的机关。”①它有权决定某些使用武力的行为是不是对某一法律的违反，有责任确认同一法律体系中那些许可或者禁止在执行制裁的过程中使用武力的其他法律，而且，它还确认其他适用法律或创制法律机关的存在、它们的行为的效力以及调整它们的行为的法律效力。

第二，创造新法与适用现存法律的区别。主要适法机关的活动分为两种，其构成了法律体系的同一性标准。活动之一是确认法律，就是确认和执行制定法、判例法或习惯。这些先前存在的规则既指引着私人的行为，也指引着主要适法机关的行为。法律适用机关在适用法律时在确认着法律，同时也受到所适用的法律的指引。活动之二是创制法律。法院有义务解决争议，在法律为当前案件提供解决方案的情况下不能拒绝审理，它要创法以解决争端。因此，一个法律体系在某个时候的同一性标准就是：由主要适法机关确认的法律，以及由主要适法机关创制的法律构成了一个法律体系；由主要法律机关确认或创制的法律属于该主要适法机关所属的法律体系。

第三，法律与国家的关系。法院在解决争端时还会适用私人合同，民间协会的内部规章、国际条约，在国际私法案件中还会适用其他国家的法律，这些都不是本国法律体系的法律（laws）。所以，仅仅分析法律适用机关适用规则的活动，还不能确定法律的范围。研究法律体系的同一性标准，还要从法律与国家的关系着手，法律体系的范围必须在法律与国家、法律与政治系统的关系之中得到界定。法律是国家这种政治系统的组成部分，而国家又是更为广泛的社会系统的子系统。在政治系统中，除了法律之外，还有道德、宗教这些非法律性规范。在法律与国家的关系之中确定法律体系的范围，实质上就是将法律从社会系统和政治系统中的其他规范中区分出来。具体讲就是：（1）将政治系统的法律规范与非法律规范相区分；（2）将法律规范与社会系统的社会规范相区分；（3）将法律与同一社会中其他子系统的规范相区分；（4）将一个法律系统与其他与之共存的国家的法律系统相区分。② 混淆法律规则与法律所承认和执行的其他规则之间的界限，就会误解法律的性质、误解国家的性质。

### （二）法律（laws）分类及法律体系的结构

拉兹将法律体系划分为许多相对独立的法律（laws），它们构成了法律体系的结构单元，法律体系就是由诸多法律构成的结构化体系。拉兹认为一个法律体系是由以下几种类型的法律（laws）相互联系构成的。

1. 每一法律体系都包含施加义务的法律，每个法律体系都有制裁性法律。相应地，每个法律体系中都有惩罚性关系，惩罚性关系是法律体系的内在关系。

2. 每一法律体系都有授予立法权力的法律，每个法律体系都有授予调整性权力的法律（调整法律的适用，设立适用法律的机关，如法院）。每个法律体系中都有创生性关系

---

① Joseph Raz, *The Concept of a Legal System*, Oxford: Clarendon Press, 1980, p. 192.

② See Joseph Raz, *The Authority of Law*, Oxford: Clarendon Press, 1979, pp. 101－102.

（即授予立法权力的法律与被授权的立法机关制定的法律之间的关系）。

3. 在每一法律体系中都有设定权利和义务的法律，也有不设定权利和义务的法律，这两者之间具有内在联系，后者影响着法律的存在和适用。而且，后者能够成为法律的理由，是它们影响着设定权利和义务的法律的存在和适用的方式。这样，对法律的规范性的理解依赖于对法律之间的结构化联系的认识，依赖于法律体系的概念，而并不依赖于法律规范的概念。

## 三、法律的作用

法律的作用分为直接作用和间接作用。

（一）直接作用

直接作用是由被人们遵守和适用的法律来保证其实现的。法律的直接社会作用分为第一位作用和第二位作用。第一位作用是外向的，影响一般公众；第二位作用是法律体系之维持，主要规定变更法律和执行法律的程序，使得法律体系的存在与运作成为可能。

第一位作用包括以下四点：（1）防止不希望有的行为和保证希望有的行为。如刑法禁止杀人、攻击、非法拘禁、诽谤等行为，侵权法规定从事危险活动的人负有适当注意义务以避免对他人合法权利的侵犯，就是为了防止不希望有的行为。（2）为私人生活计划提供便利。大多数私法制度，例如合同、私人财产、婚姻等都服务于这一目的。如果没有履行合同、尊重财产权的义务，那么任何授予权利的法律都是没有意义的，签订合同、财产的获得或处置、成立公司、缔结婚姻都不可能顺利实现，也不可能达到其目的，因而，保障义务履行的侵权法和刑法在实现这一作用中也具有不可低估的作用。（3）提供服务以及福利分配。法律规定政府具有抵御外敌、提供教育和卫生服务、道路建设和维护、社会保障等职责，这些职责正是法律提供的社会服务和福利。（4）解决未规定的争端。法律调整法院的运作，使法院在争端的解决过程中发挥着第一位作用和第二位作用。法律规定了未规定的争端的解决程序，法院在解决这些争端时发挥着第一位作用，而在法律有规定的争端中，法律规定了这些争端的解决程序，在此法院又发挥着第二位作用。

法律的第二位作用涉及法律体系运行方面的问题，包括两项。一是决定改变法律的程序，二是调整法律适用机关的运行。法律通过设立改变法律的机关和程序对法律的创制和改变作出了规定，例如制宪团体、议会、地方权力机关、行政立法、习惯、司法创法、独立的公共机构的条例等。法律调整其自身的适用是通过设置和调整法院、法庭、警察和监狱等各种执行和管理机构等来完成的。在完成这些作用时，要对维持这些机构的财政支持、人事任免等事项作出安排，这主要是公法的职能，授予权力和施加义务的法律都发挥着重要的作用。

（二）间接作用

法律的间接作用体现在人们行为的态度、情感、意见和风尚之中，它们并不是法律的遵守或法律的适用本身，而是在人们了解法律的存在或法律得到服从或适用之后所产生的结果。法律完成其间接社会作用要依赖于非法律的因素，尤其是对法律的一般态度、法律与社会规范和制度的交互作用。法律的间接社会作用很多，而且在性质、范围、重要性方面差异很大，例如，加强或弱化对某些道德价值的尊重，有助于创造和维持社会分层，有助于培养公民参与国家政治生活的意识，有些法律还赋予某些阶级或阶层以特权以加强他们的地位。

有时候，法律的间接作用是制定法律的主要原因，间接作用并不是法律的直接作用的副产品，在任何社会中，它都是法律社会作用必不可少的部分。

## 四、形式法治论

拉兹认为，法律是一种工具，其基本功能是指引人们的行为。一把刀要能够达成其基本功能，就要锋利。法律要能有效地指引人们的行为，就要符合法治的要求。

拉兹提出了法治的八条原则：(1) 所有法律都应该是适用于未来的、公开的、稳定的和明确的。(2) 法律应当相对稳定。(3) 特别法（尤其是法律命令）应受到公开的、稳定的、明确的、一般规则的指导。(4) 司法独立应有保证。(5) 自然正义的原则必须遵守，公开的和公正的听证、没有偏见等原则，对正确适用法律和法律指引行为的能力是必不可少的。(6) 法院应对其他原则的实施有审查权。(7) 法院应该是容易为人所接近的，久拖不决、费用昂贵会使最开明的法律也成为死的文字，破坏人们用法律有效地指引自己行为的能力。(8) 不应容许预防犯罪的机构利用自由裁量权来歪曲法律，法院、警察和公诉机关的行为都可能破坏法律。这八条原则，可以分为两类：第一条到第三条要求法律应该能够有效地指引人们的行为；第四条到第八条是对审判制度的要求，它们是为了确保执行法律的机关不丧失指引的能力，确保它能够监督符合法治、对偏离法治的案件提供有效的补救措施。

法治具有多种价值。第一，法治往往是与专横直接对立的。专横的权力比法治要广一些，虽然许多形式的专制规则是与法治相容的，一个统治者可以制定基于他的胡思乱想和私利的一般规则而并不违反法治。然而，许多专横权力的体现是与法治相对立的，一个服从于法治的政府可以避免追溯既往地、秘密地改变法律以服从于它自己的目的。特别是在法律适用领域，法治的价值尤为重要，它能够排除任何专制，法院被要求只服从于法律、遵循严格的法律程序。法治对特别法的创制以及对执行权所施加的限制是极为重要的。

第二，法治有助于保障人们能够选择自己的生活方式、确定长期生活目标并朝自己的生活目标努力。法律能够稳定社会关系，通过人们自我约束的政策，使法律成为稳定而安全的个人计划的基础。

第三，法治对尊重人的尊严是必不可少的。尊重人的尊严意味着把人作为能够计划自己未来的个体来对待。在人们计划自己的生活以及实现计划的过程中，各个人在性格上有差异，能力也有不同，但是，法律应该尊重每个人的自主及其规划和控制自己生活的权利。遵循法治原则并不能避免对人的尊严的侵犯，但是有意忽视法治的行为必然会侵犯人的尊严。法律在破坏人们对未来的发展的预期、不尊重个人自治的时候，就是在不尊重个人尊严。人是有理性的，能够在其未来的生活安排中实行一定程度的自治，法律应当将人作为有理性的、自治的人来对待，这是符合法治原则的法律制度的前提条件之一，但这不是法律之所以成为法律的前提。

在拉兹看来，法治只是一种消极价值。法律不可避免地会产生专横的权力，法治只不过是用来尽量减小由法律产生的专横的危险。法律可能是不稳定的、含糊的、追溯既往的，它可能会侵犯人们的尊严，对法律提出法治要求的主要目的就是防止这种危险。法治从两种意义上具有消极性：符合法治，除了防恶之外并不产生善；法律所避免的恶只能是法律本身所造成的恶。

拉兹没有对法治提出实质性的道德价值要求。法治可能服务于好的目的，也可能服务于坏的目的。法治就是要使法律通过规则和负责规则适用的法院来有效地指引人们的行为，它是法律的一种优长。不论法律所要达到的目的是什么，法治都可以使它更好地达到它所欲达到的目的。正如刀一样，尽管刀可能益于人也可能伤人，但是刀刃的锋利是刀的一种优点。这种法治观念是其工具主义法律观的结果。任何工具，如果它不具备最低限度的完成其功能的能力，那么它就不能算是一件好工具。法律要成为好的法律，就必须能够指引行为；符合法治原则能使法律更有效地指引人们的行为。将法治视为良法之治是不对的，法治与法律内容的道德性没有任何关系。

## 第五节　分析实证主义制度法学

### 一、制度法学的性质

制度法学（institutional theory of law）是 20 世纪 60 至 80 年代由尼尔·麦考密克（Neil MacCormick，1941—2009）和奥塔·魏因贝格尔（Ota Weinberger，1919—2009）共同创立的。麦考密克出生于苏格兰，曾在牛津大学师从哈特，从 1972 年起担任英国爱丁堡大学法学院教授，是与拉兹齐名的哈特的高徒之一。魏因贝格尔生于原捷克斯洛伐克，1968 年逃亡到奥地利，从 1972 年起担任卡尔—福伦慈大学法哲学研究所教授。两人在素不相识、语言相异的情况下先后提出了制度法学的基本思想，得出了基本一致的结论。他们在得知自己的理论在另一国家以另一种语言有着相似的版本以后，于 1985 年合作出版了《法的理论——法律实证主义的新态度》一书。制度法学自称为“制度实证主义”，属于分析法学的阵营。同时，制度法学以超越实证主义和自然法为己任，因而著称。

制度法学坚持了分析法学的基本立场。它坚持法律实证主义的立场，赞赏奥斯丁的名言：“法律的存在是一回事；它的优缺点是另一回事。”自然法学指责某一法律是恶法，但受指责的法律本身就是该国的法律。判断一种法律理论是否属于法律实证主义阵营，要看它是否主张：（1）法律的存在不取决于它们是否符合对所有法律制度普遍适用的任何特定的道德标准；（2）法律的存在有赖于它们是由社会中的人们的决定创立的。[①] 这一思想为分析法学的其他代表人物所共享。

制度法学的理论建树体现在它“超越实证主义与自然法学”的理论主张和以此为基础的理论体系构造上。它在以下几个方面突破了传统的分析法学和自然法学的立场。

第一，制度法学吸取了法律社会学的因素，把事实看成是法律的构成因素。制度法学坚持法律的规范性，认为对任何法律问题的解答都不能通过科学认知或实践认知的方法，而必须求助于法律规则或法律规范。但法律不是纯粹规范的集合，它既作为思想客体存

① 参见［英］麦考密克、魏因贝格尔：《制度法论》，周叶谦译，154～155 页，北京，中国政法大学出版社，1994。

在，也作为现实实体存在。法律作为客体的时候，只是可能的法律，只有在它实际地影响人们的行为；作为个人或团体的行动准则体系的一部分而起作用的时候才是真实的。制度法学关注的是作为社会实践过程中起作用的法律，而不是纸上的法律。

制度法学不完全排斥法律社会学和自然法学所包含的合理因素，“实证主义者也能承认这一事实：作为社会制度的法律制度并不把它们规定的‘应当是这样’说成是专横意志的产物，而说成是有道德基础和社会功能的事物”，“法律不单纯由权力构成，而是建立在对社会起作用的和被社会成员认为公正的基础之上”[1]。这样，就避免了凯尔森把法律与社会现实截然分割开来所带来的片面性。

第二，制度法学也吸取了自然法学的合理因素。其重要观点之一是：除了规则之外，制度化的道德原则也是法律的组成部分。现代分析法学面临着新自然法学的一项指责，即轻视或者低估原则在法律中的作用，这一点在德沃金对哈特的批判中表现得极为突出。法律的存在及其内容和范围的确认不依赖于外在的道德标准和道德准则，这是法律实证主义坚持的基本立场。但是，如果为了坚持这一立场而对道德价值在法律中的作用视而不见，就不能有效地回应新自然法学的挑战。

法理学必然涉及法律与道德的关系问题。作为法理学研究对象的实在法本身就不是价值无涉的，规范与价值之间存在必要联系。[2] 麦考密克认识到，承认规范与价值之间的必要联系是回应德沃金的批评的唯一方法。制度法学研究法律中的道德价值并不妨碍它自己的价值中立性。哈特将人们对待法律的态度分为两种：对待法律的内在观点和对待法律的外在观点。而研究实在法律制度的学者，他们所采取的态度却区别于这两种态度，是一种解释学研究者的态度。他们相对摆脱了法律制度管辖之下的行为人的立场，致力于解释行为人的态度。“我们认识到社会团体中人们遵守的规则与他们根据他们认为的价值而采取的态度之间有紧密的联系。但我们本人不一定赞同这些价值。”[3]

制度法学不仅承认了法律与道德之间的紧密联系，而且在超越传统实证主义法学的道路上走得更远，它主张价值是法律的有机组成部分。它不否认法律是依据和体现价值和价值标准的，不否认法律只能用作为其背景的公正原则加以解释，不否认法律总是在某种程度上属于一种目的论活动。因而，它把原则和价值以及随之而来的论证等因素包括在制度法学的研究范围之内。法律不仅包括法律规则，而且包括法律价值、法律目的和选择性的标准。

法律原则就是法律所包含的道德价值的集中体现，是法律规则与价值的汇合点。制度法学在坚持自称为实证主义法律理论的同时，也接受了自然法学的一些研究成果，特别是德沃金权利法学关于法律原则的作用的理论观点。在这一点上，它确实超越了凯尔森、哈特和拉兹的分析法学的传统理论观点。德沃金指出，法律实证主义（分析法学）所犯错误之一就是设想法律可以被说成一种规则体系，忽略了法律的背景道德在法律适用中的作用。他提出，法律原则作为法律的重要部分，是不能够被理解为是依靠分析法学关于有效性的必要标准或充分标准而加以确立的，法律原则体现了法律的道德性（政治道德）。

---

① ［英］麦考密克、魏因贝格尔：《制度法论》，周叶谦译，146、147页，北京，中国政法大学出版社，1994。

② 参见上书，162页。

③ 同上书，165页。

然而，我们也应该看到，制度法学在吸收德沃金的新自然法学思想的同时，也把这些因素纳入到分析实证主义法学的框架之内，这集中体现在麦考密克和魏因伯格尔所提出的“制度道德”这一概念上。在德沃金看来，“任何人都不都得从其错误行为中得利”是一条道德原则，法官在审理帕尔玛案时采用这一道德原则，恰好论证了自然法学所坚持的“法律与道德不可分割”这一立场的合理性。而麦考密克和魏因贝格尔引用这一案件反过来也希望论证分析法学基本立场的合理性。在制度法学看来，“任何人都不得从其错误行为中得利”这一普通法原则已经不再是纯粹的道德原则了，它已经成为美国普通法的组成部分，是“制度化了的道德”，亦即美国法律中的“制度道德”。所谓制度道德，就是“眼前文明社会的政治——法律制度的道德。即是说，它是这样一套道德理论和原则，这些理论和原则最适合现实存在的制度，而给关于个人应当如何在有组织的社会中生活的理想的或基本的观点带来的牺牲最小”①。通过制度道德这一概念，制度法学把德沃金的权利法学与法律实证主义的传统观念结合起来。法律是包含道德原则的法律，而道德则通过人们的现实实践转化为制度化的道德。

## 二、法律观——作为制度事实的法律

麦考密克和魏因贝格尔把法律的本质概括为“制度事实”，是制度事实的一种特殊类型，从而从本体论的层次上回答了法律是什么。

“制度事实”这一概念来源于英国语言哲学家安斯库姆和美国语言哲学家塞尔的哲学。在他们看来，世界上的事实可以分为两类：“原始事实”和“制度事实”。原始事实是以时空的形态存在，只与物质世界的有形存在相关，也就是说，与组成物质世界的物质客体的存在有关。物质世界是人类的感官所能观察到的，其中的物体有某种空间上的位置和时间上的延续。物质世界的存在不依赖于人类的意志、人类传统或人类的努力。

除了物质世界的存在之外，法律等社会制度也被制度法学认为是事实的一种，被称为制度事实。所谓制度事实就是作为人类实践活动或其结果的事实，例如合同、婚姻、条约和国际机构、各种游戏和竞赛活动等都是制度事实。制度事实具有不同于原始事实的特殊存在形式，它们是与规则紧密联系在一起的。

制度法学与先前分析法学派别在法律构成问题上的观点有很大不同。凯尔森和哈特都认为法律是一种规范或规则体系，这一点固然是很重要的，但对麦考密克和魏因贝格尔看来，仅仅认识到这一点还是不够的。哲学意义上的制度显然与规则有紧密联系，但它不等同于规则。规则是制度的核心内容，规则也具有其客观存在，其现实存在表现在以下几个方面：（1）规则存在于人类的意识之中，使人们有了认为应该采取某些行为的意识，使人们认为有义务遵守习惯、法律和其他规范体系；（2）规范是人类行为的动机，不论出自自愿的、被迫的或者模仿的原因，它都会成为人类行为的模式；（3）规范的适用对人类行为产生各种不同的后果，符合规范的行为产生积极后果，违反规范的行为带来消极后果。

法律等制度除了作为规则而存在之外，还作为社会现实而存在。所以，正如魏因贝格尔所言：“制度事实——如法律制度——是以某种特殊方式出现的复杂的事实：它们是具有重要意义的规范的构成物，而且与此同时，它们也作为社会现实的因素存在。只有当它

① ［英］麦考密克、魏因贝格尔：《制度法论》，周叶谦译，218～219页，北京，中国政法大学出版社，1994。

们被理解为规范的精神构成物而且同时被认为是社会现实的组成部分时，它们才能得到承认。”[①] 法学中包括的一些法律概念，如所有权、信托、证据、无遗嘱继承权、法人、人格、赔偿义务、婚姻、破产宣告，以及其他很多这样的概念，都相应地指代着某些事物，这些事物（如合同、信托等）在规则的指引下由于法律规则所规定的某些事实而得以经历了时间上的存在：它们由于某些行为的实施或某些事件的发生而得以产生，并自此继续存在，由于某种新的行为或事件的发生而被终止存在。

具体地讲，这些法律制度具有共同的特征，即它们都包含创制规则、结果规则和终止规则。创制规则的含义是，每个法律概念所代表的法律制度都会规定，当出现某种行为或事件时，就会产生某个单个的合同、遗嘱、所有权、信托等。换句话说，法律规定了创制具体合同、遗嘱、所有权、信托等“有关制度的具体实例”的条件。例如，“合同”这个概念所代表的法律制度规定：当两个或两个以上的人达成某种协议时，一项有效的合同便在他们之间出现。结果规则的意思是指，与法律概念相对应的法律制度规定，当某个制度的具体实例被创制出来之后，将会产生权利和义务上的一整套后果。这种表述制度实例产生的后果的模式是：“如果一个合同存在，那么……”终止规则的意思是指，与上述法律概念相关的法律制度都会包括一套规则，规定当某种行为或事件出现时，该制度的实例就会终止。例如，合同制度一定会规定，在何种条件下，存在于两方之间的合同会被废除。

从法律制度（例如合同制度）到其具体的实例的出现和终止，必不可少的条件是出现该法律制度的创制规则、终止规则所规定的法律事实的出现。这里，事实也被麦考密克认为是法律的构成要素。总之，法律是一种制度事实，具有其现实的存在。

### 三、分析——辩证的正义观

麦考密克和魏因贝格尔对正义问题持非唯知论的立场。正义问题上的非唯知论，其核心含义在于认为正义问题不是一个认知问题，正义准则的确定必然会涉及人的主观态度，正因如此，任何实质性正义原则都缺乏客观可证实性。“没有人能够客观地和确定地知道什么是正义，正义也得不到证明”[②]。

制度法学研究了传统的正义理论，认为它们各自具有其缺点，是不可接受的。例如，各种纯粹形式上的正义原则（例如同等情况同等对待）从定义上说就是空洞的和没有价值的，它们不能区分公正与不公正。再者，基于自然法信念所提出的先验性实质正义原则是在科学上不能接受的假设，在关于正义的推理中几乎没有什么用处。而衡量正义的功利主义标准本身并不是正义理论，因为其衡量问题的标准多数情况下是经济效益的问题而不是正义的问题。从这种意义上讲，任何试图以直觉、宗教信仰、先验假设为基础确定正义内容的理论都声称正义是绝对的，但是它们只不过试图将主观价值加以客观化，都逃不过“意识形态”的指责。因而，法理学研究正义问题，不可能也不应该像古典自然法学或者罗尔斯的正义论那样，试图成为关于最理想社会的理论。

麦考密克和魏因贝格尔把他们自己的正义论称为“分析—辩证的正义论”，或者简称

---

① ［英］麦考密克、魏因贝格尔：《制度法论》，周叶谦译，136页，北京，中国政法大学出版社，1994。

② 同上书，250页。

为辩证的正义论。[1] 与传统的正义理论不同，分析—辩证的正义论并不试图提出自己的正义原则并论证其合理性，而是考察正义在指导人类行为中的作用，即正义如何制约个人的社会活动，它重点研究正义理想在实践推理之中的作用，把正义看成是实践推理的一个考虑因素。人们在行为决策过程中需要加以分析的信息包括事实信息和实践信息。其中，实践信息的核心是行为目的、效用、规范以及关于正义的理想等。人是有理性的，受到规范、思想观念以及正义理想等因素影响；同时，每个人也都不是被动地接受他人的评价态度，所有人和各种社会团体都有关于他们认为在直觉上有效的正义观。

非唯知论立场的核心是，每一合理性证明都涉及态度方面的论据。在实践推理中，如果推理者掌握了对待相关行为及其后果的态度，就可以对正在谈论的行为的可取性或不可取性作出评价性推断。人们的实践推理或者行动是极其复杂的，行为的目标、规范和价值等因素都会对它产生影响。目标、规范和价值等因素的共同作用限制了行为选择的可能性，使得对于决定方案的评价以及最终的行为决定不是任意的、纯粹主观的，人们的行为决定应该是在效用上、正义上和法律上可以接受的东西。其中，正义并不具有绝对优于效用的优超性。但是，最低限度的形式正义要求，即评价和决定中的形式上的平等，以及在审判之中对案件事实的正确认定，这二者则具有绝对的优先性，不应该因追求效用而牺牲二者。

分析—辩证的正义论认为，实践推理既具有形式性也具有辩证性。实践推理之所以具有一定的形式性，是因为人们在决定自己的行动时，不仅要确认行动是那些以特定的目的体系和行动者的相对评价为基础的决定和选择的产物，而且规范也是行动的决定因素，规范体系影响着人们的行动，使它具有一致性。实践推理也是辩证的，不是一个线性的链条：从提出假定开始，通过逻辑演绎，得出一个论点。实践推理也是辩证的，这体现在行动选择涉及不同原则，往往需要在相互竞争甚至相互冲突的原则之间作出选择，并且在这种选择中需要更高层次的合理性论证，通过更高序列的选择原则来解决较低序列原则之间的冲突。

## 复习思考题

1. 现代分析法学的特点及其主要流派有哪些？
2. 凯尔森为什么称他的法学理论为“纯粹法学”？
3. 凯尔森是如何论述法律规范的结构的？
4. 评价凯尔森关于国家与法律、国内法与国际法关系的一元论思想。
5. 哈特所说的广、狭二义的法律概念是什么？
6. 哈特是怎样论述法律与道德的区别的？
7. 哈特的“法律是第一性规则与第二性规则的结合”理论的主要内容是什么？
8. 拉兹的法律体系理论的基本框架是什么？
9. 拉兹是怎样论述法律的功能的？
10. 拉兹法治思想的特点和要点是什么？
11. 如何理解制度法学所说的“法律是一种制度事实”？

---

① 参见［英］麦考密克、魏因贝格尔：《制度法论》，周叶谦译，174页，北京，中国政法大学出版社，1994。

# 第九章
# 社会法学派

## 第一节　社会法学派概述

一、社会法学产生、发展的历史背景

二、社会法学的发展过程和主要分支派别

三、社会法学的特点和地位

## 第二节　埃利希的活的法理论

一、埃利希的生平和著作

二、社会、社会规范和法律

三、法律事实、法律规范和法律命题

四、区分两种法律规范：组织规范与裁判规范、社会法与国家法

五、法律规则的特点，法律规范与其他社会规范的关系

六、法学家、“法学家法”与“法律的自由发现”

七、“活的法”与法律社会学

## 第三节　狄骥的社会连带主义法学

一、狄骥的生平和著作

二、人与社会连带关系

三、社会规范与法

四、社会连带关系与国际法

## 第四节　庞德的实用主义法学

一、庞德的生平与著作

二、法的概念和构成

三、法律的功能——社会控制工程

四、法的价值——法律乃实现正义的工具

五、法的历史发展——法与道德

六、法律社会学的产生及其研究纲领

## 第五节　卡多佐、弗兰克、卢埃林的现实主义法学

一、现实主义法学的主要代表人物

二、现实主义法学的主要法律思想

## 第一节 社会法学派概述

社会法学派是西方19世纪末在社会学的影响下和在批判分析法学的基础上所产生的一种实证主义法学思潮，属于功利主义法学中的社会功利派。他们用社会学的理论和方法来认识和研究法律问题，提出了一种与分析法学不同的实在法观念，即“活的法”或“事实上的法”的观念。它自产生后发展很快，并形成了许多支派，成为当代西方最有影响的法学流派之一。

### 一、社会法学产生、发展的历史背景

社会法学思潮的出现是与19世纪末至20世纪初西方社会的历史现实密切相关的。导致其产生的社会背景主要有两个方面：

第一，日益突出的社会问题和日益加剧的社会矛盾，促使西方人的价值观念发生了以个人为本位到以社会为本位的变化和由此产生的法律社会化运动。19世纪中叶，西方主要资本主义国家进入垄断资本主义阶段以后，资本主义社会的固有矛盾逐渐暴露，特别是以个人主义为核心的一套价值观念和与之相配套的自由放任政策所产生的社会恶果也充分显露。其突出表现在于，从资本主义内部来说，频繁爆发的经济危机和大规模爆发的工人运动，以及一些国家走向法西斯主义；从世界范围来看，则发生了一系列的社会主义革命和广大殖民地人民的民族解放运动。这引发了西方有识之士的深思，逐渐认识到绝对的个人主义的危害性。为了减缓经济危机及其所带来的后果，减小社会震荡和缓和因贫富悬殊所产生的冲突和矛盾，西方国家在19世纪末开始干涉经济和进行一系列改善劳动条件、增进社会福利的立法。此即“法律社会化运动”。而这一系列的巨大变化必然促使法律制度变革，也必然导致人们对当时占主导地位的分析法学的一套理论的怀疑和批判。

第二，社会学的产生和迅速发展传播。19世纪30年代以后，在西方学术界出现了一种新的学科，即，由法国的奥古斯特·孔德（1798—1857）和英国学者赫伯特·斯宾塞（1820—1903）创立的社会学。孔德等人提出的社会学理论是一种以实证主义为其哲学基础的唯心主义的社会学理论，其目的是要改进和完善当时的资本主义制度。孔德在1830～1854年间，先后发表了《实证哲学教程》和《实证政治体系》等著作，明确提出了社会学的概念和建立社会学科的纲领。他认为，社会学应该是运用自然科学的方法去研究人类社会的科学，人类应该借助于观察、实验和比较的方法来研究社会问题。他把社会学视为包括一切社会科学的科学。他主张通过实证主义哲学建立知识的秩序来澄清社会的混乱，强调研究人类社会一致协调的法则，以达到重新组织社会的目标。继孔德之后，斯宾塞力图为社会学的具体化建立一个理论体系。他接受了当时流行的进化论的影响，用生物学进化论来解释一切自然和社会现象，提出了“社会有机论”。他认为社会进化过程是按照生物学的自由竞争、适者生存的原则自然地逐渐进行的，因此，主张人们要耐心等待社会的自然进化。他还具体分析了家庭、政治、宗教、工业、社会控制等方面的问题。19世纪90年代末直至20世纪以后，西方社会学家开始抛弃包罗万象的体系的倾向，而试图具体确定这门学科的研究范围和方法。法国的杜尔克姆（1858—1917）、德国的韦伯（1864—

1920）和美国的芝加哥学派等，在这一努力中起了重要作用，使社会学理论有了新的发展。第二次世界大战以后，社会学的传播更为广泛，产生了很多新的学派。如结构—功能主义、行为主义等，并在社会学体系内部划分出了一般社会学、宗教社会学、道德社会学、犯罪社会学、经济社会学、政治社会学、教育社会学等众多的分支学科。正是西方社会学的迅猛发展和传播，为社会法学提供了重要的理论前提和精神动力。

## 二、社会法学的发展过程和主要分支派别

社会学派的基本思想虽然在社会学创立时期已有萌芽，孔德和斯宾塞等人已用社会学的观点探讨了法律问题，但是作为一个正式的法学流派得以确立则是 19 世纪末的事。一般认为其产生的标志是德国的法学家耶林（1818—1892）在 1872 年发表的《法律的目的论》，在其中他表达了社会法学的基本观点，即法律的目的是社会利益，法律是人类有意识地创造的以达到一定目的即社会利益的手段。耶林早期属于历史法学派，而历史法学派中的罗马学派中的一些人在研究罗马法时很重视对罗马法概念的研究，后来这一研究走向了极端，产生了其观点与分析法学相似的“概念法学”。他们认为，罗马法体系完美，层次井然，其概念可以组成一个金字塔。进而他们认为只要掌握了这些概念就可以探得罗马法的真谛能够解决社会生活中的一切法律问题。耶林在研究中逐渐认识到概念法学的片面性，写了《法学的概念天国》一文，予以批判和讽刺。他进而批判了以奥斯丁为代表的 19 世纪分析法学派，认为分析法学派不是着眼于法的现实，更多的是着眼于法的逻辑，并把法看作是抽象的法规的体系，这种片面性影响了对于法的全面理解，不符合法律的现实。他还批判地修正了 19 世纪功利主义法学的个人功利主义，抛弃了边沁和密尔等人的计算功利的公式和个人主义的功利观，主张把个人目的和社会目的结合起来，认为个人只有通过法律才能保障他在社会中法律许可的利益。通过对其他法学派别的批判，耶林提出了关于法律的基本观点。既然法律是通过斗争而产生、存在和发展的，那么，在斗争中强制手段就必不可少；既然法律的目的首先是社会利益而不是个人利益，那么，实现社会利益就为法律的目的和生命所系。于是，他把法律定义为国家通过外部强制手段保证其实现的社会目的的总和。外部强制手段是法律的形式特征，社会目的即社会利益是法律的实际内容和生命。耶林的思想在理论上为 20 世纪社会法学的发展确立了方向，在实践上促进了德国统一时期资产阶级立法的发展和成文法典的制定。

如果说耶林只是奠定了社会法学的理论基础，即法律根源于社会利益的话，那么埃利希则直接阐述了社会法学的法律观——“活的法”观念。埃利希（1862—1922）是奥地利法学家，他毕业于维也纳大学，曾在维也纳大学和切尔诺维茨大学任教。其主要著作有《法的自由发现和自由法学》（1903 年）、《法律社会学的基本原则》（1913 年）、《法学逻辑》（1918 年）等。他是欧洲自由法运动的倡导者之一。针对分析法学家们的司法行政过程只是机械地适用法律，因而执毫无自由裁量权的主张，他认为应该给法官以自由，这不仅包括适用法的自由裁量权，而且包括在法律已经陈旧和明显有缺陷时创制新的法律，即立法的自由。也就是说，法官可以自由地进行判决，自由地发现法律。埃利希认为，这并不意味着司法专横，因为自由意味着责任。相反，那种要求法官严格依照已有的法律规则断案的做法倒是使法官将责任转移到他人身上。而法学家自由地发现法律，在赋予法官责任的同时，还能够充分地发展法学家的个性，使其能创造性地运用法律。为了论证“自由

法学”的合理性，埃利希提出了“法律发展的重心不在立法，不在法学，也不在司法判决，而却在社会本身”的著名论断。他认为，社会是不断发展的，任何立法所产生的法律总是有缺陷和总是滞后的。他说：“每一次制定出来的规则，从本质上说，一旦当它被制定出来时，它在实际上就变成陈旧的东西了。”① 这就要求法官在司法判决中不能把眼睛只盯着国家制定法。由此，埃利希进一步提出一个观点，即在法律发展过程中，国家和国家立法活动的作用是极其有限的，因而，国家制定法仅仅是法律中很小的一部分，而社会本身才是法律发展过程中的决定因素，社会秩序本身才是真正的法律。因而，法律并不是国家产生以后才有的，也并非与国家密不可分。在国家存在以前法律就已经存在了，作为社会秩序的法律，是一种实际上的法律或“活的法律”(living law)。他说：这种法律是“支配生活本身的法律，尽管这种法律并不曾被制定为法律条文”。又说：“活的法的科学定义，不限于对法院适用的，供判决之用的规范或对成文法的内容有影响。活的法律知识还具有一种独立的价值，他构成人类社会秩序的基础。”② 这就是说，活的法是社会生活中真正起作用的，能建立社会秩序的东西，甚至于就是社会秩序本身。他认为这种法律存在于社会的各个方面，表现形式很多，有风俗习惯，有社团的规章等。既然如此，在司法活动中，法官当然就不能被法律条文所束缚，当然必须去自由地发现这些“活的法”。而法学的任务，同样在于研究这些“活的法”。埃利希的上述思想，反映了在 19 世纪和 20 世纪更替之际，由于社会关系急剧变化而引起的西方社会对更新法学观念和完善法律制度的迫切要求。

社会法学是一个极不统一的法学流派，其内部支派很多。从大的方面可以分为欧洲的社会法学和美洲的社会法学，其中又各有许多支派。

1. 欧洲的社会法学的主要支派

(1) 利益法学。这是从耶林的思想发展而成的支派，创始人是菲利普·赫克（1858—1943）。他是德国图宾根大学的教授，主要著作有《法律解释与利益法学》（1914 年）、《概念与利益法学》(1932 年)、《利益法学》（1933 年）、《法哲学和利益法学》(1937 年）等。该派因发挥耶林的法律的目的是保护社会利益的观点而得名。他们认为，传统的法学如分析法学是一种“概念论”的法学，它实际上假定法律是完整无缺的，因而法官在审理案件时便可以从法律中逻辑地推论出判决。而事实上，法律只是立法者为了解决各种利益之间的冲突而制定出来的一些原则，所以，法官在审理案件时应注意发现其背后冲突的种种利益，特别是社会利益，从而使判决真正地反映立法者的意图。

(2) 自由法学。这是 1986 年德国民法典颁布后，在德国等地兴起的“自由法运动”后所产生的一个支派。其创始人是奥地利的埃利希，主要代表有法国的惹尼（1861—1944)、德国的坎特罗维奇（1877—1940）等。该派的中心思想是反对“概念法学”过于拘泥于法律条文而判决的观点，主张给法官以自由，认为法官有创造法律的“自由裁量权”，从而使法律促进各种利益间的“平衡”。它与利益法学的区别只在于它更强调扩大法官的权力。

(3) 社会连带主义法学。是由法国的法学家狄骥依据杜尔克姆的社会学理论所创立的

① 转引自张宏生、王林：《艾尔力许的社会法学、自由法学的反动实质》，载《政法研究》1963 (4)。

② ［美］庞德：《法律、道德与正义》，张文伯译，154 页，台北，监狱印刷厂，1959。

一种社会法学（详见本章第三节）。

（4）斯堪的纳维亚的现实主义法学，又叫北欧法学或乌普萨拉学派。是20世纪初在瑞典的乌普萨拉大学中产生的一个社会心理学法学分支，其创始人为该大学的A·海耶斯特勒姆（1868—1939）。代表人物有A.V.伦德斯泰特（1882—1955）、K.H.K.乌利沃克鲁纳（1897—1980）和丹麦的A.N.罗斯（1898—1979）等。这个学派标榜批判“形而上学”，认为分析法学和价值法学都是形而上学。他们不同意分析法学的法律是命令或规范的观点，而认为法律是一种社会事实，是为社会安全建立起来的以人为齿轮的社会机器，是关于行使武力的规则，是权力的工具；认为社会上的大部分人之所以服从法律，并不是由于强制，而是出于习惯。不过他们认为强制的威胁是保证这种服从的最重要的心理因素。他们也不同意价值法学关于正义等的观念，认为根本不能有什么“应有世界”的科学，正义之类的原则完全是幻想。

2. 美洲的社会法学的主要支派

（1）实用主义法学。是美国的实用主义哲学与社会法学结合的产物，其创始人是霍姆斯（Oliver Wendell Holmes，1814—1935），主要代表人物是庞德。（详见本章第四节）霍姆斯是美国著名大法官，曾任律师、哈佛大学教授、马萨诸塞州最高法院法官和首席法官，1902年起任美国最高法院法官达三十年之久。他与美国实用主义哲学家W.詹姆斯（1842—1910）、C.S.皮尔斯（1839—1914）交往甚密，参加他们创办的“形而上学俱乐部”。因此，霍姆斯的法律思想受实用主义哲学的影响很大，其法律预测说就充分地显示了这一点。他说：“法律不是任何别的东西，法律是人们对法院实际上将作什么的预言。”又说，“任何时代法律的本质，大体上都相当于当时认为方便的东西”，“就是它能够产生所预期的效果的程度”。因而，真正的法律不是一般性抽象规则，也不是固定逻辑推理，它是社会的实际，是一系列的事实。法律的标准不是从“天上掉下来的”，而是人们对各种社会价值的选择结果，那些能够促进社会发展的需求经过多数人认可，就可以成为法律。法律不是固定不变的，它应该在社会进步力量的推动下不断发展、演进。法律的发展不是完全来自历史，也不像分析法学家认为的完全来自自身逻辑的演绎，而主要是来自执法者自身的经验。正因如此，他对分析法学强调逻辑推理而忽视社会实际的倾向予以强烈批判，从而提出了“法律的生命不是逻辑，而是经验”这一著名命题。霍姆斯的著作有《普通法》（1881年）和《法学论文集》（1920年）。其代表作是《法律的道路》，已有多种中文译本。

（2）美国的现实主义法学，是从实用主义法学中分化出来的一个社会心理学法学分支，他们以霍姆斯的法律预测说和庞德的实在法的第三种含义——司法行政行为为出发点建立其法律观，进而否认立法机关所制定的成文规则是法律，认为它只是一种影响判断结果的客观因素。这一学派特别注意司法行为，尤其是法官的心理活动。其主要代表人物有弗兰克、卢埃林和卡多佐等（详见本章第五节）。

（3）行为主义法学（behavioral jurisprudence）。是在行为主义政治学的影响下由现实主义法学分化出的一个支派。其继承了现实主义法学的传统，以法官的行为为研究对象，所不同的是他们用计算机和高等数学为工具，把影响法官行为的各种因素变成数据，用计算机对判决结果进行测算。由于它特别强调对法律行为进行量的分析，故又称“计量法学”（Jurimetrics）。其代表人物有美国的G.舒伯特（Sehbuert，著有《司法行为的量的分析》、《司法政策的制定》（1959 年）和《最高法官的法律思想、态度和意识形态》（1965 年））、R. 劳勒（Lawlor，著有《计算机能做什么：司法判决的分析和预测》（1962 年））、D. 达勒斯基（Daneilsk，著有《比较司法行为》（1969 年））等。

3. 法人类学

又称人类学法学或法民族学，是人类学与社会法学结合的产物。西方的人类学分体质人类学和文化人类学，它们分别研究人类的物质构成和早期的文化现象。文化人类学在发展中吸收了社会学的田园调查研究方法，而法人类学就是它们用这种方法研究世界近现代保留原始痕迹比较多的民族和部落的法律现象所形成的一个社会法学的分支学派。西方研究人类社会初期的法律现象始于 19 世纪中叶，最早的一批研究成果如 1861 年出版的巴霍芬（J. J. Bachofen）的《母权制》、梅因（H. Maine）的《古代法》，1877 年出版的摩尔根（L. H. Morgan）的《古代社会》等。德国的波斯特（A. H. Post）、科勒（J. Kohler）、亚当（L. Adam）和图恩瓦尔德（R. Thurnwald，1869—1954）也在很早就关注早期人类社会法律资料的收集和整理，并把这一研究命名为“法律民族学”。法人类学正式产生于 20 世纪初叶，以马利诺夫斯基（B. K. Malinowski，1884—1942）1926 年的《原始社会的犯罪与习惯》一书的出版为标志。在此之前，西方学者一般认为法律产生于奴隶社会，原始社会没有法律，只有习惯。马利诺夫斯基是英国著名的人类学中的功能主义创始人，1915～1918 年间他到西太平洋新几内亚所罗门海的一个叫特罗布里恩的小群岛进行调查，和当地土著民族一道生活，采用“参与观察”的方法，长期对这个岛上的美拉尼西亚人的风俗习惯进行研究。回国后他发表了一系列著作，《原始社会的犯罪与习惯》就是其中之一。在书中他认为，在原始人群中也存在着一些类似于现代社会的刑法、民法之类的具有特别制裁的命令性、强制性的规则，并称它们为“最低意义的法律”，因而那种认为原始社会只有习惯而无法律的观点是错误的。由此开始，西方兴起了研究“原始人”的法律现象的热潮，许多人类学家纷纷到世界各地保留原始痕迹比较多的民族和部落去调查，相继发表了一批研究成果，主要有 E. S. 哈特兰德的《原始法》（1924 年），J. H. 德兰伯格（Driberg）的《东非的原始法》（1928 年），R. S. 拉特雷《阿散蒂法和政体》，A. R. 拉德克利夫·布朗的《非洲的政治制度》（1949 年）、卢埃林、霍贝尔的《晒延人方式》（1941 年）、巴顿（R. F. Barton）的《伊富高法》（1919 年）、《日照中天》（1930 年）和《卡林加人》（1949 年）、A. S. 戴蒙德（A. S. Diamond）的《原始法》（1935 年）、K. 伯特基—史密斯（Birket-Smith）的《爱斯基摩人》（1936 年）、彼德·弗兰切纳等（Freuchen，Peter）的《极地冒险》（1935 年）、霍贝尔的《原始人的法》（1954 年）等。

此外美国法学家布莱克（Donald . J. Black，先后执教于哈佛大学、耶鲁大学和弗吉尼亚大学，著有《法律的运作行为》（1976 年））的法行为学、美国加利福尼亚大学伯克利分校的法学家诺内特（P . Nonet，著有《转变中的法律与社会》（与塞尔兹尼克合著））和塞尔兹尼克（P . Selznick，著有《法、社会及其产业正义》）的法律社会学、德国法学家卢曼（Niklas Luhmamnn，著有《社会分化》（1982 年）、《法律社会学理论》（1985 年））的系统论法学和新产生的经济分析法学（详见第十一章第三节）等都可以视为社会法学的支派。

## 三、社会法学的特点和地位

社会法学派作为一个法学派别，主要有三个特征，第一，从法学研究的方法来看，他们注重用社会学的观点和方法研究法律，主张研究法律与其他社会因素的相互作用，特别是法律在社会生活中的作用，法律的社会目的和社会效果；他们把各种社会学的方法引入法学，如社会调查的方法、心理分析的方法、行为分析的方法等。第二，从价值取向上看，社会法学强调社会利益的重要性，他们认为，好的法律就是能充分为社会服务的法律。法律的实际作用比抽象的法定内容更重要。法律必须依靠社会，适应社会的需要。并根据满足这种需要的程度来判断法律的好坏。社会学法学派强调法律既关心个人利益，更要关心集体的社会利益。对于个人自由，除非是作为更大的社会安全和社会自由的一部分，法律不能予以保护。第三，社会法学家对法律的看法有两个特点。其一，他们把侧重点从国家转向社会，因而轻视国家制定法或成文法，而重视非成文法或民间法；正因为如此，其二，他们对法律的理解从各方面都扩大了，如在形式上不再仅仅是成文法，还有习惯法、判例法等；构成上不再仅仅是规则，而且还有原则和政策等。这就大大地突破了传统对法律的看法，提出了与传统的法观念不同的法观念。

社会法学理论的出现和发展对现代西方法学的发展具有重要意义。作为在 19 世纪占统治地位的分析法学的对立面，它使法学家对法律的研究由静态研究变为动态研究，在继续研究“法律是什么”的同时，更加注重从法律条文到现实的转变过程和法律的实际社会效果。在法学研究范围上，它开辟了一系列新的研究领域，开阔了法学研究的视野。从研究方法上看，它吸收了 19 世纪中期以来一系列科学进步的成果，把社会学、心理学、生物学、数学和其他学科的研究方法引入法学研究，开拓了人类思考法律和法学问题的思路。社会法学派提出的一些新的命题，促进了法学观念的进步和更新。当然，任何法学流派和法学理论都是特定时代和特定社会的产物，社会法学理论同样难免要反映养育其成长的时代和社会的需要，我们在研究社会法学理论时尤其要注意这一点。

## 第二节　埃利希的活的法理论

### 一、埃利希的生平和著作

尤根·埃利希（Eugen Ehrlich，1862—1922），欧洲社会学法学和自由法学的创始人之一，生于奥地利布科维纳省（Bukowina）省会切尔诺维茨（Czernowitz）的一个犹太人律师家庭。1886 年他在维也纳大学获得法学博士学位。1894 年，他任维也纳大学私法讲师，主讲罗马法，并兼任律师工作。1897 年起在切尔诺维茨大学担任罗马法教授直至 1922 年去世。在此期间，1906 年担任该大学的校长。埃利希终身未娶。

他的主要著作有《法律的自由发现和自由法学》（Freie Rechts findung und freie Rechtswisaenschaft，1903 年）、《法律社会学的基本原理》（德文为 Grundlegung der Soziologie des Rechts ；英语译为 Fundamental Principles of the Sociology of Law，1913 年）和《法律逻辑》（德文为 Die juristsche Loguk；英语译为 Juristische Logik，1918 年）等。埃利希的理论主要体现在《法律社会学的基本原理》一书中，该书是现代法社会学理论的第一部系统论述，这使他因此而赢得“欧洲法社会学之父”的声誉。在该书的前言部分埃利希说："人们常说著书应采取这样的方式，即该书的内容可以用一个句子来概括。若将此检验标准适用于本书，则本书可用下面这句来概括：不论是现在还是其他任何时候，法律发展的重心不在立法、法学，也不在司法裁决，而在社会本身。或许，这句话涵括对法律社会学基本原理作出阐释的每一次尝试的主旨。"的确是如此，当我们读了该书之后，得出的结论和留下最深刻印象的，也正是这一观点，或者说该书正是这一观点的展开或对这一观点的充分论证。显然，这一观点也恰好是我们理解埃利希社会法学理论的一把钥匙。埃利希在该书中所表达的法社会学思想主要有以下几方面：

## 二、社会、社会规范和法律

埃利希是从人类社会的深处来探索法律的基础的。他认为，人类社会是由各种联合体组成的。他说："人类社会是彼此具有相互关系的人类联合体的总和。"① 在这些联合体中有"基本的（原生性的）（the primitive（genetic））联合体"，如家庭、氏族、部族等；有派生的或非基本的联合体，如公社、国家、宗教团体、社团，政党、社会行业团体、社交俱乐部、农业经济联合体、商店、工厂、合作型社团和职业会员联合体等。前者由其出生所决定，人不能自由选择，后者出于自愿。他认为维系社会联合体的是社会规范，而法律就是其中最重要的一种。他说："在所有的法律联合体中，法律规范构成了内部秩序的支柱；法律规范是它们构造方法的最强有力的支撑。"② "在联合体之概念的范围内，法律是一种构造方式，换句话说，法律是一种为联合体每一个成员分配在团体中地位——不管这些成员在团体内是支配者还是被支配者（Überordnung，Unterordnung）——和职责的规则"③。

他认为法律规范在原始社会就存在，他说："虽然我们对于欧洲文明民族演进之源头的早期民族的法律几乎一无所知，但是毫无疑问，今天大部分的、有时甚至是全部的被称作法律的事物——即由超越个人的强权发布的、从外界强加给个人的、以言辞清晰表达出来的确定的法律规则——在上述早期的民族中都能找得到。"④ 不过，那时的法律与其他规范尚混在一起。

最后，埃利希论述了法律与社会的内在关系，指出法律扎根于社会之中，并随着社会，特别是其中的经济的发展而发展。他说："因为法律是一个社会联合体的内部规则，它的内容取决于这些联合体结构的绝对必要性与经营经济企业的方式。社会和经济的每一次变化都会导致法律的变化，如果社会和经济的变化不导致相应的法律变化，它们就不可能改变社会的法律基础。"⑤ "在这一点上，我们不能忘记，经济状况是每一种非经济活动形式的先决条件。只有在国民经济创造的利润大于满足工人所需之消耗的范围内，国家才能维持，教会才能运作，教育才得以提供，艺术和科学才得以培育，社会生活与娱乐的时间和手段才得以存在。因此，对经济秩序的理解是理解社会秩序其他部分的基础，特别是

① ［奥］尤根·埃利希：《法社会学基本原理》，叶名怡、袁震译，53页，北京，九州出版社，2007。
② 同上书，85页。
③ 同上书，45页。
④ 同上书，59页。
⑤ 同上书，109页。

理解社会法律秩序的基础。”[①] 因此，“在任何地方，重心都在于联合体为其自身所创造的秩序中，国家与社会中的生活依赖于联合体的秩序，而不是依赖于源自国家和社会的秩序”[②]。他接着说：“然而，基本的社会机构、各种各样的法律联合体，特别是婚姻、家庭、宗族、社区、行会、支配和占有关系、继承以及法律行为，它们要么是整个儿独立于国家，要么是很大程度上独立于国家。因此法律发展的重心从无法追忆的远古时代起就不是存在于国家的行为之中，而是内存于社会本身，因而现在必须在后者中探寻。这不仅可以适用于法律机构，也同样适用于裁判规范。从远古时代起，大量的裁判规范就已经通过科学和司法从社会机构中提取出来，或者由那些机构自由创造出来；国家的立法通常也只能通过追随社会机构以及模仿科学模式或司法模式的方式发现裁判规范。”[③]

可以看出，埃利希是从社会，特别是社会联合体的秩序的角度来思考法律问题的，他认为法律在本质上就是社会联合体的内部秩序，因而这种秩序的形成离不开法律，它们需要法律规范明确规定联合体成员的地位和职责。只有这样，联合体内部事务的秩序才能形成和维持。因而我们在研究法律时，必须研究人类社会的结构，特别是其中的联合体，从中发现法律存在和发展的真正根基。

## 三、法律事实、法律规范和法律命题

为了进一步阐述法扎根于社会的思想，埃利希接着论述了法律中的三种要素：法律事实（rechtserzeufenden Tatsachen；the facts of law）、法律规范（the norms of law）和法律命题（the legal proposition）及其相互关系。他指出作为法律主要表现的法律规范和由法学家从中抽象出来的法律命题均基于法律事实，是适应法律事实的需要和为了更好地处理法律事实。那么什么是法律事实、法律规范和法律命题呢？

埃利希认为，法律事实就是法律赖以产生和需要面对的社会存在，具体说来就是各种社会联合体及其内部的秩序，以及有悖于此秩序的法律性质的社会纠纷。他说：“今天，‘事实问题’有两个截然不同的含义。一方面，它指由惯例、条例、契约、继承及其遗嘱而缔建的人类生活关系的内部秩序。另一方面，它指对这种内部关系的违反，这将导致民事诉讼或刑事诉讼的启动。但第一种意义上的‘事实问题’是第二种‘事实问题’的组成部分。”[④]

埃利希认为，法律规范是对典型法律事实的法律确认，是落实到实践中的法律命令。法律命题是法学家从法律事实和法律规范中提炼出的法的概念、原则和原理，是对法律规范中的普遍性内容抽象的结果，并用科学的语言予以明确表达。他说：“法律命题是制定法卷册或者法律书籍中法律规定精确的、具有普遍约束力的系统表达。法律规范是一种落实到实践中的法律命令，如同在一个确定的（或许规模很小的）联合体内获得普遍遵守的

① ［奥］尤根·埃利希：《法社会学基本原理》，叶名怡、袁震译，243页，北京，九州出版社，2007。
② 同上书，243页。
③ 同上书，863页。
④ 同上书，777页。

法律命令——哪怕并没有对它进行任何言语上的清晰阐明。”①“每一个裁判规范中都包含着法律命题的萌芽。简约为基本原则的那部分自身内容，用文句表达出来，以权威的形式宣称具有普遍效力，这样，裁判规范就变成了一个法律命题。”② 他指出，法律规范和法律命题是法学家、法官劳动的结果。他们从许多法律事实中寻找带有普遍性和典型性的事例，“予以一般化和化而为一”（universalized and reduced to unity），从而发现法律规范并进而抽象出法律命题。他说：“法律命题是由法学家主要基于从法院的裁决中发现的裁判规范而创设的。当法官给出裁决理由时，他就通过拘束未来案例的形式表达了裁判规范。”③“法官总是从法律事实——即从习惯、支配和占有关系、意思表示，以及主要从契约——中获得法律命题，这些法律命题或者建立在法官自身知识基础上，或者建立在证据的基础上。一旦给定这些事实，规范也随之确定；事实问题和法律问题是不可能分开的。”④ 这意味着法学家，包括法官，在法律规范和法律命题的产生中起着关键的作用。

这样看来，法学家在创制法律方面是有作为的，但是应该认识到这一作为是极其有限的，他们只能发现和表述法律，而不能创造法律。他说：“法学家从社会关系中提炼出法律；因此法学家法不能超越作为法学家法来源的社会关系。因此，所有真正的法学家法限于那些与作为法学家创造法律之服务对象的关系相联系的人和物。”⑤“一种强烈的信念：法官和法学家有资格去创立现存法律之制度的基础，但不是动摇它或以他物来取代它。”⑥“科学仅仅能够知道实然并且不能够把握应然，因此科学不创造任何规范，而仅仅研究、表述和教授规范，这大概是一个基本真理。”⑦

## 四、区分两种法律规范：组织规范与裁判规范、社会法与国家法

为了进一步阐述法律扎根于社会的原理，埃利希区分了两种法律规范，即为大众所遵守的一般行为规则和为司法活动所遵循的特殊行为规则或裁判规范（the norms for decision）；和作为法律主体的“活的法”（lebendes Recht；living law）或“社会法”（gesellschaftliches Recht；the social law）和由之派生的国家法（the law created by the State）。

1. 他首先批判了当时的一种法观念，即法就是由国家制定的和由司法机关用于裁决社会纠纷的规则的法观念。他认为，对法的这个认识是非常片面的，因为从法学的角度言，法是一种行为规则，而行为规则种类很多，有适合于普通老百姓一般活动的行为规则，有适合于法官的裁判活动的规则。二者虽然都是法律，但是两种不同性质的法律。他说：“自法官的角度言之，法律是其断案必须遵循的一个规则。依目前流行（特别是在德国）的法律定义，法律是行为规则。行为规则和法官据以断案的规则是两种截然不同的规则；因为人们并不是总是依照裁判中用来解决纠纷的规则行事。毫无疑问，法律史学家认

① ［奥］尤根·埃利希：《法社会学基本原理》，叶名怡、袁震译，79页，北京，九州出版社，2007。
② 同上书，379页。
③ 同上书，381～383页。
④ 同上书，375页。
⑤ 同上书，411页。
⑥ 同上书，398页。
⑦ 同上书，387页。

为法律是人类的行为规则。”[①] 这就是说，法律作为行为规则可分为大众所遵守的一般行为规则和为司法活动所遵循的特殊行为规则，即裁判规范。

他指出，二者的区别在于：其一，作用的对象不同，他说：“裁判规范如同所有的社会规范一样，主要是一种行为规则，但仅仅是法院的行为规则。裁判规范至少主要不是生活中行为人的规则，而是对行为人的行为作出裁判的裁判者的规则。就裁判规范是法律规范而言，裁判规范看上去是一种特殊类型的行为规范，这种规范不同于包含一般行为规则的法律规范。”[②] 这就是说，一般规则为广大民众所遵守，裁判规范为法官所遵守。

其二，作用的性质或功能不同，一般行为规则针对广大民众的日常生活，作用在于这一生活秩序的正常运转，裁判规范所针对的是少数违反一般规则的人，是司法者用于处理违规者的规则，作用在于纠正少数人的违规行为。他说“我们就会发现刑法几乎全针对那些由于出身、经济压力、教育缺乏或道德堕落而被排除于人类联合体的人。仅仅是在面对这些被驱逐者的情况下，最广泛的联合体，甚至包括他们，即国家，才会插手用它的权力来惩罚这些人。”[③]

其三，作用的方式不同，一般规则无须特殊的、有形的强制，裁判规范则依赖于此。埃利希认为，所有的法律规范虽然都离不开强制，但作为一般规则的法律规范与作为特殊规则的裁判规范是有区别的。前者由于其维持关乎自己在联合体中的社会地位和切身利益，“大多数人自愿地遵守法律秩序，是因为他们意识到法律秩序是他们的秩序，是他们作为其中一员的经济和社会联合体的秩序”[④]。又因为不遵守和不服从者将会受到致命的惩罚，即将会“从共同体（如教会、社团、社会）中驱逐出去（aus der Gesellschaft），以及信用的撤销、地位或客户的丧失”[⑤]，“一个坚持拒不服从联合体规范的人等于解开了迄今还连接着他与联合体的纽带。他将逐渐被遗弃，疏离和驱逐”[⑥]。因而，联合体成员必然会珍惜所在的群体及其各种社会关系，会自觉地遵守维护这些关系的一般法律规范。这种规范很少遭到违反，一般情况下也不必使用特殊的强制。后者由于所适用的对象都是处于群体边沿或被群体驱逐的人，因而不会得到他们的自觉遵守，而必须用特殊强制的办法。

其四，二者的地位和性质不同，一般法律规则是法律规范的主体和根本，是第一级规范或组织规范，裁判规范由其派生和为其服务的，是一种次级规范。他说：“这些法律作为一种次级秩序，与社会联合体相联系；它维持和强化着联合体，但不界定联合体的形态和形式。这涉及法院和其他裁决机构所适用的程序法。因为这些法律仅仅是裁决机构秩序的一部分，这些裁决秩序的创设是为了保护社会制度；这些法律并不对社会产生直接影响。”[⑦]

其五，产生和表现的方式不同，即一般规范主要由联合体自发形成，裁判规范则多由人制定产生。他说；“这些规范不像社会联合体的内部秩序一样在社会联合体内自发形成，

---

① ［奥］尤根·埃利希：《法社会学基本原理》，叶名怡、袁震译，17页，北京，九州出版社，2007。

② 同上书，259页。

③ 同上书，137页。

④ 同上书，157页。

⑤ 同上书，151页。

⑥ 同上书，131页。

⑦ 同上书，113页。

而是产生于法学家法或者国家创制的法律。”[1] 正因为如此，前者主要表现为习惯，后者则表现为制定法。

通过以上分析和比较，埃利希得出结论，法官适用的裁判规范并不是法律的本源和主体，真正的法律是规制联合体内部秩序和由其自发产生的一级规范，而不是仅适用于司法活动的次级规范或裁判规范。所以仅以之为对象来思考法律的本质是片面的。

2. 埃利希接着批判了另一种法观念，即认为法律与国家有着必然的关系，因此，法根源于国家，所有的法律都是由国家制定的，都是国家法的观念。他认为这一认识也是非常片面的。这是因为：

国家最初作为一种军事性的组织法只是社会联合体的一种，虽然它后来增加了许多功能，负责联络和协调各种社会组织的活动，因而国家法能制约其他社会组织的内部规范，但国家法毕竟只是整体的法的一部分，而且是极小的和派生的部分，它无法囊括所有的法律。他说：“每一联合体甚至是最小的联合体——每个家庭、每个家族、每个村庄、每个乡镇、每个国家、每个民族——都有自己的法律以及自己的宗教、道德、伦理习俗、礼仪、言行得体和时尚。……然而，与这些准则并存的，还有另外一种法律以及宗教、道德法典、伦理习俗、言行得体、礼仪和时尚，后者产生于一个较大联合体，并且这个较大联合体把这些东西强加给组成它的较小联合体。最终，这种类型的规范总体上产生于社会。因此，每个社会都有普遍有效的法律规范，通过它们，社会对其组成部分之联合体的内在秩序产生影响。”[2] “然而这些规范尤其是法律规范，并没有构成这些联合体的内在秩序，而是构成了作为一种外在秩序强加给较小联合体的社会内在秩序。与这些联合体内在秩序相比，此种社会内在秩序在更大程度上带有支配秩序和冲突秩序的标记。……它们的司法权和司法诉讼程序完全受次级社会规范调整。国家对于法律的巨大意义乃基于这样一个事实：为了给产生于社会的法律以有效的支持，社会利用了作为自己机构的国家。”[3]

这样一来，国家法只是法律的一种和一部分，虽然在现代社会里它是法律中的不可忽视的一部分，但是，国家对法律的发展所起的作用是有限的，因为基于社会联合体内部秩序的法律并不是由国家所能随意改变的。所以，“国家以制定法的形式颁布的法律是唯一法律的时代从来没有过”[4]。“因此，法律由国家创制的观念经受不住历史分析的检验”[5]。

3. 制定法也不是国家法产生的唯一办法。首先，他指出制定法与国家法是有区别的。因为制定法的形式很多，如契约、规章制度等。他说：“制定法最古老的形式似乎是契约。”[6] 因而制定法不仅产生于国家，而且产生于其他联合体。他说：“国家法和制定法必须明确区分。国家法是由国家创制的法律，当然并不是指在形式上由国家创制，而是在内容上由国家创制。……联合体的章程、商业企业的条例、契约并没有因为它们采取了制定法的形式而变为国家法。”[7]

---

① [奥] 尤根·埃利希：《法社会学基本原理》，叶名怡、袁震译，113页，北京，九州出版社，2007。
② 同上书，325页。
③ 同上书，327页。
④ 同上书，29页。
⑤ 同上书，347页。
⑥ 同上书，317页。
⑦ 同上书，289页。

其次，他指出，制定法也不是国家法产生的唯一办法。他说：“另一方面，国家法的形成不仅可以采取制定法的形式，也可以采取行政规章或治安条例、地方执法官法和法官法的形式。”①

由此他得出的结论是：制定法不能与国家法画等号。所以，“当一部制定法颁布时，它绝对不是‘国家的意志’”②。“法律必须由国家创制不是法律概念中的本质因素，它也构不成法院或其他裁决机构裁决的基础，它也不是裁决必然产生的法律强制的基础”③。

## 五、法律规则的特点，法律规范与其他社会规范的关系

埃利希还从法律规则的特点以及法律规范与其他社会规范的关系方面论述了法扎根于社会的原理。

首先，他批判了当时流行的关于法律规则特点的一些观点。如认为法律规则具有强制性、法律规范是他律的观点等。他认为这些看法并不科学、不准确，或者说过于浮泛。

1. 关于法律的强制性问题，他指出，“强制”一词在内容上很丰富，有由各种社会关系所产的约束力的无形强制和有通过制裁、刑罚等进行的有形强制，因此应具体分析。他说，法律的强制显然“不可能指任何种类心理上的强制，因为人们总是在某种心理强制下行动，甚至心理强制完全在法律的范围之外。所以，它仅指那些被认为是法律特征的强制，即诸如通过刑罚或强制执行威胁而实施的那种心理强制。这两种强制被认为是法律的本质特征，这只能通过如下事实来解释：法律总是被认为是法官适用的规则”。因此，“制裁并非法律规范的特性。如果不具有一定程度的强制，那么伦理习俗规范、道德规范、宗教规范、言行得体规范、礼仪规范、礼节规范和时尚规范这些就毫无意义。它们也构成了人类联合体的秩序，特别是强迫联合体的个体成员去服从这种秩序是它们的特定功能。规范所产生的所有强制都是基于个人实际上从来都不是一个孤立的集体这一事实；他被招收、被安置、被包裹、被进到众多的联合体中，以至于脱离这些联合体而存在对他来说是无法忍受的、甚至经常是不可能的。……每个人，正是在这样一个群体圈子内，在危难时寻求帮助，在不幸时寻求安慰，寻求道德的支持、社会生活、认可、尊敬和荣誉”④。这就是说，一般的强制并非是法律规范所独有的属性，特殊的强制也并非所有法律规范都具有，而只为其中的裁判规范所独有。

2. 关于法律的他律性问题也是如此。他认为法律与所有社会规范一样，既是自律，又是他律。他说：“无论如何，任何人都不能说法律和道德的区别就在于——如今人们经常有此误解——法律是他律的，道德是自律的；法律是外部强加给人的，道德来自人的内心。所有的规范作为行为规范——在这里只把它们如此看待——同时是自律的也是他律的。它们是他律的，因为它们产生自联合体；它们是自律的，因为它们的基础是组成联合体的个人的态度。规范是自律的，这另外一层意思是：只有当服从规范是源于一种由该规

① ［奥］尤根·埃利希：《法社会学基本原理》，叶名怡、袁震译，289页，北京，九州出版社，2007。

② 同上书，317页。

③ 同上书，45页。

④ 同上书，127～129页。

范所形成的确信时，这种服从才被认为具有完整的价值。”①

3. 埃利希认为，法律规范与其他社会规范是互相关联、相辅相成的。他说：“法律在本质属性上也似乎与其他社会规范相关联，即与宗教规范、道德规范、伦理习俗规范、礼仪规范、言行得体规范、礼节规范和时尚规范相关联。”② “一般说来，道德、伦理习俗、礼仪等非法律规范如此容易地转变为法律规范，以至于大多数情况下，那样的区别完全是不可能的。”③ 正因如此，它们作用上相辅相成。他说：“现在，我们必须指出那些迄今较少被考虑的非法律性规范对联合体内部规整形成的重要性。那种法律制度完全以法律规范为基础的陈述并不正确。道德、宗教、伦理习俗、礼仪、言行得体，甚至是礼节和时尚都不仅仅处理非法律关系；它们也常常影响法律领域。没有任何一个法律上的联合体能完全依靠法律规范的方式来维持它的存在；法律规范一直都需要能强化和弥补他们效力的非法律规范的协助。缺少上述所提及的每一种社会规范的合作，任何东西都不能提供社会机制运转的完整图景。”④ 也正因为如此，一个共同体内部秩序的形成要依赖各种社会规范，“没有一个国家、政府，在任何时候都可能完全依靠法律进行统治”⑤。

正因为如此，要区别法律规范与其他社会规范，虽然在科学上是困难的，但在心理上是可以做到的。他说：“虽然在法律规范和其他类型规范之间划出合乎科学的精确性的界限是困难的，但实践中，这一困难极少存在。通常，任何人都会毫不犹豫地指出一个给定的规范是法律规范还是宗教、伦理习俗、道德、礼仪、言行得体、时尚或者礼节规范。这一事实必须作为讨论的基础。关于法律规范和非法律规范之间的区别问题不是一个社会科学问题，而是一个社会心理学问题。各种不同类型的规范释放出不同类型的感情暗示，而且我们对不同类型规范的违反也会作出不同的感情反应。比如对违反法律的反应是产生对抗情绪，对违反道德准则的反应是愤慨，对下流行为的反应是厌恶，对言行不得体的反应是不赞成，对冒犯礼节的反应是产生可笑之感，最后，时尚的追随者轻视那些未能和他保持同一高度的人，对他们会产生一种挑剔感。专门对应于法律规范的是这样一种反应——欧陆共同法学家为此创造了一个术语——必然之念。这是人们能够识别法律规范的典型特征。”⑥ 他接着说：“因此，法律社会学不能像迄今流行的法学那样以一个简单公式来表述法律和道德的区别。只有全面研究——那些目前甚至尚未搜集到的——心理和社会事实，才能清楚地说明这一难题。虽然我们充分意识到了面对目前这种法学状况不得不抱有的极度谨慎，但我们现在或许还是可以认定，法律具有如下本质特征。法律规范所调整一个事项，它至少在其发源之群体的观念中具有极大的重要性，具有最根本的意义。受法律命题支配的个体行为不可能很重要，例如有关食品的制定法、或者涉及防火或防止家畜传染病的制定法之下的个体行为，但是，我们必须始终考虑到，如果对这些制定法的违反呈现出一种群体现象的规模则会导致何种结果。只有一些不是很重要的事项才由其他社会规范调整。……另一方面，与其他的规范相比，法律规范总是用清晰而明确的术语表述。从而，

① ［奥］尤根·埃利希：《法社会学基本原理》，叶名怡、袁震译，361页，北京，九州出版社，2007。

② 同上书，151页。

③ 同上书，275页。

④ 同上书，151页。

⑤ 同上书，115页。

⑥ 同上书，375页。

法律给了那些以法律规范为基础的联合体以特定的稳定性，然而，不以法律规范为基础的联合体，例如政党、宗教团体、亲戚群体、社会关系，除非它们都采取了法律形式，否则它们都具有松散性和缺乏稳定性的特征。一旦道德规范、伦理习俗规范、礼仪规范丧失了它们的普遍特征，并且也用明确的术语表述，对社会法律秩序具有根本性意义，则它们也经常可以变为法律规范。”① 他进一步指出：“如果我们记住这些特征，就可能给法律规范下一个更准确的定义。法律规范是那些来自法律事实的规范，即来自为社会联合体中每个成员分配地位和职责的习惯、支配和服从关系、因占有而产生的关系、联合体的章程、契约、遗嘱和其他处分；此外，那些规范是源自国家和法学家法之法律命题的法律规范。必然之念只有与这些相关时，它才能被发觉。因此我们可以说，除了这些之外，不存在任何其他的法律规范。”②

综上可见，埃利希认为法律规范来自社会的法律事实，是基于社会联合体建立秩序的需要，而这一秩序的产生需要各种社会规范的共同作用，因而作为社会规范之一的法律规范必然与其他社会规范互相关联。

## 六、法学家、“法学家法”与“法律的自由发现”

在上面的论述中我们已经指出，埃利希认为，法学家在法律的发现和创制中处于举足轻重的地位。因为他们既是次级的法，即作为法律规范和法律命题的法的创造者，又是活的法的发现者。既然如此，那么，作为法学家一部分的法官在司法活动中的角色，就不是概念法学家所描绘的那种法律的“自动售货机”，而是起着发现和创制法律规范的重要作用。基于此，他提出了“法律的自由发现”（the free finding of norms）的著名命题。所谓“法律的自由发现”指的是法官在司法活动中如果遇到已有的法律规范未作明确规定的事项，就应当本着正义精神和遵循创制法律规范正确途径去寻找新的法律规范，以补充已有的法律规范。他说：“在每一个发展阶段中，社会和法学家一样积极，每一个法律命题都是源于对社会所提供之素材的塑造，但这种塑造却是由法学家完成的。经一般化与化而为一之后成为法律命题的，的确是已盛行于社会的规范；但归根到底，要由法学家来决定对哪些予以一般化和化而为一；在他的领域内，纷繁多样的家庭秩序中，他要将哪一种作为模范秩序，在其他类型家庭秩序中产生的争议均按照此标准来裁断；各种各样的契约内容，哪一种将作为标准，用以裁断所有类似的契约。规范之自由发现的目的不过是在联合体内秩序不能解决诉讼的裁断时补充并取代它。”③ 这是因为，用于裁判的法律规范虽然已有成文法典作出系统的规定，但毕竟是有缺陷的，是跟不上社会的发展的；还因为法学家的队伍很庞大，有立法者、法学教师，法官只是其中的一部分，而且他所处理的只是具体案件，因而只能对个别案件立法，无须也无法包揽其他法学家发现法律之任务。

那么，法学家、法官在司法活动中是如何“自由发现”法律呢？埃利希认为除了使用上述“经一般化与化而为一”的技术外，更重要的是要深刻理解和把握正义精神。那么什么是正义呢？埃利希站在社会功利主义的立场对其作了解释。他认为，正义是人们对“社

① ［奥］尤根·埃利希：《法社会学基本原理》，叶名怡、袁震译，361页，北京，九州出版社，2007。
② 同上书，365页。
③ 同上书，461页。

会普遍存在的利益”（the interests that flourish in society）的一种认识和坚持。他说：“社会中普遍存在的利益会导致某些倾向，这些倾向最终会影响到那些甚至没有卷入这些冲突利益之中的人。依据正义裁判的法官遵循着支配他自己的倾向。因此，正义并不是源自个人，而是产生于社会。”[①]“正义是社会对于人之心智所施加的力量。”[②]“如果让正义去支配，则决定性因素不是一方或者另一方当事人的愿望，而是哪一种冲突的利益对社会更重要。”因此，“需要作出裁决的人不但要考虑当前的情形，还要考虑经济需要，而且也要考虑牲畜饲养、农业、工业和公共卫生、大宗土地产权和用益权利、雇主和雇员、商业和自由活动、有产阶级和无产阶级的福利在政治上、伦理上和文化上的重要性”[③]。

他认为，“法学的功能首先是记录社会中存在的正义倾向，并且确定它们是什么、来自何处和将导向何方”[④]；法学家的任务就是发现和向社会宣告这一倾向。“正义——尽管它是社会力量的结果——需要一个预言者来宣告它”[⑤]，法学家正承担着这一角色。他认为法学家宣告的正义的形式就是创制法律命题。他说：“如果存在着正义的法律——或更确切地说存在正义的法律命题——这样的东西，那么，它们就是能够推动人类奔向未来发展的力量。”[⑥]

他还认为，“经一般化与化而为一”的技术必须在正义精神的指引下使用。他说：“权力的分配、普遍利益的观念以及正义的倾向，都能指令他要对那些内容予以一般化和化而为一。”[⑦]

这就是说，法官在司法活动中不是一个机器，而是一个有能动性的为正义精神所驱动的人，他享有与其角色相适应的自由裁量权，因而他不仅是法律规则的适用者，而且是法律规则的解释者和发现者，还是法律命题的提出者。或者说，他不仅是司法者，而且也是立法者，虽然他只能为具体案件立法。

由法学家、法官所创制的法叫“法学家法”（Juristenrecht），它以司法判决、法学著作的形式而存在，它是国家制定法的基础。

埃利希认为，由法学家、法官所创制的法是通过审理具体的社会纠纷进行的。埃利希认为，法学家在这一活动中所要解决的是法律事实与规范、概念的矛盾。他说：“法学投射（Juristic projection）本质上仅仅是社会生活中的内部变化对裁判规范的即刻影响。”“社会力量的影响力使得社会法与国家法之间的界限不断变化。仅由社会法规范所保护之利益的重要性一旦被更好地理解，那么它就会获得国家法规范的保护。这种变化也会因司法裁判而发生；仅仅作为国家公务员，法官将一个社会规范作为一个国家规范投射到后者当初未曾预期过的法律关系之上。”[⑧]“甚至措辞本身也会受到岁月更替的影响。以文句系统表述的规范经常不仅容纳新的解释，而且还会接受新的措辞。即使完全不知道谁引入这

① ［奥］尤根·埃利希：《法社会学基本原理》，叶名怡、袁震译，437页，北京，九州出版社，2007。
② 同上书，439页。
③ 同上书，449页。
④ 同上书，439页。
⑤ 同上书，451页。
⑥ 同上书，443页。
⑦ 同上书，461页。
⑧ 同上书，893页。

种转变，这种转变也会发生；因为人类的语言会不知不觉地遵循他们新的思考方法。”[①] 这就是说，随着社会的变化，语义的变迁，已有的法律规范和法律命题必然也随之发展，法学家所承担的就是不断地创造新的法律规范和法律命题以适应已发展变化的社会。

埃利希认为，法学家要承担这一任务，必须认真地观察社会，时刻把握社会变化的脉搏，只要如此，他是可以有所作为的，是可以早于别人为法学的法展作出贡献的。但能否如此，关键还在于社会条件是否具备，这就像历史上的科学发明一样，一旦社会产生某种需要而且具备了相应的条件之后，就会有相应的发明产生。

## 七、“活的法”与法律社会学

在以上论述的基础上，埃利希提出了他对法的新观念以及与之相适应的新法学，即“活的法”观念和法律社会学。

1. “活的法”( lebendens Rechts；living law）观念

从上面埃利希对法律的种种论述中我们已经清楚地意识到，他不同意当时占主导地位的概念法学的法观念，因为这种法观念把法理解为由国家制定的成文规则和由法学家所创造的一套法的概念、原理。他认为这不仅没有抓住法的根本和主体，而且颠倒了法与社会的关系。因为最根本的法、最主要的法存在于社会之中，是社会各种联合体的内部秩序，而国家法不过是在这种法的基础上所产生的并服务于维护这些秩序的裁判规范或次级法律，至于法学家所“创造”的法的概念和原理或法律命题，更不是法律的主体部分，实际上是法学家观察和研究不断发展的社会联合体的内部秩序的形成和维护过程或法律事实中，在总结和归纳普遍性的因素的基础上提炼出来的并用“科学语言”对法律的一种表述。他认为作为法律的组成部分的法律规范和法律命题是随着社会的发展，特别是法律事实的新变化而不断发展的。所以，任何一个时代、一个国家或地区的法学家都必须不断地对社会进行观察，对法律事实进行提炼，这样才能提出符合其时代和地区的法概念和法原理。

埃利希的“活的法”观念包括以下几个方面：

其一，“活的法”是相对于纸面的法而言的，指实际上有效的法律。他说：“活法不是法院裁决案件时会认为此部分具有拘束力的文件的内容，而仅仅是当事人在生活中实际遵守的部分。因此，法理学的社会学学派用来检测法律命题和法律文件的标准是现实生活。它也必须观察法院执行之法与活法之间的差异。文件全部有效的内容是法院执行的法律(即裁判规范)，因为，在当事人诉诸民事诉讼的场合，裁决关键取决于它；但是仅就当事人习惯坚持的部分而言，那是活法，即使当事人并不愿意冒诉讼的危险。”[②] 又说：“这就是与在法庭及其他裁判机构所执行的法律形成了对比的活法。即使活法未以法律命题的形式被提出，但它是支配生活本身的法律。”[③] 埃利希指出，纸上的法律与实际生活中的法律是两回事。他以《奥地利民法典》中关于婚姻财产共有的规定为例，指出实际上的情况“与《奥地利民法典》中规定的财产权共有制度没有丝毫相同之处，后者的规定从未得到

① ［奥］尤根·埃利希：《法社会学基本原理》，叶名怡、袁震译，899页，北京，九州出版社，2007。

② 同上书，1087页。

③ 同上书，1077页。

过适用，因为它们总是被正式缔结的婚约排除。”[①]

其二，“活的法”来源于社会生活本身，就是社会联合体的内部秩序。他说：“人类联合体的内部秩序不但在最初是法律的基本形式，而且到目前为止也是如此。”[②] “活法必须在婚姻契约、购销契约、社会联合体章程以及商号章程中寻求，而不是在法典的条款中寻求。在所有的这些契约中，除了仅适用于特别交易的个别内容外，还存在典型的、反复出现的内容。该典型内容基本上是文件中最重要的东西。”[③]

其三，“活的法”像社会生活一样是丰富多彩和日新月异的。他说，每一个联合体都有自己的内部秩序，因而有自己特有的“活的法”。这样一来，社会上的“活的法”就不可能是统一的，而必然是千差万别的，虽然它们之间有共同之处。他说：“每个联合体都相当独立地创立自身的秩序，并且每个联合体均不受其他联合体中为了处理相同的关系而存在的规则的拘束。如果相同类型的联合体的规则彼此差异极小，这肯定是因为它们的生活条件具有相似性；这经常也是移植的结果，但这绝非是从外部以某种特定的方式给他们规定的统一秩序的结果。用德国的学术话语来说就是，这些联合体中很可能存在一般法（allgemeines Recht），而不是共同法（gemeines Recht）。”[④] 这是一方面。另一方面，由于社会生活日新月异，因此，“活的法”也像一条溪水那样流动不息。他说：“因此，所有法律的发展都以社会发展为基础，社会发展存在于人们以及他们的关系随着时间的推移而发生的变化。其他的人们将生活并存在于其他的法律关系中，而且既然法律关系很大程度上基于法律行为，则新的法律行为将会随着时间的推移而出现，旧的法律行为将会消失。新的联合体将会形成，新型契约将会被缔结，新型遗嘱声明将会作出。所有的这些在法律文件的内容中必定有明显体现。”[⑤] “法律的所有历史发展均基于如下事实：任何特定时代人们及其相互关系具有鲜明的特性，以至于他们只是在那个特定的时代里呈现当时的那种状态，他们也因此会随着时间的推移而发生永不停歇的变化。”[⑥] 所以，各地区和各时代的“活的法”是有区别的，不可能互相取代。

其四，“活的法”是联合体内部自发产生的，因此，人们只能“发现”而不能创制它们。在这一点上它们不同于由法学家发明和创造的属于裁判规范的“法学家法”。他谈到“法学家法”的重要形式之一的法律命题时说：“法律习俗的起源与法律命题的起源是两个十分不同的东西；前者从社会中发生，或者按照他们的术语说是在民众意识，并在行为规则中变得显明或者按照他们的术语说是在习用；而法律命题是由法学家创造的。”[⑦] 由此他得出进一步的结论：“活的法”的知识只能从对社会的具体观察中获得。他说：“我们有关这种法律的知识首先来源于现代法律文件，其次来源于对生活、商业、习惯、管理、所有联合体的直接观察，这种直接观察不仅是对那些法律已经认可的事项，而且也是对那些被法律忽略和遗漏的事项，甚至对那些实际上遭到法律反对的事项进行观察。”[⑧] 又说：“法

① ［奥］尤根·埃利希：《法社会学基本原理》，叶名怡、袁震译，1071页，北京，九州出版社，2007。
② 同上书，77页。
③ 同上书，1081页。
④ 同上书，59页。
⑤ 同上书，877页。
⑥ 同上书，869页。
⑦ 同上书，1025页。
⑧ 同上书，1077页。

律社会学必须从探明活法开始。它的注意力将主要指向具体的、而非抽象的东西。我们能够观察到的只会是具体的东西。……但是只有具体的惯例、支配关系、法律关系、契约、联合体章程、遗嘱的财产处分才会产生人们据以调整他们行为的规则。”[①]

其五，“活的法”是法律的主体，他说：“更大一块的法律生活，在远离国家、国家裁决机构和国家法的领域内运行。”[②] 不但是主体部分，而且也是基础部分，其他法律都缘它而生，都是它的派生物。他说：“只有在这些规则的基础上，法院适用的裁判规范与迄今唯一吸引法学家注意的制定法条款才会产生。绝大多数司法裁决基于法院认定存在的具体惯例、占有关系、契约、联合体章程以及遗嘱的处分。”[③]

2. 法律社会学

埃利希认为，最早产生的法学是实用法学，其主要的功能是发现社会法和将它们塑造为裁判规范。他说：“实用法学并非源于依技术法则适用现行法的需要，而是源自塑造一个法律制度从而使其变得实际可行的需要。作为行为规则的法律与社会秩序意义上的法律，确实像社会自身一样古老，但是，法律从未以那种可立即作为裁判规范适用的方式自然地产生，法律也不能满足可能发生的所有诉讼的裁断需要。于是，法学家最早的功能就是将社会法塑造为裁判规范，此外，就是发现裁断法律争议所必需的规范。”[④] 又说，实用法学“是使法律促进日常生活之法律需要的艺术。……此技术只有两个分支很重要。它们是：首先，司法技术，它产生自裁断法律争议的需要；其次，Kautelarjurisprudenz，即草拟法律文件的艺术”[⑤]。后来理论法学产生了，因而法学增加了新的功能，这就是：“对现行法的认识，对日益发展的人性和对越来越复杂的人类关系更深刻的洞察；以满足目前需要的法律命题阐述现行法的能力；在实践需要时找出恰当解决办法、并利用法律知识解决实践问题的能力。……因此，从历史角度来说，法学包含所有的下列部分：法律的知识、法律的适用和法律的创制，并且本质上，这对于今天而言也是正确的。”[⑥]

他认为法社会学属于理论法学，它具有如下几个特点：

它研究的对象和侧重点是法律事实，即不断发展变化的社会现实，而不是已有的法律规范和法律命题。法社会学家认为：“每个联合体都相当独立地创立自身的秩序，并且每个联合体均不受其他联合体中为了处理相同的关系而存在的规则的拘束。”[⑦] 而且认为，这种秩序并不是一成不变的，而是随着社会的发展而发展，所以是一种动态的秩序。“因此，法律社会学不是从古代的风俗习惯中提取素材，而是从社会和经济的历史中提取素材。”[⑧] 正因为如此，法社会学的研究成果主要是事实问题，而不是法律问题。他说：“久远年代的法学家只探究事实问题，因为不存在任何法律上成型的裁判规范。他为裁判案件所需的法律由习俗、证人以及书面文件提供。所有的这些都是事实问题。源于裁决的有关事实问题的原则，在获得认可和一般化之后，成为第一批法律规定。自那以后，每天都有新的法

---

① ［奥］尤根·埃利希：《法社会学基本原理》，叶名怡、袁震译，1095页，北京，九州出版社，2007。

② 同上书，351页。

③ 同上书，1095页。

④ 同上书，537页。

⑤ 同上书，535页。

⑥ 同上书，537页。

⑦ 同上书，59页。

⑧ 同上书，1043页。

律规定加入到已经存在的法律规定中。这种情况一直持续到今天。尽管法典的一段在每一个司法裁决中都被引用，但事实上，数量更多的司法裁决并非是基于法律问题、而是基于事实问题作出的。”①

他指出，法社会学并不拒绝研究已有的法律文献，显然它们对我们认识法律有参考价值，但它们毕竟只是对过去法律的一种概括、一种文字记录，而不是社会生活中的法律本身。所以“法律文件并不能让一个人获得对过去法律的完美图景”②。“实证法远远没有给出生活中实际发生情形的图景”。否则，“如果法学仅仅提出制定法规定了什么，而没有指出实际上发生了什么，则科学实现其作为法律与权利理论之功能的状况也是十分糟糕的”③。所以，我们的研究不能以它们为限，只能以它们作为一种中介。“我们必须尽量将文件作为活法的一部分，并从中推导出活法，如同罗马人在他们的契约法和遗嘱法中做的那样。名为《学说汇纂》、买卖契约、关于买卖之诉、关于追夺担保和双倍要式口约、关于合伙、关于奴隶的要式口约以及那些涉及遗嘱和遗产之法的东西，在各个地方还能作为榜样。当今理论法学和实用法学最终不是关注罗马法而是关注当下的契约和文件，这是最重要的事情。调查这些文件中具有普遍重要性的、典型的、始终反复出现的内容，在法学层面描述它们，并依据它们的重要性从社会、经济、立法政策等角度全方位地评价它们，这是现代法学首要的任务。”④

他认为法律社会学研究的目的主要有二：其一，“法律社会学的首要功能是在不涉及支配它们的实证法的情形下，对法律关系中的共同要素给予解释，并研究每一种关系关于其原因和结果的独特要素”⑤。其二，“法律社会学最主要的功能就是要把管控、规整和决定社会的那部分法律从纯粹的裁判规范中区分出来，并证明它们的组织力。”⑥ 这就是说，从社会中寻找活的法和把它与裁判规范区分开来。

它研究的基本方法是观察。他说：“社会学——包括法律社会学——也必须是一门观察的科学。”⑦为此，“我们仅需要睁开眼睛，竖起耳朵，以便了解到对我们这个时代的法律而言所有重要东西”⑧。这是因为：“我们有关这种法律的知识首先来源于现代法律文件，其次来源于对生活、商业、习惯、管理、所有联合体的直接观察，这种直接观察不仅是对那些法律已经认可的事项，而且也是对那些被法律忽略和遗漏的事项，甚至对那些实际上遭到法律反对的事项进行观察。”⑨ 这更在于法律就存在于社会之中，而社会生活是千差万别和日新月异的，法律是它们中具有普遍性和典型性的东西。法律规范和法律命题就是从中提炼出来的。因此，“除了睁开眼睛，通过细心观察生活、访寻民众并记录下他们的回答之外，别无他途”⑩。怎样观察，观察什么？他认为要观察具体的人和事，“这样，法律

---

① ［奥］尤根·埃利希：《法社会学基本原理》，叶名怡、袁震译，781页，北京，九州出版社，2007。

② 同上书，1039页。

③ 同上书，1075页。

④ 同上书，1085页。

⑤ 同上书，1047页。

⑥ 同上书，87页。

⑦ 同上书，1037页。

⑧ 同上书，1069页。

⑨ 同上书，1077页。

⑩ 同上书，1089页。

社会学必须从探明活法开始。它的注意力将主要指向具体的而非抽象的东西。我们能够观察到的只会是具体的东西。……但是只有具体的惯例、支配关系、法律关系、契约、联合体章程、遗嘱的财产处分才会产生人们据以调整他们行为的规则。并且只有在这些规则的基础上，法院适用的裁判规范与迄今唯一吸引法学家注意的制定法条款才会产生。绝大多数司法裁决基于法院认定存在的具体惯例、占有关系、契约、联合体章程以及遗嘱的处分”①。当然，要真正地做到这一点是很困难的，但却是必要的。因为只有如此，才能获得活的法知识。他说：“确实，让一名法学家通过实际观察、而不是通过法典的条款或浩繁的法律文书了解活法，其实是给他提出一条严苛的要求；但那不可避免，以这种方法获得的结果将是最佳的。”②

综上所述，埃利希在《法社会学基本原理》一书中围绕着在前言中所提出的“法律发展的重心不在立法、法学，也不在司法裁决，而在社会本身”的主题，系统地阐述了其“法律社会学”基本原理，特别是其中的“活的法”观念。这一法观念开阔了人们对法认识的视野，使我们从概念法学的国家主义法观念的枷锁下解放出来。它告诉我们，法的“天外有天”和真正的、更根本的法在哪里，使我们知道原先被误认为“法”的东西，其实只是法的一小部分，而且是次生的部分，往往只是纸上的东西。他指出，国家主义的法观念逻辑上的错误在于，把法与国家联系起来，而且认为法从属于国家，法是国家立法权的产物，法只能由国家制定和只表现为制定法或规范性的成文典籍。这样一来，在国家之外和国家产生之前，无法律可谈；这样一来，所有的法都是国家法和制定法；这样一来，法是由国家从上面加之于社会的，社会中的各种组织在法律的产生中完全处于被动状态，它的活动是由国家法规定的。这一观点显然无法回答下面的一系列问题：国家从何而来，国家何以有立法权，国家从何处获得法律的内容？唯一可能的回答是，国家是某一天由上帝突然加之于人类社会的。显然，这种回答只能骗小孩，它就像对地球生命的起源以“外星人”或“天外之物”来解释一样荒诞。“活的法”观念不会陷入这种逻辑上的矛盾，它从社会自身寻找法律的根源，认为法律是社会上早已存在和不断发展中的各种联合体建立秩序的需要而产生的，国家就是这样的一种联合体，即许多联合体为了防御外敌和对外扩张而建立的军事联盟，这一联盟后来演化为一种能承担管理社会公共事务职能的“社会机构”的联合体。它不仅维持其内部的秩序，而且通过处理各种社会纠纷的办法来影响其所管辖下的联合体的秩序。因此，就产生了一种特殊的法律规范，即裁判规范，它是国家法的主要部分。显然，它是适应社会中各种联合体建立统一秩序的需要而产生的，是以维护各种联合体已有的内部秩序的法律为基础的。埃利希指出，裁判规范的产生得力于法学家的辛勤劳动，是他们通过观察各种社会联合体的内部秩序和各种社会纠纷中所获得的，是从中概括和提炼具有普遍性和典型性的法律事实的结果。从此出发，他合理地解释了国家法的性质、来源和地位，也指明了法学家，包括法官，如何认识、研究和应对法律。他告诉我们，国家法只是法律的一部分，大部分的国家法只是一种纸上的东西，实际上并不起作用，真正起作用的是“活的法”，即社会生活中实际上有效的法律，因此我们认识和研究法律的重点是它们；他还告诉我们，“活的法”像社会一样是充满活力的，是不断发展

---

① ［奥］尤根·埃利希：《法社会学基本原理》，叶名怡、袁震译，1095页，北京，九州出版社，2007。

② 同上书，1089页。

的，因此，我们对它们的认识和研究永无休止之日。伟大的法学家应及时地把握其跳动的脉搏，不断地观察和研究它们。它告诉我们，法律的主体存在于社会之中，因此我们要认识和研究法律，最根本的就是要认识和研究社会联合体的内部秩序；他也告诉我们，在法律的产生中，特别是其中的法律规范和法律命题，虽然法学家是有所作为的，但其作用是有限的，他们的自由只在于“发现”和用科学的语言表达，而不是其他；他还告诉我们，法律的“发现”，基础不在于“立法”而在于“司法”，即对具体社会纠纷的裁决。因为，只有在积累和研究了大量社会纠纷之后，才能“发现”其中的法律和提炼出科学的法律规范与法律命题。所以，把国家机构和法律工作者截然地划分为立法机关、立法者和司法机关、司法者，并把他们的活动命之为“法律的创制”和“法律的适用”是不科学的。由此产生的“三权分立”观念也是如此。他还为我们揭示了法律规则与其他社会规则之间的联系，告诉我们法律规则不是孤立存在的，而是人类行为规则的有机构成部分，因而都能对维护联合体的内部秩序发挥作用。所不同的是，法律规则涉及的事物更重要和内容更明确罢了！

显然，埃利希为了批判概念法学割裂法与社会的关系的观念，在阐述其“活的法”观念中强调了法律与社会的联系，因而对它们之间的差别着笔不多，这就使人们感到他似乎把二者混为一谈，没有区分开来，从而犯了矫枉过正 的“错误”。这主要表现在两个方面：

其一，他混淆了法律与法律秩序。我们知道，秩序是一种状态，一种良好的人际关系，它虽然是法律所追求的首要的价值目标，其形成和维持离不开法律，但并不等于法律自身，而只是法律作用的结果。这意味着它们之间是目的与手段、原因与结果的关系，也就是说二者是有差别的，不能混为一谈。这就像不能把产品与工具、发热与太阳混为一谈一样。更不要说，社会秩序的产生并不是法律单独作用的结果，而是同时有赖于多种社会规范。

其二，他混淆了法律与法律事实。按照埃利希的说法，法律事实包括两个方面，即各联合体的内部秩序和处于联合体边缘人物违反这种秩序的行为所产生的社会纠纷，这就是说，法律事实就是法律所要面对或处理的社会事实或社会中具有法律意义的人际关系。它包括合法的和违法的两种。由此看来，法律与法律事实的关系是主体与客体、调整者和与调整对象的关系，二者也是有差别的，不能混淆。否则就不仅逻辑上不通，而且实际上难以解释。例如，法律性的社会纠纷中必然有一方的行为与法律的规定相悖，因而不可能把它们都纳入法律的内容之中；再如法律所要保护的人际关系或法律关系也不等于法律。因为它是一种物质性的事实或社会存在，而法律是一种制度性事实，不具有空间上的客观性。

埃利希的这一混淆，必然导致其理论上的困难，即无法划清法律与社会、法律与其他社会规范的界限，或者说容易使人产生一种感觉，似乎在他那里一切社会秩序都与法有关，一切社会规范都是法律，即泛法主义倾向。我们认为，法律是社会的构成部分，社会是与自然相对而言的客观存在，是寄居于地球自然时空中的人的集合体，或者说是地球上与自然共时空的人群，它是在自然运动基础上的人的活动及其由此所产生的观念、组织制度的总和。社会是五大物质运动形态之一，是有人类参与并以之为主体的客观存在，它包括人与自然两种因素，社会运动就是协调和解决人与自然和人与人的矛盾的过程。社会有着复杂的结构，大的可分为自然环境、组织制度和意识形态三个方面，人的活动穿插其中，法律就是在人们之间交往中所形成的一种规则，是社会现象的一种，属于社会的制度性存在，而且不是一般的社会制度，是一种被公共权力所认可的社会制度，它是由被社会公认的社会规则为主组成的。这一公共权力可以是国家，也可以是亚国家组织和超国家组织，如家族、部族、欧盟、联合国等，因此有亚国家法、国家法和超国家法等。这样一来，法律就与社会的其他部分区别开来，也与其他社会规范区别开来，其标准就在于看它是不是一种制度，而且是不是一种为公共权力所认可的制度。

## 第三节 狄骥的社会连带主义法学

### 一、狄骥的生平和著作

莱昂·狄骥（Léon Duguit，1859—1928），法国公法学家，社会连带主义法学的创始人。他 1859 年出生于法国夷龙省里蓬县。1882 年在法国波尔多大学获法学博士学位，并获得大学教师资格。1892 年升法学院宪法学教授。1919 年出任法学院院长，直到逝世。狄骥的法律思想的理论主要来源于法国著名的社会学家涂尔干（Emile Durkheim，1858—1917，又译杜尔海姆或迪尔凯姆）。涂尔干在其《社会分工论》（1893 年）一书中提出了一个基本观点，即社会以人与人之间的连带关系为基础。狄骥把这一观点引入法学，认为社会的基本事实是连带关系，法律就是基于这一事实和为了维护社会连带关系而存在的。故其法学被称为社会连带主义法学，在宪法和行政法领域，也称为“波尔多学派”。狄骥的法学介于自然法学与社会法学之间，带有明显的自然法学倾向。他仍然以人的社会本性作为研究的出发点，也仍然把法律视为人的规律，只是由于人的自觉性，因而法律对人来说只是一种“应该”，故而改名为“社会规范”或“客观法”，它是客观存在的，不是由人制定的。

狄骥的主要著作有《公法研究》（1903 年）、《宪法论》（1911 年）、《从拿破仑法典以来的私法的变迁》（1912 年）、《公法的变迁》（1913 年）、《法律与国家》（分两部分，分别出版于 1917 年和 1918 年）。其中，《宪法论》是狄骥最有代表性的著作，书中阐述了他对法、国家的一般理论问题的基本观点。该书 1911 年开始出第一版，共两卷；1921 年开始出第二版，共五卷；1927 年开始出第三版，由于狄骥的去世，只出了三卷。

### 二、人与社会连带关系

（一）人是一种自觉的和社会的存在

狄骥对人的观点继承了自然法学的传统，即认为人是社会的和自觉的存在物。首先，他指出了人的社会性。他说：“人从本性上是一种社会的存在，他的行为只是在它成为社会行为的范围内才有价值。”① 其次，他指出了人的自觉性。他说：“人的行为不像我们从物质事实中所感到的那样是彼此连续相互引起的一种盲目的不自觉的力量的产物。这些行

① ［法］狄骥：《宪法论》（第一卷），钱克新译，13 页，北京，商务印书馆，1959。

为都是为目的自觉所限制的产物，都是在这个或那个的方向依照一种自觉进行选择而产生某种数量的动力的自觉的产物”[①] 他进一步概括说：总之，“人是一种自觉的和社会的存在”，“首先，人是一种对自己的行为具有自觉的客体；其次，人是一种不孤独生活并且必须和同类始终一起在社会中生活的实体”[②]。

（二）社会连带关系及其种类

狄骥认为，人的社会性主要表现在人和人之间必须交往并结成一种不可分割的关系，即社会连带关系。他说：“人们相互有连带关系，即他们有共同的需要，只能共同地加以满足；他们有不同的才能和需要，只能通过相互服务才能使自己得到满足。”[③] 连带关系越增强，社会纽带越坚固，个人活动就越自由。

他根据涂尔干的理论把这一关系分为同求的和分工的两种。他说：“人们有共同的需要，这种需要只能通过共同的生活来获得满足。人们为实现他们的共同需要而作出了一种相互的援助，而这种共同需要的实现是通过其共同事业而贡献自己同样的能力来完成的。这就构成社会生活的第一要素，形成涂尔干所称的同求的连带关系或机械的连带关系。”“在另一方面，人们有不同的能力和不同的需要。他们通过一种交换的服务来保证这些需要的满足，每个人贡献出自己固有的能力来满足他人的需要，并由此从他人手中带来一种服务的报酬。这样便在人类社会中产生一种广泛的分工，这种分工主要是构成社会的团结。按照涂尔干的术语来说，这就是经常分工的连带关系或有机的连带关系。”[④] 狄骥强调坚持社会连带关系是一种事实，这是客观的、实证主义的态度，也就是科学的态度，我们必须从这一事实出发。

（三）人的两种意识

狄骥认为，这两种社会连带关系为人们所认识，因而产生两种自觉意识或感觉，即社交的感觉和公平的感觉。“社交的感觉是人们在一定时期内组成的社会集团，如组成部落、家族、城市或民族所存在的感觉。”[⑤] 公平的感觉，即正义斗争的感觉或个人自由的感觉。[⑥] 作为一个人，既具有社会性，又具有个人性，对个人性的认识和尊重，使一个人感到他在社会中享到应有的待遇，得其所哉，感到自由。他沿袭了亚里士多德的正义论，把公平的感觉又分为赏罚的公平和交换的公平。[⑦]

他进一步指出，由此使人具有二重性，即社会性和个性。他说：“人类既有社会性，又有个人性；他因此由两种感觉所支配和控制。”[⑧]

## 三、社会规范与法

（一）社会规范就是社会的规律或纪律

狄骥认为，有社会必有其规律、纪律，也即社会规范。他说：“肯定人是一种社会的

---

① ［法］狄骥：《宪法论》（第一卷），钱克新译，52页，北京，商务印书馆，1959。

② 同上书，49页。

③ 转引自沈宗灵：《现代西方法理学》，252页，北京，北京大学出版社，1997。

④ ［法］狄骥：《宪法论》（第一卷），钱克新译，63～64页，北京，商务印书馆，1959。

⑤ 同上书，85页。

⑥ 参见上书，88页。

⑦ 参见上书，89页。

⑧ 同上书，91页。

存在，生活在社会之中，而且只能生活在社会之中，这就同时肯定了有一种社会规律的存在。"① 不过，他认为由于人是有意识的，所以这一规律对人来说只是"应该"，故称之为"社会规范"。他说："组成社会的个人只有适合社会存在的规律，才能使社会存在下去。由于这些个人都是自觉的，而且要求某些为目的所限定的事物，社会的规律才必须并且只能对他们意志的对象和限定此对象的目的作出规则。这就是我们为什么可以称这种社会规律为一种社会的规范或规则的根由。"②

他指出，社会规范调节人们的行为，使人们的行为有规律。"社会规范不外是社会事实固有的规律，这种规律肯定集团中的全体成员所必须采取的积极的或消极的行为，以便集团和它所组成的个人得以生存和发展，而违反这种规律就要被迫引起一种反应，反应是与控制集团生活的规律有自然联系的一种集团的行为。"③

（二）社会规范的种类

狄骥认为，社会规范有道德规范、经济规范和法律规范。

所谓经济规范，是指经济活动中的社会规范，涉及财富的生产、流通和消费行为，违反了它会引起反常的经济现象，如生产过剩、物价上涨、工业危机等。

所谓道德规范，是关乎人们日常生活中的风俗习惯的社会规范，违反了它，就要引起一种自发的、在某种程度上坚强而确定的社会反应，如冷遇、讽刺、谴责、批评等。④

所谓法律规范，是指当被违反时会引起强烈的社会反应并需要以公共权力制止的社会规范。它是社会规范的最高部分，由前两种规范转化而成。他说："法律规则不过是社交和公平双重感觉的作用下用社会强制来制裁的道德规范或经济规范。"⑤ "一种经济规则或道德规则当它在组成一定社会集团的每个成员的自主意识上充满了这种想法，认为集团本身或在集团中握有最大强力的人们为制止这种规则遭受违犯得以出面干预时便成为法律规范。"⑥ "这三个部分是依照一种上升的等级累积下来的，它们是相互贯穿的，而各个部分的领域则按时间和空间，可以不断地发生变化……而法律规范则构成社会规范的最高部分。"⑦

他认为，经济规范和道德规范转化的条件是：（1）社会连带关系遭到严重破坏，社会的大多数人意识到或感觉到必须用强制力量对之加以制裁，即双重的感觉的产生和存在。他说："法是由社会需要的感觉和公平的感觉同时所引起的个人自觉意识的一种自发的产物。""社交的感觉和公平的感觉，这便是两种要素，它们在思想上、在一定时间内有助于形成自觉意识，认定某一种规则是一个法律规范。"⑧ （2）强制组织或公共权力的产生和存在。他认为这种组织不一定是国家，也可以是氏族、家族。他说："一种法律规则可以是先于国家并不在国家之外存在的。"⑨ 这就是说，当社会的大多数人意识到某种行为已用其

① ［法］狄骥：《宪法论》（第一卷），钱克新译，50页，北京，商务印书馆，1959。
② 同上书，52页。
③ 同上书，61页。
④ 参见上书，66～67页。
⑤ 同上书，111页。
⑥ 同上书，69页。
⑦ 同上书，66页。
⑧ 同上书，85页。
⑨ 同上书，71页。

他办法难以控制，必须借助于公共权力时，法律规范就会产生。

（三）客观法与实在法

狄骥认为，作为社会规范之一的法律规范的存在是客观的，所以叫“客观法”（objective law）。他说：“客观法是整个人类社会所固有的；只要人类社会存在，客观法就存在；而且同时这种客观法和社会内部所发生的分化完全没有关系……社会的概念就含有法的概念；我们不可能想象有一种没有法的人类团体……”① 客观法的特点在于它不是人有意识而成的，也不依靠外在的强力，而是在于内心的精神强制。他说：“法律规则没有实质强制所形成的直接制裁，仍然可以存在。法律规则不是只用实质强制来作制裁，而且也是用一种纯粹心理的强制来取得保障的规则。”②

与客观法相对应的是实在法，其中有制定法、判例法、习惯法等。狄骥认为，实在法不是法的本体，而只是它的一种表现形式。他说：“实在的法律只能被了解为表示法律规则的一种方式。立法者并不创造法律，只是确认法律；而实在的法律只能就其适合这种规则的范围来强加于人。服从法律不是因为法律本身是个法律，而只是因为法律是表示了一种法律规范或实施一种法律规范。”③ 狄骥并不否定立法的作用，认为它可以加速人们对客观法的认识。他说：“现实的立法者如果不能由他所颁布而本身尚未构成法律规范的一项规则制成为一种法律规范，他如果不能把与人们自觉意识、自发创造出来的规范无关的建设规则强加于人，但是他却能以十分有效的方式来帮助加速这种创造。”④ 但狄骥认为立法所产生的法律必须符合客观法才能真正发生效力。

他认为，客观法的表现形式除了成文法外还有习惯法和判例法。他说：“习惯并不创造规范；它只是创造为规范作制裁时所采用的方法。”“习惯是取得这种规范的一种适当手段；它是证明客观法的一种适当手段，再也不是其他的东西。”⑤ 法院作出的判例法也是一样。“法院只能发现和指出规范的规则；它们不能创造这种规则而这种规则的发生效力是由于它的本身。”“审判员只是解释者，他们诚然揭示了一种法律规则，但这种规则存在于他们之前，而且也是强加于他们的。”当然，审判员也能促进法律规范的被发现。“审判员判决也往往加速并完成正在社会集团的自觉意识上所要执行的修改。审判员可能是鼓励者和先驱者，但他们却永远不可能是创造者。”⑥

与此相一致，统治者的意志、命令并不都是法律，只有在它符合客观法时才是。“统治者像其他自然人一样，都是个人；因此他们同各该集团的一切成员一样都应服从这个集团的客观法。”这一客观法“对富人或穷人，对地位高的或低微的，对强者和弱者，对统治者和被统治者全体一律平等待遇”⑦。

（四）客观法与国家

狄骥对国家的认识有二：其一，国家是执行客观法的一种组织。国家的职责不是行使

① ［法］狄骥：《宪法论》（第一卷），钱克新译，381页，北京，商务印书馆，1959。

② 同上书，508页。

③ 同上书，126页。

④ 同上书，128页。

⑤ 同上书，114页。

⑥ 同上书，122～121页。

⑦ 同上书，479页。

主权，而是履行公务，即执行客观法。因此，他建议用“公务概念代替公共权力的概念”，“用公务自愿集团的观念代替主权的权力观念”[①]。其二，国家是贫富分化的结果。他说：“在称为国家的一切社会集团中，不论是最原始的还是最简单的，还是最文明和最复杂的，永远可以看到一个一致的事实：比他人强大的个人企图并且能够把自己的意志强加于他人。这些集团不管是否有固定的领土，是否为其他集团所承认，这些集团也不管是否都有一种相同的或不同的组织结构，这都是无关重要的，事实在那里总是相同的：强者把自己的意志强加于弱者。”[②] 这就是说，国家可以是没有领土、主权和特殊的组织机构，而只是执行客观法的机构。他认为国家的目的有三：（1）维护本身的存在；（2）执行客观法；（3）促进文化，即发展公共福利、精神和道德文明。显然，狄骥对国家的性质的观点是矛盾的，难以解释控制国家的强者怎么能压抑其私欲而公正地执行客观法。

（五）法律与权利

狄骥改变和批判了以往关于权利与法律关系的看法，即法律是个人的自然权利通过社会契约转化成的国家权力派生出来的一种东西，是先有权利后有法律。他认为这完全是一种假设、一种形而上学的虚构。他说：“肯定人是自由这种学说可能是一种宗教信仰的行为，一种哲学信仰，一种祈求，一种愿望，一种幻想；但科学上的肯定则完全没有。”[③]

他指出其错误在于：首先，以孤立的个人为出发点，这不符合人的社会本性。其次，人既然是社会的，就不可能有离开社会的天赋权利，就社会权利和义务来说，后者先于前者。他说：“人们不是生来有自由和平等的权利的，但他们生来都是集体的一个成员，并且由于这个事实他们服从维持和发展集体生活的一切义务。”[④] 另外，“人们绝不是平等的，在实际上他们彼此有基本的不同，而社会越加文明，这种歧异就越加明显”[⑤]。再次，这种学说承认自然法这种客观法的存在，却把它建立在主观权利的基础上。最后，将这种理论应用到国际上，主权的主张必然引起侵略和战争。

## 四、社会连带关系与国际法

狄骥认为，社会连带关系不仅存在于一个集团内部的成员之间，而且存在于不同集团的成员之间，因此，就会产生一种“社会际的法律规范”。他说：“正如一切社会集团会有构成内部客观法的一种纪律一样，当连带关系的约束在归属于不同集团的个人之间形成时，一个社会际的集团也会有一种社会际的纪律，这种社会际的纪律便恰恰正是社会际的法，正是现代国际法的胚胎。”[⑥]

狄骥指出，这种社会际的法律规范也像国内的客观法一样，是客观存在的，也产生于两种感觉，不过叫“社会际感觉”。他说：“社会际的法是建立在与社会内部的法同一的基础上，并且也持有同一的连带关系。于是在事实上，在归属于这些不同集团的人们之中形成了一种真正的法律自觉意识，这种自觉意识认为社会集团的人必须依据某种规则来相互

① ［法］狄骥：《宪法论》（第一卷），钱克新译，8页，北京，商务印书馆，1959。
② 同上书，467页。
③ 同上书，14页。
④ 同上书，153页。
⑤ 同上书，153页。
⑥ 同上书，137页。

发生作用；因此，如果这种规则被违犯的话，在归属于一切集团的个人群众之中便将产生一种反应，对违犯者实行有效的制裁。这就是国际法律规范。”①

狄骥认为，他对国际法的这一观点解决了法学界关于国际法是法律还是道德的长期争论。②

从以上看出，狄骥是一个有学识的法学家，他提出了许多新的见解，如对法律客观性的强调，对社会规范及其与法律关系的论述，都给人以深刻的启迪。

## 第四节　庞德的实用主义法学

### 一、庞德的生平与著作

罗斯柯·庞德（Roscoe Pound，1870—1964）是美国社会法学的主要代表人物，20世纪上半叶西方最有影响的法学家之一。他出生在美国内布拉斯加州林肯城一个法官家庭，早年先就学于内布拉斯加州大学学习植物学并获得博士学位，后进哈佛大学学习法律，1890年毕业后一边在内布拉斯加州大学任教，一边当律师，后来任内布拉斯加州高等法院上诉委员会委员（1904年～1907年），1907年他来到芝加哥州，先任教于西北大学，1910年转到哈佛大学，1916年后任哈佛大学法学院院长达20年，辞职后获得“巡回教授”职务。1947年退休后他曾来我国任国民政府司法行政部和教育部顾问等职，还兼任过印度加尔各答大学教授。

庞德的学识很渊博，他在总结当时西方各法学流派的研究成果的基础上认真思考了一系列重大的法哲学问题，如法律的本质和构成、法律与道德的关系、法律历史的解释等，并作出了自己的回答，其中的许多观点直到今天仍给人以深刻的启迪。他著作等身，专著有24部，论文287篇。主要的有《法学肄言》（1899年）、《社会学法学的范围和目的》（1911年～1912年）、《普通法精神》（1921年）、《法哲学导论》（1922年第1版，1954年重新修订）、《法律史解释》（1923年）、《法律与道德》（1924年）、《社会法理学论略》（1926年）、《美国刑法》（1930年）、《我的法哲学》（1941年）、《通过法律的社会控制·法律的任务》（1942～1944年）。1959年他的五卷本《法理学》巨著出版，这是他晚年在对自己的研究成果进行反思的基础上作出的系统化的阐述。

### 二、法的概念和构成

庞德对法的研究是从英语law一词开始的，经过研究，他认为law一词有三种用法：其一是自然科学家用于指事物的规律或定律，如万有引力定律；其二是法哲学家所说的“自然法”，它或者指“由哲学的伦理学的法律研究所发现之原理”，或者指社会中“约束行为及调节人类相互关系的基本原则”，或者指在国家里“规定义务与权利的法律之基

① ［法］狄骥：《宪法论》（第一卷），钱克新译，138页，北京，商务印书馆，1959。

② 参见上书，140页。

础”；其三即一般通常所说的所谓法律或实在法。[①] 庞德认为，真正的法律是英语 law 一词的第三种用法，即实在法。

接着，庞德就实在法（positive law）一词的含义进行了剖析。他认为，“实在法”一词又有三种用法：第一种就是“法学家们现在所称的法律秩序——即通过有系统地、有秩序地使用政治组织社会的强力来调整关系和安排行为的制度”。第二种是“一批据以作出司法或行政决定的权威性资料、根据或指示”。第三种是司法或行政过程，是“公务上所做的一切事情”。

庞德对第二种意义上的法律进行了详细论述，认为它包含着复杂的结构。他说：“这种意义上的法律包括各种法令、技术和理想：即按照权威性的传统理想由一种权威性技术加以发展和适用的一批权威性法令。”所谓权威性理想，指“一定时间和地点的社会秩序的图画”，是“关于那个社会秩序是什么以及社会控制的目的是什么的法律传统，这是解释和适用法令的背景”；所谓权威性技术，“是发展和适用法令的技术、法律工作者的业务艺术”，例如“大陆法学家从立法机关的法令来进行类推论证”的技术；所谓法令“是由各种规则、原则、说明概念的法令和规定标准的法令组成的”。“一项规则是对一个确定的具体事实状态予以确定的具体后果的法令”；“一个原则是一种用来进行法律论证的权威性出发点”；“一个概念是一种可以容纳各种情况的权威性范畴，因而当人们把这些情况放进适当的框子里时，一系列的规则、原则和标准就都可以适用了”；“一个标准是法律所规定的一种行为尺度”，如公路上的车的合理速度之类。[②]

我们可以用下图来归纳以上庞德对法律的构成要素的论述：

法律（positive law）
- 法律秩序
- 权威性资料
  - 技术
  - 律令（precept）
    - 规则（rule）
    - 原则（principle）
    - 概念（concept）
    - 标准（standard）
  - 理想
- 司法、行政过程

## 三、法律的功能——社会控制工程

庞德认为，上面所说的三种意义的法律都使用同一个名称，显然造成了很多混乱。而要消除这一混乱，就得用一个能把三者统一起来的概念，即社会控制工程（social control engineering）。他说：“这三种意义的法律可以统一起来的话，那就是用社会控制的观念来加以统一。我们可以设想一种制度，它是依照在司法和行政过程中使用的权威性法令来实施的高度专门形式的社会控制。”[③] 这就是说，他认为社会控制工程既包括作为秩序的法

① 参见［美］庞德：《法学肄言》，雷沛鸿译，15 页，北京，商务印书馆，1934。

② 参见［美］庞德：《通过法律的社会控制·法律的任务》，沈宗灵、董世忠译，22～25 页，北京，商务印书馆，1984。

③ 同上书，22 页。

律，又包括作为权威性资料和司法行政过程的法律。这是因为法律秩序是社会控制的过程和结果，权威性资料是控制的依据和标准，司法和行政过程是社会控制活动的主要内容。他说："法律秩序是一种有序化或条理化（ordering）的过程，它部分是由司法而实现的，部分是通过行政机构而实现的，还有一部分是通过为人们提供以法律命令的形式的指导而实现的——法律命令为人们提供了一种避免冲突或使冲突减至最低限度的指南。司法、行政、立法和法学等方面的活动，都旨在调整各种关系和协调人们之间彼此重叠的权利主张，都旨在规定每个人可以安全地坚持自己的权利的范围来保障各种利益，而且也都旨在发现那些能够在使更多的权利主张或要求得到满足的同时牺牲更少权利主张或要求的手段。上述活动综合在一起便构成法律秩序。法律秩序乃是社会控制过程（the process of social control）的一个方面……法律乃是一种知识和经验的组合体，而社会工程的上述活动就是在法律的支持下展开的。法律不只是一种规则。的确，法律拥有一系列有关行为和审判的规则、原则、概念和标准，但是它还有使行为规则和审判规则得以适用、发展和变得有效的法律学说、职业思想模式和职业裁决技术。与工程师的公式一样，它们代表了经验、科学对这种经验的阐释的逻辑发展，但是也代表了人们在用一种表达的手段认识新方法并系统阐释它们的要求的过程中所具有的创造性的技术。"①

要进一步理解庞德的这一思想首先得了解他关于人性和社会控制的理论。庞德认为，人是一种二重的存在物，即既有"自我主张的侵略本性"，这一本性使他只顾自己，不管别人，而且往往为了自己的利益去攻击和侵犯别人；又有"互相合作的社会本性"，这一本性使他能与别人联合起来与自然和坏人斗争。"社会生活乃是人们原有的各种矛盾的本能斗争，也就是'侵略'本能和'社会'本能的斗争。"显然，人的"侵略"本性导致了彼此之间的矛盾和冲突，它对人类的存在和发展是不利的，因此必须对其进行社会控制，而人类历史上逐渐形成了种种社会控制的手段，如宗教、道德等。它们从不同的领域和用不同的方法限制个人的行为，调节个人与他人、社会的关系，从而使个人的自由与人类的文明和进步共同发展。法律也是这种社会控制的手段之一，而且随着历史的发展，它越来越成为最主要的社会控制手段。他说："法律的目的就在于维持人们之间一个理想关系……这关系是指和平与秩序，是安定的社会现状的维持，是自由，是最大限度的个人自由，适宜于整个世界机会的开发，最大限度的经济生产……是人类控制其外在与物质的自然之最大发展，这控制只有对内在及人类本性予以最大控制了，才有可能——换言之，这便是文化。"又说："法律所尝试的，在于如何协调关系与端正行为，使人们在文明社会里，得以高度效率，实现期望的计划，而把冲突与浪费减至极度。"②

那么，法律为什么能达到这一目的呢？他说这是因为法律作为一种行为准则，第一，它所表达的是一个社会"权威性的价值准则"，是人类经验和理性的结晶，"法律记录着为理性所发展的经验和为被经验所考验过的理性这样一种教导传统，"③ 因此能得到人们的普遍认可；第二，它所凭借的是社会权力，因而能对人的行为施加更大的影响。不过庞德认为，法律并不等于权力，它只是凭借权力，而且这还包括着对权力的控制。他说："今天

① ［美］庞德：《法律史解释》，邓正来译，231～232页，北京，中国法制出版社，2002。

② ［美］庞德：《法律、道德与正义》，张文伯译，129页，台北，1959。

③ ［美］庞德：《通过法律的社会控制·法律的任务》，沈宗灵、董世忠译，27页，北京，商务印书馆，1984。

许多人都说法律乃是权力，而我们却总是认为法律是对权力的一种控制。社会控制是需要权力的——它需要用其他人的压力来影响人们行动的那种权力。作为社会控制的一种高度专门形式的法律秩序，是建筑在政治组织社会的权力之上的。但是法律决不是权力，他只是把权力的行使加以组织和系统化起来，并使权力成为有效地维护和促进文明的东西。”①

由此看来，庞德接受了当时刚刚产生的控制论和系统论的思想，试图用社会控制工程的观念来解释法律现象。

## 四、法的价值——法律乃实现正义的工具

庞德对法律的看法还接受了古罗马法学家乌尔比安关于“法律乃善良公正之术，法学乃正与不正的学问”的命题，他说：“法律是一个司直（administration of justice）的工具，因之，法学尽可以看作直道的科学（Science of justice）。”又说：“法律的终局（end of law ）是在于司理直道（administration of justice）。”② 不过，庞德对正义的理解不同于自然法学，即他不是从抽象的理性中寻找正义的根源，也不是把正义理解为永远不能实现的理想境界，而是解释为所在社会所能企求的和谐的人际关系。正义把人们之间的矛盾和冲突减少到最低程度，使之达到最大程度的统一。而这种正义是通过法律实现的，也是法律所追求的目的。他说：“司法的实际目的是在于调节人与人相互关系，及人与社会或国家相互关系，庶几彼此不至互相轧轹，而得社会道德心之所赞同。故法律之用心，实欲尽其力之所能达到，与社会程度之所企及，以实现理论工作者的之直道。”③ 他以只有一个电影院的偏僻小镇放映新来的一部片子的头场演出为例，说要想使放映活动不发生拥挤场面，能够安全而有效地进行，显然需要一个维持秩序的警察，而法律对社会所起的就是警察的作用。而维持秩序所获得的安全和效率就是法律所追求的目的，也就是放映活动所需要的和能达到的正义。

那么，法律是如何做到这一点呢？庞德认为，法律能正确地划定引起矛盾和冲突的各种利益的合理界限，协调它们之间的关系，解决它们之间的冲突。他认为，利益是人的欲望，是“人（无论是个人还是在群体或团体活关系中的人）努力满足的一种要求或欲求或预期”④。他认为权利只是利益的一种表现。他把利益划分为三类 11 种：

第一类，个人利益（individual interests)。即直接涉及个人生活并以个人生活名义提出的主张、要求或愿望。其中包括：

（1）“人格利益”，即涉及个人精神方面的主张或要求。内又包括：1）个人身体和健康方面的利益；2）个人意志的自由行使，不受强制或欺骗；3）个人的荣誉和名声；4）个人隐私和宗教感情；5）信仰和言论自由。

（2）“家庭关系利益”，包括：1）父母亲的利益；2）子女的利益；3）配偶的利益。

（3）“物质利益”，即个人在经济生活方面的主张。包括：1）对有形财产的主张；2）企业自由和契约自由；3）对约定利益的主张，即对约定履行钱款的主张；4）外人不得干预

① ［美］庞德：《通过法律的社会控制·法律的任务》，沈宗灵、董世忠译，26 页，北京，商务印书馆，1984。
② ［美］庞德：《法学肆言》，雷沛鸿译，3、9 页，北京，商务印书馆，1934。
③ 同上书，10 页。
④ Roscoe Pound，*Jurisprudence*，St. Paul，Minn，1959，Vol. Ⅲ. p. 16.

自己与他人之间经济利益关系的主张。

第二类，公共利益（public interests）。是“涉及政治组织社会的生活并以政治组织社会名义提出的主张、要求或意愿”，其中包括：

（1）“国家作为法人的利益”，包括：1）国家的人格利益，如国家人格的完整、行动自由、荣誉和尊严；2）国家的物质利益，即作为一个社团它对所占有的财产的主张。

（2）“作为社会利益捍卫者的利益”。

第三类，社会利益（social interests）。是“涉及文明社会的社会生活并以这种生活的名义提出的主张、要求或意愿”，包括：

（1）“一般安全利益”。即以社会名义并通过社会集团所提出的主张。包括：1）不受外部和内部侵犯的安全；2）社会的保健；3）社会的和平与秩序；4）法律行为的安全，包括契约的执行；5）保护财产权利。

（2）“社会组织安全利益”，即各种社会组织的安全要求。包括：1）家庭的安全；2）宗教组织的安全；3）政治组织的安全；4）经济组织的安全。

（3）“一般道德的利益”，即文明社会道德方面的基本要求。如诚实信用、不乱伦、禁止色情艺术等。

（4）“ 保护社会资源的利益”，包括自然资源和人力资源。

（5）“一般进步的利益”，即文明社会的进步要求，包括经济进步、政治进步和文化进步。

（6）“个人生活方面的利益”，即文明社会要求每个人都能过一种与当时的社会标准相配的生活。包括：1）个人自我主张的利益；2）个人机会的利益；3）个人生活条件的利益等。

可以看出，庞德是很重视利益问题的，并作出了深刻而详细的论述，之所以如此，是因为他认为，法律的根本目的就在于确认和协调各种利益，使它们之间的矛盾和冲突减至最小程度，从而使每种利益得到最大程度的实现。庞德认为，好的法律就在于能迅速地确定所在社会的各种利益，明确其范围，划定其合理界限和在社会中的位置，从而确定对其是否保护、保护的范围和顺序，进而促进或限制某种利益，协调各种利益之间的关系，从而达到防止和减少矛盾和冲突，促进社会进步和发展的目的。他认为，在社会的某一时期，各种利益的地位和顺序是不同的，那么用什么标准来衡量它们的先后顺序呢？这就是法律的价值（取向）问题。他认为，不同历史时期这一标准或取向是不同的，如原先强调了秩序的重要，后来又强调个人的绝对自由和权利至上，如今则重视社会的利益。那么怎么样去发现这些标准呢？庞德认为有三种方法：

第一种是经验论的方法，即“从经验中去寻找某种能在丝毫无损于整个利益方案的条件下使各种冲突的和重叠的利益得到调整，并同时给予这种经验以合理发展的方法”①。

第二种是理性论的方法。即以“关于一定时间和地点的文明的法律假说来进行评价”，这种假设是对经验不足的弥补，它往往是对新出现的社会问题的理性回答，以作为解决问题和制定新法律的出发点。他认为就当今文明社会而言可以提出五个假设：（1）他人不会故意侵犯自己；（2）人们会出于有益的目的使用自己掌握的财产；（3）人们在交往中会彼

① ［美］庞德：《通过法律的社会控制·法律的任务》，沈宗灵、董世忠译，60页，北京，商务印书馆，1984。

此信守承诺；（4）人们会谨慎从事，以免给他人造成伤害；（5）人们会对自己拥有的有危险的东西加以控制。[①]

第三种是权威论的方法。即以某一权威所构思的理想的社会秩序的图画，或一个地区或民族长期积淀下来的“关于秩序从而也是法律秩序的一种公认的、传统的权威性观念”为依据，来确立衡量的标准。

庞德认为在这三种方法中，他最赞赏的是经验论的方法，“即通过经验来发现并通过理性来发展调整关系和安排行为的各种方式，使其在最小的阻碍和浪费的情况下给予整个利益方案以最大的效果”[②]。

可以看出，庞德是从实用主义哲学的立场来思考法律的价值标准的，因为并不想寻找一种永恒不变的自然法，而只是寻找仅仅适用于特定时空的实用的自然法；在寻找中所使用的也不再是理性的方法，而更多的是经验的方法。

## 五、法的历史发展——法与道德

庞德对法律与道德的关系问题进行了认真的研究，他在总结各法学派别有关论述的基础上，联系法律发展的历史，用动态的观点阐述了二者的关系。认为法律是发展变化的，法律与道德的关系也经历了不断变化的过程。庞德认为，人类社会的法律经历了原始法、严格法、衡平法或自然法、成熟法、社会化法和世界法几个阶段，不同阶段法律与道德有不同的关系。

在法律发展的早期或萌芽时期，法律和其他社会控制手段尚未分离，“宗教、法律以及道德都是在一种简单的社会节制中混同为一”。这从古希腊“法律”的 vópos 一词就可以看出来，因为在古希腊，vópos 一词所指包括伦理的风俗、人类观念中的律例、法律的规则，以至社会制裁的全体，甚至包括烹调法、园艺法之类。[③] 他认为，古代社会最早的一批习惯性法典，如《汉穆拉比法典》、《十二铜表法》等是这种法律的代表。这一时期法律的特征是：（1）被害人得以补偿的不是对他的伤害，而是因伤害产生的复仇意愿；（2）审理的方式不是理性，而是机械的；（3）法律的范围极其有限，既无原则也无一般概念；（4）法律的主体不是个人而是血亲集团。

在第二个时期，国家或政治结合成的社会明确地出现，法律亦从其他社会规范中分化出来，法律是自足的，道德被漠视。不过这一时期的法律条规是粗略而严格的。“法律是一种补偿制度，其内容大都是程序性的，规定着一种硬性而严密的程式”[④]。古罗马前 4 世纪的法和英国 13 世纪的普通法就属于这种性质的法律。这种法律的特点是：（1）形式主义；（2）硬性和不变性，即法律被认为是神圣不变的；（3）严格要求履行义务，不允许有任何例外；（4）法律不考虑道德因素；（5）权利和义务仅限于具有法律资格的人，妇女、未成年人、奴隶等的权利与义务被严格地加以限制。

---

① 参见［美］庞德：《通过法律的社会控制·法律的任务》，沈宗灵，董世忠译，60～61 页，北京，商务印书馆，1984。

② 同上书，71 页。

③ 参见［美］庞德：《法律、道德与正义》，张文伯译，20 页，台北，1959。

④ 同上书，21 页。

在第三个时期，法律的发展主要由于同化及援引来自法律制度的资料或法律之外的资料所促成，司法者用衡平的方法解决所遇到的疑难问题，他们以内心的道德观念审视法律问题，因而不少道德的观念从外面注入法律，甚至成为比法律规定更权威的东西。这一时期的法律的一个显著特点是，法律必须在任何方面与道德相吻合。[①] 属于这种法律的有公元前后的古罗马法、17～18世纪自然法观念占主导地位的英国和欧亚大陆法。这时法律的特点是：(1) 法律与道德一致；(2) 司法中依靠理性而不是专门的规则；(3) 法律上的人格扩大到所有的人。

在第四个时期，19世纪下半叶在经历了长期的用衡平的方法不断吸收道德的观念之后，很多道德的或衡平的观念已变为固定的法律条文，即已被法律化，法律与道德又一次分离。不过这一次分离是相对的，是有分有合。二者的联系表现在立法和司法两个方面：在立法中法律必须以道德为基础，因为立法的过程实际上是把立法者内心的道德观念外化为法律规则；在司法中二者有四个连接点，即"司法造法；法律解释；适用法律，特别是关于法律标准的适用；以及司法的自由裁量"。这意味着"在司法程序中，道德只有其补充法律的功能"[②]。这一时期法律强调个人权利至上，强调个人的自由和平等。

在第五时期，法律的重点从个人利益开始转向社会利益，因而对个人的自由，如处分权、契约自由加以限制，对责任的追究不再坚持过错责任原则，法律越来越注意保护公共利益。在其后期，庞德还提出了法律发展的第六个时期，即"世界法"时期。在1947年所写的《新的万民法》一文中，他主张建立"一个世界范围的法律秩序"，它是国际法发展的第二个阶段，即不仅为了维护世界和平，而且为了促进人类的普遍幸福。

## 六、法律社会学的产生及其研究纲领

庞德的法律思想明显带有综合法学的性质，这不仅表现在他认真地研究了当时西方各法学流派，广泛地吸收了他们的合理性因素，而且表现在他对以往的社会法学也进行了认真的总结，分析了其发展的历程，归纳了其研究的纲领。

他认为，社会法学是随着西方社会的发展而发展的，大体上经历了四个时期：(1) 机械时期。19世纪上半叶之前，是社会法学的初创阶段，也是机械唯物主义占统治地位的时期，因而用机械的观点研究社会的法现象。(2) 生物时期。1859年达尔文提出了生物进化论，其很快流行起来，因而又用进化论的观点解释社会法律问题，斯宾塞的《社会学原理》就是这一观点的代表作。(3) 心理时期。19世纪末心理学产生并流行起来，他们又用心理学的观点和方法研究社会法律问题。(4) 联合时期。进入20世纪后，社会法学各派认识到单一的方法是不行的，把各种方法结合起来，因而出现了联合的趋势。

那么，这一时期的社会法学有哪些共同特点呢？庞德认为归纳起来有以下八点，并称之为社会法学的纲领：第一，注意研究法律制度和法律学说的实际效果；第二，为立法所进行的准备工作，应包括对所立法律作社会学的研究；第三，要研究使法律生效的手段；第四，在研究法律时，既对司法、行政和立法进行心理学的研究，又对理想的哲理进行研

---

① 参见［美］庞德：《法律、道德与正义》，张文伯译，23页，台北，监狱印刷厂，1959。

② 同上书，30页。

究；第五，对法制史进行社会学研究，也就是说，不仅要对法律制度和法律学说如何演变和发展进行研究，而且要对它们产生了什么社会效果和如何产生这些效果进行研究；第六，承认对法律规则分别情况加以适用的重要性，即力求对各个案件都能正当、合理地解决，为此，需要研究不同情况的法律制度，包括对司法过程和行政过程关系的研究；第七，注重对普通法系国家的司法部作用的研究；第八，所有以上各点都是达到一个目的的手段，即力求使法律秩序的目的更有效地实现。[①]

## 第五节　卡多佐、弗兰克、卢埃林的现实主义法学

### 一、现实主义法学的主要代表人物

美国现实主义法学是由美国的实用主义法学分化出来的一个法学分支。美国实用主义法学创始人霍姆斯认为法律只是当事人或其律师对将来判决的预测，其主要代表人物庞德在讲到实在法的意义时说，法律就是司法行政过程。美国现实主义法学正是在这些观点的基础上发展起来的一股法学思潮，这一思潮的矛头主要指向僵化的机械主义法学，其主要代表人物有弗兰克、卢埃林、卡多佐等。

杰罗姆·N·弗兰克（Jerome New Frank，1889—1957），美国杰出的法学家、法官。弗兰克一生中发表了许多颇有影响的论著，其中较著名的有《法律与现代精神》（1930年初版，1963年修订版）、《假如人是天使》（1942年初版）、《命运与自由》（1945年初版）、《初审法院——美国司法中的神话与现实》（1949年初版，1963年再版）、《无罪》（与其女巴巴拉·弗兰克合著，1957年）等。

卡尔·N·卢埃林（Karl N. Llewellyn，1893—1962）是一位与霍姆斯、庞德齐名的法哲学家。卢埃林曾任教于耶鲁法学院、哥伦比亚大学法学院，1951年，转为芝加哥大学法学院教授，直至1962年2月去世。卢埃林关于现实主义法学基本理论的论文主要有《现实主义法理学——引领未来》[②]（1930年）、《关于现实主义的一些现实主义——答庞德院长》（1931年）、《法律传统与社会科学方法》（1931年）、《论较新的法理学之阅读与使用》（1940年）等，这些论文均被收入1962年出版的论文集《法理学：理论与实践中的现实主义》（1928—1960年）。运用现实主义法学理论和方法研究美国判例法的著作主要有《棘丛——法律及其研究》（1930年初版，1951年再版）、《在美国的判例法制度》（1933年德文版，1989年英文版）、《普通法传统》（1960年）等。

本杰明·内森·卡多佐（Benjamin N. Cardozo，1870—1938）是美国最伟大的法官之一，是一位与庞德同时代的重要的法学家。卡多佐是他所处的那个时代为数不多的有专门学术著述的几位大法官之一。卡多佐的法律思想主要集中在司法实践领域，其著作主要有《司法过程的性质》（1921年）、《法律的生长》（1924年）、《司法过程中的悖论》（1928年）、《法律与文学》（1931年）、《卡多佐文选》（1947年）等。

---

① See Roscoe Pound，*Jurisprudence*，St. Paul，Minn，1959，Vol. Ⅲ. pp. 355-358.

② 原书名为 *A Realistic Jurisprudence—The Next Stop*，有的中国学者译为《现实主义法理学——下一步》。

## 二、现实主义法学的主要法律思想

### （一）关于法律的本质和特点

1. 法律就是司法行政行为及其结果

现实主义法学认为，制定法只是法官判决时的一个参考，真正的法律是司法活动过程及其结果。弗兰克认为，法律是官员特别是法官的行为而非固定的规则，是一批事实而非一个规则体系。在弗兰克看来："就任何具体情况而论，法律或者是：（1）实际的法律，即关于这一情况已作出的判决；或者是（2）大概的法律，即关于一个判决的预测。"①

卢埃林则进一步把法律概括为官员们为解决社会纠纷所做的事。他说："那些负责做这种事的人，无论是法官、警长、书记官、监察人员或律师，都是官员。这些官员关于纠纷所做的事，在我看来就是法律本身。"② 这一论述被称之为"规则怀疑论"并遭到批判。晚年的卢埃林对规则的看法有所改变，对规则有所重视，但基本立场未变。

卡多佐则聚焦于司法实践，将法律理解为一种司法过程。

2. 法律的确定性是一种神话

现实主义法学家对法律的确定性也加以质疑。弗兰克在《法律和现代精神》一书中激烈地批判了关于法律确定性的观点，认为它是一个"基本法律神话"。弗兰克认为，传统观念认为法律具有确定性和稳定性，但这是一种错误的观念，是一种非理性的法律神话。弗兰克从心理学的角度分析了这个神话形成的原因和过程，指出神话是由一种"父权情结"产生的，是一种儿童的心理状态。这表明，人们还没有完全摆脱不成熟状态，"重新发现父亲"是一种非现实主义的要求，不符合现代精神。法律只有从"确定性"的"神话"中解放出来，才能走向现实主义、符合现代精神。

弗兰克认为，承认法律的不确定性并不是灾难，而是好事，具有很大的社会价值。认识到这种不确定性，就可以把人们的注意力从"书本上的法律"转移到"现实中的法律"，就会看到法官的行为和个性在法律实施中的重要性。

### （二）关于司法行为的性质、依据和过程

现实主义法学既然认为法律就是司法行政行为本身，他们就把研究的重心转向了法律行为。正因为如此，现实主义法学家对司法行为的性质、依据和过程，作了大量的论述。

1. 事实怀疑论

现实主义法学家不仅质疑法律规则的地位和意义，而且进一步质疑作为判决依据的客观事实。在某些现实主义法学家看来，判决所依据的不是客观事实而是主观事实，即被法官所认定的事实。弗兰克认为，一个发生争执的案件的事实，并不是当事人之间实际发生的事实，而是法院现在认为发生了的事实。卢埃林也认为，作为判决根据的事实，只是法院主观的认定，而不必是客观的存在。

弗兰克是"事实怀疑论"的典型代表，其晚期重要著作《初审法院》对美国初审法院审判中存在的事实问题作了细致的描述和深刻的剖析。

---

① 沈宗灵：《现代化西方法理学》，335页，北京，北京大学出版社，1997。

② 同上书，314。

2. 司法过程的性质和规律

弗兰克认为，法官作出判决的过程和普通人对日常事务的判断并无不同。法官的判断不是从前提出发得出结论，而是先形成一个模糊的结论，然后再从这个结论出发，试图找到证实结论的前提。

卡多佐在谈到这一过程时形象地把它比喻为挑选近似的彩色牌游戏。他说："这是一个寻求和比较的过程……他们对自己职责的理解就是，将自己手上的案件的色彩与摊在他们桌上的许多样品案件的色彩加以对比，色彩最接近的样品案件提供了可适用的原则。"[①] 但是他认为，这些制定法或先例对法官来说，只是一种参考资料，并不是神圣不可侵犯的权威。

既然结论早于规则，那么，结论又从何而来呢？弗兰克认为，结论是靠法官的"预感"产生的，而预感是由各种刺激与法官个性相加产生的。所谓外界刺激，即审理案件时所接受的各种信息和所遇到的各种事情；所谓法官的个性指的是法官的素质、性情、偏好和习惯等。法官的个性和所有作为外界刺激的偶然因素决定了法官对事实的认定和判断。

卢埃林也强调法官的预感和个性对判决的决定性作用，认为法官在制作判决时是依靠他的预感。在他看来，对一个患有消化不良的法官来说，一顿令人不快的早餐就可能在制作判决的时候起决定性的作用，使案件产生不同后果。有人把卢埃林的法学讥讽为"腹痛的法学理论"。

弗兰克把司法过程简洁地概括为若干公式。传统的公式是"R（Rule，法律规则）× F（Fact，事实）=D（Decision，判决）"，现实主义者的公式则是"S（Stimulus，刺激）× P（Personality，个性）=D（判决）。后来，弗兰克认为现实主义公式缺乏预言价值，因而又提出了另一公式：R（法律规则）× SF（Subjective Fact，主观事实）=D（判决）。

（三）普通法传统

卢埃林在其晚年重要著作《普通法的传统》一书中，以美国上诉法院系统为对象，详尽地分析了普通法的传统，也反映了其晚年对规则的态度的变化。

卢埃林指出，在他所处身的那个时代，特别是20世纪五六十年代，美国的司法，特别是上诉审出现了严重的信任危机：律师们普遍为上诉法院判决的稳定性和可估量性问题而烦恼。卢埃林指出，信任危机虽切实存在，但却没有必要，因为，美国上诉法院的审理工作和判决意见是具有"可估量性"的。

卢埃林认为，有十四个方面的因素影响着上诉法院的审理和判决，这十四个因素是：受过训练的官员，司法原则，公认的原则性技巧，法官的职责，单一正确的答案，法院的单一意见，来自下级法院的事实冻结记录，预先限制、突出和拟定措辞的审理，律师的对抗性辩论，集体判决，司法保障与诚实，公知的法庭，各时期的审判风格，专业司法职位。[②] 这些因素对于上诉法院审判的可估量性的影响都很重要，但卢埃林更为重视规则、法律技艺、情境感以及常识和理性等几个因素。规则有其固有的缺陷和局限，它不能支配判决，但是，它可以指导判决，特别是当规则很明智而且也很清楚明白时，可直接成为判

① ［美］卡多佐：《司法过程的性质》，苏力译，9页，北京，商务印书馆，1998。

② 参见［美］卢埃林：《普通法传统》，陈绪纲、史大晓、仝宗锦译，18～57页，北京，中国政法大学出版社，2002。

决的依据。由于普通法特有的技艺传统如判例运用技术等，深谙上诉审审判技艺及律师辩论技巧的行家里手能对判决作出较为可靠的预测和估量。“情境感”是指有关法官所处的背景、面临的压力以及根据知识、经验和价值作出决断的种种情形。情境感与具体个案及其所涉及之常理、智慧密切相关，个案公正和实质正义都是在特定的情境中得以实现的，故追求和把握情境感对法律家们的工作以及对法律结果的准确估量意义重大。至于普通法传统所形成的相对稳定的常识及法官们经理论熏陶和实践历练所锻造的理性，则是法律的可估量性的最主要的保障。

卢埃林以“风格”（style）一词概括和说明美国上诉法院的审判活动的倾向和特质。所谓“风格”，是指实际从事有关工作的方式，司法技艺的样式等。卢埃林指出，普通法的上诉审存在着两种风格：“程式化风格”（formal style）与“宏大风格”（grand style）。“程式化风格”是这样一种风格：法律规则决定案件，判决依演绎推理作出。这实际上就是所有现实主义法学家们一致反对和批判的19世纪美国盛行的司法因循主义和机械主义法律观。“宏大风格”的要义则在于给出充分的判决理由，从先例中归纳出具有普遍而显著意义的原则，依据理性检验规则及其适用。这实际上是一种理性风格：诉诸理性而非刻板地服从先例；以理性为主导全面、综合运用有利于增加可估量性的各种因素；在理性的指引下努力协调法律与社会现实需要、法律的稳定与变化、司法的因循与能动之间的关系。卢埃林肯认“程式化风格”对于法律的稳定性和确定性的重大意义，但认为它有着脱离社会生活实际及严重僵化的致命缺陷。卢埃林极力推崇和提倡“宏大风格”：它不仅弥合了法律与社会现实之间的裂痕，而且是遏制法律的不确定性、解决法律规定与正义要求之间矛盾的最好工具，能够更好地规划和指引未来，接近“法治”。

（四）司法的方法

卡多佐在《司法过程的性质》一书中对司法方法进行了归纳和总结。在他看来，司法审判的关键是法官要根据对判决效果——贯彻法律的社会目的——的考虑，选择必要的方法。

1. 类推的规则或哲学的方法

所谓类推的规则或哲学的方法，也就是逻辑推理的方法——归纳推理和演绎推理。该司法方法是以宪法和制定法规则或由先例中所归纳出来的法律原则作为大前提，以事实作为小前提，推导出结论。这种司法方法体现并捍卫了确定性、一致性、普遍性等人们喜好和期待的法律特性，最易使人们感受到司法活动的公平、公正。因此，卡多佐强调，维持先例“必须是一个规则而不是一个例外”[①]。

2. 进化的方法

进化的方法又称为历史的方法，是指对于历史地形成的法律概念和原则，必须从其起源及演进的历史着眼加以理解和把握。卡多佐指出，有些法律概念和原则在形成和发展的过程中，理性、逻辑的支配力有可能超过历史，而有些法律概念和原则的形成和发展，却几乎完全或主要归功于历史，在它们的发展过程中，历史的支配力有可能超过逻辑或纯粹理性。这些法律原则和概念是历史的产物而非法律自身逻辑推论的结果，它们所体现得更多的是昔日的思想，对它们的形式和含义的真切理解和把握无法与其历史相分离。

---

① ［美］本杰明·卡多佐：《司法过程的性质》，苏力译，18页，北京，商务印书馆，1998。

3. 传统的方法

所谓传统的方法，就是把习惯作为司法决定的依据或检验标准。卡多佐指出，当历史和哲学的方法还不能为法官提供充分的指引时，习惯就会发挥作用。卡多佐所说的习惯，主要是社会生活习惯——社区习惯。在卡多佐看来，社会生活塑造了习惯，社会生活的发展变化会产生一些新的习惯，这些习惯影响乃至支配着相应领域的人们的行为。习惯可以成为法律并成为司法决定的依据，但这主要是立法者的事。司法中的传统或习惯的方法的使用，很多时候不是为了创造新规则，而是为确定应如何适用既定规则找到一些检验标准，即参考、借助于相关社会领域的人们的职业或生活习惯、日常信仰和实践等，将普遍、抽象的法律规则、原则加以落实。

4. 社会学的方法

所谓社会学的方法，是指将正义、道德和社会福利、当时的社会风气等作为判决依据。秉承其社会法学立场和现实主义精神，卡多佐给予社会学方法以高度的关注和青睐。

卡多佐指出，在他所处的时代的法律中，社会福利和利益已经成为一个日益有力且日益重要的检验标准。在他的心目中，社会学方法是与法律、司法的目的、价值取向——社会福利、社会利益、社会正义——最相契合的司法方法。他指出，逻辑、习惯、历史的方法各有其地位和功用，在有些部门和领域，这些方法与社会学方法的作用是和谐一致的，而在其他部门和领域则不然；在这里，根本的标准是法律所服务的社会目的。其他方法一旦与现实社会需要不一致甚至相抵牾时，就必须让位于社会学方法。这时，为了追求法律的社会目的、社会效用，就“必须扭曲对称、忽略历史和牺牲习惯”①。

## 复习思考题

1. 社会法学有哪些主要流派？
2. 社会法学的法律观的核心是什么？
3. 埃利希是怎样论述法律的本质和结构的？
4. 什么是狄骥所说的客观法？
5. 狄骥是如何论述法律与其他社会规范的关系的？
6. 如何评价狄骥关于权利和义务的观点？
7. 庞德是怎样论述法律的构成的？
8. 庞德为什么说法律是一种社会控制工程？
9. 庞德是怎样论述利益与法律的关系的？
10. 庞德是怎样论述道德与法律的关系的？
11. 美国现实主义法学家对法律是怎样理解的？
12. 美国现实主义法学家是怎样批判法律的确定性的？
13. 美国现实主义法学家是怎样看待作为判决依据的法律事实的？
14. 美国现实主义法学家是怎样概括司法过程的性质和规律的？

① ［美］本杰明·卡多佐：《司法过程的性质》，苏力译，39页，北京，商务印书馆，1998。

第十章

# 现代自然法学

## 第一节　现代自然法学概述

一、自然法学复兴的历史背景

二、现代自然法学复兴的过程和主要代表人物

三、现代自然法学的特点

## 第二节　马里旦的新托马斯主义法学

一、马里旦的生平和著作

二、人和国家

三、自然法及其要素

## 第三节　富勒的新自然法学

一、富勒的生平与著作

二、人性、道德及其社会秩序

三、法和法治的概念

四、法律与道德的关系——法律的道德性

## 第四节　罗尔斯的新自然法学

一、罗尔斯的生平和著作

二、正义的概念：作为公平的正义

三、正义二原则

四、正义的种类

## 第五节　德沃金的新自然法学

一、德沃金的生平和著作

二、认真看待权利

三、构成法律的不仅有规则，还有原则和政策

四、法的整体性

## 第六节　菲尼斯的新自然法学

一、菲尼斯的生平和著作

二、自然法与自然权利

三、实在法与法治

## 第一节　现代自然法学概述

### 一、自然法学复兴的历史背景

西方的自然法观念曾经是长期占主导地位的法观念，这一观念于19世纪初遭到新产生的实证主义法学的激烈批判以后，逐渐受到冷遇，有些人似乎认为自然法观念已经是一种过时的东西，应予以抛弃。但是在19世纪末20世纪初，西方的一些法学家又开始重视和研究起自然法观念，而且这一势头来得很猛，很快自然法观念又被人们接受，并且不久就成为西方最有影响的法律思潮之一。

为什么自然法理论在沉寂了半个世纪之后又神奇般地复活了？

究其原因，是因为从自然法观念本身来说，包含有许多合理的东西，或者说它并不像批判者所说的那样是一种纯粹的虚构和不堪一击的东西，因而它能在西方历史主导几千年的法观念，一时的批判只能使它的地位暂时受到影响，而不能使它销声隐迹。所以当社会的发展对它产生需要时，它就会像春天的种子一样迅速地萌芽发展起来。那么，19世纪末到20世纪初西方的社会历史发展对自然法学的东山再起提出了什么需要呢？我们认为主要有两点：

第一，西方进入帝国主义阶段以来出现了许多新情况，需要人们作出新的价值判断，并从法律上作出新的规定，而当时占主导地位的分析法学是反对法学介入价值领域和作出价值判断的。这意味着只是刻意追求法律形式的合理性的分析法学不能满足社会发展的新需要。而我们知道，当社会发展到一个新的阶段和涌现了大量的新问题时，首先要解决的是对新的现象的性质和价值作出判断，而非其他，这时对已有的法律制度只是进行形式的改造和修修补补是无济于事的。显然，擅长价值问题研究的自然法学更适于承担这一角色。

第二，这一时期西方的一些国家在发展中误入歧途，即出现了法西斯主义的倾向，它们在国内制定了一系列的反人道主义的政策和法律，在国外不断地发动侵略战争，使人类陷入灾难和痛苦之中。这一趋势虽然因第二次世界大战的胜利得到遏制，但要从理论上批判法西斯主义的法律制度和所犯的罪行，仅靠从程序和形式上思考问题的分析法学是无能为力的，而以二元法律观为特点的自然法学的传统是对现实的法律持批判态度，并为这一批判从价值上树立一个普遍有效的标准，即理性和正义。显然，在对法西斯主义的法律制度及其罪行的批判中，自然法学是更适合的理论武器。正因为如此，在第二次世界大战后于纽伦堡和东京所进行的对法西斯罪犯的审判中，被更多引用的是自然法的观念和原则。

由此看来，19世纪末至20世纪初自然法学在西方重新活跃起来并得到迅速发展，成为当代最有影响的法律思潮，并不是偶然的。

### 二、现代自然法学复兴的过程和主要代表人物

严格地说，西方现代的自然法学是被“复兴”的并不准确，因为在基督教神学领域，托马斯·阿奎那的学说一直是被尊重的，只是在1879年罗马天主教皇利奥十三世明确宣布它是罗马教廷的最高思想权威之后，在基督教范围内又掀起了一个研究阿奎那学说的新高潮。由此而来在基督教神学范围内相继出现了自然学的许多代表，如20世纪初，法国

的夏蒙（J. Charmont，1859—1922，他在1910年出版了《自然法的复兴》一书）、马里旦、罗门（Herich Rommen，1897—?）；瑞士的卡特莱恩（1845—1931）；奥地利的麦斯纳（Johanner Messner，1891—?，其代表著作是1949年出版的《自然法》）；比利时的达班（Jean Dabin，1889—?，著有《实在法制度哲学》、《法学总论》、《民法研究成果》）；意大利的登特列夫（A. P. d'Entréves，著有《自然法—法哲学导论》）；英国的菲尼斯，另外还有新教的布伦纳（Eminl Brunner，1889—1966）以及团体法学的奥里沃（1856—1929）和勒纳尔（1956—1944）等。

自然法观念在非神学领域的复兴开始于19世纪末，当时已有一些法学家重提自然法观念并对它进行了新的解释，虽然他们并不是典型的自然法学家。例如德国的新康德主义法学的创始人斯达姆勒提出了“内容可变的自然法”的观念；具有很浓的自由法学色彩的法国的惹尼（Fransois Geny，1861—1944）也提出了类似的观念。当代西方世俗的自然法学发展的高潮开始于20世纪中叶，其主要的代表有美国的富勒、罗尔斯和德沃金。他们从非神学的角度对自然法观念或自然法学关注的某些问题作了许多新的探索。

### 三、现代自然法学的特点

与传统的自然法学相比，现代自然法学有如下几个特点：

第一，对“自然法”概念作了新的理解和应用，即不再把它理解为是一种与实在法并行的一种法律，而是更多理解为隐蔽在其背后的能对其制定和实施起指导作用的法的观念，即一种“高级的法”、理想的法或法的一种基本属性和追求的更加深层次的目标。例如富勒不再把自然法理解为一种单独存在的法律，而是理解为法律所追求的实体性道德目标和其在外在形式和程序上所必须具备的道德属性。再如，麦斯纳不再把自然法理解为一种道德性的法，因而把它与“自然道德”区分开来，认为它是一种现实的法，具有法的基本属性和特点。

第二，对“自然法”的属性作了新的概括和论述，特别是强调了自然法的可变性和相对性。例如，斯达姆勒的“内容可变的自然法”观念认为，自然法不变的是其形式，而其内容是随着客观情况不断更新的，是日新月异的；再如，马里旦的“认识论的自然法”观念也承认自然法的可变性，并试图用人的认识的相对性来解释其产生的原因。

第三，对自然法作了新的分类。如马里旦划分为本体论的自然法和认识论自然法，富勒则划分为实体自然法和程序自然法。

第四，注意吸收和借鉴其他法学流派的观点和方法。例如新的自然法学家普遍不再像过去那样强调个人的绝对价值，而是像社会法学那样关注社会和集体，强调个人离不开社会和集体。布伦纳指出个人和共同体的关系不是平等的，个人永远服从共同体；麦斯那也说，自然道德法只能在社会和民族范围内得到承认。

## 第二节　马里旦的新托马斯主义法学

### 一、马里旦的生平和著作

雅克·马里旦（Jacques Maritain ，1882—1973）是法国著名的新托马斯主义哲学家，也是新托马斯主义法学的主要代表。他早年就读于巴黎大学并信奉伯格森的生命哲学，1906年改信天主教，并潜心于经院哲学的研究。1907年至1908年到德国海德堡师从杜里舒，研究生物学和心生机论哲学，回国后主持编辑《实践生活辞典》3年。1914年起他出任巴黎天主教神学院的现代哲学教授；1945～1948年担任过法国驻梵蒂冈大使；1948年移居美国，在美国普林斯顿等大学任哲学教授，直至1956年退休。他也曾在哥伦比亚大学、芝加哥大学和加拿大的多伦多大学兼任教授，还参加过《世界人权宣言》的起草工作，并担任过联合国教科文组织刊行的《人权的历史》的编辑工作。

马里旦的研究范围很广，涉及哲学、伦理学、美学、教育学、政治学、法学等方面。其法律思想的代表作是1951年出版的《人和国家》。这本书集中了马里旦1949年在美国芝加哥大学为华尔格里恩研究美国制度基金讲座所做的六次演说的讲稿，也集中了马里旦“多年深思熟虑”的法律观点。在马里旦的其他著作，如《哲学导论》、《宗教和文化》、《现代世界中的自由》、《真正的人道主义》、《论历史哲学》、《美国回顾》等中，也有其政治法律观的零碎表述。

马里旦的自然法思想继承了托马斯·阿奎那的衣钵，但吸收了现代社会资产阶级的一些时髦词语和观念，并进行了神学的改造和注释，因而对自然法及其属性做了新的解释，对人权、主权等问题也发表了不同于前人的观点。

## 二、人和国家

### （一）神学化的人道主义、人格主义

马里旦的政治法律思想继承了托马斯·阿奎那的衣钵，这表现在方法论上是能及时地吸收所在时代的新观念和新理论，进行神学的改造，使之成为一种有时代特色的基督教神学理论的组成部分。他把近现代西方资产阶级最流行的人道主义理论中的人格、人道、人权这些时髦词汇加以吸收，进行神学的解释，从而改造成为神学的人道主义或人格主义。在进行论述时，他也与托马斯·阿奎那相同，以人的双重性作为出发点，认为人既是肉体的人，又是人格的人，因而应受到尊重，具有精神上的超存在。不过他解释说，这是因为人与上帝有联系。就是说，人的人格来自上帝。

马里旦认为，人的双重性，特别是后一本性使人倾向于过社会的生活，从而使人成为一种政治社会的动物和建立政治社会组织，因为只有在政治社会里人的本性才能完善，人格才能得到尊重和使大家过一种幸福的生活，特别是精神上的优良生活。这意味着社会以人格为基础，是人格的集合体，也意味着它是多元的，是通过每个人的自由发展来维持的，所以是一种多元自律的共同体。这就是说，人有人格，原因在于人有智慧，根源在于人与上帝有直接联系；社会是人、人格的集合体，只有在其中，人的人格才能得到充分发展和受到尊重，因为它允许个人的自由发展。但是，由于人格来自上帝，上帝作为人和自然法的原则、目的和本源，也是政治社会和权力的本源。所以，自由和博爱的潮流来自神的福音，正义和美德由福音批准，人的尊重由福音宣告。这意味着每个人只有成为基督教徒后其人格才会真正地受到尊重。由此看来，他表面上讲尊重人格，实际上要尊重神格，宣扬一种神学化的人道主义或人格主义。

### （二）人权及其种类

马里旦是当代西方人权理论的一个权威，因而在人权问题上也有许多新的东西。这突

出表现在以下几方面：

第一，他强调人权要以自然法为基础，因而不认识自然法就不可能彻底了解人权。他说："人权的哲学基础是自然法。"又说："如果我们没有一个十分足够的自然法观念，我们如何能了解人权呢？那个规定我们最基本义务并从而使每项法律具有拘束力的同一自然法，就是把我们的基本权利指定给我们的那个法律。"①

第二，对人权作了多种划分：

首先，把它划分为绝对不能转让的和基本不能转让的。前者如生存权、追求幸福的权利，它不受政治体的限制；后者如集会结社自由、言论自由等。

其次，又把它们区分为享有的和行使的，说人权的不可转让指的是人权的享有，并不是说其行使不受任何限制。为了共同的福利，权利的行使必须服从正义在每一场合下所规定的条件和限制。②

再次，把人权划分为"新"与"旧"。他说，这是因为人对人权的认识有一个过程。马里旦列举了下列七种"新权利"：（1）工作和自由选择工作的权利；（2）自由组成职业集团或工会的权利；（3）工人分担和积极参与经济生活责任的权利；（4）经济集团（工会和工作团体）和其他社会团体的自由和自主的权利；（5）取得公平工资的权利；（6）取得救济、失业保险、疾病津贴和社会保险的权利；（7）根据社会团体的可能条件，免费分享文明的基本物质和精神福利的权利。马里旦指出，上述这些权利在19世纪或者更早以前是闻所未闻的，它们的出现冲击着人们的权利观念，触动了观念层次的权利分划的变更，而有些旧的权利必然与之发生抵触。马里旦认为新、旧两种权利的矛盾是可以调和的，1948年联合国通过的《世界人权宣言》则是这种调和的典范。另外他还把权利分为自然法所规定的权利和由实在法、国际法所规定的权利等。马里旦认为，免于匮乏的自由和免于恐惧的自由都属于国际法规定的权利；至于选举权则属于实在法规定的范围，因为这种权利涉及人的自治的自然权利在民主社会中如何适用的问题。③

### （三）人民和国家

马里旦认为，人所组成的社会（组织）种类很多：有政治性的如国家；有经济性的如工厂、商店；还有工会、科协之类的组织。它们不同于共同体，与人的理性精神密切相关，是理性和道德的产物，有明确的规章制度和公认的权威。而共同体由社会自发产生，是历史和遗传的产物，是自然的创作，与生物的现实有关。其种类有种族共同体的民族、阶级共同体、语言文字共同体等。因此，国家与民族不是一个东西，"民族国家"是一个错误的概念。它把两个不同的东西硬拉在一起。

马里旦提出一种工具主义的国家观。他认为，国家是由人民建立起来的，不是由民族建立的。人民是一群人，是在公正的法律下，通过相互的友谊，为人生的共同福利而联合起来的人群。国家是他们为了实现这目的而建立的政治组织。他说："国家只是政治体中特别与维持法律、促进公共福利和公共秩序以及管理公共事务有关的那一部分。"④ 因此，

---

① ［法］马里旦：《人和国家》，霍宗彦译，76页，北京，商务印书馆，1964。

② 参见上书，95页。

③ 参见上书，100页。

④ 同上书，15页。

“人民高于国家，人民不是为国家服务的，国家是为人民服务的”[①]。国家的目的在于人民的福利，统治者的权威来自人民，人民控制着国家和它的行政官吏，国家和所有的政府官员都向人民负责。他认为在国家中民主政体是最好的，民主政体就是“民有、民治、民享”的政府。

马里旦在国家问题上坚持了托马斯·阿奎那的观点，强调国家权力最终来自上帝，而人民只是其中的中介，并进而得出教会高于国家的结论。他说：这首先是因为，人的真正幸福在来世，而教会正是这样的组织；还因为教会“是一个扩展到全世界的绝对普遍的王国——高于政治体和每一个政治体”。由此他确立了三个永恒的原则：（1）教会的教导、传道和礼拜的自由、福音自由、圣经的自由的神圣不可侵犯性；（2）教会高于国家的优越地位；（3）教会和国家间必须合作。

马里旦在国家问题上的另一特点就是批评原有的主权观念，认为它是一种错误和有害的观念。他说：“政治哲学一定要摆脱主权这一词以及主权这一概念。”[②] 他考察了历史上的主权这一概念提出的过程和它的原意，特别是让·布丹、霍布斯和卢梭的主权理论，认为他们所说的“主权”有两种含义：“第一，一种享有最高独立性和最高权力的权利，这种权利是一种自然的和不可让与的权利；第二，一种享有某种独立性和某种权力的权利，这种独立性和权力在这个固有的范围内是绝对的或超越地最高，它和主权者所统治的整体是分开的，因此主权者对这整体的独立性和他统治这一整体权力来说是最高的。”[③]

他认为，无论是政治社会、国家还是人民，都不拥有这种意义上的权力。就政治社会而言，它确实拥有一种完全自主的权利，因而包含着第一个要素，但并不包含第二个要素，因为它并不和本身分开，并从高于它本身的地位来治理它。就国家而言，则完全不能运用主权观念，因为它是政治社会的一部分和一个工具性的机构，所以它没有对整体的最高独立性或统治整体的最高权利。它只是对受它的法律支配的政治社会的其他部分具有最高独立性的权力，它仅享有依靠政治社会为自己规定的基本结构或政治体制而由政治社会归属于国家的那种相对的独立性和权力，但国家对这种权力的使用仍受政治社会的控制。就国家对外活动而言，由于它代表政治社会并在后者的控制之下，才在国际共同体方面享有一种最高独立性的权利，但这也只是在相对意义上说才是最高的。因此，无论是主权的第一种因素，即对最高独立性和最高权力的一种自然的和不可让与的权利，或第二个因素，即这种独立性和权力的绝对的和超越的最高性质，都不属于国家。他认为承认国家主权观念在实际中是非常有害的，这会导致三个严重后果：第一，承认对外主权就意味着每一个国家在国际事务中享有绝对独立性，结果就不能想象会接受任何国际法的约束或加入一个更大的世界社会；第二，承认对内主权，则意味着国家对社会和对人民有绝对的统治权，必然导致极权主义；第三，主权的绝对性会使它不受人民的监督和控制，而这是与民主观念相矛盾的。

马里旦在此基础上提出了他的世界政府的方案：在当今社会人类面临着两重选择：或者是永久和平，或者是全部毁灭。而为了维持持久和平，就必须废除国家主权，建立“世

① ［法］马里旦：《人和国家》，霍宗彦译，27页，北京，商务印书馆，1964。

② 同上书，30页。

③ 同上书，37～38页。

界政府”。它是这样一个最高机构：首先，它是一个“不受任何权力但被赋予确实无疑的道义权威的新的最高机构”。它的“职能将只是一种伦理和政治智慧的职能”，它的名称可以叫“世界理事会”；其次，它的“最高咨询理事会”的成员将根据某些公正的分配方法，从世界各民族中挑选出来，并将由一切民族的人民从每个国家的最高组织和政府提出的人选中直接选举产生；再次，它的成员一旦被选出后就丧失本国的国籍，并授予世界公民籍，以便不受任何国家政府的影响，完全自由地行使他们的精神职责。他认为，为了确保世界的持久和平，建立世界政府，还需要把天主教的原则推广到全世界，按照天主教会的面貌改造社会，进而建立一个超民族、超国家的“世界天主教帝国”①。

### 三、自然法及其要素

自然法的观点是马里旦的法律思想的核心内容。它主要包括以下内容：

马里旦批判了古典自然法学的理论，认为他们歪曲了自然法的真义，使之“变形”。马里旦指出，自然法是维系人类社会数千年的正义观念，在当今世界自然法被人们遗忘了是人类的不幸。马里旦认为，真正的自然观念不在启蒙思想家那里，而是在托马斯·阿奎那那里及其之前的思想家那里。相反，启蒙思想家对自然法观念进行了肆意的歪曲和理性主义的改造，结果使上帝只成了自然、理性和自然法这三位一体的、自存的绝对物的一个外加的担保者，因而即使上帝并不存在，这个绝对物仍然支配着人们。所以最后，人类意志或人类自由在事实上代替上帝成为自然法的最高来源和起因。这样，自然法的本意被17、18世纪那些自然法论者篡改了，由于动摇了上帝这个最不可动摇的权威和基石，所以自然法一旦不再作为激进的革命派蛊惑人心的口号之后，它便没有人理睬了。这就是说在马里旦看来，天主教神学的自然法理论才是自然法的正宗。马里旦给自己确定的理论责任，就是恢复和发扬神学的自然法理论传统。

马里旦指出，现代社会存在着一个不可否认的事实，人们虽然受制于布局得当的成文法，但这种法律只能约束人们的一定行为，而不能对人的良知、人的精神与感情活动产生制约作用。人类有自身的弱点，故在服从人类法之外还要服从一项更完好的戒律，这就是自然法。自然法是上帝默许的、不成文的、永恒不变的法律。自然法的永恒奠基于它的两个基本因素：

第一，是“本体论的要素”。马里旦认为，任何一种事物都有本身的自然法则，这是本性的要求，而人的自然法则是人类理性的体现。人在理性的指导下使自己的行为同其他人“合拍”，“正是靠着人性的力量，才有这样一种秩序或安排，它们是人的理性所能发现的，并且人的意志为了要使它自己同人类基本的和必然的目的合拍，就一定要按照它们而行动，不成文法或自然法就不外乎是这样”②。马里旦认为：“每一种存在都有其本身的自然法，正如它有它自己的本质一样。凡由人类勤劳所创造的任何一类东西，如我刚才所举的弦乐器，都有它自己的自然法，即它发生作用的常态，也就是为了它的特殊构造，它要求用来发生作用，是它‘应该’被使用的那种正当方式。”③ 马里旦还认为，人的自然法就

① ［法］马里旦：《人和国家》，霍宗彦译，192～194页，北京，商务印书馆，1964。

② 同上书，80页。

③ 同上书，81～82页。

是道德法则，对于道德的法则人们服从或者不服从都是自由的，不是必然的。因为人的行为并不归结为宇宙的一般秩序或特殊秩序。但是，他又强调在自然法的第一要素中，就本体论方面看，自然法是有关人的行为的理想秩序，是合适和不合适行动、正当和不正当行为的一条分水岭，它依靠着人的本性或本质以及根源于这种本性或本质的不变的必然性。马里旦认为，社会变迁，大自然沧海变桑田，唯有人性是不可改变的，自然法的本质就来源于这种不变的人性，是人的本质要求规则化。例如禁止随便杀人是自然法上的一项箴规，因为人性首先所要求的和普遍的目的就是自我保存，人是有生存权利的，自然法则是这种“天然权利”的定型化，而且它是万古不移的。

第二，是“认识论的要素”。他认为，自然法虽然是绝对的，存在于事物的本性之中，但由于人的认识能力有限，因而不同时代的人所能获得的自然法的知识都是相对的，这就叫自然法的认识论要素。马里旦说：“人们对自然法的知识是随着人的道德良知的发展而一点一点增加的。人的道德良知起初处于朦胧状态，人类学家告诉我们，人的道德良知最初是在那种部落生活结构里以及在那种半觉醒的幻景之中形成的。这仅仅证明人类不成文法的知识曾经历了比某些哲学家或神学家所相信的更加不同的形式和阶段。我们自己的道德良知对这一成文法的知识无疑地还是不完备的，而且可能只要人类存在，它将继续发展并继续变得更加精密。只有等福音渗入到人体的最深之处，自然法才会开花并达到完善的境地。”①

马里旦认为，自然法是处理必然地同“行善避恶”这一原则相联系的权利和义务的准则，它是实在法甚至万民法、国际法的精髓，是历久不衰、永世生效的部分。马里旦说，实在法是指在特定社会集团中有效的一套法律，它显然是低于自然法的。而万民法、国际法也和实在法一样，它们是通过理性的判断就能产生和就能推行的，其内容是暂时的，适用面是有限的。自然法却是一种无限的定则，一切法的内容最终源于此。

另外实在法、万民法、国际法之间总是存在着一种价值冲突，它们中间也需要协调。自然法则是其中权威性极弱的标准，一切法律问题，最终要运用自然法原则来衡量和解决。

从以上看出，马里旦的政治法律思想是“现代化”的基督教神学的自然法思想。

## 第三节 富勒的新自然法学

### 一、富勒的生平与著作

朗·富勒（Lon Fuller，1902—1978）是20世纪美国著名新自然法学的主要代表人物之一。1902年7月15日他出生于美国得克萨斯州的赫尔福德。17岁起他先后就读于加州大学、斯坦福大学，1926年获法律博士（JD）学位。毕业后为俄勒冈大学法学院的助理教授，1928年，他调往伊利诺伊大学法学院，并在那里任教至1931年，其间他在《伊利诺伊法律评论》上连续发表了三篇关于法律虚构（拟制）的论文，这使28岁的他在美国

① ［法］马里旦：《人和国家》，霍宗彦译，85～86页，北京，商务印书馆，1964。

法学界崭露头角。1931 年至 1939 年，富勒任教于杜克大学法学院。在此期间，他发表了《美国法律现实主义》一文，批判了法律现实主义，此论文获得美国哲学协会 1935 年度的菲利普斯奖。1939 年到 1940 年，富勒作为访问教授任教于哈佛大学法学院，在该学年结束之前，他便被聘为学院的终身教授，并在那里度过了此后三十余年的学术生涯。1972 年 7 月 1 日，富勒从哈佛大学退休，1978 年 4 月 8 日逝世。

富勒的代表作是《法律的道德性》（*The Morality of Law*，1964 年初版，1969 年再版时，加入了第五章）。它是富勒与著名的分析法学家哈特的一场论战的产物。1957 年 4 月，哈特应邀在哈佛大学作了一个题为《实证主义和法与道德的分离》的讲演，阐述其对法与道德关系的观点，富勒听后有感，写了《实证主义和忠于法律——答哈特教授》（*Positivism and Fidelity to Law — A Reply to Professor Hart*，Harvard Law Review，1958 年）一文反驳哈特的观点，这两篇文章后来同时刊载于《哈佛法律评论》第 71 卷上，由此引发了二人就法与道德关系的十多年的论战。其间，哈特于 1961 年出版了《法律的概念》一书，系统阐述自己的观点，富勒也于 1964 年出版了《法律的道德性》一书，予以回应。之后二人又补充发表了一些文章。

富勒学识渊博，涉猎广泛，除法理学外，他对合同法、刑法、劳工法也多有见地。他的著作很多，如《法律在探讨自己》（*The Law is a Quest of Itself*，Chicago：The Eoundation Press，1940）、《法理学》（*The Problems of Jurisprudence*：*A Selection of Readings Supplemented by Constants Prepared by Editor*，edited，Brooklyn：The Foundation Press，1949）、《法律的虚构（拟制）》（*Legal Fictions*，California：Stanford University Press，1967）、《社会秩序的原理》（*The Principles of Social Order*，ed. by Kenneth I. Winston，Duke University Press，1981 年）等。

## 二、人性、道德及其社会秩序

### （一）人及其道德

像任何法哲学家一样，富勒对法律的思考也以其对人性的认识作为出发点。他说："对法律的道德性之要求的遵循可以服务于更为广泛的人生目标。这一要点来自于法律的内在道德中所蕴涵的对于人的理解。"他说他之所以把法律定义为"使人的行为服从于规则之治的事业"，这是因为"信奉这样一种观念，即：人是或者能够变成一个负责的理性行动主体，能够理解和遵循规则，并且能够对自己的过错负责"①。

那么，富勒是如何认识人的本性呢？概括起来就是，人之所以不同于和高于其他动物就在于人的行为有社会性和理性，以及由此产生的道德性。在谈到社会性时他说："人作为一种政治动物不得不在同他人分享的生活当中寻求善的生活方式。如果我们同我们所传承的语言、思想和艺术遗产之间的联系被切断，任何人都无法期盼超越于纯粹的动物性存在之上的东西。"② 这就是说，社会性使人生活于群体之中，这使人们能通过交往弥补彼此之间的不足和创造出丰富多彩的文化。他认为这其中最主要的是交流。"人之所以能够生存到现在，是因为他的交流能力……是因为他能够获取和交流知识，也因为他能够有意识

① ［美］富勒：《法律的道德性》，郑戈译，188 页，北京，商务印书馆，2005。

② 同上书，16 页。

地、精心谋划地促成与其他人的通力合作。如果，在将来，人能够克服自己的自我毁灭能力而存活下来，这也必定是因为他能够与自己的同类进行交流并且达成相互理解。”①他进一步指出：“交流不只是一种生存的手段（a means of staying alive），它是一种生存的方式（it way of being alive）。正是通过交流，我们得以继承过去的人类努力的成就。”②

他认为人的理性使人认识到这一点的重要性，并使他们在交往中彼此尊重和对自己的行为负责，这就使人的行为具有目的性和道德性。目的性表现在人的行为不是盲目的，总是要追求某种目标，追求“善”（good），特别是“良好的生活”（ satisfactory life ）。道德性表现为人会对自己的行为负责，会重视别人对自己的看法，会遵守公认的道德准则。

（二）道德的种类

富勒认为，人的道德有高下和程度之分，可分为愿望的道德（morality of aspiration）和义务的道德（morality of duty）。后者是一个社会里做人所应遵守的最低限度的道德，前者是一个成功者所应追求的道德，其最高的目标就是正义或所谓“实质性自然法”，其主要的内容就是保持和扩大人们之间的交往及其由此所产生的人类的文化。他说：“如果说愿望的道德是以人类所能达致的最高境界作为出发点的话，那么，义务的道德则是从最低点出发。它确立了使有序社会成为可能或者使有序社会得以达致其特定目标的那些基本规则。它是旧约和十诫的道德。它的表达方式通常是‘你不得……’，有时候也可能是‘你应当……’。它不会因人们没有抓住充分实现其潜能的机会而责备他们。相反，它会因为人们未能遵从社会生活的基本要求而责备他们。”③ 他认为，这两种道德的区分是相对的，他说：“当我们考虑各种类型的道德问题的时候。我们可以很方便地设想出某种刻度或标尺，它的最低起点是社会生活的最明显要求，向上逐渐延伸到人类愿望所能企及的最高境界。在这一标尺上有一个看不见的指针，它标志着一条分界线——在这里，义务的压力消失，而追求卓越的挑战开始发挥作用。”④ 富勒认为：义务的道德与法律最为类似，愿望的道德则与美学最为类似。他说：“如果我们要寻找人类研究领域之间的亲缘关系的话，法律便是义务的道德最近的表亲，而美学则是愿望的道德最近的亲属。”⑤ 他指出，法律的内容基本上与义务的道德相同，区别只在于法律的规定更明确、更具体。

（三）社会秩序

富勒认为，人类社会的存在和发展离不开一定的秩序。他把社会秩序界定为“我对那一术语的使用推广至包括规则、程序以及制度——简言之，是指使人们彼此之间的关系受制于正式调控的所有方式，而不论是通过同意、习惯或者命令”⑥。他认为社会秩序有两种，即由上面所加的秩序和在同一水平线通过相互调整所获得的秩序。也就是说，一种是不平等主体之间所建立的社会秩序，它是由通过社会中的上层人或统治者向下层人或被统治者发布命令的形式所建立的；另一种是平等主体通过交往而自发形式的社会秩序，它是

① ［美］富勒：《法律的道德性》，郑戈译，214页，北京，商务印书馆，2005。

② 同上书，215页。

③ 同上书，8页。

④ 同上书，12页。

⑤ 同上书，19页。

⑥ Lon. L. Fuller，*Human Purpose and Natural Law*，The Journal of Philosophy，1956，p.704. 转引自邹立君：《良好秩序观的建构：朗·富勒法律理论的研究》，64页，北京，法律出版社，2007。

通过大家对自发形成的交往规则的遵守而形成的。富勒认为社会秩序有良、恶之分，他所赞赏的是后一种。富勒一生中就是在探索这一“良好的社会秩序”（eunomics）的原理。富勒认为，这一秩序是“自治秩序”（autonomous order）或“自生自发秩序”（spontaneous order），它是经由观念的自由竞争所产生的秩序，它诉诸每一个个体认识自己的特定计划正当性的能力。他又认为，这种秩序是建立在人的行为受治于规则或对法律的普遍遵守上。他说：“法律可以说代表普遍秩序，而良好的秩序是指这样的法律，它必须回应正义、道德或者人们认为应当是什么的要求。”①

## 三、法和法治的概念

### （一）法律

什么是法律？当时在西方有几种回答，典型的有霍姆斯的预测说、庞德的社会控制工程说、弗里德曼的公共秩序存在说、霍贝尔的强力威胁说、凯尔逊等人的权力规范等级体系说、戴雪的国会主权说等。富勒在逐一分析和批判这些理论的基础上提出了其著名的“事业说”。他说：“我所写下的这些文字中唯一称得上是一个法律定义的表述便是：法律是使人类行为服从于规则之治的事业。与多数现代法律理论不同，这种观点将法律视为一项活动，并且把一套法律体系看成是一种有目的的持续努力的产物。”② 他是在分析和批判实证主义的法观念的基础上阐述这一法律观的。他说：“我坚持认为法律应当被视为一项有目的的事业，其成功取决于那些从事这项事业的人们的能量、见识、智力和良知，也正是出于这种依赖性，它注定永远无法完全实现其目标。与此相反的观点认为，法律被视为社会权威或社会力量的表现事实，对它的研究应当关注于它是什么、已经做了些什么，而不应侧重于它试图做什么或正在变成什么。”③

与实证主义的法观念相比，富勒的法律观主要阐述了以下观点：

第一，法律不仅仅是一种手段，它也包含着目的，是目的与手段的统一体，因为它寄托着人们对美好秩序的追求，因为它是适用于具有道德性人类社会的。他说，我“把法律理解为一种目的性事业而非实现某一外在目的的手段，而不像庞德那样把法律理解为一种社会控制的工具等”④。又说：“我所认为的法律制度的目的是一种很有分寸的、理智的目的，那就是：使人类行为服从于一般性规则的指导和控制。”⑤ 为此，富勒强调说，如果我们不能理解法律规则所要实现的目的，就无法理解法律规则本身。

第二，法律不仅仅是规则的体系，而且是一种活动的过程，虽然这一过程是围绕着规则的制定和落实展开的。他说：“与多数现代法律理论不同，这种观点将法律视为一项活动，并且把一套法律体系看成是一种有目的的持续努力的产物。”⑥ 富勒将法律看作是一个人们不断努力实现某种价值的过程，是一个不同的法律主体参与到不同的法律制度中实现

① ［美］富勒：《实证主义和忠于法律——答哈特教授》，何作译，见http：//article.chinalawinfo.com/article/user/article_display.asp？ArticleID=2465。以下引文未注者均引自该文。

② ［美］富勒：《法律的道德性》，郑戈译，124页，北京，商务印书馆，2005。

③ 同上书，169页。

④ 同上书，35页。

⑤ 同上书，170～171页。

⑥ 同上书，124页。

某个目的的行动过程。因此，在富勒看来，法律并不是像哈特所认识的那样，是“在那儿”的客观存在，而是一个“半存在”（half exist），是一个未完成的东西。① 基于此，富勒认为法律规则是多元的，它不局限于国家制定的成文规则，而是包括教会法、行政规章等。他说：“维持一套法律体系之完整性所涉及到的那些问题不仅突出体现在州法和国法之中，而且影响着教会、俱乐部、大学和工会等社团组织的内部章程。因此，我宣布，就我的分析之目的而言，这些组织的内部章程也是‘法律’。”②

第三，法律不是由上面加之于社会的，不是“一种单向度的权威投射，发端于一个权威源泉而强加到公民身上”③，而是上下之间互动的产物和过程。他说：“一套法律系统的运作有赖于立法者与守法者之间的一项合作努力——一种有效的、负责任的互动。”④ 因而，作为事业的法律，不是当权者的单一行动，也不“只在两条或三条战线上展开，而是在成千上万条战线上展开。那些起草和执行规则来规制俱乐部、教会、学校、工会、行业组织、农产品集市以及许多其他形式的人类组织内部事务的人们都在从事着这项事业”⑤。

富勒认为，各种法律都是手段和目的、价值和事实的统一，而且价值和事实不是两种不同的东西，而是一个整体的两个方面。研究法律如果只知道法律是什么，而不知道法律为什么，就好比一部独轮手推车，其上面空空如也，它可能很容易被人向着任何方向推走，而不能按照自己的意志行走。他认为法律并不是一块石头那样的自然物，它包含有人的目的，因此一种法律如果不能达到它的目标，它就不是真正的法律。法律也不是一个坚硬的东西，它有许多空隙，其中有许多不完全的和正在形成的东西，法律必须随着社会的发展而变革。实证主义法学只是面向过去，它在本质上是一种关于先前存在的法律的理论，不能为法律的变革提供任何帮助。⑥

伯尔曼对富勒的这个定义给予很高的评价，认为：“这个定义适当地强调法律活动高于法律规则……这个事业的目的不仅仅是公正地制定和适用规则，而且也包括其他的管理方式……它的目的不仅仅在于管理；它是一种促进自愿协议的事业。”⑦ 他进一步发挥说：“法律不是作为一种规则，而是作为一个过程和一种事业，在这种过程和事业中，规则只有在制度、程序、价值和思想方式的具体关系中才有意义。”⑧

（二）法治

富勒对法治的认识与对法律的认识基本是一致的，即二者都是使人的行为服从于规则治理的事业。所不同的是，在谈到法治时他强调了以下几点：

第一，法治社会对事情的处理必须以事先公布的明确规定为准则。他说：“法治的精髓在于，在对公民采取行动的时候（比如将其投入监狱或者宣布他据以主张其财产权的一

① 参见［美］富勒：《法律的道德性》，郑戈译，143页，北京，商务印书馆，2005。

② 同上书，227页。

③ 同上书，221页。

④ 同上书，253页。

⑤ 同上书，146页。

⑥ See Robert Summers：“Professor Fuller's Jurisprudence and American's Dominant Philosophy of Law”，*Havard Law Review*，1978，pp. 438-440. 转引自邹立君：《良好秩序观的建构：朗·富勒法律理论的研究》，72～73页，北京，法律出版社，2007。

⑦ ［美］伯尔曼：《法律与革命》，贺卫方等译，5页，北京，中国大百科全书出版社，1993。

⑧ 同上书，13页。

份契据无效），政府将忠实地适用规则，这些规则是作为公民应当遵循、并且对他的权利和义务有决定作用的规则而事先公布的。如果法治不意味着这个，它就没有什么意思。”①因此，“法治要求政府同时需要依照第二种‘内在标准’（internal standard）来向公民正当化它的行动。这种标准要求，在法律所覆盖的整个领域当中，政府对公民作出的行动必须符合政府自己先前宣布的一般性规则（也就是得到这些规则的授权或确认）。因此，一个合法的政府可以说是借助它自己的立法权来对自己的行为完成了一项内部确认”②。所以，“法治之基本原则——一个法律权力部门对公民作出的行为必须通过被带入到一套事先公布的一般性规则的约束范围之内而获得正当性”③。

第二，法治社会里的政府不是人民的老爷，而只是法律规则的维护者。他说：“与管理不同，法律并不是一项指导他人如何去完成一位上级所安排的任务的事务，而基本上是一项为公民彼此之间的交往行动提供一套健全而稳定的框架的事务，政府在其中的角色只是作为一个维护这套系统之完整性的卫士。”④

第三，执法部门对事情的处理必须遵循一视同仁原则，特别是执政者要带头遵守法律。他说：“在法治原则之下，对公民行为的控制不是通过就事论事的指令、而是借助体现类似案件会得到类似处理这一原则的一般性规则来实现的。”⑤ 富勒在论述法律的内在道德时对法律提出八项要求，把它们统称为法律的“合法性”原则或法治原则，其中特别指出第八项原则，即“官方行为与公开规则之间的一致性”，说这是法治的关键。

## 四、法律与道德的关系——法律的道德性

在上面我们已经指出，富勒认为人类社会要建立秩序，特别是良好的秩序，离不开规则，而任何规则都与所在社会人们的道德有关，都包含着道德，法律规则就是义务的道德的派生物，是义务的道德的法律化。正因为如此，富勒认为，法律离不开道德和具有道德性，并认为不具有道德性的法律就不再具有法律的权威或效力。他说：“法律即使仅仅被看作是秩序，也包含着它固有的道德性。如果我们要创设一种被称为法律的东西，即便是恶法，这种秩序的道德性也必须得到尊重。”这是因为，“法律作为值得人们效忠的某种东西，它一定表达了某种人类的成就；它不可能是权力的简单命令，或者是在国家官员的行为中才能辨识出来可以重复的行为模式。我们对人类法律的尊敬肯定会不同于我们对万有引力这一法则的尊敬。如果法律（即使是恶法）要求我们要予以尊敬，那么这种法律一定表达了某种人类努力的一般方向，这种方向是我们可以理解和描述的，并且是我们在原则上可以赞同的，即使在某些时候对我们来说似乎丧失了自己的特征”⑥。

富勒指出，法律离不开道德或法律具有道德性表现在两个方面：

首先，法律必须以最高的道德——正义，作为其追求的实体目标。他把这称为法律的外

---

① ［美］富勒：《法律的道德性》，郑戈译，242页，北京，商务印书馆，2005。

② 同上书，244页。

③ 同上书，248页。

④ 同上书，253页。

⑤ 同上书，244页。

⑥ ［美］富勒：《实证主义和忠于法律——答哈特教授》，何作译，见http：//article.chinalawinfo.com/article/user/article_display.asp? ArticleID=2465。

在道德（external morality）或实体自然法（substantive natural law）。他认为所谓正义就是保持和发展人们之间的交往，以便继承以往人类的成就，丰富后代的生活，扩大自己生活的界限。他说："因此，如果有人要求我指出可以被称为实质性自然法的那种东西——大写的自然法——的无可争议的核心原则，我会说它存在于这样一项命令当中：开放、维持并保护交流渠道的完整性，借此人们可以彼此表达人们的所见、所感、所想。"① 富勒认为，法律的外在道德作为法律制度争取的实体目标不是单一的，而是多元的。除了正义外还有效率、反种族歧视、人本身及自由、经济资源的分配、政治和经济制度的设计等之间的关系。因此，人们在制定至善的法律制度时所追求的实体目标也必然是一个具有丰富内容的综合概念。

其次，表现在法律自身的制定和实施，以及其内容和形式必须符合道德的要求，它涉及的是法律的解释和执行方式问题，即一种特殊的、扩大意义上的程序问题。他将此称为法律的内在道德（Inner morality）或程序自然法（procedural natural law）。他说："法律应当被视为一种帮助人们过满意的共同生活的设施（facility）。如果这种设施要服务于它旨在为之服务的受益人，他们就必须善用它。但是，那些其任务在于设计和安装这种设施本身的人负有一项更重的责任，那就是在一开始的时候就把工作做好。我试图用'法律的内在道德'这一术语来描述的正是这项繁重而且往往十分复杂的任务。"② "我所尝试做到的是辨清和阐明一种特殊类型的人类活动所遵循的自然法，这种活动被我描述为'使人类行为服从于规则之治的事业'。这些自然法同任何'至上的、孕育万物的普遍存在'都没有关系。它们同'避孕措施是对上帝律法的违反'这样的主张也没有任何关联。它们无论从起源还是从应用上讲都是人间的。它们不是'更高的'法则；如果要找一种与海拔相关的比喻来形容它们的话，它们毋宁说是'更低的'法则。它们像是木匠的自然法则，或至少像是一位想使自己所建造的房子经久耐用并服务于居住者之目的的木匠师傅所尊重的法则。"③ "从这个意义上讲，我所称的法律的内在道德乃是一种程序版的自然法（Procedural version of natural law）；虽然，为了避免误会，'程序'这个词应当被赋予一种特殊的以及扩展的意义，以便使它包括像官方行动与公布的法律之间的实质性一致这样的含义。不过，'程序'这个词从总体上说非常适当地显示出我们在这里所关注的不是法律规则的实体目标，而是一些建构和管理规范人类行为的规则系统的方式，这些方式使得这种规则系统不仅有效，而且保持着作为规则所应具备的品质。"④

如果说外在道德追求的是实质正义的话，那么内在道德所追求的则是形式正义。又由于它所涉及的主要是法治问题，所以又叫法治原则。富勒把它归纳为八个：（1）法律的适用的普遍性（它包括人的行为有章可循和同样情况同样处理）；（2）法律的公开性，即法律必须公布，因为只有这样才能使大家知晓法律和批评、监督法律；（3）法律的非溯及力，即法律只面向未来，不面向过去；（4）法律的明确性；（5）法律的一致性，即法律自身应避免互相矛盾；（6）法律的可行性，即法律不应要求人们做无法实现的事情；（7）法

① ［美］富勒：《法律的道德性》，郑戈译，215页，北京，商务印书馆，2005。

② 同上书，257页。

③ 同上书，113页。

④ 同上书，113～114页。

律的稳定性，即法律不能朝令夕改；（8）官方行为与法律的一致性。[①] 富勒认为在这八个原则中，从法治的角度来说，最重要的是第八个原则，他要求立法者和执法者严格执法，自己首先带头遵守法律，用法律约束自己的行为，只有这样才可能真正做到坚持依法办事。富勒所概括的这些法治原则对后来的学者影响很大，菲尼斯、拉兹等人所归纳的法治原则明显地参考了他的论述。

富勒认为，法律的外在道德与内在道德是有联系和互相影响、互相作用的。其中一方的败坏就会引起另一方的败坏。如立法者出于卑鄙的目的立法，就不可能制定出一个公开的表达明确的法规；反之，如果法律表达不清楚或互相矛盾，也难以使法律在执行中达到它的目的，势必影响它的外在道德。富勒认为，法律的内在道德虽然只是程序性的东西，但它们也能决定法律的性质，他说："法律的内在道德虽然多是程序性要求，但从总体上决定着法的性质或权威性、合法性，也就是说不具有这些属性的法律，就不是好法，甚至于不是法律。"[②] 他还以"雷克斯王的寓言"形象化地说明这一道理。这个国王无知而狂妄自大，企图给他的国家制定一部十全十美的法典，但由于他对法律无知，所以屡犯错误和屡遭挫折，最后以失败告终，郁闷而终。其犯的错误归纳起来有八个，即违反上述的法律的八个属性或法治的八个原则。[③]

富勒还从其他方面论述了法律与道德不可分的关系。如他批判了实证主义法学家把法律仅仅视为工具的观点，认为法律不仅仅是工具或手段，而且应是手段和目的的综合体。因为没有纯粹的工具或目的，目的是离不开手段的，手段也是不能没有目的的，它们是互相影响和互相作用的。一定的目的决定了使用什么手段，而手段也影响目的的选择过程；任何一个目的在提出之前和确定之后，都要对其实现的手段，即对可行性进行验证，而这种手段的性质和代价必然影响目的的确定。这一过程是目的和手段的同时考量，直到找到与目的相统一的手段，才能最后确定或放弃某一目的。所以，法律制度及其运行过程不能仅仅视为手段，因为它部分地决定人们的活动，并帮助形成人们的整个生活方式。如由法律定型或规定结构的某一经济制度，不仅用来满足人们的各种欲望和要求，而且能形成自己特定形式的各种欲望和要求。这里目标就是法律的道德性（外在道德）。

再例如，法律的适用不仅依赖于强力，而且依赖于人们内心的自觉。几乎所有的实证主义法学家都强调法律的强制性，都认为法律的实施离不开强制。富勒认为，无论是西方民主国家还是极权主义国家，都是不全面和不真实的。在任何国家，人们承认法律的权威和遵守法律，并不仅仅是因为害怕受到惩罚，更重要的是因为认识到一种具有权威性的组织体系是必要的和正当的，是良好的生活不可缺少的。他认为，单纯的强制只能使人们在十分钟内服从它，不可能长久。所以正确的观念不是强力支持法律，而是法律支持强力，是因为法律有道德性，才使人们愿意服从它。

综上所述，富勒认为人的本性，即社会性和理性以及由之产生的道德性，使人趋向于良好的生活，而这种生活只有在良好的社会秩序里才能获得，它有赖于良好的社会规则，或者说只有把人的行为纳入良好规则的范围才能达到这一目的。他认为法律就是这种意义

---

① 参见［美］富勒：《法律的道德性》，郑戈译，第 2 章，北京，商务印书馆，2005。

② 同上书，123 页。

③ 参见上书，第 2 章。

上的社会规则，它是为适应人建立一种良好的社会秩序的需要而产生的，所以法律就是“使人的行为服从规则治理的事业”。他认为，要如此，法律必须具有道德性，这表现在内在和外在两个方面，从而有“法律的内在道德”和“法律的外在道德”。后者是法律所追求的价值目标——正义，前者是法律在从事这一追求时自身所应具有的品行，富勒把它们归纳为八个方面，认为只有同时具备这八种品格的社会规则才具有正当性、法律的权威性或合法性，才配称之为“法律”。它不仅仅是一个规则的体系，而且是追求“规则治理的事业”的活动和过程，参与这一事业的不仅仅有执政者，而且有广大民众。值得注意的是，富勒是在批判以哈特为代表的实证主义的法律观的过程中阐述这些观点的，他还用一系列寓言故事形象地说明这些观点。[①]

富勒在西方现代自然法学中有着特殊的地位，他开辟了自然法学研究的新领域，即从程序的角度研究自然法，并把“自然法”的概念转换为“法律的道德性”。自然法学在传统上重视法律的道义基础，强调法律的基本内容必须符合人类社会的公认道德观念，法律必须以道德的最高境界——正义为追求的目标。在19世纪以后，由于商品经济席卷全球，功利主义成为一种时髦，这些观念受到了很大的冲击，甚至难以存在，这就使一些自然法学家不得不有所改变，“内容可变的自然法”、“认识论意义上的自然法”观念就是这一改变的产物。但是，显然它们仍然在法律的内容上做文章，这只能对气势汹汹的实证主义法学家的攻击予以临时招架。只有富勒改变了这一被动局面，对实证主义法学发动了主动性攻击，全面地剖析了其理论，并提出了自然法学的新概念，亮出了自然法学的新武器，开拓了自然法学研究的新领域。

## 第四节　罗尔斯的新自然法学

### 一、罗尔斯的生平和著作

约翰·罗尔斯（John Rawls，1921—2002）是当代西方著名的政治哲学家和新自然法学的主要代表人物之一。他出生在美国马里兰州的巴尔的摩，早年就学于普林斯顿大学学习哲学，1943年毕业后应征入伍，1946年退役后重返普林斯顿大学攻读硕士学位，其间因获得一项奖学金曾到康奈尔大学学习一年。1950年在取得博士学位后他留在普林斯顿大学从事教学和研究工作，1952—1953年他申请到了富布莱特基金后以高级访问学者的身份到英国牛津基督教会学院学习和研究，其间认识了许多重要的哲学家和法学家，如哈特等。从牛津返回美国后，他在康奈尔大学谋得一个助理教授职位，并于1956年取得副教授终身职位。1959年，他受邀到哈佛大学任访问教职一年，然后到麻省理工学院任终

① 他编造的寓言故事除上面所举的“雷克斯王的寓言”外，还有“荒岛的寓言”，它告诉我们人的本性使人在自然状态下趋于组织起来和建立相互信赖的统一体；“告密者寓言”，它告诉我们什么样的“法”，如法西斯式的“法”已不是法律；“木匠的寓言”，它告诉我们他所主张的是一种什么性质的自然法；“水官的寓言”，它告诉我们真正的法律规则是以社会的需要和民众间的互惠为基础的，是无须强制的；“洞穴探险者寓言”告诉我们普通人类社会的法律不适用于特殊的情况下的人群等。参见郑戈：《富勒的寓言》，载高全喜主编：《从古典思想到现代政制》，北京，法律出版社，2008。

身职哲学教授，1962年再到哈佛大学任教，直到1991年退休。

罗尔斯以提出一种新的正义理论而闻名于世，其成名作就是1971年初出版的《正义论》。这本著作的问世在西方学术界引起了轰动，掀起了研究罗尔斯及其正义问题的高潮。大多数学者给予这本著作以高度评价，但也有的提出批评和质疑。这促使罗尔斯对正义问题的进一步思考，在后来几十年的教学和研究中，他为了不断地发展和完善自己的理论，回应同仁们的质疑，又相继于1993出版了《政治自由主义》(1996年作了修订)、1999年出版了《万民法》、2000年出版了《道德哲学史讲义》。为了弥补《正义论》的不足和修正其中的一些错误，也为了更准确地表述自己的观点和把后来发表的一系列论文与之整合为一个统一的体系，2001年他出版了《作为公平的正义——正义新论》。它是罗尔斯在哈佛大学所开的政治哲学课的讲稿，经多次修改，逐渐完善，但一直没有定稿，因晚年罗尔斯身体欠佳，已不可能将其完成，故由塔夫茨大学的爱林·凯利(Erin Kelly)教授编辑出版。

罗尔斯作为当代西方著名的政治哲学家其贡献不仅在于恢复和更加系统地阐述了传统的正义观念，而且在于把西方政治哲学的研究推向新的阶段。自启蒙时代以来，西方的政治哲学家最重视研究的政治价值有两个：自由和平等。西方资产阶级革命推翻了封建制度，建立了西方民主制度，其目的就是为了实现这两个价值。因而这一时期的著名的政治哲学家如霍布斯、洛克、卢梭、约翰·密尔都对自由和平等作了很多的研究。但由于古典自由主义者认为，在自由和平等这两种政治价值中，自由的价值更为重要；两种价值在实践中往往是冲突的，在冲突时应以自由优先；自由问题必须解决也能够加以解决，而平等问题则是无法解决的，因而，罗尔斯之前的思想家更重视自由问题的研究，并提出了比较系统的理论和一套能操作的制度设计。约翰·密尔的《论自由》和《代议制政府》可以说是这些研究成果的总结和概括。罗尔斯则把这一认识向前推进了一步，他认为，自由和平等都是最重要的政治价值，而且二者有一种内在的联系，没有平等的自由只是一种形式的自由，因此二者必须联系起来解决。仅仅解决自由问题是不够的，虽则平等的问题更难解决一点，但它同自由一样，不仅是必须解决的，而且也是能够解决的。他认为正义的含义更多的是指平等，因此他的正义理论就是要解决平等问题。其《正义论》和《政治自由主义》、《万民法》就是解决平等问题的理论阐述和制度设想。应该指出的是，由于罗尔斯是一个政治自由主义者，所以他的一套设想是以西方的政治自由主义为出发点和归宿点的。

## 二、正义的概念：作为公平的正义

罗尔斯的正义理论最显著特点是提出了“作为公平的正义”的概念。那么什么是“作为公平的正义”？罗尔斯指出，由于他的正义理论属于政治哲学，而不是伦理学或道德哲学。因而，他的正义理论讨论的不是个人的品德问题，而是社会的基本结构和基本制度及其建立的基本原则。他说：“对我们来说，正义的主要问题是社会的基本结构，或更准确地说，是社会主要制度分配基本权利和义务，决定由社会合作产生的利益之划分的方式。所谓主要制度，我的理解是政治结构和主要的经济和社会安排……一个社会体系的正义，本质上依赖于如何分配基本的权利义务，依赖于在社会的不同阶层中存在着的经济机会和社会条件。"[1] 这就是说，正义实质上是一种社会合理地确立各种权利义务的原则，他主要体现于社会的政治制度中。正因为这种正义是针对社会的基本结构而言的，因此社会结构的不同范围就有不同的正义。有直接应用于基本结构内部的各机构和团体的局部正义，有应用于社会基本结构自身或一个国家的国内正义，有应用于全世界的全球正义。

罗尔斯认为，制度之正义是比个人品德之正义更重要和更根本的东西，因此，首先要解决的是社会制度是否正义，然后才能决定个人须承担的义务和责任，离开制度来谈个人道德修养的完善，甚至对个人提出严格的道德要求，往往造成人的虚伪和盲从。

罗尔斯指出，他所说的"作为公平的正义"（justice as fairness）不同于一般的正义，这突出地表现在以下三点：

第一点是，它"是为一个民主社会而构思出来的。他的原则试图回答这个问题：一旦我们将民主社会视为一种自由和平等公民之间的社会合作的公平体系，那么对它而言最适合的原则是什么"[2]？"第二点是，作为公平的正义将社会的基本结构当作政治正义的主题，也就是说，将它的主要政治制度和社会制度以及它们如何融为一个统一的合作体系当作政治正义的主题"[3]。"第三点是，作为公平的正义是一种政治自由主义；它试图表达出一种具有重大意义的（道德）价值的家族（family），而这些价值是特别应用于基本结构之政治制度和社会制度的。它按照政治关系的某些具体特征来解释这些价值，而这种政治关系与其他一些关系是不同的，如团体关系、家庭关系和个人关系"[4]。其所以如此，首先在于"它是社会基本结构内部的一种人际关系（relationship of person），对于这种基本结构，我们只能生而入其中，死而出其外"；其次也是因为"政治权力永远是由国家及其强制机构所使用的强制性权力，但是在一个立宪政体中，政治权力同时也是为一个集体（collective body）的自由和平等的公民的权力"。这样，政治权力就是公民的权力，是他们作为自由和平等的公民强加给他们自己和互相加以使用的权力。另外，政治自由主义是基于两个事实：其一是理论多元论的事实，即它允许各种各样的哲学、宗教信仰的存在，而且还是以其存在为前提和为其更好地存在服务的；其二是政治权力被认为是作为一个集体的自由和平等的公民的权力。罗尔斯认为这决定了其政体是民主政体和其政治权力的使命是合法的。[5]

罗尔斯还从"正义"概念的基本含义以及正义与"善"和"正当"的关系上作了论述。他认为，正义的基本含义是平等，是正当，因而正义原则在更广泛的意义上即是平等原则，是正当原则，正义在某种意义上是正当的一个子系统，或者说是应用于社会制度时的正当。正当是与"善"密切相关的一个概念。"善"是某事物符合于已有的正当原则相一致的生活方式。所以正当优于"善"，是衡量"善"的标准。[6] 他认为正义要消灭社会制度所造成的不平等。一般地说，产生人们之间不平等的原因主要有二：其一是社会的和文化的原因，人们在家庭出身、周围环境、教育条件等方面有很大的差别，致使有的人在能

---

① ［美］罗尔斯：《正义论》，何怀宏等译，5页，北京，中国社会科学出版社，1988。

② ［美］罗尔斯：《作为公平的正义——正义新论》，姚大志译，65～66页，上海，上海三联书店，2002。

③ 同上书，66页。

④ 参见上书，66～67页。

⑤ 参见上书，65～66页。

⑥ 参见［美］罗尔斯：《正义论》，何怀宏等译，28页，北京，中国社会科学出版社，1988。

力和品德上比别人高；其二是自然的原因，人们生来有不同的天赋，这包括种类和程度的差异。罗尔斯认为，正义所能解决的不平等只能是前者，至于后者则是正义所不应关注也是它无能为力的。例如在两个男士竞争一个漂亮的女士的过程中，身体魁梧和相貌英俊者获胜，这一事实对于因身体条件差而在竞争中失败的男士来说，只能说是一个不幸，不存在不公平的问题。这意味着正义所要解决的只是尽力消除产生差别的社会和文化原因，使那些有同等自然禀赋和同样意愿的人有同样的机会和成功前景，而不论他们的社会地位和家庭出身是什么。

### 三、正义二原则

罗尔斯的正义理论中最核心的部分是他所提出的著名的正义二原则，这两个原则经过反复思考和多次修改，最后在《作为公平的正义——正义新论》中表述如下："（1）每一个人对于一种平等的基本自由之完全适当体制（scheme）都拥有相同的不可剥夺的权利，而这种体制与适于所有人的同样自由体制是相容的；（2）社会和经济的不平等应该满足两个条件：第一，他们所从属的公职和职位应该在公平的机会平等条件下对所有人开放；第二，它们应该有利于社会之最不利成员的最大利益（差别原则）。"①

这两个原则，第一个简称为平等的自由原则，强调的是对社会的基本自由每个人都能够平等地享有。这些自由大致说来"有政治上的自由（选举和被选举担任公职的权利）及言论和集会自由；良心的自由和思想的自由；个人的自由和保障个人财产的权利；依法不受随意逮捕和剥夺财产的自由"②。他认为，这些自由对每个人来说都是非常重要的。如平等的政治自由和思想自由能使公民在评价社会基本结构及其社会政策之正义性时发展和运用这些能力；良心自由和结社自由能够使公民在形成、修正和理性地追求他们的善理念时发展和运用他们的道德能力。

第二个原则分为两部分：第一部分简称为机会平等原则，它要求社会的各种机会对所有人开放，让他们平等地竞争，从而使那些有同等自然禀赋和同样愿意的人有同样的机会和成功前景。第二部分简称为差别原则。罗尔斯强调正义意味着平等，但他并不否认差别的存在，而这些差别势必使不同的人会有不同的成功前景。这一原则所讨论的是，什么样的不平等是秩序良好的社会所能容许的。他告诉我们，当某一差别的存在有利于最不利者的最大利益时，它就是可以容许的。也就是说，在社会政策的制定中差别的存在不仅不应建立在对社会中处于最不利地位的人的损害上，而且应建立在能给他们带来最大好处上。所谓处于最不利地位的人主要是指社会中财富和收入最少的人。

罗尔斯还论述了几个原则之间的关系。他认为第一个原则优于第二个原则，而第二个原则中的两个小原则中，机会平等原则也优于差别原则。这意味着第一个原则是使用第二个原则的前提或背景。这是因为第一个原则所解决的主要是宪政实质问题，而这个问题显然处于首要的地位。罗尔斯认为，正义原则是按照四个阶段的顺序来加以接受和应用的。在第一个阶段，当事人在无知之幕的后面接受了正义原则。第二阶段是立宪大会阶段，人们按照正义原则制定宪法。这时对人们的限制会越来越少，他们对信息的掌握也会逐渐增

① ［美］罗尔斯：《作为公平的正义——正义新论》，姚大志译，70页，上海，上海三联书店，2002。

② ［美］罗尔斯：《正义论》，何怀宏等译，57页，北京，中国社会科学出版社，1988。

多。第三个阶段是按照宪法所容许的和正义原则所要求和准许的那样来制定法律的立法阶段。最后是应用的阶段，在这个阶段中法则为行政人员所运用，也普遍地为公民所遵守，而宪法和法律则由司法人员来加以解释。他认为，第一原则应用于立宪大会阶段，它对宪法的内容产生影响；而第二原则应用于立法阶段，它对所有各类社会和经济的立法以及由此而产生的各种各样的问题都具有重大的影响。

他进一步指出，两个原则的区别不是因为一个所表达的是政治性的价值，另一个所表达的是经济性的价值。而在于以下四点：“（1）两个正义原则在其应用中分别适用于不同的阶段，并对应用于基本结构的两种不同功能；（2）解决宪政实质问题是更为迫切的任务；（3）识别这些宪政实质是否得到实现，这是比较容易的；（4）关于这些宪政实质应该是什么，这个问题看来有可能达成意见一致，当然这种一致不是指每一个细节，而是指大概要点。”①

## 四、正义的种类

罗尔斯还在综合历史上有关对正义分类的论述的基础上把正义区分为实质正义、形式正义和程序正义。

（一）实质正义

所谓实质正义是涉及社会和个人怎样对待和处理有关人们的实体权利和义务的制度安排和态度，其中又分为社会正义和个人正义。社会正义中他着重谈了政治正义和分配正义问题。

1. 政治正义或宪法正义。宪法正义是关乎宪法的制定程序和内容的正义，它包括两个方面：“首先，正义的宪法应是一种满足平等自由要求的正义程序；第二，正义的宪法应该是这样构成：即在所有可行的正义安排中，他比任何其他安排更可能产生一种正义的和有效的立法制度。”② 他认为其第一方面集中体现为“参与原则”。他说：“当平等的自由原则被运用到由宪法所规定的政治程序中时，我将把平等的自由原则看成是（平等的）参与原则。参与原则要求所有的公民都应当有平等的权利参与制定公民将要服从的法律的立宪过程和决定其结果。”③ 原因是“既然宪法是社会结构的基础，并且是用来调整和控制其他制度的最后的规范体系，那么每个人便都有同样的途径进入宪法所建立的政治程序中”④。因此，他说：“我认为宪法必须采取一些措施来提高所有成员参与政治的平等权利的价值。宪法必须确保一种参与、影响政治过程的公平机会”⑤。这包括“所有公民至少在形式上应有进入公职的平等途径”⑥。不过，罗尔斯指出：“参与政治生活并不使个人成为他自己的主人，倒不如说给了他在决定如何安排基本社会条件下和其他人同等的发言权。参与政治生活也不满足那种想控制他人的野心，因为每个人都被要求按照所有人都承认为

① ［美］罗尔斯：《作为公平的正义——正义新论》，姚大志译，78页，上海，上海三联书店，2002。
② ［美］罗尔斯：《正义论》，何怀宏等译，211页，北京，中国社会科学出版社，1988。
③ 同上书，211页。
④ 同上书，217页。
⑤ 同上书，214页。
⑥ 同上书，213页。

正义的东西来克制自己的主张。”①

2. 分配正义。罗尔斯说：“在作为公平的正义中，分配正义（distributive justice ）的问题永远是这样的：基本结构的制度作为一种统一的制度体系应该如何加以调整，以使一种公平的、有效的和富有生命力的社会合作体系能够得以维持、世代相继？与其相对照的是另外一个问题，即如果将一批既定的商品在众多个人中间进行分配或配给，而我们知道这些人具有不同的需要、欲望和偏爱，并且他们在生产这些商品时也没有进行任何形式的合作。”② 他赞成前一种意义上的分配正义而反对后一种意义上的分配正义，并把他称之为配给正义，认为它不符合其正义的理念。他说：“我们拒绝配给正义的观念，因为它与作为公平的正义据以组成一个整体的基本理念是不相容的，而这个理念就是，社会永远作为一个合作体系的理念。公民们被视为从事合作，以生产出社会资源，而对这些社会资源，他们提出自己的要求。在秩序良好的社会中，平等的基本自由，（以及它们的公平价值）和公平的机会平等这两者都得到保证，而收入和财富的分配则表明我们可以称之为纯粹背景程序正义（pure background procedural justice）的东西。也就是说，基本结构被如此安排，以至于当每一个人都遵照公共承认的合作规则，并履行这些规则所规定的各项条款的时候，由此产生的具体商品分配就可以被接受为正义的（或至少不是不正义的），而无论这些分配的结果是什么。”③ 这就是说，作为公平的正义所考虑的是制度安排的公平问题，它所要解决的只是社会中的基本自由的分配中的程序公平问题，不参与产品的具体分配或配给。显然，罗尔斯在《作为公平的正义——正义新论》中对分配正义的这一新的表述，是对诺齐克批判的一个回应。因为诺齐克在其《无政府、国家和乌托邦》一书中曾严厉批评了分配正义这一概念，认为在如今社会实际的情况是，社会资源已被统统占领，或者说财富都是有主的，存在的只是这一占领是否公平，不存在重新分配的问题。所以他主张以“持有正义”概念取代分配正义这一概念。而衡量这一正义的标准是，财富的持有者如果所持有物原来是自然物，他对此物的占有必须是已通过自己的劳动增加了此物的价值；如果此物是非自然物，他则必须是通过合法的交换或继承才能持有。

3. 个人正义——职责及其良心拒绝和非暴力反抗。

个人正义——职责。这是在正义二原则的基础上或在正义的社会中对作为一个正义的或有道德的人的要求，是“适用于个人的公平原则”，它“要求一个人履行一个制度的规范所确定的他的职责”④。他认为所谓职责（obligation ）是由正义制度对个人提出的正义要求，说：“由公平原则指定的要求就是职责。”⑤ 罗尔斯认为，职责产生的条件是：这一制度是正义的或能满足正义二原则的要求；个人自愿地接受这一安排的利益或利用它提供的机会促进他的利益。他认为，职责不同于一般的道德要求：它是出于自愿；其内容由制度或实践确定；它归之于特定的个人。⑥

良心拒绝和非暴力反抗。这是一种特殊的个人正义，一种在特殊的情况下，即社会整

① ［美］罗尔斯：《正义论》，何怀宏等译，223页，北京，中国社会科学出版社，1988。

② ［美］罗尔斯：《作为公平的正义——正义新论》，姚大志译，80页，上海，上海三联书店，2002。

③ 同上书，81页。

④ ［美］罗尔斯：《正义论》，何怀宏等译，106页，北京，中国社会科学出版社，1988。

⑤ 同上书，107页。

⑥ 参见上书，107～108页。

个的制度是正义的，但在某些法律制度中出现了不正义时，个人应如何对待的问题。问题的提出是，不正义的法律存在，已超出了应该服从的限度，怎么办？罗尔斯认为，一般来说，一种法律是应该服从的，即使它存在不正义的现象。他说："一般来说，正如一种现存宪法所规定的立法的合法性并不构成承认它的充足理由一样，一个法律的不正义也不是不服从它的充足理由。当社会基本结构由现状判断是相对正义时，只要不正义的法律不超出某种限度，我们就要承认它们具有约束性。"① 从这点来看，我们有一种礼貌的自然义务，即不把社会安排的缺陷当作不遵守它们的现成借口，也不利用规则中的漏洞来促进我们的利益。但是如果超出了这一限度，如果发生了对正义的严重侵犯，我们就再没有服从它们的义务，而且我们有一种责任来改变它，其方式就是良心拒绝（conscientious refusal）和非暴力反抗（civil disobedience）。

所谓"良心拒绝就是或多或少地不服从直接法令或行政命令"。他是一种个人的而不是一种如非暴力反抗那样的诉诸多数人正义感的请愿形式，而且是一种公开的拒绝，不是一种如良心的规避那样的隐蔽拒绝。典型的例子就是越战期间一些美国人因战争的不正义而拒绝服兵役。

所谓非暴力反抗是"一种诉诸共同体的正义感的政治形式"②；是"一种发生在公众讲坛上的、表达深刻的和认真的政治信念的正式请愿"③；是"一种公开的、非暴力的、既是按照良心又是政治性的对抗法律的行为，其目的通常是为了使政府的法律或政策发生一种改变"④；"是在忠诚于法律的范围内（虽然是在外围的边缘上）表达对法律的不服从。虽然反抗者侵犯了某个法律，但是这个行动是公开的、和平的性质和一种承担行动的合法结果的意愿表达了对法律的忠诚。这种对法律的忠诚有助于向多数人证实非暴力反抗行为在政治上确实是认真的、真诚的，证实它确实是打算诉诸公共的正义感"⑤。他认为，非暴力反抗适用于多少是正义的民主国家，是对那些承认并接受这一宪法的合法性的公民而言的。对象限于实质性的和明显的不正义，尤其是那些阻碍清除其他不正义的不正义。而且行动者对政治多数的正常呼吁已经真诚地做过，但没有取得效果，法律纠正手段业已证明无效。他认为，非暴力反抗的使用要掌握分寸，必须得到合理组织，不能导致对法律和宪法的破坏之类的不幸后果。罗尔斯认为，非暴力反抗对于民主社会来说是必不可少的形式，它"有助于维持和加强正义制度"，它"被用来禁止对正义的偏离，并在偏离时纠正它们"⑥，它是"维持一种正义宪法稳定性的最终手段"⑦。

### （二）形式正义——法治

罗尔斯认为，形式正义就是"作为规则的正义"或法治。它是对实质正义的落实中的正义，是对实质正义所要求人们的规定严格地贯彻执行。由于这时的实质正义已具体化为一套法律制度，所以形式正义就体现为对这些法律制度的严格执行。而严格地依法办事就

---

① ［美］罗尔斯：《正义论》，何怀宏等译，339页，北京，中国社会科学出版社，1988。
② 同上书，360页。
③ 同上书，355页。
④ 同上书，353页。
⑤ 同上书，355页。
⑥ 同上书，372页。
⑦ 同上书，373页。

是法治。他说："形式正义的观念和有规则的、公平的行政管理的公共规则被运用到法律制度中时，它们就是法治。"其特点是从形式上严格地贯彻执行已有的法律制度，而不管其性质和内容。他说："这种对法律和制度的公正一致的管理，不管它们的实质性质原则是什么，我们可以把它们称之为形式的正义。如果我们认为正义总是表示着某种平等，那么形式的正义就意味着它要求：法律和制度方面的管理平等地（即以同样的方式）适用于那些属于它们规定的阶层的人们。正像西季维克强调的，这种平等就隐含在一种法或制度的概念自身之中，只要它被看做一个普遍规范的体系。就是对原则的坚持，或像有些人所说的，是对体系的服从。"①

罗尔斯认为作为形式正义的法治包括以下四个方面的原则：

（1）"应当意味着能够"即可行原则，包括三个方面的具体内容：首先法律所要求或禁止的应该与人们合理的期望相一致；起码法律的制定者自己真诚地相信法律规定的是人们能做得到的；法律应该把执行的不可行看成是一种防卫或至少作为一种缓行的情况。

（2）类似情况类似处理的原则，即一视同仁或一致性原则。

（3）法无明文不为罪的原则。它要求法律为人们所知晓并被公开地宣传，而且它的含义得到清楚的规定；法令在陈述和意向两方面都是普遍的，不能被当作损害某些可能被明确点名（褫夺公民权利）的个人的一个手段；至少对较严重的犯法行为应有严格的解释；在量刑时不追溯被治罪者的既往过错。

（4）一些规定自然正义的准则，即在司法中所应遵守的不证自明的公理。例如法官必须是独立的、公正的，而且不能判决他自己的案子；各种审判必须是公平的、公开的，不能因公众的吵闹而带有偏见等。②

（三）程序正义

所谓程序正义，顾名思义，即活动过程的正义问题。罗尔斯认为这种正义有三种：第一种是完善的程序正义，它有两个特征：首先是对什么是公平的分配有一个独立的标准，一个脱离随后要进行的程序来确定并先于它的标准；其次设计一种保证达到预期结果的程序是有可能的。其典型的例子是切蛋糕。如果我们忽略技术上困难的话，可以设计这样一个程序——切蛋糕者最后拿蛋糕。它就能保证蛋糕分配的公平。第二种是不完善的程序正义，即有衡量结果是否公正的标准，但没有完全保障其实现的程序。最典型的例子是审判程序，它无论如何也不可能保障不出现差错。第三种是纯粹的程序正义。它只存在程序自身的正义问题，无所谓结果的公平与否问题。"纯粹的程序正义的一个明显特征是：决定正当结果的程序必须实际地被执行，因为在这种情形中没有任何独立的、参照它可知道一个确定的结果是否正义的标准。"③ 典型的例子是赌博和前面所说的程序意义的分配正义。

从以上看出，罗尔斯对正义问题，特别是制度正义问题作了详细而系统的论述，因而其正义理论所涉及的方面和深刻的程度为大家所公认，并得到高度的评价。但是我们也看到，其正义理论是以当今西方占主导地位的政治自由主义为基础的，因而其理论可以说是西方政治自由主义正义观的系统表述。正因为如此，再加上其理论在价值取向上倾向于平

---

① ［美］罗尔斯：《正义论》，何怀宏等译，54页，北京，中国社会科学出版社，1988。

② 参见上书，226～229页。

③ 同上书，81～82页。

等，他的正义理论发表后受到了来自各方面的批判，主要的有上面提到的诺齐克对其以平等为价值取向和分配正义概念的批判，有麦金太尔对其只强调制度之正义而忽视品德之正义的批判等。

## 第五节　德沃金的新自然法学

### 一、德沃金的生平和著作

罗纳德·德沃金（Ronald Dworkin，1931—）是20世纪70年代以来美国最有影响的一位法理学家。德沃金出生于美国马萨诸塞州，先后毕业于哈佛大学（1953年获文学士，1957年获法学硕士）和牛津大学（1955年获文学士）；1957年至1958年曾担任美国联邦最高法院汉德（Learned Hand）法官的秘书；1957年至1961年从事过一段律师实务；从1962年开始，他先后执教于耶鲁大学、牛津大学、纽约大学、康奈尔大学和哈佛大学等校。其中，1969年到1998年接替哈特（H. L. A. Hart）教授，担任地位显赫的牛津大学法理学教授一职。现为纽约大学法学院Frank Henry Sommer讲席教授。

德沃金的代表作有：《认真对待权利》（1977年）、《原则问题》（1985年）、《法律帝国》（1986年）、《人生的疆界》（1994年）、《自由的法：对美国宪法的道德解读》（1996年）和《最高的美德：平等的理论与实践》（2000年）等。这六部著作刚好“建构了一个完美的法律人形象，即：“认真对待权利，严肃原则问题；出入法律帝国，逍遥人生疆界；心系自由律令，胸怀至上美德。”①其中《认真对待权利》一书被西方学界誉为“自H. L. A. 哈特的《法律的概念》以来法理学领域最重要的著作”②。其昔日“论敌”哈特认为德沃金的理论标志着一个新的法理学时代的开始。

### 二、认真看待权利

“权利论”（the right thesis）是20世纪70年代德沃金法律思想的灵魂。德沃金在《认真对待权利》一书的中文版序言中指出：“这些论文提供了一幅英美法上的自由的、以权利为基础的理论的综合图画，我把这一理论称为‘权利论’。”③德沃金的“权利论”是一种自由主义的法律学说，即关于个人权利的传统思想。他主张个人权利不仅是指法律上规定的权利，而且是指道德上的权利。可见，重视法律和道德价值的密切联系是德沃金法律思想的一大特色。鉴于此，德沃金的法律学说被称为“自由主义法学”、“权利论法学”或“权利和原则法学”、“价值论法学”。

（一）以“平等”概念为核心的自由主义理论是德沃金“权利论”的理论基础

1. 德沃金的“权利论”是对20世纪60年代复杂动荡的美国社会反思的结果。20世

---

① 张国清：《法学家应当如何思维?》（中文版译者序），见［美］罗纳德·德沃金：《原则问题》，张国清译，1页，南京，江苏人民出版社，2005。

② ［美］德沃金：《认真对待权利》，信春鹰等译，封底评论，北京，中国大百科全书出版社，1998。

③ 同上书，2页。

纪60年代被称为“造反的时代”。以黑人民权运动为先导，以高校学生为主体的校园民主运动、反对越南战争的和平运动、女权运动、环保运动、嬉皮士反主流文化运动等汇聚成汹涌澎湃的社会抗议浪潮。在这股强大的社会抗议浪潮的扫荡下，西方的法律传统陷入深深的危机。自17世纪资产阶级革命以来所建立起的以保障“个人权利”为宗旨的自由主义传统受到普遍的怀疑和指责。德沃金提出“权利论”的目的正是为了捍卫“自由主义”的传统，“恢复自由主义的地位，重新唤起人们对自由主义的热情和信任”①。

2. 德沃金的“权利论”是在对英美国家长期“占支配地位”的法律实证主义和功利主义法学的温和批判之中形成的。因为，无论法律实证主义，还是功利主义法学（包括以“社会利益”为中心的社会学法学）都对个人权利予以排斥。前者不承认个人权利可能存在于立法或司法判决之外，而后者则认为，除非立法在实际上不为公众福利服务，个人没有反对立法决定的权利。

3. 德沃金选择了“平等”作为其“权利论”的基石。他认为较之自由，平等是更根本的价值追求。因为，平等是目的，是自由主义的原动力，而自由作为实现目的的必要条件时才有意义，“捍卫自由主义是捍卫平等”②。

（二）“平等关怀与尊重的权利”是德沃金“权利论”的核心内容

德沃金认为在所有个人权利中，最重要的是“平等关怀与尊重的权利”。他说：“政府必须以关怀和尊重的态度对待其统治下的人民。所谓关怀是指将人民当做会遭受痛苦和挫折的人；所谓尊重是指将人民看做是能够根据自然的生活观念行动的人。政府不仅要关怀和尊重人民，而且要平等地关怀和尊重。”③

“平等关怀与尊重的权利”包含两层含义：（1）公民有受到平等对待的权利，即像他人享有或被给予的一样，同样地分享利益和机会。例如，在选举的投票权问题上，必须坚持每人一票的原则；（2）公民作为平等的人被对待的权利。这种权利不是指平等地分享同一种利益和机会，而是指在如何分配利益和机会的政治决定中，受到平等的关心和尊重的权利。一句话，“平等”是一种“独立意义”上的平等，即对于每一个公民来说，无论他们关于优越或美好的生活的看法有什么不同，他们都应当是平等的，政府不能以他们的地位的高低和财产的多寡来划分等级，也不能以社会公认的道德标准来区分高下。平等不仅是经济权利的基础，而且也是政治权利的基础。

（三）“认真看待权利”是德沃金“权利论”的实现方式

德沃金指出“平等关怀与尊重的权利”是一项基本的、抽象的权利。它在实际生活中，不可能全部得到实现。为了进一步阐明这个问题，他把权利划分为两种，其一是潜在的权利（background rights），它是指人们保留的那样一些要求，尽管这些要求也具有某些理论上的合理性，但其并未被特定的制度所承认，因而也就不受特定制度的保护。例如，废除财产制度、彻底推翻现行制度的要求就属于此类；其二是制度的权利，它是指被特定的制度所承认而加以保护的权利。例如，言论自由就属此类权利。德沃金对权利的这种分类，意在强调应注重制度的权利。因为，只有制度的权利才既为公民实际拥有，也为

① 吕世伦主编：《现代西方法学流派》（上卷），112页，北京，中国大百科全书出版社，2000。

② 同上书，113页。

③ 同上书，118页。

特定制度或其代表——政府所保护，这些权利恰恰是个人要求和社会需要的汇合点。

制度的权利能否实现取决于两方面的因素：其一是政府对于公民权利保护的态度；其二是公民的自我保护意识。即公民应具有一种自我保护的权利，当政府在政治决定上对公民采取抬一种、压一种的态度时，公民反对政府就是合理的。例如，公民的言论自由、宗教信仰自由的权利受到侵犯时，公民就有权利反抗政府。另外，政府的态度是制度的权利能否实现的关键，因此，政府必须认真地看待权利。这首先意味着国会、最高法院等机构在正式宣告承认道德上的权利在法律上的范围时，就必须审慎从事。要做到认真看待权利，还必须牢记两个基本的信念：其一是人类的尊严；其二是关于政治上的平等。

## 三、构成法律的不仅有规则，还有原则和政策

“法律构成论”是德沃金的法律思想在现实制度中的具体表现。德沃金指出，构成法律的不仅有规则，还有原则和政策。他创立“法律构成论”的目的在于使“平等关怀与尊重的权利”由理论转变为现实的法律制度，并以此来改造或代替长期“占支配地位”的实证主义及功利主义的法律观。

“法律构成论”以“平等关怀与尊重的权利”为理论根基，它包含两方面的内容：

第一，原则具有法律约束力。德沃金认为除了确定的法律规则外，原则也同样具有法律约束力。关于原则具有法律约束力的理论是在对哈特法律实证主义的“规则论”的批判中提出的。他说，实证主义只以单一的规则模式为标准，导致人们忽略了那些非规则标准（即道德标准）的重要作用。“我称之为‘原则’的是：应予遵守的准则，并不是因为它将促进或者保证被认为合乎需要的经济、政治或者社会情势，而是因为它是正义、公平的要求，或者其他道德方面的要求。”①

德沃金以1889年纽约州法院关于里格斯诉帕尔默一案（Riggs v. Palmer）为例，论证了规则与原则的不同。案情是：1882年，被告帕尔默作为其祖父所立遗嘱指定的遗产继承人，由于祖父再婚，担心遗嘱被变更，故为了及早获得遗产，将其祖父毒死。案发后，被告被控犯有谋杀罪，并被判处10年监禁。被告祖父的两位女儿向法院起诉请求继承遗产。对此，纽约州法院的法官们犯难了。因为，纽约州的遗嘱法并没有明确规定，如果遗嘱所指定的继承人杀害了立遗嘱人时，其是否还能享有继承权。也即，按照纽约州的法律规定，被告仍享有继承权。这就出现一个悖论，若完全根据规则，杀人犯就成了合法的遗产继承人。这等于说，法律在鼓励人们通过谋杀获取遗产。德沃金分析指出，问题的关键不是要求根据正义的利益修改遗嘱法，而是如何进行解释。最终，厄尔法官的观点取得了胜利，帕尔默被剥夺了继承权。他论证道：“在任何地方，法律都尊重下述原则，即任何人不得从其错误行为中获得利益。”②

第二，司法中原则优于政策。德沃金在论证了原则和规则的不同之后，又进一步分析了原则和政策的区别。德沃金指出，“政策是综合性的，是指促进或保护整个社会的某种集体目标的一种政治决定。例如，对飞机制造商提供津贴是旨在加强国防的一项政策。原则是分配性的，是指尊重和保障个人（或由若干人组成的集团）权利的一种政治决定。例

① 吕世伦主编：《现代西方法学流派》（上卷），122页，北京，中国大百科全书出版社，2000。

② ［美］德沃金：《法律帝国》，李常青译，18页，北京，中国大百科全书出版社，1998。

如，支持反种族歧视法，主张少数民族享有平等的权利，就是一项权利。”①

德沃金区分原则和政策的目的在于强调原则优于政策，也即司法必须着眼于对个人权利的保护。这是针对功利主义法学和经济分析法学而提出的。因为，其一，功利主义法学把一般福利和集体目标（即政策）作为立法的唯一标准。这样做的结果是，政策得到保障，而原则却被抹杀。原因在于，在司法中，如果只按照政策判案，政策的变动性决定了法官难以遵循英美法中“同样情况同样对待”的公平原则；其二，经济分析法学是一种“劫贫济富”的理论。经济分析法学把法律的最高价值归结为“效益”，并用“效益”代替正义，对此，德沃金提出了尖锐批判，他说，在一个民主的社会里，司法应当以原则而不是以政策为根据，个人权利永远大于经济效益。“因为社会进步的指标不仅仅指财富，还应包括道德、正义和公平，而那种认为司法应将权利给予能够最有效益地运用权利、创造更多财富的一方的理论，严重损害了人所享有的‘作为平等的人被看待’的权利，而把人视为经济效益的附属品。”②。

## 四、法的整体性

“解释论”是德沃金在20世纪80年代以来法律思想的核心。“法的整体性”（law as integrity）和“建设性解释”（constructive interpretation）是其“解释论”的两大核心概念。20世纪70年代末以来，美国社会已趋于稳定，但经济分析法学和批判法学却异军突起，掀起了一场强大的学术运动。这场运动很快从右翼和左翼形成对传统自由主义法学的围剿之势，德沃金以在20世纪80年代正在流行的“解释学”为工具，构建出其“解释论”，并以此理论为武器，又一次投入到保卫自由主义法学的战斗之中。“从权利命题到法律解释是德沃金理论的一次重大转变。此时，权利命题已被纳入到法律解释的理论场域。”③

### （一）作为整体的法律

“整体性”是德沃金法律思想的基本立场。关于“整体性”的含义可以从两方面来理解：从实质角度看，“整体性”是指一个与公平、正义等价值观念既有联系，又有区别的“政治道德”原则或“独特的政治理想”；从形式角度讲，“整体性”是指一种完整看待法律的态度，即法律不仅包括规则，而且还包括原则和政策。政治“整体性”原则有两种：（1）立法上的整体性原则。它要求立法者必须设法使整个法律与道德取得一致；（2）司法上的整体性原则。它要求每个法官在判案时尽可能使法律与道德趋于一致。

德沃金以在英国发生的麦克劳克林一案（1981年）为例，具体说明了何为法律上的整体性原则。案情为：1973年10月19日下午4时左右，在英格兰发生了一次车祸，原告麦克劳克林夫人的丈夫及其四个孩子受重伤并被送往医院进行抢救、治疗。原告在事发当天下午六时左右闻讯后，即刻赶赴医院探望。在医院里，当原告得知其一个女儿已经死亡，且受重伤的丈夫和其他三个孩子仍未脱离危险时，身心遭受沉重打击。之后，原告以

① 沈宗灵：《现代西方法理学》，132页，北京，北京大学出版社，1992。

② 吕世伦主编：《现代西方法学流派》（上卷），128页，北京，中国大百科全书出版社，2000。

③ 焦宝乾：《德沃金的司法自由裁量权理论与中国实践》，载张文显、李步云主编：《法理学论丛》（第3卷），487页，北京，法律出版社，2002。

肇事司机以及其他相关责任人为被告，以精神蒙受巨大创伤为由，遂向法院起诉，请求给予精神损害赔偿。一审法院受理此案后，以原告所受精神损害发生在医院而非先例中所称的事故现场为由驳回其诉讼请求。原告不服，提起上诉，但英国上诉法院却依据该院所谓的"政策"，驳回了其上诉请求并维持原判。原告麦克劳克林夫人又一次上诉于当时的英国最高法院（英国上议院）。上议院最终以不能因公共政策（即社会利益）的需要而拒绝个人应享有的权利为由，支持原告的诉讼请求，并撤销了原审法院的判决。在该案的审判中，一、二审法院把法律视为规则或政策，只注重抽象的社会利益或集体目标的保护；而上议院以具体的个人利益为重，把法律作为"整体"看待，即构成法律的不仅有规则和政策，而且还有原则。德沃金分析认为，如果赫拉克勒斯①法官接受法律的整体性观点，就会支持麦克劳克林夫人的诉讼请求。他会基于以下理由作出判决：（1）任何因他人疏忽行为受到身体或精神损害的人都有要求赔偿的道德权利；（2）任何人都有得到平等关怀和尊重的权利。②

（二）法律是一种阐释性的概念

"法律就是阐释"是德沃金法律思想的基本态度。德沃金认为："法律帝国并非由疆界、权力或程序界定，而是由态度界定。"③ 他把法律比做这个帝国的首都，把法官当做帝国的王子。他深信通过对法律的解释完全可以找到法律的正确答案，具体说，"法律是一种阐释性的概念。法官们应以阐释其他法官判断什么是法律的实践，确定什么是法律"④。他进一步概括了人们对法律解释的看法，提出有三种法律观：（1）因袭主义（conventionalism），它主张最好的解释就是法官发现和执行特定的惯例。（2）实用主义（pragmatism），它主张法官仿佛是一个对美好未来有憧憬之心的独立的建筑师，他们可以不顾原则一致性而行事。（3）作为整体的法律（law as integrity），它主张法律是将回顾与展望的因素结合在一起的解释性的判断。他反对前两种观点，认为因袭主义把法律仅仅看成昔日的惯例，却忘掉了道德和理想；而实用主义在一味追求未来良好的社会效果的同时，否定了真实的、非策略性的权利。他说只有其提出的第三种观点才是对律师、法学教师和法官实际上做的和大体上讲的事情的最好解释。⑤

"建设性阐释"是德沃金法律解释理论的根本属性。"法律的观念是建设性的：它以阐释性的精神，旨在使原则高于实践，以指明通往更美好未来的最佳道路。"⑥ 首先，"建设性解释"不同于对话性解释和科学性解释，它从"内在参与者"的角度出发，在解释时，不再以作者为中心，而十分突出解释的目的、解释者和文本之间的双向良性互动。其次，"建设性解释"也并非完全受制于解释者的主观价值或道德判断，更重要的还要受到法律的整体性制约与限制⑦，也即它追求的是法律文本和解释者的相互交融。在"建设性解释"

① 赫拉克勒斯（Hercules）原意指希腊神话中宙斯之子，又称大力神。德沃金在《法律帝国》中以此作为其理想中的完美的、永存的、具有超人智慧的法官代称。

② 参见张乃根：《西方法哲学史纲》（增补本），505～507页，北京，中国政法大学出版社，2002。

③ ［美］德沃金：《法律帝国》，李常青译，367页，北京，中国大百科全书出版社，1996。

④ 同上书，364页。

⑤ 参见沈宗灵：《现代西方法理学》，137页，北京，北京大学出版社，1992。

⑥ ［美］德沃金：《法律帝国》，李常青译，367页，北京，中国大百科全书出版社，1996。

⑦ 参见焦宝乾：《德沃金的司法自由裁量权理论与中国实践》，载张文显、李步云主编：《法理学论丛》（第3卷），491页，北京，法律出版社，2002。

之下，法律与道德、现实与理想、部分与整体、文本与读者以及法官与法学家都有机地融为一体。

综上，德沃金把法律当作一项道德性的事业，他最大的贡献是维护了西方自由主义的法治传统及其道德信念，他所提出的“权利论”和“解释论”，既促使当代西方法理学实现了从枯燥无味的法律描述向充满情趣的法律解释的重大变革，也代表了当代西方法理学的基本走向。但是，世上没有绝对完美的理论，正如波斯纳所言，德沃金并没有一把解决道德两难的万能钥匙，具有讽刺意味的是，由于解释的不确定性，法律被界定得越宽，“法治”就越不确定。

## 第六节　菲尼斯的新自然法学

### 一、菲尼斯的生平和著作

约翰·菲尼斯（John Finnis，1940—）是英国牛津大学的法理学讲席教授和研究员，是继马里旦之后基督教神学的自然法思想的又一主要代表人物。他出生于澳大利亚的阿德来德（Adelaide），1961 年获得澳大利亚阿德来德大学的 LL. B. 学位，1962 年进入牛津大学的大学学院，1965 年获得哲学博士学位。之后留任牛津大学大学学院，主要教授法哲学、法理学与政治理论以及宪法。1989 年起菲尼斯就任牛津大学法律与法哲学教授。1995 年他加入美国圣母大学法学院与圣母大学伦敦法律中心，并担任圣母大学 Biolchini 法律讲座教授。

菲尼斯是哈特的学生，有着分析法学的学术背景，这使他的自然法理论一方面继承了西方自然法学，特别是托马斯主义法学的传统，关注法律、自然法的本体论研究；另一方面又吸收分析法学的研究方法，重视逻辑的严谨和概念的分析，使他的自然理论更为精细和系统，神学色彩也较淡，与天主教的宗教神学保持着一定的距离。菲尼斯代表作是 1980 年出版的《自然法与自然权利》（Natural law and Natural Rights，Oxford：Clarendon Press，1980 年）在该书中，他将法哲学与伦理学、社会学、政治学等结合在一起，对自然法的基础、目标、原则以及与自然权利、实在法的关系等作了系统论述。他认为人类像自然界的任何事物一样都在追求与其本性相一致的“善”，人类作为一种群体性动物，所特有的本性是理性或智性，因此所追求的“善”就与理性或智性相关，是在人的行为或实践中运用理性或智性求得的，并与之相一致。自然法就是与人的本性相一致的人们和谐相处的法则，就是“规范人类生活和人类共同体的实践理性原则”①。其基础是实践理性或实践理智性，其基本的原则是正义，即遵照正义原则去追求幸福；而这一目的的实现离不开法律，但作为一种制度，法律又有其缺陷，如何认识和弥补之，值得研究，该书就是论述这一问题。他说，人类社会存在“某些人类的善（human goods），只有通过人类的法律制度以及只有这些制度方能满足的实践理性要求才能实现。本书旨在确定这些福祉以及实践理性（practical reasonableness）必要条件，从而表明这些制度为什么以及在什么条件下才

① ［英］菲尼斯：《自然法与自然权利》，董娇娇等译，223 页，北京，中国政法大学出版社，2005。

能得以正当化，并指出它们（经常存在的）不足之处”[①]。该书出版后在西方学界评价很高，认为：“该书是对自然法的权威性在表述，并为研究者提供了当代法律、道德和政治哲学中心问题的透彻背景。”[②] 菲尼斯的著述很多，著名的还有1983年出版的《伦理学的基石》等。

## 二、自然法与自然权利

### （一）自然法

什么是自然法？菲尼斯认为，自然法是从人的本性中产生的，是关于人类自身的体验，而不是从关于人性的形而上学命题和自然法的概念中通过逻辑推理得出的。人作为政治的动物，他们所追求的是人类的“善”或共同幸福。自然法就是关于人类幸福的基本原则。它包括三个方面：人类追求幸福的基本形式、实践理性的基本的方法论要求和一般性的道德标准。

菲尼斯认为，人类幸福的基本内容或自然法所追求的基本价值或基本“善”包括：（1）生命——人处于自主状态下的各种活力，包括肉体的健全和为实现这一价值的各种需要，如吃饭、穿衣、睡觉和繁殖后代；（2）知识——对真理的追求；（3）娱乐（play）——活动的娱乐性；（4）审美体验（aesthetic experience）——在评价事物之后所产生对其形式的内心体验；（5）社交（友谊）——其低级程度上表现为能与别人和睦相处，高级的则表现为建立友谊，它是人们交往的一种具有道德价值的高级形式；（6）实践理性——“就是能让自己的智慧对其行为和生活方式的选择以及性格的形成等问题产生有效影响（在行为中产生的实践推理方面）”[③]。它是被运用于活动的智慧或理智地进行活动，是人们运用自己的智慧在选择一定的行为、生活方式和形成个性过程中发挥作用的基本善。它意味着一个人可以寻求一种理智的、合理的秩序，并贯穿于自己的实践中去。这种秩序具有内在性（企求和平安宁）和外在性（实现自己的评判价值）。它是一种包括自由、理性诚实和可靠性的复杂的价值形式；（7）宗教——建立人与神、宇宙的和谐。他认为这些“善”之间是一种并列关系，不存在谁从属于谁的问题，它们对于人类来说都是获得幸福不可缺少的基本条件，因此称为人类生活的基本“善”。虽然对个人来说某种环境里所追求的可能侧重于某一种，有轻重之分。[④]

菲尼斯认为，要追求这些“善”就得运用实践理性，或者说实践理性是实现这些追求的基础和方法，自然法就是在运用实践理性中求得的。而要合理地运用实践理性就得遵循以下的原则。作为方法论的实践理性包括以下几方面：（1）生活计划的内在一致性；（2）不要偏爱某一项价值；（3）不要偏爱某些人；（4）对生活应持超然态度，包括自己及时从所遇到的曲折中解脱出来和对别人的事不要干涉；（5）在狂热与冷淡之间保持平衡，即不要狂热地追求某种价值而绝对地拒绝另一种价值，而应富有生机地创造性地去寻求更好的生活方式；（6）在理性范围内适当地考虑效益，即不能只问动机而不考虑行为的效

① ［英］菲尼斯：《自然法与自然权利》，董娇娇等译，3页，北京，中国政法大学出版社，2005。

② 张乃根：《西方法哲学史纲》，第17章第3节，458页，北京，中国政法大学出版社，2002。

③ ［英］菲尼斯：《自然法与自然权利》，董娇娇等译，74页，北京，中国政法大学出版社，2005。

④ 参见上书，72～75页。

果；(7) 在每个行为中尊重每一项价值，不能为了一种价值而损害另一种价值，如不能为了营救人质而杀死无辜者；(8) 共同幸福；(9) 服从自己的良心。[①]

菲尼斯认为，以上几点，归结起来就是行为的道德性，其核心就是要符合“正义”。他说：“正义的要求——实践理性要求的总和”，“正义的要求是实践理性，即人们爱好和促进其所有共同体的共同的善，基本要求的具体内涵”。正义包括三个要素或含义：(1)“以他人为向导性”，即正义处理人际关系；(2) 它侧重处理彼此之间的权利和义务关系，尽自己对社会应尽的义务；(3) 其关键是掌握平等或合比例性原则。在这里，平等不是意味着平均，而是相称或平衡。[②]

菲尼斯根据亚里士多德关于正义的论述，也把正义分为分配正义和纠正正义。分配正义是实践理性对特定的人的要求，其基本要求是平等，它需要解决社会中各种资源、机会、利益、角色、责任、税收、负担和个人对福利的要求的合理分配问题。在这其中要考虑需要、功效、能力、美德和贡献，以及分配中社会事业的成本和损失等因素。他认为分配正义是允许私有制度存在的，因为它体现了社会中的个人自治幸福，而且实践证明它比公有制更有效益。纠正正义是纠正或补救个人交往或公共生活中的不平等现象。[③]

应该指出的是，菲尼斯在对自然法的解释上仍然没有忘记把它与“上帝”联系起来，坚持认为它来自上帝，是对“永恒法”的一种参与，因为人的实践理性是神的理性的一部分，不具有至上性。他说：“因此，实践理性不必被认为最终是一种自我完善的形式。那不是它的最终意义。另一方面，它的要求也不是纯粹的绝对命令；它们从可以提供给他们的最基本的解释中得到实际力量——它们是参与上帝游戏所需要的。”[④] 所不同的是，他对上帝的理解不再是人格化的具体的神，而是理解为自然秩序产生的最终原因。他说：“‘上帝’是一个附有多样化联想的术语。”[⑤] 是“理解或思想的至高对象”[⑥]，是“处于一个上升序列的诸多更高者中的一个更高者”[⑦]，“上帝是一个不受限制的、‘绝对的’价值，而与上帝的和谐（‘宗教’）是一个基本的人类价值”[⑧]。这就是说，人作为大自然中一种特殊的即具有理性的物种，使他们能理性地思考和安排自己的行为，过一种符合其本性——具有道德性和正义性——的生活，而自然法就是由人的理性所发现的能使人类幸福的交往原则。

### （二）自然权利

对自然权利的论述也是菲尼斯自然法理论中的一个重要组成部分。他对权利概念进行了逻辑和历史的分析，指出权利意味着某种要求，它是与义务相对应的，也与正义有某种内在关系，因为权利的实现为正义的实现准备了条件，在欧洲文化的典型语言中“权利”一词来源于拉丁文的正义一词 jus；权利还与人类的普遍幸福或“善”有着内在关系，因

① 参见［英］菲尼斯：《自然法与自然权利》，董娇娇等译，84～103 页，北京，中国政法大学出版社，2005。

② 参见上书，132～134 页。

③ 参见上书，135～148 页。

④ 同上书，322 页。

⑤ 同上书，307 页。

⑥ 同上书，311 页。

⑦ 同上书，318 页。

⑧ 同上书，322 页。

为权利的行使离不开人类的“普遍的福利”。

菲尼斯认为，权利分自然权利和法律权利。自然权利是一种道德性权利，也就是一般所说的人权，它是法律权利的基础。

## 三、实在法与法治

### （一）实在法的概念

菲尼斯认为，实在法是一种带有强制性的权威性规则。他给法律下了一个很长的定义：“‘法律’这个术语一直是以一种核心含义来使用的，基本上用于指那些根据整体性法律规则而制定的规则，由一个‘完美’共同体确定的、有效的权威（其本身是通过法律规则来确定的，并在标准意义上构成一个制度）所制定的规则且该规则被依据有规则导向性的制裁制度规定的制裁所支持，根据一种方式和形式，这些规则和制度的总和自身能借助具体化、恣意性最小化，以及维持不同法律主体之间——既在法律主体之间又在这些法律主体与合法化的权力机构——的互惠性特质的这些特征去适应共同善，合理地引导这些规则和制度的总和去解决共同体内为了其共同善的任何协调性问题（以及认可、容忍、调整或推翻来自其他任何制度或规范性渊源的协调方法）。”[①] 这就是说，法律是由一定权力和有效的机关制定的具有强制性的规则，其作用在于促进社会的共同幸福，解决社会合作问题，保持法律主体、权威机关之间的合作关系。

他解释说，权威意味着某种排斥。他分析了权威性规则的产生及其性质，指出最初的权威性规则是社会共同体中的大多数成员约定成俗的习惯。它无须权威性机关制定，其权威性建立在共同善的基础上，但它不具有强制性，只具有“指导性”。法律作为一种权威性规则与其不同的是具有强制性，它表现为对违反者的制裁。他认为，不具有强制性的法律不是真正的法律，如自然法就“仅仅是类比意义上的法律”[②]。他认为，除了强制性外，实在法还有明确具体的分类；对适用时效明确；它不仅调整规则的创立、执行，而且调整个人修改这些规则的适用条件；它有一套能使之得到不断加强、补充和完善的技术。

### （二）法治

菲尼斯认为，处于良好状态的法律就是法治。他说：“通常对那种法律体系合法完备的事态所赋予的名称就是‘法治（the Rule of Law）’……法治，是法律体系的具体优点……”这种法律具有以下八个特征：（1）法律规则应是可预见的、不溯及既往的；（2）法律规则应是可遵守的；（3）法律规则应是已公布的；（4）法律规则应是明确的；（5）法律规则之间应是互相一致的；（6）法律规则应是稳定的；（7）适用于有限情况下的命令应在已公布的、明确的、稳定的和比较一般的规则的指导下制定；（8）有权以官员资格制定、执行和适用规则的人，首先自己应遵守规则，其次要真正一贯地符合法律精神地执行法律。[③] 显然，菲尼斯所提出的这八点受富勒有关论述的影响很大。

### （三）实在法与自然法的关系

菲尼斯认为，实在法是由自然法派生的，也就是说，特定社会制定的法律与永久性的实

---

① ［英］菲尼斯：《自然法与自然权利》，董娇娇等译，220页，北京，中国政法大学出版社，2005。

② 同上书，223页。

③ 参见上书，216页。

践理性的原则有着某种关系，例如有关惩罚谋杀的法律规定就反映了实践理性的基本要求，即不得杀害无辜。自然法派生实在法的形式或途径有两种：其一是立法机关按照实践理性的要求制定各种法律文本；其二是执法者或立法者根据法治原则对法律文本进行解释。

实在法存在不存在正义与非正义的区分？如何区分？非正义的法律是不是就不是法或者说就没有法的效力？菲尼斯对这些问题的回答，一方面继承了自然法学家的传统观点，但另一方面他并没有完全否认非正义的法律的法的效力。他认为非正义的法律表现在以下几个方面：其一，立法和司法的目的不是为了人类的共同幸福，而是为了一部分人的私利；其二，法律的基本规定违反分权原则、法治原则和正义的程序原则。他认为不正义的法律的法的效力表现在立法机关和司法机关事实上承认它，如法院以之为根据作出了判决或议长宣告其具有法律效力。他甚至认为，服从这些法律是一种义务，为的是尊重整个法律制度。①

以上看出，菲尼斯虽然没有与托马斯主义决裂，但不再从基督教教义中，而是从人的自然本性，特别是实践理性中寻找自然法的根源，加上他注意概念的清晰和逻辑的严谨，这就使他对自然法问题的探索更加客观和深刻，从而能在现代自然法学家中独树一帜。

## 复习思考题

1. 试述新自然法学的特点及其主要代表人物。
2. 马里旦是怎样论述法与人权的关系的？
3. 马里旦所说的“自然法的认识论要素”是什么？
4. 富勒为什么说“法律是一种服从规则治理的事业”？
5. 富勒是怎样论述“法律的道德性”的？
6. 试述罗尔斯的正义论的历史地位？
7. 罗尔斯对正义是怎样分类的？
8. 罗尔斯的正义二原则及其相互关系是什么？
9. 德沃金所说的“整体性”法是什么？
10. 德沃金的“权利论”的主要内容和特点是什么？
11. 德沃金是怎样论述法律的结构的？
12. 如何理解德沃金的“法律是一个阐释性概念”？
13. 菲尼斯所讲的自然法与实践理性是什么关系？
14. 比较菲尼斯与富勒对法治的论述。

① 参见［英］菲尼斯：《自然法与自然权利》，董娇娇等译，第12章，北京，中国政法大学出版社，2005。

# 第十一章

# 其他法学流派



## 第一节　其他法学流派概述

### 一、当代西方非主流法学流派概况

当代西方的法律思想是非常丰富和非常复杂的，其派别很多，在前面的几章里，我们比较系统地介绍了其中三个主要的法学流派，显然，通过它们还难以全面地了解当代西方法律思想的概貌，尽管它们是当代西方法律思想的主流。因为进入 20 世纪以来，西方法律思想的发展进入活跃阶段，新产生的流派很多，虽然有些流派是从这三个流派分化出来的，但大多数是反主流的，或者是在综合这三派思想的基础上产生的。这就使我们有必要单列一章（就像有些国家在政府中设一个不管部），把上三章无法包容的当代西方法学流派作一些介绍，以起拾遗补阙之效。

我们这里所讲的西方的其他法学流派，指的是除自然法学、分析法学和社会法学之外的法学流派。它们大都是新出现的法学流派，或是法学新发展的结果。而法学的发展虽然从更根本上说是由于社会的变化，即由于社会的发展向法学提出了一系列新问题，需要思想家从法律的角度来回答，由他们根据社会的需要对各种制度提出一些新的运作理念和变革的新设想；但是从直接的意义上讲，影响法学的发展的主要是新出现的社会思潮，特别是哲学思潮的影响。而我们知道，进入19世纪中叶以后，西方资本主义社会的发展进入帝国主义阶段，在这一阶段里，一方面是资本主义走向全球并导致世界经济和科技的迅速扩展，也使世界范围内人类的各种文化能直接进行交流，尽管在初期它是在枪炮的逼迫下进行的；另一方面是这时资本主义制度的矛盾已充分暴露，资本主义国家内部、资本主义国家之间，以及资本主义国家与世界上的其他国家之间的矛盾和斗争日趋尖锐和复杂，它们使新建立的资本主义制度问题丛生，如日趋激烈的国内阶级斗争和后来发生的世界范围内的社会主义革命，频繁发生的并且周期越来越短的全球性的经济危机和接连爆发的世界大战等。这就是说，一方面是资本主义的全球性的胜利，另一方面是它给人类所带来的巨大灾难和已经显示出来的衰败景象。这些情况引起人们的深思，而这一深思不仅是对原有的价值观念的反思和批判，而且由于这时已有大量的非西方文化作为参照，因而思考的结论就不可能再像过去那样相对一致，而是五花八门，极不统一。因此，进入这一时期之后，西方的思想界非常活跃，产生了种类繁多的理论和学说，而且很多理论是以批判传统的西方理论为特点的。最典型的就是各种各样的“非理性主义”哲学，如基尔凯戈尔、海德格尔、雅·胡克、罗蒂、奎因的实用主义哲学；胡塞尔、舍勒的现象学；马里旦的新托马斯主义；列维—施特劳斯、路易·阿尔杜塞、拉康、福柯、德里达、利奥塔的结构主义；穆尼埃的人格主义；培里的新实在论等。另外新产生的许多哲学，如各种各样的语言哲学、解释哲学、新自由主义，还有各种各样的自然科学哲学。这些新产生的哲学，特别是非主流的哲学，不可能不对法学产生影响。这一影响表现为两个方面：其一就是改变了西方主流法学的发展方向和特点；其二就是在西方产生了许多与主流法学情趣不同的新的法学流派。而这些流派大都是在这些哲学的直接影响下产生的，或者说是这些哲学在法学上的应用的结果。这些流派从影响其产生的主要原因上大体上可分三部分：

其一，是由法学自身中产生出来的，但不是由三大法学流派中的某一派中独自分化出来的，而是在吸收和综合自然法学、分析法学和社会法学的基础上产生的综合性的法学。如美国法学家霍尔创立的统一或整体法学；由丹麦法学家斯蒂根·乔根森创立的多元论法学。

其二，是受法学之外的哲学或其他社会思潮的直接影响产生的流派。如在存在主义哲学影响下产生的存在主义法学；由以新自由主义哲学为指导而产生的新自由主义法学；由20世纪60至70年代西方的社会政治运动影响下产生的批判法学和由它进一步分化出来的女权主义法学和种族批判法学等。

其三，是法学与其他学科联姻而产生的学派。如由经济学引入法学而产生的经济分析法学、由法律与文学结合或从文学角度分析法律问题所产生的文学分析法学、由政治学中的政策学角度思考法律问题而产生的法律政策学、由修辞学角度分析法律问题而产生的法律修辞学，将符号学引入法学而产生的符号法学等。

对于这些新的法学流派，在本教材中用两种办法介绍：比较重要或资料掌握比较多的列为专节，余者只作以下简介：

1. 多元论法学的创始人是丹麦奥胡斯大学教授斯蒂根·乔根森（Stig Jogenson，1927—），他著有《法与社会》（1971 年）和《多元论法学》（1982 年）。他偶然在美国法哲学家富力克斯·科恩一篇文章的启发下，接受了相对论的一个观点——认识依赖于洞察力和受到冲击，开始法律史和科学史的比较研究。在研究中他发现法律文化具有相对性：即不同的法律文化依赖于不同的民族和文化；不同部门的法律有不同的功能。由此他得出结论：法律是一种相对的和多元的现象，既可以理解为规范和事实，又可以理解为一种实用的指导社会的发明，一种生活条件的反映，一种宗教的、道德的或政治的命令，还可以理解为实际行为或法官行为的前提等。

2. "法律与文学"是现在我国一些学者对法学与文学结合所产的一个交叉科学的称呼，我们觉得参照"经济分析法学"这一学派名称在我国的演变过程叫"文学分析法学"似乎更好些。这一流派所关注的是：文学中的法律问题；法律、文学与解释学、语言学、修辞学等，主要是将文学批评、解释学应用于法律领域；法律、文学与正义、伦理、惩戒、压迫等，这侧重于对法律、文学的背景分析；法律对民间文学作品的保护和管制。因之，法律与文学运动的基本观点大致包括：文学与法律都依赖于语言文字，并都涉及解释、叙事、阅读、书写、表达等，因而二者有着密切关系，都是语言、故事、人类经验的交汇之所，作为特定世界文化的话语共同体的语言可以把二者统一起来；可以将文学带到对法律和秩序的属性、正义与非正义、法律的人文背景的研究，文学研究有助于法律伦理属性的研究，文学思想与实践为法律中的人文主题提供了洞见；运用文学视角，法律和判断可以得到更好的分析等。其中可分为：（1）文学中的法律（law-in-literature）。它源于"文学法学"（literary jurisprudence）的名著方法，即研究文学经典中的法律问题。他们把文学看成是发现法律价值、意义和修辞的媒介，认为文学名著有助于理解一般性的法律问题，如复仇、罪、罚等；因而它们也是律师和法官的良好课程。（2）作为文学的法律（law-as-literature）。它视法律为另一种可以被解释的故事，主张运用更为广泛的文学批评方法和理论来分析法律文本、考察法律样式和法律修辞学的属性。文学分析法学的主要代表有怀特（James B. White，著有《法律想象：法律思想和表述的属性研究》、《当词语失去其意义时：语言、特色和共同体的构成及重构》（1984 年）、《海格里斯的弓：法律修辞学和诗学文本集》（1985 年））；佛格森（Robert Ferguson，著有《美国文化中的法律与文学》（1984 年））；威斯伯格（Richard Weisberg，著有《词语的失败：现代小说中作为主人公的律师》（1984 年））；托马斯（Brook Thomas，著有《对法律和文学的诘问》（1987 年））；费什（Sanley Fish，著有《做自然而生的事情：变迁、修辞学以及文学与法律研究中的理论实践》（1989 年））；魏斯特（Robin West，著有《叙事、权威与法律》（1993 年））。

3. 法律政策学，是第二次世界大战以来在西方法理学中用政策的观点和方法来研究法律现象，特别是政策对法律，包括立法和司法过程的影响的一种新的流派，它是法学与政治学、政策科学互相渗透的产物。其创始人是美国的 H. D. 拉斯韦尔（Harold Lasswell）和 M. 麦克道格（Myres McDougal）。其代表作是《自由社会中的法哲学：法律、科学和政策研究》（1994 年）。他们认为，法律是权力价值的一种形式，"是社会中权力决策的总和"，"是一种权威性决定的过程"。

4. 法律修辞学，其代表是比利时哲学家佩雷尔曼（Chaim Perelman，1912—1984），主要著作有《正义观念和辩论》（1963 年）、《正义》（1967 年）、《新修辞学》（1980 年）、

《正义、法律和辩论——道德和法律推理论文集》(1980年)。他在批判当时西方流行的修辞学的形式主义倾向的基础上创立了“新修辞学”，主要是把价值因素引进修辞学，并用之认真分析了正义问题，归纳了历史上对正义的种种观点，企图从中寻找共同之点，建立一种新的正义观。

5. 符号法学，产生于20世纪80年代，开创人是卡林诺维斯基(G. Kalinowski)、格雷马斯(A. J. Greimas)、兰多维斯基(E. Landowski)、阿尔努依德(A. J. Arnaud)。主要的代表人物有英国的杰克森(B. S. Jackson)、美国的柯文尔森(R. Kevelson)。他们认为法律现象是一种符号，法律活动是一个符号传递的过程，法律的概念和理论也是一种符号，立法者的活动是一种符号运作的过程，法官的审判活动也是个识别符号的过程。

### 二、当代西方非主流法学流派的总的特点

当代西方非主流法学与主流法学相比，有什么特点呢？我们认为比较明显的有：

第一，反主流性。即它们大都对主流法学，特别是传统法学的理论和观点持一种全盘的批判和否定的态度，或者说它们要对传统法学的基本理论框架予以“解构”使其变为一堆建筑垃圾。这突出地表现在批判法学、女权主义法学、种族批判法学等学派的研究倾向上。它们对当代西方的各种法学理论从基本观点到研究方法都加以批判，认为它们犯了客观主义和形式主义的错误。

第二，非理性主义倾向。即他们大都以非理性主义哲学作为指导来思考法律问题，如不再把法律视为理行活动的产物，因而不再认为法律是通过立法的途径由社会精英们刻意设计，及其主要表现形式是成文制定法，而是认为它来自社会个体间的自发性活动，其表现形式是群众性的风俗习惯；他们也不再强调法律的普遍性、确定性、统一性和永恒性，而是强调法律的特殊性、非确定性、多元性、暂时性；他们否认法律有什么统一的本质和目的，而是认为它只是特定时间和地点人们解决纠纷和进行利益平衡的一种办法。

第三，研究视野和方法上的开放性。即它们对法律的研究不再局限于“法律”自身，而是到“非法律的领域”或从其他的角度来思考法律现象，因而往往主张法学要通过与其他学科结合或向其他学科渗透的办法来发展。这突出表现在经济分析法学、文学分析法学等流派中。他们甚至否认法学的独立性，宣扬用其他科学取代法学。

## 第二节　综合法学

### 一、综合法学的产生及其主要代表人物

20世纪以来，西方法学的发展出现了两种趋势：一是高度地分化，二是分化中又趋于统一。这表现为，一方面，由于新的学派不断出现，特别是新产生了社会法学并得到迅速发展，自然法学得以复兴，分析法学也发生了分化，从而打破了一种法学思潮独霸天下的局面，使法学思潮呈现为多元化的格局；另一方面，由于各个流派之间的对立不再那么尖锐，分歧不再那么大，相反，在观点、方法上互相吸收和借鉴，从而使它们之间的共同之处越来越多，使法学思潮呈现出一体化的趋势。综合法学正是后一种趋势在社会法学中

的一个表现，是社会法学中一些有识之士在社会法学的立场上，吸收和借鉴其他法学流派的观点和方法后所产生的一个流派。

社会法学中的这一趋势最早在庞德那里已有流露，他在研究中逐渐认识到西方的各种法学流派各有其合理性和局限性，还看到他们之间正在出现一种互相接近的趋势，并号召西方法学各派实行“大联合”。他自己也身体力行对西方各法学流派进行了系统的研究，其理论从各方面吸收了其他各派的观点。

综合法学或一体化法理学产生的正式标志是1947年美国的法学家杰罗姆·霍尔（Jerome Hall，1901—?）的《综合法理学》（integrative jurisprudence）一文的发表。霍尔是美国加利福尼亚大学的法学教授，兼任美国政治哲学和法哲学学会会长、国际法哲学和社会哲学协会分会的会长，著有《法理学读本》（1938年）、《刑法的一般原则》（1947年）、《民主社会的活的法》（1949年）、《法理学和刑法理论研究》（1958年）、《比较法和社会理论》（1963年）、《从法的理论到综合法理学》（1964年）《比较法理学基础》（1973年）等。霍尔用综合的观点来认识法律，认为法律是事实（fact）、形式（form）和价值（value）的统一，并认为西方的社会法学、分析法学和自然法学各主要研究其一个方面，因此，各有其合理性与局限性，应把三者结合起来建立一种综合三种法学优点的法理学。它不仅对法律进行全面的研究，而且兼用自然法学的哲理方法、社会法学的社会学方法和分析法学的分析方法。这一“综合法学”分四部分：（1）法律的目的论（legal axiology，亦即法律哲学或自然法学）；（2）法律本体论（legal ontology，亦即基本法律概念之形成）；（3）法律社会学（sociology of law）；（4）形式法律科学（formal legal science）。它们分别从价值评价、逻辑分析或经验说明与概括化各方面共同建构新的法理学。在此基础上霍尔认为，法律的“合理性”和“道德性”为法律之根本，故不具备者不是法律，因此，他说，实在法仅指“实际的伦理性的权力规范”（actual ethical power norms），而不包括“纯粹的权力规范”（sheer power norms）①。

霍尔的主张和号召立即得到一些法学家的积极响应。主要的有美国的埃德加·博登海默（Edgar Bodenheirmer，1908—1991）、伯尔曼（Harold J. Berman ，1918—2007），澳大利亚的朱利叶斯·斯通（Julius Stone，1907—1985），德国的费希纳（Fechner，1903—1978）等。有的学者把拉斯韦尔（Harold Lasswell，1902—）和麦克道格尔（Myres McDuogal，1906—1998）的“法律政策学”（Policy -science of law）也作为综合法学的一个分支。

朱利叶斯·斯通早年就读于牛津大学、里兹大学和哈佛大学，生前是澳大利亚悉尼大学和新南威尔士大学的法学教授，并且是哈佛大学、哥伦比亚大学和纽约大学的访问教授。他原来是个社会法学家，并把社会法学介绍到澳大利亚。后来他响应霍尔的号召，致力于综合法学研究。为此，他分别对分析法学、自然法学和社会法学进行了系统研究，并写了著名的三部曲：《法律制度和法学家推论》（1964年）、《人类法律和人类正义》（1965年）和《法律和正义的社会性》（1966年）。他认为，20世纪中叶以来，严肃的法学家已不再为支持或反对分析逻辑方法、正义——伦理学方法或社会学方法这三者中的任何一个的绝对统治而辩论了。不管法学是否在某种科学意义上是一个单一的领域，或者是否它的

① 沈宗灵：《现代西方法理学》，452～456页，北京，北京大学出版社，1992。

统一性在于有必要为那些涉及制定、适用和改建或为一般理解法律的人提供智力的需求，所有上述范围都被包括在其中了。他认为，在现代任何一个严肃的法学家都不可能再是一个纯粹的分析法学家、自然法学家或社会法学家了。也就是说，他们在研究方法上不可能只是使用分析逻辑方法、正义——伦理学方法或社会学方法的其中的一种，而必然尽量吸收其他方法。不仅如此，法学的研究还必须从其他学科吸收新的方法。他说，法学是根据法学家的“外倾”被认识的。它是法学家对法律的规则、概念和技术，根据现行科学知识所进行的考察。这就是说，科学的研究方法应该是综合的。他还试图用综合的观点阐述法律的概念。他说，法律有七个特点：（1）法律是许多现象的复杂整体；（2）这些现象包括规范，这些规范通过指定、禁止和允许等方式规定行为，指导人们的活动；（3）法律作为一种规范，是一种社会规范；（4）作为复杂整体的法律是一种有秩序的整体，即法律秩序；（5）这种秩序具有强制性，而强制应理解为外在的，如剥夺生命、自由或财产，或对此类利益的限制；（6）强制是被制度化了的，即它必须根据已建立的规范实施；（7）这种制度化了的社会规范的强制秩序应当用国家权力和信念来维护其效力，并应有一定程度的实效。

伯尔曼先后任教于美国的斯坦福大学、哈佛大学、埃莫里大学，并在原苏联科学院做过访问学者和在莫斯科大学担任过教职。主要的著作有《法律与宗教》（1974 年）、《法律与革命——西方法律传统的形成》（1983 年）。在后一本著作的序言里，他也清楚地亮出了其综合法学的立场，指出：“我们需要克服下列现象：将法律归结为一套处理事务的技术性手段；使法律脱离于历史；把一国的法律等同于我们的全部法律、把一国的法律史等同于我们全部的法律史。也需要清除以下谬见：排他的政治的和分析的法学（‘法律实证主义’），或孤傲的哲理的和道德的法学（‘自然法理论’），唯我独尊的历史的和社会—经济的法学（‘历史法学派’，‘法的社会理论’）。我们需要一种能够综合这三个传统学派并超越它们的法学。这样一种综合的法学将强调，法律必须被信奉，否则就不会运作；这不仅涉及理性和意志，而且涉及感情、直觉和信仰，涉及整个社会的信奉。”① 他进而指出，“实际运作的法律包括法律制度和诉讼程序、法律的价值、法律概念与思想方式和法律规范。它包括有时称作‘法律过程’（the legal process）或德语中所谓法律‘实现’（Rechtsverwirklichung）的东西。”② 因而，“法律不是作为一个规则体，而是作为一个过程和一个事业，在这种过程和事业中，规则只有在制度、程序、价值和思想方式的具体关系中才有意义”③。

## 二、博登海默的综合法学

埃德加·博登海默（Edgar Bodenheimer，1908—1991）是美国加利福尼亚大学的法学和政治学教授。他响应霍尔的号召，积极进行了综合法学的探索和创建工作，其代表作是 1962 年出版的《法理学——法哲学及其方法》。这本书虽然在形式上是教材，但实际上是

① ［美］伯尔曼：《法律与革命——西方法律传统的形成》，贺卫方等译，2 页，北京，中国大百科全书出版社，1993。

② 同上书，5 页。

③ 同上书，13 页。

他对综合法学的探索和阐述。该书分三部分，第一部分是法哲学史，他以客观简洁的文笔系统地介绍了西方历史上的主要法哲学派别和人物；第二部分是用综合的观点阐述其对各种法律问题的看法；第三部分则论述法律的渊源和适用的技术。下面我们着重介绍他对法律的一些问题的看法。

（一）法律的复杂性和综合法学产生的必然性

博登海默像其他综合法学的代表一样，以法律的复杂性为切入点来论述综合法学产生的必然性。他认为，由于法律的产生和实施要受到多种社会因素的影响，因而我们必须把它视为一种复杂的社会现象。他用一座宫殿来比喻法律的复杂性，因而主张各法学流派应分工合作和同心协力地进行研究。他说："法律是一个带有许多大厅、房间、凹角、拐角的大厦，在同一时间里想要用一盏探照灯照亮每一个房间、凹角和拐角是极为困难的，尤其是由于技术知识和经验的局限，照明系统不适当或至少不完备时，情况就更是如此了。"① 他说："人类的历史经验告诉我们，不可能根据任何单一的、绝对的因素或原因去解释法律制度。若干社会的、经济的、心理的、历史的和文化的因素以及若干价值判断影响着和决定着立法和司法。虽然在某个特定历史时期，某种社会力量或正义理想对法律制度产生特别强烈的影响，但是根据唯一的社会因素（如权力、民族传统、经济、心理或种族）或根据唯一的法律理想（如自由、平等、安全或人类的幸福），都不可能对法律控制作出普遍的分析和解释。法律是一个结构复杂的网络，而法理学的任务就是要把组成这个网络的各个头绪编织在一起。由于这是一个巨大的、棘手的任务，所以为了恰当地完成这个任务，在法理学学者之间进行某种劳动分工乃是不可避免的。"② 这就是说，针对法律的复杂性的特点，必须用一种新的能综合各种法学流派优点的思路和方法来研究法律现象。

（二）法律的产生和作用

博登海默从社会秩序的角度来论述法律产生和存在的必然性。他认为，法律是人类社会基于建立秩序的需要而产生的，因为没有法律，人类社会就会陷于无政府状态或专制独裁状态。他说："法律在本质上是对专制权力行使的一种限制，因此它同无政府状态以及专制政治是敌对的。为了防止具有为数众多而又互相抵触的意志的无政府状态，法律限制私人的权力。为了防止一个专制政府的暴政，法律控制了统治当局的权力。它试图将秩序与规则性引入私人交往以及政府机构运转之中……一个完整与充分发达的法律制度，对于无政府状态和专制政治这两种截然相对的形式来讲，是处于等距离的位置。通过一个行之有效的私法制度，它就可试图划定私人或私人群体的行为范围，以防止或反对相互侵犯、过分妨碍他人的自由或所有权的行使和社会冲突。通过一个行之有效的公法制度，它就可努力限定与约束政府官员的权力，以防止或救济对应予保障的私人权益领域的不恰当侵犯，以预防随意的暴政统治。这样，最为纯粹的最为完善的法律形式，便会在这样一个社会制度中得到实现，在该制度中，已经成功地排除了私人和政府专制地或暴虐地行使权力的可能性。"③ 之所以能如此，这是因为："法律与赤裸裸的权力所具有的那些侵略性、扩张性趋势大相径庭，它所寻求的乃是政治与社会领域中的妥协、和平与一致。一个发达的

① ［美］博登海默：《法理学——法哲学及其方法》，邓正来等译，199 页，北京，华夏出版社，1987。

② 同上书，200 页。

③ 同上书，224 页。

法律制度经常试图阻碍压制性权力结构的出现，其依赖的一个重要手段便是通过在个人和群体中广泛分配权利以达到权力的分散与平衡。”① 还因为法律是一种规则，所以有法律的地方，“权力的自由行使受到规则的阻碍，这些规则使掌权者受到一定行为方式的约束”②。

他认为：法律不仅仅是要建立一种秩序，而且是要建立一种正义的秩序。如果说秩序只是关注法律的形式结构的话，那么，正义则关注其内容，因而是更重要的方面。他说：“正是正义的概念，把我们的注意力集中到作为规范大厦组成部分的规则、原则和标准的公正性与合理性之上。秩序……侧重于社会秩序和法律制度的形式结构，但正义所关注的却是法律规范与制度安排的内容、它们对人类的影响，以及它们在人类幸福与文明建设中的价值。”③ 这是因为：“正义所关注的是如何使一个群体的秩序或社会制度适合于实现其基本目的的任务……满足个人的需要与要求，并与此同时促进生产进步和社会内聚性的程度——这是维持文明社会生活方式所必要的——就是正义的目标。”④

他认为：“在一个健全的法律制度中，秩序与正义这两个价值并非时常冲突，相反，它们却紧密相连、融洽一致。一个法律制度若不能满足正义的要求，那么长期下去就无力为政治实体提供秩序与和平。而在另一方面，如果没有一个有序的司法行政制度来确保相同情况相同对待，那么也不能实现正义。因此，秩序的维持在某种程度上是以存在着一个合理的健全的法律制度为条件的，而正义需要秩序的帮助来发挥它的一些基本作用。为人们所要求的这个价值的综合体，可以用这句话加以概括，即法律旨在创设一种正义的社会秩序。”⑤ 这就是说，秩序与正义是手段与目的的关系，因而二者是相辅相成的。为了进一步说明这一点，他引入了“公共福利”（public welfare）的概念，说正义要求赋予人类的自由、平等和安全应当在最大程度上与公共福利相一致。只要遵照确保实现社会公共福利的要求，根据各个不同的历史条件和社会条件来调整自由、平等和安全的次序，在这三者之中实现合理的平衡，就可实现正义。他说：“‘公共福利’这一术语是一个不无用处的概念工具，它是用来标明外部界限的，而在分配和行使个人权利时决不可超越这一界限，以免全体国民遭受损害。在个人权利和社会福利之间创设一种适当的平衡，乃是有关正义的主要考虑之一、特别是在涉及自由、平等和安全时……在这种情况下，正义要求，赋予人类的自由、平等和安全应当在最大程度上与共同福利相一致。”⑥

（三）法律的性质和特点、法治（法律）的利与弊

在论述了法律产生的必然性和追求的目标之后，博登海默还用辩证的观点来分析法律的作用，认为法律对人类社会是利弊兼备的。

他认为法治或法律的利表现在三个方面，即人类创造力的开发、促进和平和相互冲突的利益之调整。在谈到第一个点时他说：“法律对社会的有益影响，在相当大程度上基于这样一个事实，即它在某些基本的生活条件方面，为个人创设并维持了一个安全的范围。法律保护其国家成员的生命、肢体完整、财产交易、家庭关系、甚至生计与健康。法律使

① ［美］博登海默：《法理学——法哲学及其方法》，邓正来等译，344 页，北京，华夏出版社，1987。
② 同上书，342 页。
③ 同上书，238 页。
④ 同上书，238 页。
⑤ 同上书，302 页。
⑥ 同上书，296～297 页。

人们无须为防止对他们的隐私的侵犯而建立私人制度。它通过创设有利于发展人的智力和精神力量的有序条件而促使人格的发展和成熟。它对那些受本性驱使而去追求统治他人专制权力的人加以约束，不让他们进行人身的或社会的冒险活动。（在由人性的难以驾驭的方面所确定的范围内）通过稳定某些基本行为，法律能够帮助人们从不断关注较低层次的问题中摆脱出来，并帮助人们将精力集中在较高层次的文明任务的履行上，对低层次问题的关注会妨碍适当履行那些较高层次的职能。再者，法律构造制度上的框架，为执行有关政治、经济、文化等方面的多种任务提供手段与适当环境，而这些任务则是一个进步的社会为满足其成员的要求而必须加以有效完成的。通过执行上述职能，法律能够促进潜存于社体中的富有创造力和生命力的力量流入建设的渠道；因此可以证明是文明建设一个不可缺少的工具。”①

在谈到第二个点时他说：“不仅在国际舞台上而且在各国的内部事务中，法律的目的就是要起到一种制度性手段的作用，即用人际关系的和平方式去替代侵略力量。昔日的人类发展史清楚地表明，迄今为止，法律在遏制有组织的群体内部斗争方面要比其在控制这种群体之间的战争方面更为有效。”②“在人类努力建设有序与和平的‘国家组织’中，法律一直都起着关键的和最主要的作用。法律是社会中合理分配权力、限制权力的一种工具……国内法力图保护群体内部的和谐与合作，国际法力图在跨国或全世界的范围内实现和谐与合作。国际法制定了促进国家政治和经济交往的规则与程序、调解国家间争端和平息国家间不满的范围与程序，以及保护暂时处于他国统治之下的本国国民的规范与程序。”③

在谈到第三个点时他说：“法律的主要作用之一乃是调整和调和上述种种相互冲突的利益，无论是个人利益还是社会利益。”而之所以能如此，是因为它能提供一种评价各种利益重要性的标准，划定其合理的范围，从而使人们明确，“什么样的利益应当被视为是值得保护的利益，对于利益予以保护的范围和限制应当是什么以及对各种主张和要求又应当安排何种相应的等级和次序”④。

博登海默接着论述了法律的三个弊端：其一，法律具有保守性，因而在有些情况下会阻碍社会的进步和改革，这是因为法律具有稳定性，不能朝令夕改；其二，法律的形式结构具有僵硬性，这使它难以灵活应对各种情况，这是因为法律具有普遍性，是针对一般情况制定的；其三，法律的社会控制功能会产生限制性因素，这可能使控制变为压制。这是因为法律是为维护社会秩序和防止社会混乱而制定的，但在某种条件下，它可能超出其合理范围，限制了社会的发展变化。

博登海默认为，为了克服法律的以上弊端，必须解决一个矛盾，即法的稳定性和变动性的矛盾，使之既具有稳定性又具有灵活性。他说：“一个完全不具稳定性的法律制度，只能是一组仅为了对付一时不变而制定的特定措施。它会缺乏一致性与连续性……然而，单单稳定性与确定性并不足于为我们提供一个行之有效的、富有生命力的法律制度。法律也必须服从发展所提出的正当要求。一个法律制度，如果跟不上时代的需要或要求，而且

① ［美］博登海默：《法理学——法哲学及其方法》，邓正来等译，377～378页，北京，华夏出版社，1987。

② 同上书，378页。

③ 同上书，379页。

④ 同上书，383页。

死死抱住上个时代的只具有短暂意义的观念不放，那么是没有什么可取之处的。在一个变幻不定的世界中，如果把法律仅仅视为一种永恒性的工具，那么它就不可能有效地发挥其作用。我们必须在运动与静止、保守与变革、经久不变与变化无常这些互相矛盾的力量之间谋求某种和谐。作为使松散的社会结构紧紧地结合在一起的黏合物，法律必须巧妙地将过去与现在联系起来，同时又不忽视未来的迫切要求。”[①] 他认为，要解决这一矛盾就必须在法律运动中于过去力量与未来力量之间寻求平衡，既充分地尊重已有的法律制度，又不失时机地对其进行修改。他说：“总之，人们可能会注意到，无论是向后的拉力还是向前的推力，对任何法律制度的恰当运转都是至关重要的。法律发展中侧重过去的力量与侧重未来的力量之间的力量对比，在一个国家的不同历史发展阶段有所不同。一个理想的法律制度可能是这样一种法律制度，其中，必要的法律修正都是在恰当时候按照有序的程序进行的，同时给那有可能变革的无辜牺牲带去最低限度的损害。”[②] 如此，仅靠司法的途径是不行的，还必须通过立法。他说：“反映在先例与遵从法规这两个原则中的法律的秩序作用，有一种使法律变得呆板僵化并维持社会安定与经济现状的倾向。它促使法律所固有的溯及力与惰性力量，并使法律制度具有某种程度的抗变性质。试图通过司法行为从法律制度内部完全克服这一缺点，并非易事。这种克服方法往往来自外界，要么通过立法来行使政治权力以完善法律，要么建立一个衡平法律制度来作为对严格意义上的法律制度的补充或修正。”[③] 但他认为，必须在司法与立法之间划一个明确的界限，必须正确地理解法官的“立法”性质。他指出：“既然法官的主要职责是裁定昔日的纠纷，那么作为一般原则，我们便不能分配他去承担一份建立未来法律制度的正式任务。从大体上来讲，我们必须留在现存社会组织框架之中，并凭靠过去与当今历史向他提供的资料进行工作。这之所以如此，乃是由于他必须考虑律师及当事人的合理期望，因为我们不能要求律师及其当事人去推测那些一心要对法律制度进行重大修正与改革的法官的意图。法官可以……为防止法律大厦或该大厦之大部分腐朽或崩溃而进行必要的修正与弥补工作。他可以扩大或缩小现行的补救办法，偶尔还可以创设一种新的补救方法或辩护，如果正义要求这种措施成为必要。然后，就法律制度的基本结构改变而言，法官通常必须依赖于外界帮助。他本人不能拆毁法律大厦或该大厦的实质部分，也不能用新的部分代替这些部分。”[④] 他赞同霍姆斯对法官立法的如下定位：法官的确而且必须立法，但是他们只能在隙缝间进行立法，他们仅限于从克分子到分子的运动。

（四）法律的渊源

博登海默也从综合法学的观点来认识法的渊源问题，他认为法律包括广泛的渊源。首先，他说：“所谓‘法律’这一术语，我们乃意指运用于法律过程中的法律渊源的集合体与统一体，其中包括这些渊源间的相互联系与关系。其次，我们同意格雷将法律渊源看成是那些可成为法律判决合理基础的资料与思考的观点，但是我们认为，这些渊源同所作出的任何种类的法律判决都有关，不是仅仅同法院作出的判决有关。第三，那些被我们认为

① ［美］博登海默：《法理学——法哲学及其方法》，邓正来等译，311页，北京，华夏出版社，1987。

② 同上书，314页。

③ 同上书，314页。

④ 同上书，543～544页。

应该在法律制度中得到承认的法律渊源资料的数量，大大地超过了格雷所列举的那几种。将法律渊源划分为两大类，亦即被我们所称之为的正式渊源与非正式渊源。所谓正式渊源，我们意指那些可以从体现于官方法律文本中的明确条文形式得到的渊源。这种正式渊源的主要例子有，宪法与法规（……）、行政命令、行政法规、条例、自治或半自治机构和组织的章程和规章（……）、条约与某些其他协议，以及司法先例。所谓非正式渊源，我们意指那些具有法律意义的资料和考虑，这些资料和考虑尚未在正式法律文件中得到权威性的或至少是明文的阐述与体现……将非正式渊源分为正义标准、推理和思考事物本质（natura rerum）的原则、个别衡平法、公共政策、道德信念、社会倾向以及习惯法。”①他认为，这两种渊源处于不同的地位。一般情况下，首先考虑正式渊源，只有在以下三种“罕见和极端”的情况下，才诉诸非正式渊源：第一，适用某些正式渊源同正义的基本要求明显冲突时；第二，某一正式的法律文件在解释中可能会导致模棱两可或不确定性时；第三，正式渊源不能为案件的解决提供审判规则时。

## 第三节　经济分析法学

### 一、经济分析法学概述

经济分析法学（Jurisprudence of Economic Analysis）是 20 世纪 60 年代从美国发展起来的一个新的法学流派。这只是从西方法律思想史角度所作的一种最为简单而普通的理解。事实上，经济分析法学又是一场包含各种各样的观点、角度、方法及传统的庞大学术运动。同时，经济分析法学还是一门“用经济学阐述法律问题”的学科。确切地说，它是一门经济学和法学交叉的边缘学科。正是基于这种不同的学科立场和不同的研究视角，其称谓也五花八门。经济学界一般称之为“法经济学”（Economics of Law），或者“法律的经济分析”（Economic Analysis of Law），法学界却通常称之为“经济分析法学”（Jurisprudence of Economic Analysis），而中立的学者则直接称之为“法和经济学”（Law and Economics）。

一般地说，经济分析法学就是运用经济学（主要指微观经济学和福利经济学）的方法和理论来分析法律与司法制度的形成、结构、过程、效果、效率及发展状况的一个法学流派或边缘学科。②

经济分析法学的主要代表人物有：科斯（Ronald H. Coase，1910— ）、卡拉布雷西（Guido Calabresi，1932—）、阿尔钦（Amen . A. Alchian，1914— ）、贝克尔（Douglas G. Barid，1930—）、布坎南（James M. Buchanan，1919—）、波林斯基（A. Mitchell Polinsky）、波斯纳（Richard A. Posner，1939—）、马劳伊（Robin Paul Malloy，1956—）、（小）波斯纳（Eric A. Posner，1965— ）等。

---

① ［美］博登海默：《法理学——法哲学及其方法》，邓正来等译，395～396 页，北京，华夏出版社，1987。

② 参见［美］尼古拉斯·麦考罗、斯蒂文·G·曼德姆：《经济学与法律——从波斯纳到后现代主义》，吴晓露、潘晓松、朱慧译，1 页，北京，法律出版社，2005。

## 二、经济分析法学的基本理论

（一）基本概念

1. 经济人。经济人是指有理性的、追求自身利益最大化的人。即“人是其自利的理性最大化者”。通俗地说，经济人就是会计算、有创造性并能获取最大利益的人。这一概念是进行法律的经济分析时假设的一个理论前提，它暗示，人们会对激励（incentive）作出反应。

2. 效率。效率（efficiency）是指投入与产出或成本与收益之间的关系。它是经济分析法学的核心概念，也是其追求的最高目标。

3. 交易成本。交易成本（transaction costs）即“市场交易成本是指市场机制运行的费用，即当事人双方在通过市场进行交易时，搜集有关信息、进行谈判、订立契约并检查、监督契约实施所需要的费用”①。简言之，就是人与人之间打交道所必然发生的费用。

4. 卡尔多—希克斯效率。卡尔多—希克斯效率（Kaldor-Hicks Efficiency），也称为补偿性原则，是判断是否财富最大化的根本标准。其可以表述为：当且仅当不仅受益者从变革中所能获得的收益足以补偿受损者的损失，从而使他们各自的处境都得到改善，并且受损者不能补偿受益者放弃的在确保他们各自的处境都没有比初始情况下恶化的前提下，考虑到变革的收益时，一项司法或法律变革才能被判定为提高了社会福利或实现了财富最大化。②

（二）基本方法

1. 实证分析与规范分析。实证分析与规范分析分别是经济理论中实证经济学和规范经济学的最基本的分析方法。实证分析是运用经济学来研究现实中法律规则的实际效果问题，解决的主要问题是“是什么?”，即“实然问题”；规范分析，亦称价值分析，它是运用经济学来研究最优的或最有效率的法律规则的制定问题，回答的主要问题是“为什么?”，即“应然问题”③。

2. 个人主义方法论。经济分析法学是以个人主义的方法论或方法论的个人主义（Methodological Individualism）作为其研究基础的。个人主义方法论的核心思想是：社会理论的研究必须建立在对个人意向和行为研究的基础之上，分析研究对象的基本单元是有理性的个人，并由此假定集体行为是其中个人选择的结果。因此，经济分析法学的实质是研究理性选择行为模式的方法论个人主义法学。④

3. 激励分析。激励分析（Incentive Analysis）是对经济主体的预期行为进行分析的一种方法。它注重于分析随政策、法律及其他可变因素所产生的预期行为刺激。因此，经济分析法学是一种有别于传统法学的“事后研究”（ex post approach）的“事前研究”（ex

① ［美］理查德·A·波斯纳：《法律的经济分析》（上），蒋兆康译，“中文版译者序言”，第16页，北京，中国大百科全书出版社，1997。

② 参见［美］尼古拉斯·麦考罗、斯蒂文·G·曼德姆：《经济学与法律——从波斯纳到后现代主义》，吴晓露、潘晓松、朱慧译，63页，北京，法律出版社，2005。

③ 同上书；以及史晋川：《法经济学评述》（代中译本序）。

④ 参见［美］理查德·A·波斯纳：《法律的经济分析》（上），蒋兆康译，“中文版译者序言”，12～13页，北京，中国大百科全书出版社，1997。

ante approach)[①]。

（三）基本原理

一般认为，经济分析法学拥有三大定理：斯密定理；科斯定理；波斯纳定理。这三大定理构成了经济分析法学的三大理论基石。

1. 斯密定理：自愿交换对个人是互利的。

2. 科斯定理：在一个零交易成本的世界里，不管法律对权利如何配置，只要个人合作行动，有效率的结果总会发生。而在现实有交易成本的情况下，不同法律的权利界定和分配，就会产生不同效率的资源配置。能使交易成本降低到最小化的法律就是最好的法律。

科斯定理是科斯第一定理与第二定理的合称。科斯第一定理：在交易成本为零的情况下，不管法律对权利如何配置，有效率的结果都会出现。换句话说，如果交易成本为零，只要权利初始界定明确，则市场主体之间通过自由谈判均能达到资源配置的最优状态；科斯第二定理：在有交易成本的情况下，市场主体之间的平等谈判有可能达不成协议，有效率的结果就不可能在每种权利配置方式或每个法律制度下都发生。换句话说，有交易成本这一事实本身就意味着市场失灵了，这时，市场已无法自动实现资源的有效配置。

科斯定理的重大意义不仅在于为经济学贡献了一套曾被长期忽略的关于市场交易成本的理论体系，更为重要的是，它为经济分析法学提供了一个核心的研究范畴和基本的分析工具。因此，科斯是经济分析法学最重要的奠基人。

3. 波斯纳定理。如果市场交易成本过高而抑制交易，那么，权利应赋予那些最珍视它们的人。

## 三、波斯纳的法律思想

波斯纳（Richard Allen Posner），1939 年 1 月 11 日出生于美国纽约市的一个中产阶级家庭，父亲是律师，母亲是一位信仰共产主义的公立学校教师。1959 年，他作为最优学生毕业于耶鲁大学英文系，获文学学士学位；1962 年他以全年级第一的成绩毕业于哈佛大学法学院，获法学学士学位；1962 年毕业后，曾先后任美国联邦最高法院大法官布雷纳（William J. Brennan）的法律助手（1 年时间），美国联邦贸易委员会的委员助理和美国联邦司法部副部长助理，在这期间开始接触并自学经济学，形成了他的学术思想；1968 年任斯坦福大学法学院副教授，1969 年转入芝加哥大学法学院，参加了法律经济学项目研究并讲授《反托拉斯法的经济分析》课程。

1973 年发表的《法律的经济分析》一书，给整个法律界带来了一场“革命”（《纽约书评》语），这是经济分析法学正式产生的标志性著作；1978 年以后，他成为芝加哥大学法学院的讲座教授；1981 年由里根总统任命为联邦第七巡回区上诉法院法官至今（1993—2000 年任首席法官），同时兼任芝加哥大学法学院的高级讲师。

至 2001 年，波斯纳的专著已达 37 部，论文超过 330 多篇，司法意见也超出 1680 多篇。除《法律的经济分析》一书外，比较有代表性的著作包括：《正义/司法的经济学》

① ［美］理查德·A·波斯纳：《法律的经济分析》（上），蒋兆康译，“中文版译者序言”，第 15 页，北京，中国大百科全书出版社，1997。

(1981年)、《法理学问题》(1990年)、《性与理性》(1992年)、《超越法律》(1995年)、《衰老与老龄》(1995年)、《联邦法院》(1996年)、《法律与文学》(1998年)、《道德和法律理论的疑问》(1999年)、《反托拉斯法》(2000年)、《法律理论前沿》(2001年)、《公共知识分子》(2001年)等。

(一)法律的经济分析:迈向一种社会科学的方法

波斯纳在1973年出版的《法律的经济分析》一书,标志着法学迈向了一种社会科学即经济学的研究方法。可以说,这是波斯纳对法学的最大贡献。经济学方法是一种典型的社会科学方法。它以数学和统计学等科学为工具,代表了现代社会科学的发展趋势。经济分析方法的引入,既是对兰德尔(Christopher Columbus Langdell)形式主义或教条主义法学的克服,又是对德沃金政治、哲学和道德方法的超越,还是对昂格尔批判法学的否定。因为,经济学主要从事的是一种"事前研究"(ex ante approach),它能够运用数学模型、统计分析等科学方法,对理论假说进行证实或证伪。因此,经济学方法具有具体、精确、重结果、有效率等特点。

波斯纳主要运用实证分析的方法,对于诸如财产法、合同法、侵权行为法、家庭法和刑法等普通法领域进行了详细的经济分析。在合同法方面,波斯纳重点分析了交换过程和合同法的经济功能。他说,在双方当事人没有同时履行合同义务的情况下,有两种危险可能在交换过程中发生:机会主义(opportunism)和未能预料的突发事件(contingency)。合同法就是为此提供的救济手段。合同法的功能有三点:(1)"阻止人们对合同的另一方当事人采取机会主义行为,以促进经济活动的最佳时机选择,并避免采取成本昂贵的自我保护措施"[①];(2)在合同中提供一整套规范性条款(即格式合同),以减少交易的复杂性和交易成本;(3)通过加入遗漏条款而使当事人的协议变得更为完美。这样,可以有效地预防偶发事件并减少成本支出,从而为后来的交易当事人提供有关意外情况的丰富信息。

在民事侵权行为法方面,波斯纳着重分析了因过失造成的侵权行为。他认为,对大部分过失侵权行为案件适用的法律标准是汉德(Learned Hand)法官对过失所下的定义:如果事故造成的损失乘以发生事故的可能性,超出了被告为预防事故所采取的负担,那么,被告就犯有过失。预防措施的负担就是避免事故发生的成本,而事故损失乘以事故可能性就是回避预防措施的成本。如果较小的成本能够避免较大的成本支出,那么,承担较小的成本就是有效率的选择。

在家庭法方面,波斯纳认为"家庭是一种经济制度,对经济学来说,其重要性就如同企业一样"[②]。因此,家庭可比作一个小工厂,它不仅是社会中的一个消费单位,更重要的是一个生产单位。婚姻是一种特殊的合伙合同,这种特殊性不但表现在期限要比一般合同长,而且,违约制裁也比一般合同更为严厉,更为特殊的是,这种合同不能随意解除。因为,男女双方在离婚时总要考虑离婚的成本,而且,爱孩子的父母还要考虑到离婚对孩子所造成的成本。故通过制定严格的离婚法律,使解除婚约的成本增加,也许会维持一些婚姻。

在刑法方面,波斯纳认为,由于犯罪人的预期收益超过预期成本,某人才去犯罪。刑法的功能就在于国家通过对犯罪行为课以高昂成本,来降低人们对犯罪的需求,以最终达

① Richard A. Posner, *Economic Analysis of Law* (*sixth edition*), Citic Publishing House, 2003. pp. 94-95.

② [美]理查德·A·波斯纳:《超越法律》,苏力译,496页,北京,中国政法大学出版社,2001。

到震慑犯罪的目的。从经济学角度讲，应鼓励适用罚金而非徒刑。因为，罚金能为国家创造收入。死刑的成本很高，同时死刑的威慑效果也很大。

在普通法之后，波斯纳又分别对反托拉斯法、劳工法、税法等制定法领域以及联邦制、种族歧视、思想和宗教自由、程序法等公法领域进行了经济分析。20 世纪 90 年代以来，波斯纳把这种经济分析方法拓展到了与法律有关的几乎所有方面，比如，法理学问题、道德问题、性与理性、法律与文学、衰老与老龄、联邦法院、公共知识分子，甚至还包括了艾滋病等最前沿的问题。

（二）效率是最普遍的正义

效率是经济分析法学的最高价值目标，也是司法判决的最高标准。这是波斯纳在进行法律的经济分析时所坚持的基本信条。在波斯纳看来，效率和正义是完全统一的，尽管效率不是唯一的正义，但效率是最普遍的正义，也是最大的正义。

在法学中坚持效率第一的观点，并不意味着忽视了正义，或者抛弃了正义。波斯纳说，我们首先必须区分"正义"的不同含义。正义有两种含义：第一是指分配正义，即一定程度的经济平等；第二是指效率，这也许是正义最普遍的含义。当我们谈论未经审判就给人定罪，不经合理的赔偿就拿走财产，或者不要求一个有过失的汽车司机对其行为的受害者支付赔偿损失等情形时，"不公正"的情况就发生了。这时候，我们也可以理解为：这一切仅仅是一种浪费资源的行为。换言之，这些所谓"不公正"的行为，其实就是一种缺乏效率的行为。①

显然，波斯纳把效率看成是一种普遍的正义，而非分配正义。在经济学中，"效率"（一般仅指"社会财富总量"最大化）与"分配"（伦理学的公平正义）原本就是被分开讨论的，甚至被认为是两回事。换言之，对于经济学家来说分配是否公正与己无关，那是政治家和立法家的事情。

波斯纳为什么要把效率作为司法的最高目标和判决标准？他认为，正义对于不同的人来说具有不同的理解，而只有客观、一致的效率标准，才能最大程度的适应美国这样一个高度不同质的社会的现实需要。因此，效率实际上就是最大的正义。

但是，波斯纳的头脑是清醒的，他承认正义并不仅仅具有效率的含义。如允许自杀的合同，允许私人的种族、宗教和性别歧视，允许在真正绝望的情况下宰杀救生船上最弱的旅客等，都不是明显的无效率行为。② 因此，波斯纳不是在否定正义，而是强调"对正义的要求绝不能独立于这种要求所应付出的代价。"③

（三）财富最大化：对功利主义的批判

什么是财富最大化？波斯纳解释道："我必须在此停顿一下，界定一下'财富最大化'这个经常为人们误解的术语。在'财富最大化'中，'财富'指的是一切有形无形的物品与服务之总和，它按两种价格来衡量：出价（人们为获得他们尚未占有之物品而愿意支付的价格）和要价（人们出售他们拥有之物品标出的价格）。"④

① See Richard A. Posner, *Economic Analysis of Law* (*sixth edition*), Citic Publishing House, 2003. p. 27.

② See Id., pp. 27-28.

③ ［美］理查德·A·波斯纳：《法律的经济分析》（上），蒋兆康译，32 页，北京，中国大百科全书出版社，1997。

④ ［美］理查德·A·波斯纳：《法理学问题》，苏力译，444 页，北京，中国政法大学出版社，2002。

总起来讲，财富最大化的基本含义有二：(1) 它是一个判断法律制度效率状况的伦理标准。一个法律制度或规则是否有效率，有多少效率，完全取决于其促进及实现社会财富最大化的程度；(2) 它是法官在具体判决案件时所应遵循的司法原则或司法指南。此外，财富最大化还是一种基于同意的伦理规范；是一种伦理和政治基础；是一种真正的社会价值，也是法官这个位置能够很好促进的唯一价值。财富最大化代替了功利原则，这是批判功利主义的结果。

财富最大化能否实现，关键取决于交易成本是否最小化，这就要求法官在判决案件时必须把初始权利授予那些可能是最珍视这些权利的人。① 这样，波斯纳定理便产生了：如果市场交易成本过高而抑制交易，那么，权利应赋予那些最珍视它们的人。

（四）实用主义和自由主义的立场

波斯纳把实用主义、自由主义及经济学并称为经济分析法学的三把钥匙。如果说经济学为波斯纳提供了一种方法和理论，那么，实用主义和自由主义就是他的立场和态度。

波斯纳公开声称他是一个实用主义者。他说："我感兴趣的是作为一种倾向的实用主义，它喜欢把政策判断基于事实和后果，而不是基于概念主义和通则。"② 波斯纳把实用主义的特点归结为：实践的、工具性的、向前看的、能动的、经验的、怀疑的、反教义的、重视实验的。③实用主义是对形式主义的超越。波斯纳指责形式主义是，为了实现正义，哪管天崩地裂。④ 而实用主义是形式主义的解毒剂，它反对概念游戏。他进一步说，实用主义可以促使法学更略为接近社会科学，也可以促使司法游戏更略为接近科学游戏。⑤

实用主义与自由主义是紧密联系在一起的。波斯纳说："通过创设一个不可侵犯的、很大的私人活动领域，并且通过便利自由市场，自由主义创设了一些——经验告诉我们——对于个人自由和经济繁荣不可或缺的条件。"⑥ 可见，波斯纳之所以重视个人的权利，强调市场的作用，反对政府的过度干预，根源于这种自由主义思想。也正因为这样，他被扣上了保守主义的帽子。

综上，波斯纳对于法学的贡献以及由此引起的争议都是前所未有的，经济学家大卫·D·弗里德曼（David D. Friedman）在为他辩护时说："无论波斯纳对于现行普通法是否进行了正确的解释，他已经做了与这同样重要的事情。在试图证明法律是有效率的过程中，他（还有其他人）已经证明了不是现行法律，而是现行法律试图解决的问题具有至关重要的统一性。我们不知道法律是不是有效率的，但是我们知道'什么是有效率的法律规则'。"⑦

---

① 参见［美］理查德·A·波斯纳：《正义/司法的经济学》，苏力译，71页，北京，中国政法大学出版社，2002。

② 同上书，263～264页。

③ 参见［美］理查德·A·波斯纳：《超越法律》，苏力译，13页，北京，中国政法大学出版社，2001。

④ 参见［美］理查德·A·波斯纳：《法理学问题》，苏力译，555页，北京，中国政法大学出版社，2002。

⑤ 参见［美］理查德·A·波斯纳：《超越法律》，苏力译，453页，北京，中国政法大学出版社，2001。

⑥ 同上书，29页。

⑦ ［美］大卫·D·弗里德曼：《经济学语境下的法律规则》，杨欣欣译，374页，北京，法律出版社，2004。

# 第四节 批判法学

## 一、批判法学概述

批判法学实际上是批判法律研究运动（The Critical Legal Studies Movement，英文缩写为 CLS）的简称，它是 20 世纪 70 年代在美国兴起的一股批判美国乃至整个西方法律传统的左倾法学思潮。批判法学是一个宽泛的标签，严格地说，它并不是一个单一的学派，而是一群具有各种不同观点却都以批判正统法律为特征的“左派”① 法学家（主要是年轻一代法学家）的集合。

批判法学的研究队伍较为庞杂，主要代表有：昂格尔（Roberto Unger）、肯尼迪（Duncan Kennedy）、霍维茨（Morton Horwitz）、楚贝克（David Trubek）、图什内特（Mark Tushnet）、戈登（Robert Gordon）、阿贝尔（Richard Abel）、凯尔曼（Mark Kelman）等人，核心人物是昂格尔、肯尼迪和霍维茨，他们三人均来自于哈佛大学法学院，而且自称“三人集团”。其中，最为著名的是巴西裔人士昂格尔。

批判法学的发展颇有点戏剧色彩。自产生以来，在 20 世纪 80 年代经历了一个叱咤风云的时期，一时间美国法理学的舞台上似乎只剩批判法学这一个角色了。而到了 20 世纪 90 年代，随着国际国内形势的急转，批判法学的阵营竟然迅速地土崩瓦解了。今天，虽然辉煌已成过去，但作为一面反思的镜子，其光彩似乎并未减退。

1. 产生的历史背景

批判法学的产生和发展大致可分为三个阶段：

（1）产生阶段（20 世纪 60 年代末到 1977 年）。20 世纪 60 年代初，在美国掀起的法社会学研究即“法与社会运动”中，已蕴涵了批判法学的研究成分。到 1960 年代末期，一部分“法与社会协会”的成员因不满该协会的经验性研究而与其分道扬镳，并公开打出“批判性法律研究”的旗号。1977 年春，首届批判法律研究大会在美国威斯康星大学召开，它标志着批判法学作为一个独立的学派正式诞生了。

（2）兴盛阶段（1977 年到 1989 年）。批判法学自产生后发展十分迅猛，除每年至少召开一次大会外，发表的论著成倍增长，曾经跃居美国各类论文的榜首；参加会议的人数也由第一届大会的五十多人增至第六届大会的一千多人；其影响范围不仅限于耶鲁大学、哈佛大学、斯坦福大学等美国名校，而且传播到英国、法国、德国和加拿大等西方国家；其研究领域也从法理学、法史学、法律教育，扩展到宪法、财产法、合同法、侵权行为法、刑法、劳动法、律师制度等各个部门法学。

（3）解体阶段（1989 年以来）。正当批判法学一路走红之际，却遭到美国主流法学——自由主义法学的无情攻击、打压。持批判法学观点的教授先后被耶鲁大学和哈佛大学解聘和拒聘，杜克大学法学院院长甚至气急败坏地声称：“不许任何批判法律研究的成

① 现代西方社会中所讲的“左派”泛指一种比较激进的政治倾向，有意思的是，批判法学家们也喜欢这种“左派”标签，他们自称为“新左派”。

员在美国法学院有一席之地!”[①] 此外，1989年后的东欧剧变以及1991年的苏联解体，导致旧的国际格局崩溃，冷战时代宣告结束。与此同时，批判法学的内部阵营也开始分化，一些骨干成员或改弦易辙、或修改观点、或竞选议员。到20世纪90年代后，其学术活动竟悄然无声。但作为一个独立法学流派的趋于解体，并不等于批判法律运动的完全结束。恰恰相反，在批判主义思潮的影响下，新产生了女权主义法学和种族主义法学，他们分别站在女性和受压迫种族的立场批判西方占主流的法律制度和法律思想，成为批判法学的两个分支学派。

2. 批判法学的产生有着复杂的社会背景和深刻的思想渊源：

从社会背景看，20世纪60年代至70年代初期，反对越战运动、学生运动、黑人民权运动及经济危机交相辉映，此起彼伏，使美国社会进入了一个空前的混乱和危机时期：

（1）20世纪60年代的学生运动是其产生的直接原因。20世纪60年代末，在西方国家相继爆发了震惊世界的大规模学生运动。其中，美国“仅在1968年1月1日到6月15日半年多的时间里，就发生了221起大规模的游行示威，遍及从东海岸到西海岸的一百多所大学。”[②] 这些学生运动终于点燃了一场旨在挑战资本主义制度的社会运动，批判法学就是这场运动在法学领域的结果。

（2）20世纪60年代美国的法治传统出现危机是其产生的内在根源。20世纪30年代以来，随着罗斯福新政的推行，尤其是60年代后“福利国家”步伐的加快，行政权力日益膨胀，司法与政治的界限模糊不清，法律变成了政治的工具。这一切动摇了在自由资本主义时期建立的“法律至上”、“法律与政治相分离”的传统观念，最终导致美国的法治传统陷入危机，批判法学正是这种危机的产物。

（3）美国的激进主义文化传统是其产生的文化土壤。从1620年11月首次抵达美洲大陆的清教徒所订立的《五月花号公约》到1776年7月的《独立宣言》无不反映出一股强烈的“反叛精神”，这种“反叛精神”最终演变成激进主义的文化传统。批判法学就是对这一传统的发扬光大。

从思想渊源看，批判法学主要受到以下思想的影响：（1）西方马克思主义。批判法学主要汲取和继承了西方马克思主义中法兰克福学派的“批判的社会理论”、“文化心理革命理论”和葛兰西的“领导权理论”。这些理论分别成为批判法学的指导思想、理论基础和行动指南；（2）美国的现实主义法学运动。批判法学吸收了现实主义法学运动的怀疑论的立场，并从中找到了批判传统法律观念的两个突破口：其一，法律推理不具有确定性；其二，法反映社会共识的观念值得怀疑；（3）结构主义。结构主义为批判法学提供了形式主义的方法论和符号学的一些方法，也影响了其“法具有相对自治性”观念的形成。

## 二、批判法学的主要内容

### （一）批判法学的“批判”

“批判”是批判法学的基本特征。这种“批判”是全局性的、摧毁性的，它既涉及当

① 朱景文主编：《对西方法律传统的挑战——美国批判法律研究运动》，7页，桂林，广西师范大学出版社，2004。

② 同上书，18页。

代美国法律制度的主要领域，也包括了美国以及西方的主流法律思想。

1. 对美国法律制度的批判。批判法学的锋芒几乎指向了当代美国的所有法律部门，具体包括：宪法、合同法、侵权法、刑法、劳动法、法律推理、律师制度和法律教育等领域。以下仅以宪法、合同法、律师制度的批判为例：

（1）对宪法的批判。批判法学对于美国宪法的批判主要涉及两个方面：第一，三权分立制度。批判法律学者图什内特认为，三权分立制度已严重阻碍了社会的变革与发展。因为国会、总统和联邦法院三机构任期各不相同，如果人民希望通过一项变革社会的计划，他们就必须一一说服这三个机构。但是，事实证明这种行使宪法权利的努力是极其艰难的；第二，言论自由与出版自由。在批判法律学者凯尔里斯（David Kairys）看来，言论自由并不像自由主义法学家说的那样，既是先验存在的自然权利，又是法律规定的权利，而实际上是美国人民通过劳工运动、民权运动及其他进步运动等政治斗争取得的。

（2）对合同法的批判。传统自由主义认为，法律和契约为每一个主体界定了自主的领域（即“私人”领域）。在这个领域范围内，主体享有充分的自由，并且受到法律的保护。对契约自由的保障就是对主体自由的保障。批判法律学者认为，这是传统自由主义编造的神话。纽约州立大学教授伊丽莎白·曼什（Elizabeth Mensch）对这个问题作了深入分析，她说，在契约自由的理论模式中存在着自由与安全的矛盾，当安全与自由发生矛盾时，安全目标往往会阻挠自由的实现。总之，契约自由并不存在，契约不过是对不合理社会的合法化。

（3）对律师制度的批判。加州大学洛杉矶分校的阿贝尔（Richard Abel）教授从两方面揭示了美国律师制度存在的矛盾：第一，律师业的矛盾。在美国，律师协会变成了“控制生产者的再生产”的手段，正规教育取代学徒制是为了让法学院成为法律职业的看门人，而竞争激烈的律师资格考试则成为一种控制法律职业人数的方式。因此，律师事务所已经变成了资本主义企业，律师也不是过去高度自主的自由职业了[①]；第二，律师的矛盾。阿贝尔从微观角度揭示了“职业化”给律师个人带来的种种矛盾：自我实现与劳动异化的矛盾，即每一个成长的律师，都必须从律师助理或低级律师做起，他们不得不接受高级律师的大量盘剥；公平、正义的理想与“一切向钱看”的现实之间的矛盾；律师分工带来的矛盾。[②]

2. 对美国及西方法律思想的批判。自1800年以来，先后影响和主宰美国法律实践的法律思想有：（1）法律工具主义。这是1890年以前美国的主流法律思想，它不排斥政治对法官判案的影响；（2）形式主义（概念主义）法学。它盛行于1890年到1920年之间，主张法官判案只遵循法律规则，而不受任何政治因素的影响；（3）现实主义法学。它从20世纪20年代到30年代末居主导地位，并以怀疑“规则”和“事实”的客观性而著称于世；（4）社会法学。它是20世纪50至60年代美国的主导法律思想。它主张将法律作为一种社会控制的工程；（5）新自然法学和新分析法学。它们自20世纪40年代中期兴起以来，与社会法学形成三足鼎立，成为现代西方三大主流法学派别。新自然法学强调，法律必须符合人类一般的道德准则；新分析法学是对奥斯丁（John Austin）的“命令说”的修正，它以“规则”为核心；（6）德沃金（Ronald Dworkin）的权利法学或自由主义法学和

① 参见朱景文主编：《对西方法律传统的挑战——美国批判法律研究运动》，263页，桂林，广西师范大学出版社，2004。

② 参见上书，263～265页。

波斯纳（Richard A. Posner）的经济分析法学。它们都产生于20世纪70年代，是当代美国的主流法律思想。

批判法学家认为以上的法律思想可归纳为两个错误：其一是形式主义。形式主义认为，法律是一个由规则、概念和原则构成的具有逻辑性的自治体，法律是中立的、是一个与政治分离的封闭体系、是人的主观意志的产物。法官的任务就是发现事实并宣告法律，这种法律观主要体现在分析实证主义法学之中，以概念为核心，创始人是哈佛大学法学院首任院长兰德尔（Christopher Columbus Langdell）。批判法学认为这是一种神话，因为，法律不是独立的，它与政治息息相关。美国现存的法律只是“政治”的表现，法官不过是穿着法袍的政治家。[①] 其二是客观主义。它主张法律应受制于客观的规则和价值，即受制于人类共同的需要、道德价值及权利体系，也即法律是客观的、确定的。法学家的任务是将这些客观标准与具体社会情况相结合。自然法学和社会法学就是典型的客观主义。批判法学反对自然法学所谓的客观规律说，它认为社会的发展从来就是不确定的和无进化规律可循的，自然法理论不但自身相互矛盾，而且与普通法也相矛盾。社会法学表面上与自然法学对立，实际上不过是一种没有自然法的自然法学。

批判法学重点攻击目标是传统的自由主义法律思想、德沃金的权利法学和波斯纳的经济分析法学。这三种既相联系又相区别的法律思想构成了当代美国主流法学的基本框架。批判法学的任务就是摧毁这些“思想霸权”，解构这些“现代性的基础”。肯尼迪认为，个人自由与社会利益之间存在着不可克服的矛盾，即“我们可依赖的社会，也是反对我们的社会”[②]。这是社会的一个基本矛盾，现实法律中的矛盾正是这个基本矛盾的具体反映。自由主义法学是为社会与经济的不平等现状服务的，它用法律面前的平等掩盖了这种实际上的不平等。自由是社会的问题而非个人的问题，权利把人群分解成多个个体，它低估了作为自由基础的社团主义的愿望。因此，德沃金是神话的编造者，而权利是法律自由主义神话的工具和方法；批判法学对经济分析法学的批判集中在其核心主张，即行为的主张之上。行为的主张把法律行为者看做是理性的人，把法律规则当作价格。认为法律应该保护那些能购买得起效率（效益），即能使“财富最大化”的人。批判法学认为，“经济分析法学把‘财富最大化’、‘效益’错误地理解为客观地、不可避免的经济活动，把法律经济分析化装为价值中立的科学分析，其实它都打上了意识形态的烙印”[③]。

（二）批判法学的基本观点

无论批判法学的观点多么杂乱、怪异、模糊和费解，其基本观点仍可以概括为以下三点：

1. 法不具有确定性。法的确定性问题是西方法理学长期争论的基本问题之一，它在司法实践中表现为法律推理的确定性问题。传统的自由主义法学认为：（1）法不同于政策，具有确定性；（2）法超脱于政治，具有客观公正性。因此，法律推理是非政治的、中

---

① 参见刘全德主编：《西方法律思想史》，297～298页，北京，中国政法大学出版社，1996。

② 转引自吕世伦主编：《现代西方法学流派》（下卷），1064页，北京，中国大百科全书出版社，2000。

③ 朱景文主编：《对西方法律传统的挑战——美国批判法律研究运动》，165～166页，桂林，广西师范大学出版社，2004。

立的，其具有确定性的结果。而批判法学认为，法律推理的大前提和小前提都是不确定的，某一案件究竟适用什么法律规则，确认哪些事实，都不是客观决定的，而是由法官或陪审员选择和认定的。

2. 法反映统治者的意志。传统的自由主义法学认为，法既是社会普遍需要的体现，也是人们共同道德价值的体现。因此，法反映了社会共识。批判法学反对这种把社会需要及道德价值抽象化、一般化的做法，反对将社会需要和道德价值视为法的源泉。他们认为，社会生活中存在着千差万别的各种具体需要。另外，不同的人有着不同的道德价值观。所以，社会中不存在客观的、抽象的道德价值。

批判法学认为，法是社会各集团利益冲突的产物，体现着占统治地位集团的特殊利益。同时，法也是统治阶级为了组织自己、瓦解对方，以实现自己的政治、经济目的的手段或工具。法的统治功能包括两个部分：(1) 强制惩罚功能，即表现为以暴力直接镇压被统治阶级；(2) 意识形态功能，即通过教育和灌输来培养被统治阶级的顺从意识，使其确信，现有的法律是客观的、公正的，现存的社会秩序是必然的、合理的。因此，法不是社会共识的反映，而是统治阶级意志的体现①，是一种政治工具。

3. 法是政治斗争的偶然产物。在西方社会，从孟德斯鸠、亚当·斯密开始，中间经过马克思、韦伯、耶林及 19 世纪的大多数法学家，再到 20 世纪的霍姆斯、庞德、卢埃林等人形成了一个可称之为“功能主义社会学法学”的理论传统。这个传统主张：法是一定社会需要的产物。而批判法学则认为，社会与法并不存在决定与被决定的关系。其理由是：(1) 研究结果表明，在相关方面，相同的社会和经济条件并不一定会产生相同的法律反应；(2) 由于不同的法官对法律有不同的解释，所以，法律规范本身不能用来预测法律规范产生的社会效果。总之，大多数批判法律学者认为，法并不是一定社会及经济秩序功能需要的产物，社会及经济秩序本身也并不能提出任何确切的法律要求。法纯属政治上的偶然，是不同社会力量、阶级、个人相互斗争的产物。②

由以上可知，批判法学与其他当代西方法学流派相比，呈现出三大特点：(1)“怀疑”是其基本态度；(2)“批判”是其基本特征；(3)“法律就是政治”是其基本观点。

总之，批判法学在表面上确实显得激情有余、缺乏建构，甚至有点玩世不恭，但它所揭露的现代法治的矛盾和危机并非空穴来风。与其说它要解构法治，倒不如说它是对法治的一种急切的焦虑和深深的困惑。然而，这些似乎都是一种表象，也许一个客观、公正的理解是：“批判法律研究运动，以一种有限的和初步的形式，代表了一种改革行动。”③

综上所述，进入 20 世纪 90 年代以来，尽管批判法学的研究每况愈下，甚至已分崩离析，但批判法律学者们对于美国乃至整个西方法律传统切中要害的“批判”，似乎不应只简单地斥为一种“异端邪说”。相反，它也许是一种“盛世危言”，尤其是它的无情的批判精神，可能更应看做一种严肃地检讨、一种自我反思、一种对于现代法治的新的思考，抑或是美国乃至西方法治的新的起点。

---

① 参见吕世伦主编：《现代西方法学流派》下卷，1072～1074 页，北京，中国大百科全书出版社，2000。

② 参见上书，1075 页。

③ Robert Unger, “The Critical Legal Studies Movement”, *Harvard Law Review* (1983), p. 666.

## 复习思考题

1. 如何认识当代西方法学出现的新动向?
2. 试述综合法学产生的背景及其特点?
3. 博登海默是怎样论述法律的性质和功能的?
4. 经济分析法学在方法论上的特点是什么?
5. 经济分析法学是怎样认识法律的价值的?
6. 科斯是怎样论述交易成本及其法律的价值的?
7. 波斯纳法律思想的主要观点有哪些?
8. 批判法学的特点及其法律观的要点是什么?
9. 昂格尔是怎样论述法治的?

## 综合思考题

1. 概念比较：自然法、实在法、活的法。
2. 试述西方三大法学流派的法律观、方法论之区别。
3. 试述西方法观念和法治观念的内在关系。
4. 试述西方法观念和法治观念的变迁。
5. 西方法学家是怎样论述法与正义的关系的?
6. 西方法学家是怎样论述法与自由的关系的?
7. 试述西方人权观念及其发展的几个阶段。
8. 试述西方人民主权观念及其发展的几个阶段。
9. 试述西方的社会契约及其发展的几个阶段。
10. 试述西方的分权制衡思想及其发展的几个阶段。
11. 试述西方的万民法观念及其发展的几个阶段。
12. 试述西方关于法与道德关系的种种观点的比较。
13. 试述西方关于法的构成的种种观点的比较。
14. 试述西方关于法与国家关系的种种观点的比较。
15. 试述西方各流派关于法与人性关系论述的比较。
16. 试述西方关于法的类型的种种观点的比较。
17. 试述西方关于法与宗教关系的种种观点的比较。
18. 试述西方的法律公意说。
19. 试述西方的法律意志论。
20. 试述西方的法律命令说。
21. 试述西方的法律规则说。

# 参考文献

## 一、西方法学家的代表作


1. ［古希腊］柏拉图．理想国．郭斌和，张竹明译．北京：商务印书馆，2002

2. ［古希腊］柏拉图．政治家．原江译．昆明：云南人民出版社，2004

3. ［古希腊］柏拉图．法律篇．张智仁，何勤华译．上海：上海人民出版社，2001

4. ［古希腊］亚里士多德．政治学．吴寿彭译．北京：商务印书馆，1983

5. ［古希腊］亚里士多德．尼各马科伦理学．苗力田译．北京：中国人民大学出版社，2003

6. ［古罗马］西塞罗．国家篇·法律篇．沈叔平，苏力译．北京：商务印书馆，1999

7. ［古罗马］查士丁尼．法学总论——法学阶梯．张企泰译．北京：商务印书馆，1989

8. ［古罗马］盖尤斯．法学阶梯．黄风译．北京：中国政法大学出版社，1996

9. ［古罗马］奥古斯丁．上帝之城．王晓朝译．北京：人民出版社，2007

10. ［意］阿奎那．阿奎那政治著作选．马清槐译．北京：商务印书馆，1963

11. ［意］马西利乌斯．和平的保卫者．殷东水，李安平译．长春：吉林人民出版社，2004

12. ［意］马基雅弗利．君主论．潘汉典译．北京：商务印书馆，1985

13. ［法］让·布丹．主权论．李卫海等译．北京：北京大学出版社，2008

14. ［荷］格劳修斯．捕获法．张乃根等译．上海：上海人民出版社，2006

15. ［荷］格劳修斯．战争与和平法．何勤华等译．上海：上海人民出版社，2005

16. ［荷］格劳修斯．海洋自由论．宇川译．上海：上海三联书店，2005

17. ［英］霍布斯．利维坦．黎思复等译．北京：商务印书馆，1985

18. ［英］洛克．政府论．下篇．叶启芳，瞿菊农译．北京：商务印书馆，1996

19. ［法］孟德斯鸠．论法的精神．张雁深译．北京：商务印书馆，1982

20. ［法］卢梭．论人类不平等的起源和基础．李常山译．北京：商务印书馆，1982

21. ［法］卢梭．社会契约论．何兆武译．北京：商务印书馆，1990

22. ［美］潘恩．潘恩选集．马清槐等译．北京：商务印书馆，1982

23. ［美］D·彼得森编．杰斐逊集．刘祚昌等译．北京：三联书店，1993

24. ［美］汉密尔顿等．联邦党人文集．程逢如等译．北京：商务印书馆，1982

25. ［德］康德．历史理性批判文集．何兆武译．北京：商务印书馆，1996

26. ［德］康德．法的形而上学原理．沈叔平译．北京：商务印书馆，1991

27. ［德］黑格尔．法哲学原理．范扬等译．北京：商务印书馆，1979

28. ［德］古斯塔夫·拉德布鲁赫．法律智慧警句集．舒国滢译．北京：中国法制出版社，2001

29. ［德］古斯塔夫·拉德布鲁赫．法学导论．米健等译．北京：中国大百科全书出版社，1997

30. ［德］萨维尼．论立法和法学的当代使命．许章润译．北京：中国法制出版

社，2001

31. [英] 梅因．古代法．沈景一译．北京：商务印书馆，1995

32. [英] 边沁．政府片论．沈叔平译．北京：商务印书馆，1997

33. [英] 边沁．道德与立法原理导论．时殷弘译．北京：商务印书馆，2000

34. [英] 边沁．论一般法律．毛国权译．上海：上海三联书店，2008

35. [英] 密尔．代议制政府．汪瑄译．北京：商务印书馆，1982

36. [英] 密尔．论自由．许宝骙译．北京：商务印书馆，1959

37. [英] 约翰·奥斯丁．法理学的范围．刘星译．北京：中国法制出版社，2002

38. [德] 鲁道夫·冯·耶林．为权利而斗争．郑永流译．北京：法律出版社，2007

39. [奥] 欧根·埃利希．法社会学原理．舒国滢译．北京：中国大百科全书出版社，2009

40. [法] 莱昂·狄骥．宪法论．第 1 卷．钱克新译．北京：商务印书馆出版社，1959

41. [美] 庞德．通过法律的社会控制·法律的任务．沈宗灵，董世忠译．北京：商务印书馆，1984

42. [美] 庞德．法律，道德与正义．张文伯译．台北，监狱印刷厂，1959

43. [美] 本杰明·卡多佐．司法过程的性质．苏力译．北京：商务印书馆，1998

44. [美] 杰罗姆·弗兰克．初审法院——美国司法中的神话与现实．赵承寿译．北京：中国政法大学出版社，2007

45. [美] 卢埃林．普通法传统．陈绪纲，史大晓，仝宗锦译．北京：中国政法大学出版社，2002

46. [美] 霍贝尔．原始人的法．严存生等译．北京：法律出版社，2006

47. [奥] 凯尔森．法与国家的一般理论．沈宗灵译．北京：中国大百科全书出版社，1996

48. [奥] 凯尔森．纯粹法理论．张书友译．北京：中国法制出版社，2008

49. [英] 哈特．法律的概念．张文显等译．北京：中国大百科全书出版社，1996

50. [英] 哈特．法律，自由和道德．支振锋译．北京：法律出版社，2006

51. [英] 哈特．法理学与哲学论文集．支振锋译．北京：法律出版社，2005

52. [英] 约瑟夫·拉兹．法律的权威．朱峰译．北京：法律出版社，2005

53. [英] 约瑟夫·拉兹．法律体系的概念．吴玉章译．北京：中国法制出版社，2003

54. [英] 麦考密克，[捷] 魏因贝格尔．制度法论．周叶谦译．北京：中国政法大学出版社，1994

55. [法] 马里旦．人和国家．霍宗彦译．北京：商务印书馆，1964

56. [法] 马里旦．自然法：理论与实践的反思．鞠成伟译．北京：法律出版社，2009

57. [美] 富勒．法律的道德性．郑戈译．北京：商务印书馆，2005

58. [美] 罗尔斯．正义论．何怀宏等译．北京：中国社会科学出版社，1988

59. [美] 罗尔斯．作为公平的正义——正义新论．姚大志译．上海：上海三联书

店，2002

60. ［美］罗纳德·德沃金．认真对待权利．信春鹰，吴玉章译．北京：中国大百科全书出版社，1998

61. ［美］罗纳德·德沃金．法律帝国．李常青译．北京：中国大百科全书出版社，1996

62. ［英］菲尼斯．自然法与自然权利．董娇娇等译．北京：中国政法大学出版社，2005

63. ［美］博登海默．法理学：法律哲学与法律方法．邓正来等译．北京：中国政法大学出版社，1999

64. ［美］科斯．企业，市场与法律．盛洪等译．上海：上海三联书店，1990

65. ［美］理查德·A·波斯纳．法律的经济分析．蒋兆康译．中国大百科全书出版社，1997

66. ［美］昂格尔．现代社会中的法律．吴玉章，周汉华译．北京：译林出版社，2001

**二、综合性参考书**

1. 高一涵．欧洲政治思想史．北京：东方出版社，2007

2. 沈宗灵．现代西方法理学．北京：北京大学出版社，1992

3. 吕世伦主编．西方法律思潮源流论．北京：中国人民大学出版社，2004

4. 吕世伦主编．现代西方法学派．北京：中国大百科全书出版社，2000

5. 张文献．二十世纪西方法哲学思潮研究．北京：法律出版社，1996

6. 张乃根著．西方法哲学史纲．北京：中国政法大学出版社，2002

7. 高全喜主编．西方法政哲学讲演录．北京：中国人民大学出版社，2007

8. 徐大同主编．西方政治思想史．天津：天津人民出版社，2006

9. ［爱尔兰］J. M. 凯利．西方法律思想简史．王笑红译．北京：法律出版社，2002

10. ［美］E. 博登海默．法理学：法律哲学与法律方法．邓正来等译．北京：中国政法大学出版社，1999

11. ［英］丹尼斯·劳埃德．法理学．许章润译．北京：法律出版社，2007

12. ［英］韦恩·莫里森．法理学．李桂林等译．武汉：武汉大学出版社，2007

13. ［美］乔治·萨拜因．政治学说史．盛奎阳译．北京：商务印书馆，1996

14. ［英］约翰·麦克里兰．西方政治思想史．彭淮栋译．海口：海南出版社，2003

15. ［美］列奥·施特劳斯，约瑟夫·克罗波西主编．政治哲学史．盛奎阳，李洪润译．北京：法律出版社，2009

**三、专题性参考书**

1. 吕世伦主编．“西方法学思潮与流派丛书”．北京：法律出版社，2005—2008

2. 黄颂．西方自然法观念研究．武汉：华中师范大学出版社，2005

3. 刘素民．托马斯·阿奎那自然法思想研究．北京：人民出版社，2007

4. ［美］列奥·施特劳斯．霍布斯的政治哲学：基础与起源．申丹译．北京：译林出版社，2004

5. 李梅．权利与正义：康德政治哲学研究．北京：社会科学文献出版社，2000

6. 许章润主编．萨维尼与历史发学派．桂林：广西师范大学出版社，2004

7. ［英］尼尔·达克斯伯里等．法律实证主义：从奥斯丁到哈特．陈锐编译．北京：清华大学出版社，2010

8. ［美］布莱恩·比克斯等．法律实证主义：思想与文本．陈锐编译．北京：清华大学出版社，2008

9. 李桂林，徐爱国．分析实证主义法学．武汉：武汉大学出版社，2000

10. 支振锋．驯化法律——哈特的法律规则理论．北京：清华大学出版社，2009

11. 邹立君．良好秩序观的建构：朗·富勒法律理论的研究．北京：法律出版社，2007

12. 吴一裕．菲尼斯新自然法理论研究．北京：法律出版社，2009

13. 薄振峰．斯通：法的综合解读．哈尔滨：黑龙江大学出版社，2009

14. 陈锐编译．作为实践理性的法律——约瑟夫·拉兹的法哲学思想．北京：清华大学出版社，2011

15. 马聪．霍姆斯现实主义法学研究．北京：人民出版社，2009

16. 徐爱国等．肯尼迪：批判法学的教皇．哈尔滨：黑龙江大学出版社，2009

17. 周嫱．一种批判的法治理念——昂格尔对司法功能与方法的重构．北京：法律出版社，2010

## 《　　　　　　》※任课教师调查问卷

为了能更好地为您提供优秀的教材及良好的服务，也为了进一步提高我社法学教材出版的质量，希望您能协助我们完成本次小问卷，完成后您可以在我社网站中选择与您教学相关的 1 本教材作为今后的备选教材，我们会及时为您邮寄送达！如果您不方便邮寄，也可以申请加入我社的**法学教师 QQ 群：83961183（申请时请注明法学教师）**，然后下载本问卷填写，并发往我们指定的邮箱（cruplaw@163. com）。

邮寄地址：北京市海淀区中关村大街 31 号中国人民大学出版社 411 室收

邮　　编：100080

再次感谢您在百忙中抽出时间为我们填写这份调查问卷，您的举手之劳，将使我们获益匪浅！

**基本信息及联系方式：**※

姓名：__________ 性别：__________ 课程：____________________

任教学校：____________________ 院系（所）：________________

邮寄地址：____________________ 邮编：____________________

电话（办公）：__________ 手机：__________ 电子邮件：____________

**调查问卷：**※

1. 您认为图书的哪类特性对您选用教材最有影响力？（　　）（可多选，按重要性排序）

   A. 各级规划教材、获奖教材　　B. 知名作者教材

   C. 完善的配套资源　　D. 自编教材

   E. 行政命令

2. 在教材配套资源中，您最需要哪些？（　　）（可多选，按重要性排序）

   A. 电子教案　　B. 教学案例

   C. 教学视频　　D. 配套习题、模拟试卷

3. 您对于本书的评价如何？（　　）

   A. 该书目前仍符合教学要求，表现不错将继续采用

   B. 该书的配套资源需要改进，才会继续使用

   C. 该书需要在内容或实例更新再版后才能满足我的教学，才会继续使用

   D. 该书与同类教材差距很大，不准备继续采用了

4. 从您的教学出发，谈谈对本书的改进建议：____________________

________________________________________

________________________________________

**选题征集：**如果您有好的选题或出版需求，欢迎您联系我们：

联系人：黄　强　联系电话：010-62515955/65

**索取样书：**书名：________________________________

书号：____________________________________

---

**备注：※ 为必填项。**

# 21世纪高等院校法学系列精品教材

（以出版时间为序）

| 书名 | ISBN | 作者 | 定价 |
| --- | --- | --- | --- |
| 判例刑法学（教学版） | 978-7-300-14059-9 | 陈兴良　著 | 39.80 |
| 商法学（第三版） | 978-7-300-13955-5 | 徐学鹿　主编 | 49.80 |
| 刑法总论（第二版） | 978-7-300-14090-2 | 周光权　著 | 45.00 |
| 刑法各论（第二版） | 978-7-300-14202-9 | 周光权　著 | 55.00 |
| 财税法学（第三版） | 978-7-300-14098-8 | 张守文　著 | 46.00 |
| 民事诉讼法 | 978-7-300-13632-5 | 张卫平　著 | 39.80 |
| 侵权法学 | 978-7-300-13533-5 | 周友军　著 | 49.80 |
| 法律解释学 | 978-7-300-13251-8 | 王利明　著 | 32.00 |
| 物权法（第二版） | 978-7-300-13040-8 | 崔建远　著 | 59.00 |
| 证据学（第四版） | 978-7-300-12740-8 | 陈一云　主编 | 32.00 |
| 刑事诉讼法学（第二版） | 978-7-300-12467-4 | 郑旭　著 | 39.80 |
| 刑事疑案演习（二） | 978-7-300-12454-4 | 张明楷　著 | 39.00 |
| 中国宪法（第四版） | 978-7-300-12301-1 | 许崇德　主编 | 29.80 |
| 普通公司法 | 978-7-300-11227-5 | 邓峰　著 | 68.00 |
| 网络法学 | 978-7-300-11004-2 | 刘品新　著 | 25.00 |
| 人格权法 | 978-7-300-10990-9 | 王利明　著 | 35.00 |
| 民法总论 | 978-7-300-10961-9 | 王利明　著 | 35.00 |
| 刑事疑案演习（一） | 978-7-300-10576-5 | 张明楷　著 | 38.00 |
| 经济法学 | 978-7-300-09953-8 | 张守文　著 | 45.00 |
| 物权法原理 | 978-7-300-09459-5 | 申卫星　著 | 39.00 |
| 民事诉讼法学 | 978-7-300-08377-3 | 邵明　著 | 45.00 |

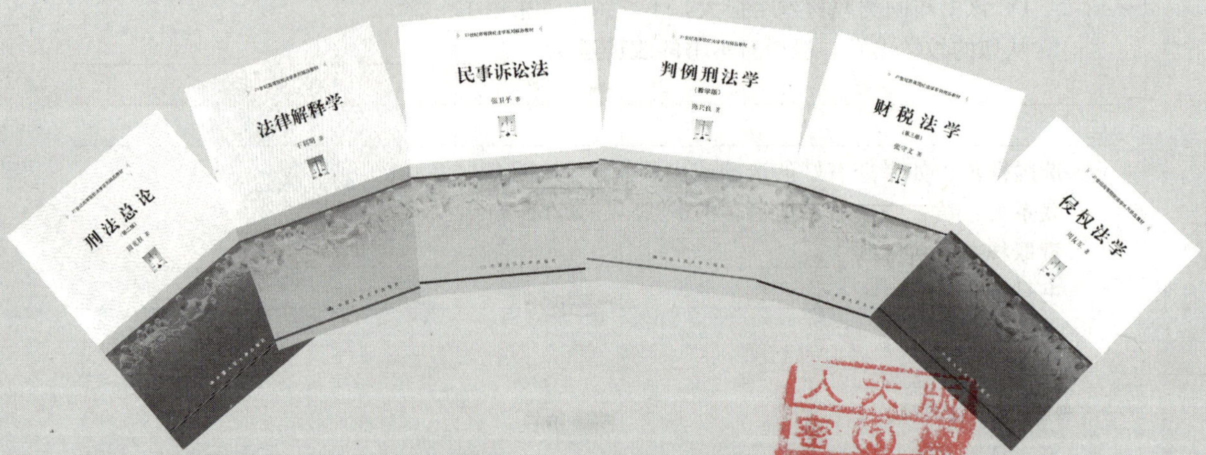